ON SOUSCRIT A PARIS:

Chez JULES DIDOT AÎNÉ, rue du Pont-de-Lodi, n° 6;
BOSSANGE père, rue de Richelieu, n° 60;
PILLET aîné, imprimeur-libraire, rue Christine, n° 5;
AIMÉ-ANDRÉ, quai des Augustins, n° 59;
Et chez l'AUTEUR, rue des Trois-Frères, n° 11.

OEUVRES

COMPLÈTES

D'ÉTIENNE JOUY.

TOME XII.

ŒUVRES
COMPLÈTES
D'ÉTIENNE JOUY,

DE L'ACADÉMIE FRANÇAISE;

AVEC DES ÉCLAIRCISSEMENTS ET DES NOTES

Essais sur les mœurs.

TOME XII.

PARIS

IMPRIMERIE DE JULES DIDOT AÎNÉ,
RUE DU PONT-DE-LODI, n° 6.

1823.

OBSERVATIONS

SUR

LES MOEURS FRANÇAISES

AU COMMENCEMENT DU 19ᵉ SIÈCLE.

VOLUME XII.

L'ERMITE
EN PROVINCE.

N° CVI. [1ᵉʳ JUIN 1821.]

LA CHAISE BRISÉE.

> L'industrie et le commerce traversent quelquefois des états soumis au despotisme; ils ne se fixent que dans les pays libres.
>
> *Adresse de la société de Philadelphie pour l'encouragement de l'industrie nationale.*

J'avais annoncé à M. D*** que j'arriverais à jour fixe à Cambrai; il m'avait répondu qu'il viendrait me prendre à *Bonavis*, sur la frontière du département du Nord, et qu'il m'accompagnerait, ainsi que nous en étions convenus, lors de son dernier voyage à Paris, pendant ma tournée dans le département du Nord. Avec l'intention de partir à huit heures du matin, je ne sais par quelle suite de contrariétés je ne me trouvai prêt à monter en voiture qu'à sept heures du soir. Nous étions dans le mois de juin; le soleil, à cette époque de l'année, disparaît à peine pour quelques heures de l'horizon. Le temps était superbe. Les routes qui vont vers la Flandre sont généralement en bon état; je me déterminai à voyager toute la nuit, afin de me trouver exact au rendez-vous de Bonavis.

Soit fatigue de la journée, soit que le mouvement assez doux et assez régulier de la voiture m'eût disposé au sommeil, je m'étais assoupi en sortant de Ham; je dormais même assez profondément lorsqu'une terrible secousse me tira de mon sommeil. Ma voiture, sans verser tout-à-fait, tombe sur le côté; mon postillon jure en contenant ses chevaux : j'entends le roulement d'une pesante diligence qui s'éloigne. « Monsieur, me crie mon postillon, il m'a accroché, quoique je lui aie cédé presque tout le pavé; c'est un... » (Mon Automédon se servit de l'une de ces expressions qui faisaient gonfler le cœur compatissant de Sterne.) « Mais, monsieur, n'êtes-vous point blessé? — Non, lui répondis-je en sautant à terre assez légèrement pour mon âge; mais notre roue gauche est brisée à ne pouvoir faire un tour de plus. Sommes-nous éloignés de Saint-Quentin? — De vingt minutes tout au plus; vous voyez la ville. — Eh bien, attends ici, je vais envoyer des secours. » En disant ces mots, armé de ma canne, je me dirigeai vers Saint-Quentin, dont je n'apercevais encore que la belle cathédrale, le reste de l'ancienne capitale du comté de Vermandois étant alors voilé par une épaisse masse de fumée.

Après une demi-heure de marche, je descendis le faubourg de Saint-Quentin. Arrivé à l'extrémité septentrionale, je me trouvai au milieu d'une foule de gens de toute classe, arrêtée devant quelques maisons qui fumaient encore par suite d'un incendie récent. Les tristes victimes de ce désastre contemplaient d'un œil morne et silencieux les débris encore embrasés de leurs demeures. Cinq ou six maisons de peu d'apparence, et l'habitation du maître des postes, ferme d'une assez vaste étendue, avaient été la proie des flammes. Je ne pouvais être d'aucune utilité à ces pauvres gens, et, tout en réfléchissant sur les mesures administratives au moyen desquelles on pourrait prévenir le retour si fréquent dans les campagnes de semblables malheurs, je continuai ma route, et j'arrivai à la ville.

Étranger dans Saint-Quentin, que je n'avais jamais fait que traverser plus de trente ans auparavant, je priai un monsieur, qui paraissait me suivre et m'observer avec quelque attention, de me désigner la meilleure auberge de la cité. L'obligeant Saint-Quentinois s'offrit à m'y conduire lui-même, et me déposa à l'hôtel *d'Angleterre*.

J'avais à peine eu le temps de m'installer dans une très belle chambre, et je réfléchissais au moyen de faire arriver ma chaise à Saint-Quentin, lorsque mon inconnu rentra en m'annonçant qu'elle était arrivée, et que déja elle était aux mains des ouvriers; mais elle ne pouvait être réparée que le lendemain vers huit ou neuf heures. « J'attendrai, lui dis-je, et je ne regretterai pas un temps que je puis passer à vous exprimer toute ma gratitude pour tant de soins obligeants; mais permettez-moi de vous demander à qui j'en suis redevable. — Je me nomme D***. — Je ne vous tairai pas le nom de l'obligé, lui répondis-je; vous voyez en moi le vieil ermite voyageur de la Chaussée-d'Antin. — Je *le savais*, me dit-il du ton du grand-maître des Templiers; mon parent, le jeune D***, qui doit vous servir de compagnon de voyage, m'a écrit, il y a quelques jours, qu'il venait vous prendre à Bonavis. J'avais calculé à-peu-près l'heure où vous deviez passer à Saint-Quentin; j'allais au-devant de votre voiture; je vous rencontrai à pied; votre âge, votre démarche, votre habillement dont je m'étais fait une idée en vous lisant, m'aidèrent à vous reconnaître : vous voilà forcé de rester avec nous jusqu'à demain, et j'ai l'espoir que vous ne vous ennuierez pas à Saint-Quentin, si vous me permettez de vous y servir de guide. » J'acceptai avec empressement l'offre de M. D***, et lorsque j'eus écrit quelques lignes à Bonavis, pour annoncer la cause de mon retard, nous sortîmes.

« La ville de Saint-Quentin, me dit-il en cheminant, fut d'abord connue des Romains sous le nom de *Samarobriva;* Auguste y fonda une colonie, et la nomma *Augusta viromanduorum :* elle est aussi ancienne que la plupart des villes de la Gaule-Belgique, et ne peut cependant présenter à la curiosité des étrangers aucun de ces monuments qui, en rappelant son ancienne splendeur, fourniraient à ses habitants les moyens de caresser une vanité bien innocente, celle qui naît de l'illustration de la patrie. Il ne nous reste que quelques beaux débris de trois de ces chemins fameux, connus sous le nom de *voies romaines*, par lesquels le peuple roi consolidait sa puissance chez les vaincus, et posait à-la-fois des monuments de sa sagesse et de sa grandeur. Nul peuple n'a laissé autant de traces de sa puissance, nul n'a mieux établi que lui les bases de la civilisation. Les Français seuls ont depuis trente ans montré que si, comme les Romains, ils prétendaient à une grande domination, ils voulaient au moins la rendre utile aux nations qu'ils soumettaient.

« L'hôtel-de-ville (près duquel nous nous trouvions après avoir traversé la grande place), continua M. D***, est un monument du moyen âge qui ne manque pas d'élégance; on le dit construit en 1510. Ce vieux monument contraste d'une manière assez pittoresque avec les maisons modernes qui l'entourent. L'inscription que vous voyez gravée en lettres d'or sur un marbre noir est du poëte et chanoine

Santeuil; elle consacre le dévouement héroïque des habitants de Saint-Quentin dans une circonstance mémorable. En 1557 soixante mille hommes de troupes de diverses nations, sous les ordres de Philibert de Savoie, qui les commandait pour le roi d'Espagne Philippe II, investirent la ville. Ce fut en vain que le connétable de Montmorency tenta de la secourir; que l'amiral de Coligny s'enferma dans la place; que d'Andelot, son frère, y pénétra aussi avec cinq cents hommes; que les intrépides habitants se mirent à la place de leurs murailles foudroyées et sans munitions; qu'ils rendirent, pendant vingt-cinq jours, onze brèches inaccessibles et dix assauts infructueux : le 23 août l'ennemi planta ses enseignes victorieuses sur les débris des murailles, fumant encore du sang de quinze cents de leurs intrépides défenseurs. La ville fut livrée au pillage et au massacre; DEUX habitants seuls y restèrent. On a conservé leurs noms : l'un était un artisan nommé PEUQUOI, l'autre un ecclésiastique nommé SIMON. Les annales de la guerre n'offrent rien de semblable; une partie des citoyens succombe, l'autre est trop fière pour supporter la vue des insolents vainqueurs : tout périt. C'est pour illustrer ce dévouement sublime que l'histoire a invoqué la muse de Santeuil. Voici cette inscription :

Bellatrix, i, Roma, tuos nunc objice muros:
Plus defensa manu, plus nostro hæc tincta cruore

Mœnia laudis habent. Furit hostis et imminet urbi;
Civis murus erat : satis est sibi civica virtus.
Urbs, memor audacis facti, dat marmore in isto
Pro patriâ cæsos æternùm vivere cives.

« C'est dans ce monument qu'en 1590 le magistrat de Saint-Quentin offrit un repas à Henri IV. C'est là que le bon roi dit ces paroles mémorables à ses officiers, qui voulaient goûter les viandes et les vins : *Je suis avec mes amis, je n'ai rien à appréhender d'eux.* Paroles touchantes et dignes d'un roi qui, lorsqu'il fut monté sur le trône, ne se rappela plus le nom de ceux qui avaient porté les armes contre lui. »

Nous étions alors arrivés près de l'ancienne cathédrale de Saint-Quentin.

« Vers l'année 357, continua M. D***, les fondements d'une partie de cet édifice furent posés par une dame romaine nommée Eusébie, qui voulut y déposer les restes du martyr saint Quentin, après les avoir fait retirer de la Somme, où ils avaient été précipités après son supplice. Cette église, vingt fois pillée, ravagée, incendiée, tant de fois réparée ou presque entièrement reconstruite, est une des plus belles qui existent en France. Sa hauteur, depuis le pavé jusqu'au haut de la voûte sous clef, est de cent vingt pieds. La structure de l'église de Saint-Quentin, dit un écrivain, a toute l'élégance et la délicatesse du beau gothique ; son ensemble est vaste, et l'harmonie de ses parties admirable. On peut en voir de plus grandes, non de plus hardies. Placée sur le sommet de la colline qui supporte la ville, elle domine la contrée; tout semble petit à son aspect. »

En visitant les constructions nouvelles qui s'élèvent à la place des vieux remparts depuis long-temps inutiles, et qui vont faire de Saint-Quentin une ville nouvelle et régulière, grace au commerce, et au prodigieux mouvement industriel qui s'est ici manifesté depuis vingt ans, je demandai à M. D*** quelques développements sur les causes de ce nouvel essor. « L'heure, me dit-il, est avancée; madame D*** vous attend à dîner avec quelques amis : là nous vous donnerons tous les renseignements que vous pourrez desirer, et vous les recueillerez d'une manière plus commode. »

Je fus reçu par madame D*** avec une grace et une aisance de manières que la capitale ne nous offre pas toujours, même dans les plus brillants salons. Vers la fin du repas, M. D***, voulant ramener la conversation sur le chapitre qui m'intéressait, s'adressa à son fils Amédée : « Notre vénérable ermite a grande envie de savoir comment notre commerce et notre industrie ont tout-à-coup pris un si grand essor; tu peux mieux que moi satisfaire à ses desirs. » Un signe d'adhésion gracieux fut toute la réponse de M. Amédée, qui, quoique jeune encore, est déja un ancien soldat que 1815 a rendu à la vie paisible, et à l'étude, qui a toujours fait ses délices.

« Pendant quelques siècles (c'est M. Amédée qui parle) le lin filé au rouet et le tissage du lin en batiste et en linon furent une source de richesses pour la ville de Saint-Quentin; mais le génie actif et entreprenant de ses habitants aspirait à se mouvoir dans une sphère plus étendue. Aussi à peine aperçut-il la possibilité d'une nouvelle conquête sur l'industrie de nos voisins d'outre-mer, que presque aussitôt s'élevèrent de vastes établissements où le coton, filé par le mécanisme le plus ingénieux, devint bientôt la branche de produits la plus riche et la plus productive. En 1803 M. Arpin père fut le premier qui entreprit la construction d'une filature en grand, et bientôt il eut pour concurrents MM. Possel, Joly et autres, dont le nombre aujourd'hui est de plus de quarante dans la ville et dans la banlieue. D'autres établissements d'une importance moins considérable ne tardèrent pas à se former. Le tissage des toiles de coton, des calicots, des percales, des mousselines, des guingans, des madras et d'un nombre infini d'autres articles unis et brochés de toute espèce et de toutes couleurs, devint l'emploi d'une partie de la population. Ce tissage donna une impulsion inimaginable au commerce de la cité. Arrivèrent alors de toutes parts de nombreux ouvriers; les ateliers se remplirent, et, quelque grande que fût l'enceinte de la ville, elle ne suffit plus à l'accroissement de la population.

« Le chef du gouvernement, instruit à cette époque de l'état des choses, voulut s'en assurer par lui-même. Il vint, en avril 1810, visiter cette colonie industrieuse, et, jaloux d'accorder à de vastes entreprises tout le développement dont elles étaient susceptibles, il fit don à la ville de Saint-Quentin de ses belles fortifications et de l'immense terrain qui en dépendait, à la charge d'ouvrir et de paver de nouvelles rues, de construire des abattoirs et de planter des boulevarts. Aussitôt les redoutables et désormais inutiles ouvrages de Vauban furent renversés; les fossés furent comblés, et, depuis lors, sur l'emplacement des bastions, des remparts et des ouvrages avancés, on voit comme sortir de terre d'élégantes habitations, de vastes édifices, des usines de toutes espèces; au moyen du nivellement des terres, une ceinture nouvelle s'est formée au loin; de nombreuses et symétriques plantations ont dessiné un boulevart circulaire qui deviendra l'une des plus belles promenades de France.

« La vérité veut que je dise, et je me plais à le faire, que, sous ce dernier rapport et sous celui des facilités et des encouragements accordés à tous les établissements commerciaux, on doit beaucoup au zèle, aux soins et à l'active surveillance de M. de Baudreuil, maire actuel de la ville, comme on lui doit peut-être plus encore, pour l'ordre, la paix et l'union qu'il sait maintenir dans la cité commerçante confiée à ses soins administratifs; s'il s'agissait ici de faire son éloge, peu de mots suffiraient : que l'élection de leur premier magistrat soit confiée aux citoyens de Saint-Quentin, à l'instant toutes les nuances d'opinion viendront se confondre, et des suffrages unanimes se réuniront sur celui qui est depuis longtemps l'objet de leur reconnaissance.

« Je vous dois maintenant, continua M. Amédée, quelques détails sur les différentes maisons de commerce qui existent à Saint-Quentin.

« Je commencerai par celles de MM. Joly, qui toutes se sont formées à la mort de M. Joly père, mort en 1811 maire de cette ville, et que Napoléon avait décoré lors de son voyage à Saint-Quentin en 1810. M. Joly était d'une famille protestante fort estimée.

« La maison de M. Joly est restée à sa veuve et à ses enfants, sous la raison de Samuel Joly et fils : elle exploite la première filature élevée dans l'intérieur de la ville; elle a établi le tissage dans une foule de communes environnantes. Ces négociants ont formé, depuis la mort de M. Samuel Joly, deux autres établissements, les plus vastes, les plus riches, et les plus beaux de Saint-Quentin ; trois mille trois cents ouvriers sont occupés chaque jour dans les divers établissements qui dépendent de cette maison. MM. Joly ont des fonderies en fonte et en cuivre pour la construction de leurs machines et des métiers. Celles qu'ils emploient aujourd'hui ont coûté plus de 1,200,000 fr. M. Aimé Joly, fils aîné, est celui qui fait mouvoir tous les rouages de ces vastes établissements. A l'exposition de 1823, le juri lui a décerné une médaille d'or, et le roi l'a décoré de la croix de la Légion-d'Honneur. C'est par lui que fut présidé, en 1823, le collége électoral de l'arrondissement de Saint-Quentin qui a nommé à la députation M. le général Foy.

« MM. Joly de Remancourt et Victor Joly font valoir une filature hydraulique élevée du temps de M. Joly père.

« Parmi les autres filatures de Saint-Quentin, au nombre de plus de quarante, on distingue celle de MM. Lehoult, qui occupe plus de quinze cents ouvriers, et Arpin père, qu'honorent les traits du plus noble désintéressement. M. Arpin a été maire de Saint-Quentin pendant la révolution. Plusieurs fois président du tribunal de commerce, député pendant les cent jours, et décoré à cette époque, la confirmation de cet honneur lui a été faite depuis par Louis XVIII. N'oublions pas, parmi les premiers filateurs, MM. Victor Joly, Salmon, Sauget,

Lecreux, Paillette, Gomart, et Carpentier, qui tous occupent un grand nombre d'ouvriers.

« Après les filatures et le tissage viennent prendre rang les ateliers des apprêts de toiles de batiste, et linons de toute espèce. On cite principalement, dans ce genre de commerce, MM. Tauzein, Dupuis fils, Pommery, Demarolle, et Saulnier; les deux premiers ont, après divers voyages en Angleterre, adopté les méthodes de la Grande-Bretagne, qui ont ici les plus heureux résultats.

« Les blanchisseries sont ensuite une branche d'industrie très importante et d'un immense rapport; on peut en juger par le fait suivant : la maison Pluchart-Brabant acheta, il y a quelques années, l'établissement qu'elle exploite, de M. Duboscq, moyennant 350,000 fr. Ce capital a été remboursé en trois ans, sur le seul fruit des bénéfices. Cette blanchisserie est très considérable. Celle de M. Dupuis père, qui fait l'ornement d'une des plus belles portions du boulevart Saint-Martin, dont elle longe le côté sud-ouest, dans l'étendue d'un petit quart de lieue, ne l'est pas moins. Cet établissement est en pleine activité; M. Dupuis y a ajouté depuis peu un bel établissement de bains et une fabrique d'acide sulfurique. M. Dupuis est l'un des négociants les plus recommandables de Saint-Quentin, qui en possède un si grand nombre de distingués sous tous les rapports. Son établissement fut incendié en 1817;

à l'instant vingt ou trente négociants se réunirent pour lui offrir, *sans intérêt*, pendant dix ans, une somme considérable pour relever ses établissements. M. Dupuis a noblement refusé, et s'est mis au-dessus de ses pertes par une sage activité et aidé par son excellente réputation. On ne peut parcourir sans un vif intérêt son bel établissement et ses jardins. Les amateurs des sciences, des lettres, et des arts ne visitent qu'avec la plus grande satisfaction sa riche bibliothèque et ses beaux cabinets de physique et de chimie.

« Nous citerons aussi, pour le blanchissage des toiles, MM. Bethfort et Larsonnier; pour les achats et ventes, M. Duboscq, décoré en 1810; M. Émile Arpin, madame veuve Lemercier, M. Paillette; M. Quenesson, qui fait établir en ce moment une machine à vapeur pour la fabrication des huiles de graines grasses. Les noms de MM. Rivage et Lefèvre-Carpentier, Hardempont, et Nobécourt qui ont établi des machines à vapeur, au moyen desquelles fonctionnent trois superbes moulins à farine, ne doivent pas être oubliés. Nommons encore MM. Cazalis et Cordier qui ont établi des fonderies en cuivre et en fonte pour les pompes à feu et pour les métiers. N'oublions pas M. Vacarie cadet, qui a monté une machine nouvelle pour le grillage du duvet des tissus les plus fins en coton, par le moyen du gaz. Ce mode de griller est aussi ingénieux que propre à exciter la curiosité. Les étoffes les plus claires, les gazes mêmes passent au travers des flammes, s'y épurent, et s'y dégagent des plus légers duvets sans souffrir la moindre altération.

« Nous ne tairons point non plus les noms de MM. Pelletier et Dollé fils, qui ont fondé trois fabriques de linge de table damassé en fil et en coton, de la plus grande beauté; ni ceux de MM. Dufour Arpin, Giraud, Malézieux, Robert et Dufour, qui exploitent, les uns des fabriques de schalls façon de cachemire, et les autres des fabriques de tulle en coton, etc.

« Enfin, monsieur, il existe ici une infinité d'autres branches d'industrie et d'exploitations secondaires qui accroissent encore l'importance du commerce de Saint-Quentin. Les détails pourraient vous en paraître fastidieux; peut-être même ai-je donné trop d'étendue à ce que vous desirez savoir : je terminerai cet exposé en vous assurant que la ville de Saint-Quentin, dont la population n'est que de seize à dix-sept mille ames, emploie chaque jour plus de soixante mille familles qui doivent leur existence à son industrie[1]. »

Après avoir fait mes remerciements à M. Amédée, à qui la société tout entière avait exprimé sa satisfaction pour la justesse et la clarté qu'il avait

---

[1] Adresse de la ville de Saint-Quentin à Sa Majesté Charles X.

mises dans son exposé, la conversation changea d'objet et l'on parla des titres littéraires de la ville de Saint-Quentin. « Monsieur, dis-je à un petit monsieur placé à mes côtés, qui avait écouté avec beaucoup de dédain les éloges donnés aux commerçants de cette ville, elle compte sans doute au nombre de ses enfants des hommes qui se sont distingués dans les lettres et les sciences? — Oui, monsieur, me répondit-il avec un air de suffisance tout-à-fait provincial, et je puis à cet égard vous donner des renseignements d'un intérêt un peu plus général que ceux dont M. Amédée vient de vous entretenir. Le premier écrivain qu'ait produit Saint-Quentin est le doyen Dudon, qui nous a donné en latin une Histoire des Normands.

« Après lui viennent Jean Hennuyer et Jean de Guyencourt, tous deux docteurs en Sorbonne, tous deux confesseurs de Henri II, et cependant tous deux hommes de grand savoir.

« Claude Delafons, avocat, à qui nous devons une Histoire de Saint-Quentin, patron du Vermandois; Pierre-la-Ramée, connu sous le nom de Ramus dans le monde savant, et fameux dans l'histoire littéraire de France par son opposition à la philosophie d'Aristote, par la part qu'il prit aux troubles de l'état; auteur de cinquante traités, et l'une des victimes de la Saint-Barthélemy. Il a été assassiné, dit Voltaire, par des professeurs et des écoliers de l'Université; les lambeaux de son corps sanglant ont été traînés aux portes de tous les colléges, comme une juste réparation faite à la gloire d'Aristote. Cette horreur a été commise à l'édification publique.

« Henri du Trousset de Valincourt, plus connu parceque Boileau lui adressa sa satire sur l'honneur que pour avoir été le successeur de Racine à l'Académie française.

« L'auteur des *Institutions oratoires*, le célèbre Omer Talon, dont le nom suffit à l'éloge.

« Le jésuite de Charlevoix, historien du Japon, du Paraguay, de la Nouvelle-France et de Saint-Domingue.

« Nicolas Desjardins, auteur d'une traduction de Cicéron, qui ne manque ni d'exactitude ni d'élégance.

« Antoine Vicaire, recteur de l'Université, qui nous a laissé un traité sur le plan de l'*Énéide*.

« Enfin les deux historiens de Saint-Quentin et du Vermandois, Louis-Paul Colliete, chanoine de Saint-Quentin, auteur des mémoires curieux et instructifs sur le Vermandois. Louis Hordret, avocat au parlement de Paris, auteur d'une histoire de Saint-Quentin et de ses franchises.

« Je terminerai cette exposition en vous rappelant le nom de Delatour qui a su, par son talent, répandre en France le goût de la peinture au pastel, et qui, ayant par ses travaux acquis une honorable fortune, avait fondé à ses frais, en 1782, une école gratuite de dessin qu'il avait dotée de 1,300 livres de rente.

« Le nom de Claude Lecat, secrétaire perpétuel de l'Académie de Rouen, ne doit pas être oublié; il fut un des chirurgiens les plus instruits de son temps; il nous a laissé de nombreux traités qui font autant d'honneur à son talent qu'à la bonté de son cœur.

« Il est bien quelques noms que je devrais vous rappeler encore; mais leur gloire a pâli dans ma mémoire, et d'ailleurs ils ne sont point de ceux dont la renommée doive s'étendre au-delà de l'enceinte de la ville où ils ont pris naissance.

« Les beaux-arts et les lettres n'ont pas jeté à Saint-Quentin un grand éclat depuis trente années; je dirais volontiers, avec un écrivain que j'estime, mais dont je suis loin de partager toutes les pensées, que, lorsque le commerce règne dans une cité, la force des choses veut qu'il enrichisse, qu'il vivifie, qu'il féconde, mais qu'il n'éclaire pas. Je dois ajouter cependant qu'à Saint-Quentin le commerce se distingue, en général, par beaucoup de connaissances, et que l'éducation que l'on y donne aux enfants est toute libérale et digne de l'époque.

« Parmi les écrivains vivants qu'a produits ou que renferme cette ville, on doit principalement distinguer M. Esmangard de Bournonville qui, après quinze années de travail, vient de nous donner des Commentaires sur Rabelais, aussi précieux sous le rapport de la clarté qu'ils jettent sur le texte du philosophe, curé de Meudon, que sous celui des saines critiques dont ils l'ont enrichi. L'histoire de la cour de plusieurs de nos rois se trouve expliquée dans ces précieux Commentaires d'une manière piquante et vraisemblable.

« Je placerai après lui M. Tombe, chef de bataillon au corps royal du génie, commandant actuel de la place de Bitche, qui, employé au commencement de la révolution près de la haute régence à Batavia, est l'auteur d'un Voyage dans les Indes orientales, plein d'intérêt et fort recommandable par le style.

« M. Paquet Sydhorien, auteur d'un Voyage historique et pittoresque dans la ci-devant Belgique et départements voisins, orné de quarante planches dessinées par M. Pingret, jeune artiste de Saint-Quentin, dont je vous parlerai tout-à-l'heure.

« Quoiqu'il ne soit pas né à Saint-Quentin, je nommerai M. Delalande, inspecteur de l'enregistrement et des domaines, membre de la société royale des antiquaires de France, savant aussi modeste qu'éclairé, qui vient de publier récemment d'excellents Essais historiques sur les antiquités du département de la Haute-Loire.

« Je nommerai enfin M. Fouquier-Chollet, procureur du roi à Saint-Quentin, auteur de divers opuscules sur les mœurs, les *opinions* et les habitudes de ces contrées.

« Nos artistes vivants sont encore moins nombreux que nos gens de lettres ; je ne puis guère vous citer que M. Pingret, professeur de l'école royale de dessin, auteur d'un tableau que vous avez dû remarquer à l'exposition dernière, représentant le duc d'Angoulême visitant les travaux du canal de Saint-Quentin. M. Pingret a publié depuis d'excellents dessins lithographiés de tous les monuments du département de l'Aisne, et il fait paraître en ce moment de superbes vues de la Suisse, qu'il a recueillies en deux voyages successifs. Voilà, sous le rapport des sciences, des arts et des lettres, tout ce que peut offrir la ville de Saint-Quentin.

« — Ajoutez donc, reprit assez brusquement un homme de moyen âge, portant le signe de l'honneur, ajoutez donc, monsieur de L..., que cet intéressant artiste a été l'objet de petites persécutions pour ses opinions politiques, et que s'il n'a pas abandonné une carrière dans laquelle il promet de prendre un rang distingué, il ne le doit qu'aux encouragements honorables qu'il a reçus dans cette ville d'hommes indépendants par leurs principes et leur caractère.

« Moi qui n'ai pas la timidité d'un ministériel, je

vous citerai encore, au nombre de nos écrivains les plus distingués, le baron Méchin, élégant et fidèle traducteur de Juvénal. La ville de Saint-Quentin lui a accordé le droit de cité comme un témoignage de sa gratitude, pour la sagesse avec laquelle il a administré ce département dont il a été pendant plusieurs années le préfet. Jamais le département de l'Aisne n'oubliera les services que ses administrateurs sauront lui rendre, et Saint-Quentin est fier d'acquitter de semblables dettes. C'est toujours avec un sentiment d'affection et de regret que les Saint-Quentinois entendent prononcer le nom de ce jeune et sage administrateur, M. le vicomte de Montozon, sous-préfet de Saint-Quentin, destitué pour n'avoir point persécuté les hommes qui voulaient voter dans les élections selon leur conscience. Instruit, calme, sage, modéré, il avait le talent de rapprocher et de confondre toutes les nuances d'opinions en les réunissant dans ses salons, que madame de Montozon embellissait par le charme de sa personne, de son esprit et de ses manières. Tous les habitants de Saint-Quentin se rappellent les lettres que cet administrateur a écrites au ministre et que les journaux ont reproduites dans leurs feuilles. Il n'était pas possible de mieux se tenir dans son droit, dans les bornes de la bienséance et de la modération; de plaisanter plus agréablement son excellence sur la justice de ses décisions et sur la politesse de ses formes administratives. Long-temps encore la ville de Saint-Quentin regrettera ce digne fonctionnaire. Excusez ma digression; j'ai fait par rapport à ce brave vicomte de Montozon une excursion hors du champ de la littérature, j'y rentre.

« N'appartient-il pas aux lettres, n'est-il pas de Saint-Quentin, cet aigle de la tribune, ce général Foy qui, après avoir servi si vaillamment la France de son épée, défend aujourd'hui nos libertés avec tant d'éloquence [1]?

« Puisque j'ai pris la parole, je ne la céderai pas, monsieur l'Ermite, avant de vous avoir fait connaître les noms des braves qui ont vu le jour dans nos contrées.

« Le lieutenant-général Caulincourt, duc de Vicence, se présente le premier; son nom rappelle une foule de grands événements auxquels il prit une glorieuse part. Après avoir été l'un des plus puissants ministres du premier empire du monde, il est aujourd'hui l'un des plus actifs cultivateurs du canton qu'il habite; il commande l'estime et la considération dans les cabanes comme il l'a commandée long-temps dans les palais. Sa vie est dans tous les souvenirs.

---

[1] La nation entière s'est réunie depuis pour faire l'éloge funèbre du général Foy; sa mort a été une calamité publique, et ses obsèques ont été aussi honorables pour sa mémoire que pour la France.

« Vous nommer le comte Auguste de Caulincourt, son frère, c'est encore vous parler de la gloire; après avoir signalé sa brillante valeur sur tous les champs de bataille de l'Europe, il est allé tomber au champ d'honneur, général de division, commandant le deuxième corps de cavalerie à la bataille de la Moskowa : il voit que la bataille dépend de la prise de la grande redoute qui foudroie nos colonnes; il s'élance dans la gorge de cette redoute, il meurt, mais la bataille est gagnée... Le sort lui devait cette noble récompense.

« Après ces deux frères, je dois nommer le brave général Desmoutier qui, parti simple soldat lorsque un cri d'alarme appelait tous les Français à la défense de la patrie, blessé sur plusieurs champs de bataille, y reçut presque tous les grades, et qui, jusqu'en 1814, fut maréchal des logis de la maison impériale.

« Je n'oublierai pas mon vieux camarade Lamouret, officier de la légion d'honneur, l'un des chefs de bataillon de la garde de Napoléon à l'île d'Elbe, qui vient de former un établissement commercial, sur le boulevart, à l'enseigne du *Mont-passe-temps*[1]. Ce nouveau modèle de fidélité a bâti, dans son

---

[1] On sait que Napoléon, pendant son séjour à l'île d'Elbe, avait nommé *Mont-passe-temps* une maison de plaisance où il se rendait souvent.

jardin, un fort auquel il a donné le nom de Porto-Ferrajo. »

J'avais entendu parler de quelques singularités qui avaient été remarquées à Saint-Quentin, lors des dernières élections. J'exprimai à mon voisin, qu'avait déconcerté la sortie franche et martiale de M. le capitaine V***, le desir d'être mis au courant de ce qui s'était passé alors. « Nous pouvons, me dit-il à l'oreille, prendre congé sans bruit de la société (nous prenions alors le café dans le salon); venez pendant que l'on va se placer autour des tables de jeu, allons respirer l'air un moment.

« J'aime ces braves soutiens de notre gloire moderne, continua M. de L..., et, quoique j'aie fait avec quelque honneur les campagnes sur mer du Bailly de Suffren, je chante souvent avec Béranger :

> De tous les jours où brilla mon courage,
> J'achèterais un jour de *leurs* combats.

Mais je ne puis supporter cette impétuosité de caractère du capitaine V***; me traiter de ministériel, moi, et pourquoi? pour n'avoir pas cité des noms qui devaient trouver leur place ailleurs. Ministériel!... » Je m'efforçai d'apaiser le brave M. de L***. « Vous ignorez donc, me dit-il, ce qu'on pense ici d'un homme à qui l'on donne cette qualification? Ailleurs elle peut n'être qu'une raillerie, une dépréciation morale... » M. de L*** s'interrompit pour me faire connaître quelques originaux que le hasard avait amenés sur la place où nous nous promenions.

« Voyez-vous ce petit maître de soixante ans, à la redingote bleue, à la petite culotte, aux bas de soie noire, qui croit doubler ses graces en pliant son corps en deux, c'est le Lovelace de nos jeunes ouvrières. D'ailleurs excellent royaliste, il reporte ses espérances bien au-delà de 1789, et prétend que nous ne pouvons être heureux que lorsque chaque gentilhomme aura son *parc-aux-cerfs*.

« Là, sur la droite, ce personnage à l'air sauvage est un homme que je ne vous ai point cité parmi les écrivains, bien qu'il sache écrire, parceque sa plume, trempée dans le fiel et dans la boue, n'a jamais été employée qu'à attaquer les choses les plus sacrées, la religion, la morale, la justice et les hommes recommandables, lorsqu'il se trouvait en contact d'intérêt avec eux. »

La vue d'un personnage qui passe pour avoir ici l'entreprise des élections ministérielles fit tomber la conversation sur ce chapitre.

La masse de la population de Saint-Quentin est, comme celle de toutes les villes commerçantes, amie de l'ordre; très éclairée *sur les intérêts positifs de la vie*, ainsi que dirait madame de Staël, et très attachée au système constitutionnel, parceque cette forme de gouvernement lui offre des garanties et de la sécurité. Je fus donc moins surpris que satisfait d'apprendre avec quelle franchise, avec quelle persévérance patriotique les électeurs de cette ville après avoir déjoué, dans cette circonstance, les intrigues ministérielles, étaient parvenus à nommer successivement le général Foy et M. Labbey de Pompière.

L'heure avancée, la fatigue de la nuit, celle du jour, me forcèrent à prendre congé de l'aimable M. de L***, qui me pressait avec une grace extrême de prolonger mon séjour à Saint-Quentin, me promettant pour le lendemain de me faire connaître M. Reichenbach, un des hommes les plus recommandables et les plus distingués de cette ville. Je ne pouvais différer mon départ : nous nous quittâmes ; et le lendemain, au point du jour, j'admirai, en sortant de Saint-Quentin, les belles constructions que j'avais visitées la veille.

N° CVII. [8 Juin 1821.]

LE CANAL DE SAINT-QUENTIN.

> D'autres feront parler d'antiques parchemins :
> Ces monuments fameux qu'ont élevés tes mains,
> Ces chefs-d'œuvre brillants, ces fruits de ton génie,
> Tant d'utiles travaux qu'admira ta patrie ;
> Voilà de la grandeur les titres glorieux.
>
> *Épitre à M. Laurent*, par Delille.

Qui pourrait mettre en doute, me disais-je en roulant rapidement vers Cambrai, les puissants effets du commerce et de l'industrie sur la civilisation, sur l'aisance, le bonheur, la santé, et la vie même des hommes[1] ? Regardez Saint-Quentin à la fin du seizième siècle, lorsqu'il avait pour toute illustration ses établissements monastiques, pour tout commerce l'approvisionnement des chanoines et des moines, pour tous moyens d'existence des classes infimes, la charité des ordres religieux, et voyez-le aujourd'hui que deux sources puissantes l'inondent de toutes leurs richesses. J'ouvre une

---

[1] *De la Mortalité*, par M. le docteur Willermé.

brochure sur Saint-Quentin, récemment publiée par M. Fouquier-Chollet (1822), que j'avais fait acheter à mon passage, et que j'avais placée dans l'une des poches de ma chaise, et je lis : « Les seules réquisitions dont l'arrondissement fut l'objet (lors de l'invasion de 1815) montèrent à plus de 6,400,000 fr. Toutes les grandes fortunes attaquées, les petites anéanties, le malheur paraissait ne plus pouvoir croître; les Prussiens partirent.... Tout fut réparé, tout fut oublié. » Et ailleurs : « Au moment où cet ouvrage se publie, de nouvelles filatures prennent naissance, d'autres sont encore projetées, des bâtiments s'élèvent, des rues se développent, la population accourt, l'industrie jette par-tout des semences fécondes, tout respire la vie, une grande impulsion est donnée. Quelle cause, après d'aussi tristes désastres, quel remède après des coups si cruels et des blessures aussi profondes, pouvaient rendre à Saint-Quentin cet état de vie, de santé, et de bonheur? LE COMMERCE. »

La route de Saint-Quentin à Bonavis va toujours en montant; la campagne qu'elle traverse n'offre a l'œil rien de pittoresque, rien d'agréable. J'avais dit à mon postillon de s'arrêter au point de la route le plus rapproché de l'une des entrées du canal souterrain qui unit l'Escaut à la Somme. Le système des canaux, que les anciens ont parfaitement connu, puisque les Égyptiens ont autrefois opéré la jonction de la mer Rouge à la Méditerranée par le moyen du canal Ptolémée, et alimenté Alexandrie des eaux du Nil par un canal d'une grande étendue, fut dans les temps modernes adopté nécessairement par les Hollandais, et par les Anglais, qui le perfectionnèrent.

Les Français négligèrent long-temps ces voies de communication; enfin Louis XIV, sous le règne duquel la France acquit une gloire et une splendeur nouvelles, confia au célèbre Riquet le soin de creuser le magnifique canal de Languedoc, qui unit l'Océan à la Méditerranée. Louis XV voulut imiter au moins en cela son auguste aïeul, et conçut la pensée de joindre la navigation du nord à celle du midi, en unissant par un canal les rivières de la Somme et de l'Escaut. Cette jonction paraissait impraticable, autant à cause de la différence du niveau de ces deux rivières que par le défaut de vallées assez profondes pour y faire passer leur lit : mais un homme de génie, né dans ces contrées, a forcé tous les obstacles ; il a imaginé de creuser un canal souterrain de trois lieues d'étendue, dont le niveau va joindre l'Escaut, quarante-cinq pieds plus bas que celui de sa source, et quinze pieds au-dessous de son lit. La partie souterraine se trouve en quelques endroits à la profondeur de DEUX CENT DOUZE pieds. Cet homme était un ingénieur nommé Laurent, né au village d'Auberchicourt, près de

Douai ; Voltaire et Delille l'honorèrent de leurs éloges, et La Condamine, qui se trouvait à Saint-Quentin dans l'année 1775, où mourut le savant ingénieur, lui adressa l'impromptu suivant :

> L'homme, depuis Noé, s'asservissant les mers,
> Avait su rapprocher les bouts de l'univers ;
> Neptune était soumis, Pluton devient traitable ;
> A la voix de Laurent la terre est navigable.

Ma chaise s'arrêta à la porte d'un cabaret, et mon postillon me prévint que je trouverais quelqu'un dans la maison qui me conduirait au canal. Le maître de la maison s'offrit lui-même. Chemin faisant, il m'apprit que le petit hameau auquel appartient sa demeure s'était élevé depuis que l'on avait entrepris l'ouverture du canal, et qu'il était maintenant, grace à ce canal, un entrepôt de charbon pour les communes environnantes, lequel assurait une existence honnête à ceux qui se livraient à ce commerce. « Ouvrez donc, disais-je en traversant une allée d'acacias vigoureux, plantés depuis peu d'années, ouvrez des canaux, si vous voulez servir à-la-fois l'agriculture, l'industrie, et le commerce. »

Nous arrivâmes à l'une des entrées du souterrain au fond d'une vallée ; nous commençâmes à descendre un escalier voûté qui n'avait rien de raide ni de pénible. « Cet escalier, me dit mon guide, a cent trente-quatre degrés ; vous concevez facilement quelle est la profondeur du canal en remarquant de combien cette vallée est plus basse que les collines environnantes. » Arrivé au milieu de l'escalier, un bruit sourd frappa mon oreille; bientôt il devint plus distinct : c'était la voix d'un batelier, qui, rendue plus sonore par l'écho des voûtes, arrivait jusqu'à moi. Le matelot d'eau douce chantait un air devenu depuis long-temps populaire à Paris, mais qu'il me parut assez bizarre d'entendre dans cet endroit. *T'en souviens-tu, disait un capitaine,* était le chant qui frappait mes oreilles sous ces voûtes, et que semblait accompagner le bruit des avirons. Le bateau arriva bientôt près de nous; il était chargé de charbon de terre, qu'il conduisait à Saint-Quentin. « Cette navigation n'est-elle pas bien pénible? lui demandai-je. — Elle ne le serait pas, si le canal avait plus d'eau, ou qu'il pût conserver celles qui l'alimentent; mais les eaux s'infiltrent et se perdent, et, pour ne point dépenser un million, on laisse, dans un état qui le rendra bientôt inutile, un ouvrage qui en a coûté onze : il est vrai qu'il a été exécuté dans un temps de gloire.... » Je n'entendis pas les derniers mots du batelier; il avait repris son refrain : *Dis-moi, t'en souviens-tu ?*

Les souterrains ont huit mètres d'ouverture, et sont terminés par des entrées en pierres de taille, qui se ferment pendant les gelées. Tout est en maçonnerie dans la partie que j'ai visitée; quelques autres parties n'en ont point, et sont entièrement taillées dans le roc vif. Le canal souterrain est éclairé et aéré par de vastes soupiraux qui vont de la surface au centre de la cavité.

Ce magnifique ouvrage fut souvent suspendu et repris avant la révolution : on cessa enfin d'y travailler en 1776. « Les travaux de ce canal sont entièrement arrêtés, écrivait en 1789 Arthur Young, depuis le ministère de l'archevêque de Toulouse. Quand on voit de pareils travaux suspendus faute d'argent, on demande avec raison quels sont donc les services que l'on continue à payer, et on finit par conclure que l'économie est la première vertu des nations, des ministres, et des rois : sans elle, le génie n'est qu'un météore, et toute la splendeur des cours un vol fait au public. » Les travaux ne furent repris qu'en 1802, après une visite qu'y fit alors le premier consul Bonaparte; il en confia la direction à M. Gayant, inspecteur divisionnaire des ponts et chaussées, et en peu d'années le canal fut navigable.

Tout inachevé qu'il était avant la révolution, ce canal avait été visité par tous les grands personnages qui venaient en France. L'empereur d'Allemagne Joseph II s'y fit conduire dans son voyage en 1781. Sur la porte de l'une des descentes se trouve l'inscription suivante, consacrée à rappeler le souvenir de cette mémorable visite :

*L'an 1781, le comte d'*AGAY *étant intendant de cette*

province, M. Laurent *de Lyone étant directeur de l'ancien et nouveau canal de Picardie, et M. de Champrosé, inspecteur,* Joseph II, *empereur, roi des Romains, a parcouru en bateau le canal souterrain, depuis cet endroit jusqu'aux puits numéro 20 et 28, et a témoigné sa satisfaction en ces termes:* « *Je « suis fier d'être homme quand je vois qu'un de mes « semblables a osé imaginer et exécuter un ouvrage « aussi vaste et aussi hardi. Cette idée m'élève l'âme.* »

Arthur Young, qui avait lu cette bizarre inscription, en parle ainsi dans son voyage:

« Ces trois messieurs conduisent ici la danse d'une
« manière vraiment française ; le grand Joseph suit
« humblement après eux ; et quant au pauvre
« Louis XVI, aux dépens duquel tout fut fait, ces
« messieurs ne crurent pas certainement qu'un nom
« au-dessous de celui d'un empereur pût être annexé
« au leur. Quand on met des inscriptions à des ou-
« vrages publics, on ne devrait souffrir aucun autre
« nom que celui du *roi qui a le mérite d'être patron,*
« et celui *de l'ingénieur et de l'artiste qui a le génie*
« *d'exécuter l'ouvrage.* Quant aux nombreux inten-
« dants, directeurs et inspecteurs, qu'ils aillent au
« diable. » C'était un être fort original que cet Arthur Young; de nos jours de combien de directeurs-généraux, de préfets, et même de sous-préfets aurait-il peuplé l'enfer!

En nous rapprochant du cabaret où s'était arrêtée

ma voiture, j'aperçus un tilbury anglais devant la porte, et j'appris aussitôt que c'était celui de mon jeune ami, qui, impatient de me voir, était venu au-devant de moi. Ne sachant vers quel point du canal la curiosité aurait pu m'entraîner, il n'était pas venu me chercher sous ces voûtes souterraines qu'il a souvent parcourues. En m'attendant, il s'était dirigé vers quelques cultivateurs qu'il avait aperçus dans la campagne, pour causer avec eux de l'agriculture, dont il fait l'une de ses principales études, et pour les progrès de laquelle il a fondé dans le Nord un journal périodique, dont les journaux scientifiques de Paris se sont plu souvent à faire l'éloge. Il ne tarda pas à reparaître, et, après les premiers moments donnés au plaisir de nous revoir, mon jeune savant me proposa de prendre place dans son tilbury. « Cette sorte de voiture vous paraîtra peut-être un peu légère, un peu élevée, me dit-il; mais le temps est beau, je vous conduirai avec prudence, et nous aurons l'avantage de découvrir tout le pays que nous avons à parcourir. » J'acceptai; ma chaise suivit; François, le domestique de mon ami, y prit place.

Mon compagnon (que j'appellerai Hippolyte, de l'un de ses prénoms), pour me tirer de l'espèce de préoccupation où j'étais de me voir perché si haut, pour un oiseau de mon âge, s'empressa de distraire mon attention. « Mon cher ermite, me dit-il, le département du Nord que vous allez parcourir, et celui du Pas-de-Calais qui l'avoisine, sont ceux de France où les dévotions monacales, comme le disait M. de Boulainvilliers, ont été le plus généralement répandues; aussi le nombre d'abbayes, de couvents, de maisons religieuses y était-il innombrable. Vous faire l'histoire de chacun ce serait vous répéter la même autant de fois que l'on compte d'établissements de ce genre. Boire, manger, chanter, dormir, disputer à ses voisins ou seigneurs suzerains quelque portion de territoire, se faire concéder une dîme, intriguer pour obtenir une préséance, voilà tout ce que vous apprennent les chroniqueurs ou les historiens des moines. Il est cependant quelques hommes qui se sont distingués de la tourbe dans ces établissements, et, lorsque l'occasion s'en présentera, je vous les ferai connaître.

« Le vaste bâtiment que l'on aperçoit là sur cette hauteur, à droite, est l'ancienne abbaye du mont Saint-Martin. Je ne vous en parle que pour vous faire remarquer que l'Escaut prend sa source derrière son ancien enclos, et qu'elle a servi, pendant l'occupation étrangère, de quartier-général à ce Wellington, qui commandait en chef ce qu'on appelait l'armée alliée. Un observateur, *humoriste* à la manière des Anglais, pourrait trouver quelque chose de piquant dans ce rapprochement historique des moines et de Wellington; mais dans le Cambrésis on ne rit point de ces gens-là. »

Nous traversâmes le Catelet, petite ville malpropre et pauvre en apparence. « Je voulais, me dit Hippolyte, vous présenter à l'une des plus jolies, des plus aimables et des plus spirituelles femmes de nos contrées, qui habite ici momentanément; mais j'ai appris à mon passage qu'elle était en voyage: c'est madame de J***, la petite-fille de feu M. le premier président de War..., que vous avez connu lorsque vous serviez en Flandre avec ses deux fils. »

Je regrettai beaucoup de ne pouvoir présenter mes vieux hommages à cette dame, dont on me disait tant de bien et dont j'avais d'ailleurs beaucoup connu la famille. Mon compagnon me fit espérer que nous pourrions la rencontrer dans le cours de notre tournée.

Bientôt après nous passâmes au-dessus de l'Escaut, qui, faible encore, traverse la route sous un pont de pierres. « Nous voilà au milieu de deux champs de bataille, me dit Hippolyte : vous savez que depuis l'origine de la monarchie notre pays a presque toujours été le théâtre de la guerre; dans la Flandre on peut justement dire, avec notre Béranger, *qu'aucun épi n'est pur du sang humain.* C'est au village d'Honnecourt, près de l'ancienne abbaye de ce nom, que, le 26 mai 1642, le maréchal de Grammont, qu'on nommait aussi le comte de Guiche, se laissa surprendre par don Francisco de Mello et le baron de Bec, qui lui tuèrent deux mille hommes, et en prirent douze cents, avec l'artillerie, le bagage et la caisse militaire. Quelques historiens ont rapporté que Grammont avait reçu du cardinal de Richelieu un ordre de se laisser battre; le cardinal, étant mal alors avec le roi, espérait, dit-on, par cet échec, rendre sa présence et ses services nécessaires à la cour. Doit-on ajouter foi à des historiens, peut-être ennemis de Richelieu, peut-être amis de Grammont? Est-il probable que Richelieu ait donné au maréchal un ordre que son honneur, celui du roi, celui de la France, lui prescrivaient de ne pas suivre?

« Au-delà des coteaux qui bornent notre vue, sur la droite, où coule l'Escaut, se trouve le village de Crévecœur, où Charles Martel défit Chilpéric II et Rainfroi, maire du palais, à la tête d'une armée formidable, le 21 mars 717. C'est cette bataille sanglante qui fraya la route du trône aux enfants de Charles. Quoique, comme moi, vous soyez assez peu confiant dans les étymologies, je vous ferai remarquer celle-ci, parcequ'elle a tous les caractères de la vraisemblance. Ce village se nommait *Vinci*; il prit le nom de CRÉVECOEUR après la bataille, probablement à cause du *crève cœur* que Chilpéric et Rainfroi durent éprouver de leur défaite. Jusqu'au douzième siècle ce village est indifféremment nommé Vinci ou Crévecœur par les historiens du temps. »

Nous arrivions alors à Bonavis, d'où la vue s'étend avec plaisir sur la droite, pour y contempler une charmante vallée qu'arrose l'Escaut et que traverse le canal de Saint-Quentin. Le maître des postes, qui nous prit pour des Anglais, nous dit que Bonavis était sur le point le plus élevé du département du Nord, quoiqu'il ne parût dominer que médiocrement les terrains d'alentour.

« Effectivement, me dit Hippolyte après avoir repris place dans le tilbury, où je commençais à m'accoutumer, la hauteur de Bonavis, bien qu'insensible à gravir, est cependant le point le plus élevé du département; elle est de cent quarante-cinq mètres au-dessus du niveau de la mer: mais aussi la route d'ici à Cambrai va continuellement en descendant, et la pente des plaines et coteaux, quoique peu sensible, est continuelle jusqu'à la mer; elle n'est un instant interrompue que par le passage du Mont-Cassel. »

Hippolyte me montra sur la droite Vambaix, où M. Rogé a depuis 1820 ouvert une carrière de pierres à bâtir, que l'on exploite très avantageusement. « L'opinion de mon savant ami M. Leglay, secrétaire perpétuel de l'académie de Cambrai, me dit-il, est que si les minéralogistes exploitaient cet arrondissement jusqu'à présent négligé par eux ils pourraient y faire des découvertes intéressantes pour la science et l'intérêt public. »

Nous fûmes bientôt aux portes de l'ancienne *Cameracum*, de cette ville à l'illustration de laquelle le nom seul de Fénélon suffirait, et qu'augmente encore l'amour des sciences, des arts, et des lettres, qui la distingue si honorablement.

Ma chaise, qui nous suivait, fut arrêtée à la porte de Saint-Sépulcre par un de ces bas-officiers que l'on nomme, dans les places de guerre, portiers-consigne. « Votre passe-port, dit-il en s'adressant à François. — Je n'en ai pas; demandez-le à monsieur. — C'est le vôtre que je réclame.... » Pour éviter toute discussion, mon ami et moi présentâmes nos passe-ports au cerbère cambrésien. « Messieurs, cela suffit pour vous, et non pour monsieur. — Monsieur est mon domestique... — C'est un prétexte, une excuse pour monsieur, qui n'a point de passe-port; il faut qu'il soit conduit chez M. le commandant de place. » Toutes nos représentations furent inutiles; il fallut aller chez le commandant de la place. Je repris place auprès du bon François, tout effrayé de la rigueur de M. le portier-consigne. On nous donna deux fusiliers pour escorte; et nous fûmes ainsi, François et moi, conduits chez M. le commandant d'armes, qui, avec une politesse et une urbanité toutes particulières, me déclara, après que je lui eus expliqué les choses, que nous étions parfaitement libres. Il me dit que l'erreur dans laquelle était tombé le portier était très excusable, parcequ'il avait l'ordre d'user d'une grande sévérité à l'égard des passe-ports. « Cette sévérité ne me paraît point nécessitée par les circonstances. — Je dois, monsieur, exécuter les ordres qui me sont donnés par l'autorité supérieure. En matière de service, l'obéissance est la première qualité d'un militaire : il y a trente années que je m'en fais un devoir. »

Hippolyte me conduisit à l'hôtel de la *Diligence* sans m'expliquer les raisons qu'il avait, disait-il, pour ne pas descendre *au Grand-Canard*, dont M. Le Loup fait peut-être un peu trop chèrement les honneurs aux étrangers.

La cloche de l'hôtel nous appela bientôt après pour souper (cet usage est conservé dans toute la Flandre); plusieurs convives étaient déjà rangés autour de la table, lorsque mon compagnon de voyage et moi y prîmes place. Deux particuliers, assis face à face à l'une des extrémités de la table, discutaient avec chaleur. L'un était un ancien administrateur destitué en 1815, maintenant négociant à Lille, et connu d'Hippolyte; l'autre, que son accent méridional nous fit bientôt reconnaître pour un enfant de la Garonne, arrivait dans le département du Nord, pour y exercer un emploi dépendant du ministère des finances. « Monsieur, disait celui-ci, la supériorité intellectuelle des hommes du midi sur ceux du nord est constatée, reconnue, depuis que notre grand Montesquieu *l'a dit*. — Mais lorsque Montesquieu *l'a dit* il plaidait sa propre cause, puisqu'il était du midi: après tout, si ce grand homme n'avait laissé, pour assurer sa gloire, que des rêveries semblables; si nous n'avions de lui que ses observations sur les *petites houppes,* les *mamelons,* et les *pyramides* des langues de mouton *gelées* et *dégelées,* il ne tiendrait pas aujourd'hui l'un des premiers rangs parmi les beaux génies dont la France s'honore. — Cependant, monsieur, regardez dans les conseils des souverains, à la tête de nos armées, dans les premiers emplois du royaume, qu'y voyez-vous? des habitants du midi. — Montesquieu s'est chargé de vous répondre; il *dit* quelque part: *Approchez des pays du midi, vous croirez vous éloigner de la morale même; des passions plus vives multiplieront les crimes; chacun cherchera à prendre sur les autres tous les avantages qui peuvent favoriser ces mêmes passions.* Un esprit d'intrigue, une avidité inquiète, tourmentent incessamment nos méridionaux. Ce sont ces qualités bien reconnues qui dictèrent à Henri IV sa réponse au paysan qui se plaignait de ne rien voir réussir dans son champ *Semez-y des Gascons, ils prennent par-tout.* — Me contesterez-vous que le midi ait produit plus de grands génies que le nord? — Les lettres, les arts, les sciences, ayant été cultivés dans le midi et dans le nord à des époques éloignées les unes des autres, il ne serait pas juste de peser les droits de l'un et de l'autre sans tenir compte au nord du temps qu'il a passé dans les ténèbres de l'ignorance; mais, sans établir de balance comparative, inutile d'ailleurs, prenons le nord depuis le seizième siècle, depuis la renaissance des lettres, et voyons si le midi pourrait nous opposer des noms qui fissent pâlir la gloire de ceux de Corneille, de Racine, de Boileau, de La Fontaine, de Voltaire, de Buffon, tous nés dans les provinces septentrionales de France; ou celle de Milton, de Shakespeare, de Newton, de Leibnitz, de Klopstock, de Goëthe, et de tant d'autres hommes de génie nés sous un ciel brumeux ou sur un sol glacé. Non, monsieur, le génie ne connaît point de progression de longitude et de latitude; il naît sous le ciel brûlant des tropiques comme sur la terre couverte de frimas qu'éclairent les aurores boréales; il croît et s'agrandit par des circonstances particulières indépendantes du climat: le climat peut le modifier; le faire naître, jamais. Laissons d'ailleurs cette question d'amour-propre méridional, oiseuse en elle-même, et qui n'en est plus une pour les esprits éclairés et impartiaux. Comme dans toutes les conversations, nous nous sommes laissé entraîner loin de notre but, vous vouliez, je pense, connaître les usages principaux et les mœurs de ces contrées.... »

Les discoureurs se mirent à souper avec beaucoup d'ardeur. Tout en découpant une volaille, l'apprenti ministre des finances insista auprès de M. D***, pour qu'il lui continuât les observations qu'avait interrompues la discussion sur la supériorité méridionale.

Nous joignîmes nos instances à celles de l'apprenti financier, et M. D*** y céda de fort bonne grace. « Depuis que les divers peuples qui composent la France sont régis par les mêmes lois, depuis que nos provinces n'ont plus que Paris pour capitale, toutes les classes supérieures de la société française ont pris la même physionomie morale. Est-on grave à Paris, on croirait déroger en riant à Lille. La danse à Paris n'est-elle plus qu'une promenade dans une foule et sur un parquet, il faudrait être bien mal élevé pour se permettre le moindre rond de jambe à Cambrai. Les femmes ont-elles à Paris l'habitude gracieuse et si favorable au commerce de certain dieu de parler de manière à être à peine entendues, voilà qu'une extinction de voix arrive à toutes nos belles de Valenciennes. Enfin est-il du bon ton a Paris de mettre son esprit à bien jouer l'écarté, tous nos petits-maîtres se réuniront pour l'apprendre. A quelques petitesses près, qui sont toujours attachées à l'imitation, si vous voulez connaître les mœurs et les habitudes des hautes classes dans la province, étudiez-les à Paris; vous ne les trouverez qu'un peu plus ridicules en province.

« Il n'en est pas de même des classes inférieures; plus sédentaires, plus enchaînées aux habitudes par le travail et par le besoin, elles n'ont point perdu ces empreintes locales dont l'observateur poursuit la recherche avec curiosité: sans avoir beaucoup de saillies, ces empreintes sont dans le département du Nord encore assez marquées, mais trop diverses pour que je puisse maintenant vous les présenter dans tous leurs détails. Voici quelques points généraux :

« L'habitant du département du Nord est communément d'une taille élevée et d'un embonpoint prononcé. L'une et l'autre s'accroissent à mesure qu'on avance vers les Pays-Bas. La force de végétation du sol se fait sentir sur l'homme comme elle s'exerce sur les animaux et les végétaux.

« Les hommes sont généralement bien faits; mais leur physionomie régulière manque d'expression. Les femmes, dans les classes supérieures, sont belles; mais on leur voudroit plus de distinction et de finesse dans les traits.

« M. de Boulainvilliers, l'un des intendants de la Flandre, a saisi les principaux traits du caractère du peuple dans ce pays, lorsqu'il a dit *qu'ils sont exacts à la messe et au sermon, le tout sans préjudice au cabaret, qui est leur passion dominante.* Sans être ivrognes, ils aiment à boire et à se réunir: cette disposition se nuance dans les différents arrondissements. Dans ceux qui se trouvent le plus au nord, vous verrez les filles et les femmes, vers Hazebrouck et Dunkerque, assises au cabaret, auprès de leurs amants ou maris, autour de tables chargées de pots et de verres, dans une atmosphère épaisse de fumée de tabac, où elles font tête aux plus fiers champions. Avant la révolution, ces réunions dans les cabarets se terminaient souvent par des scènes tumultueuses, même sanglantes. On s'y battait à coups de couteau avec d'autant plus d'impunité que les coupables trouvaient asile dans les églises.

« Les habitants de ces contrées aiment beaucoup les divertissements et les plaisirs; de là ces nombreuses fêtes de campagne tant recherchées dans ce pays. Ils savent allier des mœurs douces et pacifiques à une sorte de rudesse dans les manières. Naturellement froids et peu communicatifs, ils s'ouvrent peu avec les étrangers. (Ils nomment ainsi ceux qui appartiennent à d'autres provinces.) Les choses nouvelles les effraient; celles qui ne sont qu'indifférentes leur causent une sorte de trouble; les plus utiles font naître chez eux le soupçon. Le génie des habitants de ce département est puissamment dirigé vers les spéculations commerciales et industrielles, pour lesquelles leur aptitude est étonnante. Dans leurs marchés, dans leurs spéculations, ils déjouent les plus rusés par la finesse qu'ils y apportent. Soumis à la routine et aux anciens usages pour tout ce qui ne se rattache pas à leur fortune, ils savent très bien s'en affranchir lorsqu'ils y trouvent leur intérêt. C'est ainsi qu'ils ont su porter à un si haut degré leur agriculture. Les mœurs des femmes sont généralement exemplaires; aussi la jalousie y est-elle presque inconnue, et les désordres qui sont la suite de la conduite déréglée des époux y sont peu communs. Enfin les femmes savent ici prendre un grand ascendant sur leurs maris, et il n'est pas rare de les voir se placer à la tête des affaires les plus sérieuses, et concourir par l'influence de leur caractère, naturellement plus vif, à en assurer le succès.

« Je n'entrerai point dans d'autres détails; votre séjour dans ces contrées vous mettra à même de faire de nouvelles remarques. Le moyen de réussir auprès de nos bons Flamands est de leur montrer de la franchise et de la loyauté; de ne point blesser leur amour-propre en frondant leurs habitudes et en parlant trop légèrement de leur pays; sur-tout de ne point se laisser aller à certaine jactance habituelle aux méridionaux. Ils savent réduire les plus beaux discours à leur juste valeur. Ils sont plus prompts que leur caractère ne le ferait croire à demander raison de ce qu'ils pourraient croire une offense ou une plaisanterie déplacée. Toutes les villes de ces contrées ayant toujours été occupées par des garnisons, il entre dans l'éducation des hommes de se familiariser avec les armes; et, dans aucun temps, les corps militaires n'ont réussi à maîtriser les habitudes de nos citoyens, ni à leur imposer par leur état. »

M. D*** se leva alors, et après les salutations d'usage nous nous retirâmes.

N° CVIII. [16 juin 1821.]

LA VILLE DE FÉNÉLON.

> Le bien des peuples ne doit être employé qu'à la vraie utilité des peuples mêmes.
>
> FÉNÉLON, *Direction pour la conscience d'un roi*

« Un auteur a dit, et d'autres ont répété, que Camber, roi des Sicambres, qui vivait ou ne vivait pas du temps de Servius Hostilius, roi des Romains, avait été le fondateur de la ville de Cambrai. Cette fable, après tout, n'est pas plus ridicule que toutes celles dont les plus graves historiens ont entouré le berceau des peuples et des villes, lorsqu'ils n'ont pu y remonter par les faits. Quoi qu'il en soit, l'antiquité de la ville de Cambrai ne peut être révoquée en doute : bien que César n'en fasse point mention dans ses Commentaires, il est certain qu'elle est l'une des plus anciennes cités de la Gaule-Belgique. Assise sur les bords de l'Escaut navigable, sur la frontière des Nerviens et des Atrebates, traversée par une voie romaine, tout fait présumer qu'elle était commerçante, riche, et peuplée. Elle reçut un agrandissement considérable lors de la destruction de Bavai (l'ancienne Baganum); les Romains, l'ayant choisie alors pour centre de leurs établissements, fixèrent le siége de leur puissance dans cette partie de la Belgique. Cambrai resta sous la domination romaine jusqu'en 445, où Clodion-le-Chevelu, qui résidait au château de Diest, marcha sur cette ville, en chassa les Romains, et, après s'en être rendu maître, y jeta les fondements de la monarchie française. Dans le partage que fit Clodion du territoire envahi entre les différents chefs de son armée, cette ville échut à Regnacaire, qui prit le titre de roi de Cambrai; mais il ne le garda pas long-temps. Clodion, qui plus tard y fut inhumé, jaloux du pouvoir souverain, et redoutant qu'un jour ces chefs couronnés ne devinssent dangereux à ses enfants, gagna sourdement les généraux de l'armée de Regnacaire, et le fit massacrer pour simplifier la question. Cambrai passa dès-lors dans le domaine de Clovis et de ses descendants, qui, par le meurtre de Regnacaire, devinrent les souverains légitimes du Cambrésis. — Arrêtez, dis-je à Hippolyte, le principe de la légitimité n'était point encore consacré à cette époque. — Pourquoi non? — Vous savez que la possession de fait d'une couronne ne la légitime pas! — C'est une découverte récente de nos publicistes à gages. Pendant quatorze siècles, en France, on n'a pas connu, quoi qu'on dise, d'autre légitimité que celle

4.

du plus fort; et aucun de nos hardis écrivains du pouvoir n'aurait osé écrire, il y a douze ans, que la possession de la couronne n'en assurait pas la légitimité. En effet, le pouvoir vient-il d'en haut ou d'en bas? — Votre demande est captieuse; mais je ne suis pas obligé d'y répondre. » Telle était notre conversation en nous dirigeant au sud-est de la ville vers la citadelle, que j'avais le desir de voir.

« Cambrai et le Cambrésis, continua Hippolyte, furent successivement le partage de divers princes français sous la première et la seconde race. Au dixième siècle, ils furent cédés à l'empire, comme faisant partie du royaume de Lorraine, par Lothaire, fils de Louis d'Outremer; ils passèrent ensuite sous la domination de l'empire des rois de France et des ducs de Bourgogne, jusqu'en 1543, où Charles-Quint s'empara de Cambrai, et y bâtit la citadelle vers laquelle nous cheminons, réputée alors l'une des plus fortes de l'Europe; enfin ils se soumirent à Louis XIV le 17 avril 1677, et depuis ce temps ils sont restés à la France en vertu du traité de Nimègue. »

Le commandant de la citadelle, à qui nous nous adressâmes pour obtenir la permission de la parcourir, nous offrit avec beaucoup de politesse de nous accompagner dans cette visite. L'éminence sur laquelle la forteresse est bâtie portait jadis le nom de *Mont-des-Bœufs*. Charles-Quint, qui la fit élever pour en donner le *burgraviat* à son fils, fit renverser l'église collégiale de Saint-Géry qui occupait cet emplacement, et la citadelle prit sa place. « Plus de huit cents maisons, nous dit le commandant, et une partie de la ville de Crèvecœur, ainsi que les châteaux de Cuvillers, d'Escaudœuvres, de Rumilly, de Fontaine, de Saint-Aubert, et de Cauroy, furent démolis pour fournir les matériaux nécessaires à cette construction. » Il a fallu effectivement une énorme masse de pierres pour construire ces remparts, dont l'élévation au-dessus des fossés est quelquefois de cent cinquante à deux cents pieds.

Nous fûmes joints au sortir de la citadelle par M. le docteur Leglay, secrétaire perpétuel de l'académie de Cambrai, qui, jeune encore, a su se faire un nom distingué parmi les hommes qui s'occupent d'archéologie.

Nous entrâmes ensemble dans la bibliothèque publique, placée dans l'église de l'ancien hôpital Saint-Jean. Le reste de cet hôpital est maintenant occupé par le collége communal. « La bibliothèque de Cambrai est l'une des plus riches du département, nous dit M. Leglay; elle se compose de trente mille volumes environ. Malheureusement le local qui renferme cette précieuse collection menace ruine; les toitures sont dans le plus mauvais état, et nous avons tout lieu de craindre que ce riche dépôt n'éprouve de grandes avaries par l'écroulement subit de ce bâtiment. L'administration municipale de Cambrai, dans sa prévoyante sollicitude, et jalouse d'ailleurs de conserver à la ville ce dépôt intact, sollicite de l'autorité supérieure l'autorisation de contracter un emprunt, afin de pouvoir élever sur la place Fénélon, où se trouvait autrefois l'ancienne cathédrale, un bâtiment qui servirait de bibliothèque, et serait affecté en partie à loger la société d'émulation, qui mériterait aussi d'être mieux placée qu'elle ne l'est. »

Au fond de la bibliothèque se trouve le cabinet des manuscrits; nous y avons rencontré M. le chevalier Pascal-Lacroix, président de l'académie de Cambrai, homme aussi distingué par l'étendue de ses connaissances que par l'urbanité de son caractère. M. Pascal-Lacroix, lieutenant-colonel d'artillerie en retraite, après avoir suivi pendant vingt-cinq ans nos drapeaux victorieux sur tous les champs de bataille de l'Europe, se délasse avec les muses de ses travaux guerriers. Infatigable dans ses recherches, il a découvert, dans les vieux manuscrits oubliés de la bibliothèque, des documents précieux qui pourraient fournir des matériaux importants pour l'histoire du pays. On nous a montré, lorsque de nouveau nous avons traversé la bibliothèque, une bible sortie en 1462 des presses de Schœffer, l'un des inventeurs de l'imprimerie.

En entrant dans la cathédrale, où nous appelait

un devoir pieux, celui d'aller nous prosterner devant la tombe qui renferme les restes du cygne de Cambrai, M. Leglay nous fit remarquer quelques tableaux peints en grisaille, par Gérard d'Anvers, d'après Rubens. Après avoir payé notre tribut d'admiration au peintre flamand, nous avons marché dans un respectueux silence vers le beau monument que les arts viennent d'élever à l'auteur de *Télémaque*, et qui renferme ses précieux restes. Un sentiment indéfinissable de respect, de tendresse, et d'admiration, s'étoit emparé de moi ; le bruit de nos pas sur les marbres du temple m'agitait d'un frémissement que je ne saurais peindre.... Les traits pleins de noblesse, de bonté; du plus grand prélat de l'Église gallicane, firent bientôt succéder le calme à cette agitation respectueuse. Des larmes roulaient dans mes yeux ; ces pleurs étaient plus qu'un tribut d'admiration : jamais l'image de Bossuet n'en arrachera de semblables.

Sous un fronton, soutenu par deux colonnes et deux pilastres de marbre d'une teinte brune, se trouve la statue couchée du prélat. Sa pose tranquille, son front serein, annoncent le calme de son ame ; les persécutions dont il fut la victime n'ont pas plus laissé d'empreinte sur ses traits que de fiel dans son ame ; il ne s'élance pas vers la Divinité ; il se laisse doucement emporter vers elle.

Dans le soubassement du monument se trouvent

trois bas-reliefs en marbre; le premier représente le prélat recueillant les blessés dans son palais, après la bataille de Malplaquet, et les pansant lui-même. Dans le second l'on voit Fénélon donnant une leçon au jeune duc de Bourgogne, dont il fut le précepteur. Le troisième, qui suffit pour peindre la belle ame de Fénélon, honore le goût de l'artiste qui en a fait le choix. En voici le sujet:

Pendant que l'armée des alliés était maîtresse d'une partie de la Flandre, des villages entiers se retirèrent dans la métropole, et l'archevêque lui-même ouvrit son palais pour recevoir ces malheureux habitants de la campagne, chassés de leurs possessions.

Il vit un paysan, jeune encore, qui ne mangeait point, et qui paraissait profondément affligé. Fénélon vint s'asseoir à ses côtés pour le distraire. Il lui dit qu'on attendait les troupes le lendemain; qu'on chasserait les ennemis, et qu'il retournerait bientôt dans son village. *Je n'y trouverai plus ma vache*, répondit le paysan. *Ce pauvre animal me donnait beaucoup de lait, et nourrissait mon père, ma femme, et mes enfants.* Fénélon promit alors de lui donner une autre vache, si les soldats s'emparaient de la sienne: mais, après avoir fait d'inutiles efforts pour le consoler, il voulut avoir une indication précise de la chaumière qu'habitait ce paysan à une lieue de Cambrai; il partit ensuite à dix heures du soir à pied, avec son sauf-conduit et un seul domestique; il se rendit à ce village, ramena lui-même la vache à Cambrai vers le milieu de la nuit, et alla sur-le-champ en donner avis à ce pauvre laboureur.

Une telle action n'a pas besoin de commentaire; elle est si connue, que j'aurais pu me contenter de l'indiquer : mais je n'ai pu résister au plaisir de la rappeler tout entière, parcequ'il y a des choses que l'on ne doit pas se lasser de redire. J'ai emprunté ce récit au cardinal Maury, prélat qui n'eut d'autres rapports avec Fénélon que le talent oratoire et le courage personnel dont il fit preuve.

Ce monument fait honneur à l'architecte, M. Gautier de Paris, et au ciseau de M. David. La ville de Cambrai mérite des éloges pour en avoir conçu et réalisé l'exécution: mais quels sont les welches et les barbares à qui l'on doit reprocher de l'avoir ainsi dérobé à la vue des fidèles et des amateurs? Quoi! le plus riche monument des arts que possède une cité qui les cultive avec autant de zéle que de succès est obscurément masqué par une masse informe de maçonnerie! le tombeau de Fénélon est relégué dans une espèce de niche, et l'on ne peut l'apercevoir que lorsque l'on en est trop près pour qu'il produise son effet! Craindrait-on de nuire à la solidité du temple? Cette muraille, de deux briques d'épaisseur, ne supporte rien, et les pilastres sont plus que suffisants pour soutenir l'édifice; c'est donc du mauvais goût en pure perte.

Avant de sortir de la cathédrale, nous avons jeté un coup d'œil sur l'image miraculeuse et très en vénération à Cambrai de Notre Dame, *qui fut faite*, dit une chronique, *del main monsieur saint Luc, comme on croit.*

L'ame encore toute pleine des vertus de Fénélon, je me rappelai que deux ans auparavant mon jeune ami avait remporté, dans cette même ville de Cambrai, une palme académique pour l'éloge historique d'un prélat que ses vertus placent auprès de Fénélon. Je demandai à visiter le monument élevé à la mémoire de l'archevêque François de Vanderburck: nous descendîmes à Sainte-Agnès (c'est le nom d'une maison d'éducation et de bienfaisance qu'a fondée ce digne disciple de l'Évangile.) «Là cent jeunes filles, dit l'éloge couronné, reçues à l'âge de douze ans, de familles honnêtes, mais peu aisées, sont nourries, logées, entretenues; là tous les trésors d'une éducation conforme à leur état sont ouverts pour elles; là, pendant six années, la religion les couvre de ses ailes tutélaires, et les garantit des écueils dont est semé à son entrée le chemin de la vie. Les élèves de Vanderburck ne quittent point cette demeure hospitalière sans en emporter quelques moyens de subsistance; et si, dans le cours de leur carrière, un malheur non mérité vient les atteindre, la maison de leur père adoptif leur est ouverte, et elles y trouvent toujours des secours et des consolations. »

La fondation de cet utile et intéressant établissement fit naître à Louis XIV la pensée d'élever la maison de Saint-Cyr; il demanda les règles et statuts de Sainte-Agnès, pour qu'ils servissent de base à ceux qu'il voulait donner à sa maison royale.

Nous fûmes reçus par la supérieure de cette maison, qui nous accueillit avec beaucoup de prévenances, et nous conduisit dans la chapelle où se trouve le monument élevé à l'archevêque Vanderburck par la piété de ses petits-neveux. Ce monument avait été d'abord posé dans l'église des Jésuites à Mons, où le prélat est mort dans une visite pastorale; la suppression de cet ordre entraîna la démolition de l'église, et les restes de Vanderburck furent transportés à Cambrai, dans le caveau des archevêques, et le monument déposé dans la maison qu'il a consacrée à la bienfaisance. L'archevêque est représenté couché; il est placé entre deux statues allégoriques de grandeur naturelle : la base du monument est ornée de bas-reliefs, et le tout est en marbre blanc d'Italie.

Ce tombeau, remarquable dans ses détails, laisse beaucoup à desirer dans son ensemble.

Long-temps les restes de Fénélon reposèrent dans cette chapelle, auprès du monument de Vanderburck. Échappés miraculeusement à la profanation révolutionnaire, ils étaient venus réclamer un asile à Sainte-Agnès en 1804. Jusqu'au moment de leur translation, on pouvait contempler dans cet humble oratoire les monuments de deux prélats, modèles de vertu et de piété, et dont les cœurs furent animés par le même besoin de servir et de soulager l'humanité. L'humble tombeau qui contenait les restes de Fénélon portait cette épitaphe, que j'aurais bien désiré voir conserver sur le nouveau tombeau élevé dans la cathédrale, au lieu de celle que vient d'adopter l'académie des inscriptions et belles-lettres. Voici l'ancienne inscription :

HIC JACET FENELON,
PASTORUM EXEMPLAR,
INOPUM ADJUTOR,
CAMERACENSIUM PATER,
LITTERARUM DECUS,
VERI DEFENSOR,
AMICUS PATRIÆ,
REGUM PRÆCEPTOR,
HUMANI GENERIS DELICIÆ.

Cette inscription me paraît plus simple, plus touchante, plus digne de Fénélon que celle qu'on y a substituée, et que je mets en note¹.

« Pendant le séjour du roi à Cambrai, en 1815, nous dit M. Leglay en quittant la maison de Vanderburck, S. M. habitait un hôtel voisin; à toutes les heures du jour, les jeunes filles de Vanderburck, placées dans le jardin contigu, faisaient retentir l'air de leurs chants. Un poëte a dit que cette mélodie, ces concerts de jeunes vierges, rappelaient les chœurs d'*Esther* et d'*Athalie* chantés à Saint-Cyr devant Louis XIV. »

J'ai voulu soigneusement visiter les ruines de l'ancien palais archiépiscopal, qu'avait si longtemps habité Fénélon; pouvais-je me lasser de promener mon admiration dans des lieux où chaque pierre semblait me parler de ce grand homme !

---

¹ FRANC. DE SALIGNAC DE LA MOTHE FENELON
ARCHIEPISCOPI CAMERACENSIS
VIRI TUM CHRISTIANI, TUM ORNATISSIMO INGENIO
LONGE CELEBRATISSIMI
MONUMENTUM
INFANDA TEMPORUM INJURIA
UNA CUM ECCLESIA NOMINE ET MERITIS EJUS NOBILITATA
ABOLITUM
EPISCOPUS LUDOVICUS BELMAS ET CIVES CAMERACENSES
COMMUNI STUDIO
HAC IN ECCLESIA INSTAURARE CURAVERUNT
ANNO. ... DIC.

« Nous voilà sur la place décorée du nom de Fénélon, me dit M. Leglay en me montrant les restes du portique de l'ancien palais de l'archevêque; c'est sur ce terrain que s'élevait jadis la métropole de Cambrai, fondée par saint Géry, et trois fois incendiée, en 882, en 1064, en 1093, et définitivement réparée en 1149. Cette basilique était un beau monument gothique : la flèche, bâtie de pierres blanches, était percée à jour de tous côtés; elle avait, assurent ceux qui l'ont décrite, trois cent trente pieds d'élévation, y compris la croix. Le chapitre de cette métropole jouissait autrefois d'une grande réputation; il avait le droit de choisir l'archevêque dans son sein, droit qu'il céda à Louis XIV. Quatre papes, soixante-trois cardinaux, et plus de deux cents archevêques et évêques, sont sortis de ce chapitre, qu'on a appelé le *séminaire des évêques*. Auprès de ce vénérable débris du palais archiépiscopal on est fâché de trouver un bâtiment mesquin et sans goût, destiné aux jeux de la scène, dont les Cambrésiens sont d'autant plus avides qu'ils n'en jouissent que pendant quatre mois de l'année.

« — Halte! me dit Hippolyte du ton du commandement militaire. Nous voici dans la rue de l'*Arbre-à-Poire*: lisez cette inscription gravée en or sur un marbre noir; elle vous apprend que c'est dans cet hôtel, appartenant à M. Cottan, aujourd'hui membre de la chambre des députés, qu'a logé en 1815 l'auguste auteur de la charte; c'est là, souvenez-vous-en, qu'il a donné cette déclaration solennelle où se trouvaient ces paroles: *Mon gouvernement devait faire des fautes; peut-être en a-t-il fait. L'expérience seule pouvait avertir; elle ne sera pas perdue. Je veux tout ce qui sauvera la France.* » Après nous être arrêtés quelques minutes devant l'hôtel-de-ville, monument moderne, vaste, et d'un bel effet, que décore un dôme orné de deux statues moresques qui frappent les heures (ces personnages sont fort connus dans la contrée, sous le nom de *Martin et Martine*), je témoignai à Hippolyte le désir de prendre quelque repos qu'une course de près de trois grandes heures m'avait rendu nécessaire. « Encore un peu de courage; appuyez-vous sur mon bras, et je vous conduirai prendre ce repos dans un lieu qui vous offrira quelque charme. » Nous continuâmes à cheminer en causant.

« C'est dans cette ville, me dit-il, que se tinrent les conférences qui précédèrent le fameux traité de paix fait en 1520 entre Charles-Quint et François Ier. Cette paix fut nommée *paix des dames*, parcequ'elle se conclut par l'entremise de Marguerite d'Autriche, mère de l'empereur, et de la duchesse d'Anjou, mère du roi de France. Ce congrès fit époque dans les Pays-Bas. Huit cardinaux, dix archevêques, trente-trois évêques, soixante-douze ducs et comtes, et plus de quatre cents seigneurs vinrent y étaler le faste de leur inutilité. On n'est pas encore revenu, dans la vieille Europe, de ce ridicule dont on entoure les souverains ou leurs représentants. Franklin, envoyé sans suite à Paris, logé dans un modeste hôtel, sans voiture, sans laquais, n'eut pas recours à toutes ces parades de foire pour défendre les droits de son pays et le faire respecter. Il est vrai qu'il parlait au nom d'un peuple libre.

« D'autres traités très importants ont aussi été signés à Cambrai : celui de 1508 entre l'empereur Maximilien Ier et son petit-fils Charles, prince d'Espagne, d'une part; Louis XII, roi de France, et Charles d'Egmont, duc de Gueldre, de l'autre. La fameuse ligue conclue entre le pape Jules II, Maximilien Ier, Louis XII, Ferdinand V, roi d'Aragon, et plusieurs princes d'Italie contre la république de Venise, y fut aussi conclue.

« Le cardinal Dubois, d'impudique mémoire, alors archevêque de Cambrai, y fit ouvrir, en 1722, des conférences pour la paix entre l'empereur Charles VI et Philippe V, roi d'Espagne; mais il fut trompé dans ses vues; car, quoique le congrès se fût ouvert avec un grand appareil, les souverains, peu confiants dans les agents qu'ils avaient choisis, traitèrent secrètement d'après les conseils de Riperda.

« Cambrai a soutenu un grand nombre de sièges;

il a souvent été pris, repris, et saccagé. Je ne vous fatiguerai pas du récit de ces nobles horreurs. »

Nous étions alors dans une avenue plantée d'ormes, et je ne me fis pas prier pour m'asseoir sur le premier banc qui s'offrit à nous. « Cette allée se nomme l'*allée de Fénélon*, reprit mon guide; elle est située entre la porte Cantimpré et celle de Paris. On lui a donné ce nom parcequ'on sait par tradition que l'illustre prélat venait fréquemment s'y livrer à ses immortelles méditations. C'est peut-être ici qu'a été conçu le plan de *Télémaque*, qu'ont été préparées les plus belles pages de la *Direction pour la conscience d'un roi*, qu'ont été médités ces admirables *Dialogues sur l'éloquence*, où le précepte et l'exemple se trouvent souvent réunis.

« Le siége de Cambrai, depuis la mort de Fénélon, n'a jamais été occupé par un prélat qui en fût plus digne que l'évêque actuel. Grace à lui nous n'avons pas encore eu de missionnaires à nourrir. *Mes pasteurs et moi suffiront aux soins du bercail, a-t-il dit; nous n'avons pas besoin d'étrangers.* Le trop fameux abbé Desmazure, s'étant introduit furtivement dans le diocèse, monseigneur lui fit faire défense de prêcher dans les églises. « Si les pères de la Terre-Sainte ont des besoins, que les rois y pourvoient dans l'intérêt de leur politique. L'aumône faite dans le diocèse de Cambrai est destinée aux pauvres du diocèse. Ceux-là sont nos enfants, et avant tout songeons à eux. » L'abbé Desmazure, obligé de se retirer des églises, alla prêcher et quêter dans les salons, où, n'étant pas mieux accueilli, sa barbe et lui disparurent, à la grande satisfaction des amis de l'ordre, de la paix, et de la religion évangélique. M. de Belmas, ancien professeur de théologie et directeur du séminaire de Carcassonne, dont il fut sacré évêque coadjuteur, a été nommé à l'évêché de Cambrai après le concile tenu à Paris en l'an 9. C'est un homme simple dans ses mœurs et dans ses manières, d'une grande fermeté de caractère et de principes, d'une instruction solide, et d'une piété aussi vive que franche, et exempte d'ostentation. M. de Belmas est un des membres les plus distingués de l'académie de Cambrai.

« Ce petit abbé que vous apercevez là, sur la droite, est l'un de ses vicaires-généraux; c'est M. Servois, vice-président actuel de l'académie, homme d'esprit, de goût, et de talent, auteur de plusieurs traductions fort estimées, et d'une notice sur Johnston.

« Puisque nous sommes ici commodément assis, nous ne pouvons nous entretenir, dans cette allée toute pleine de Fénélon, de choses plus convenables que des lettres et des arts. Parmi les hommes qui les cultivent ici avec le plus de succès, on distingue principalement M. Leglay, que nous avons quitté tout-à-l'heure : son ardeur infatigable pour la science archéologique vient d'être récompensée par un trésor ; il a retrouvé un manuscrit de Fénélon, inédit, qui ne tardera pas à être publié : il a pour titre : *Réponse de l'archevêque de Cambrai au Mémoire qui lui a été envoyé concernant le droit de joyeux avénement*, 1702. Dans cet écrit, le précepteur du duc de Bourgogne conteste au ministère l'exercice du droit de *joyeux avénement*, et se fonde principalement sur les termes de la capitulation de 1677, qui porte que l'église de Cambrai sera conservée dans tous les privilèges dont elle jouissait avant la conquête. Or, sous les dominations précédentes, le droit de joyeux avénement n'existait pas. On voit par cet écrit que Fénélon, toujours le même, ne savait pas faire au gouvernement le sacrifice des libertés de son église pour acheter ses faveurs.

« M. Leglay, né au village d'Arleux, situé à trois lieues de Cambrai, vers le nord, où le célèbre Merlin de Douai a aussi reçu le jour, a publié des documents extrêmement précieux sur l'ancienne ville d'Arleux et sur les contrées qui l'avoisinaient. Ces documents ont été mis au jour sous la forme ingénieuse d'une nouvelle ayant pour titre : *le Captif de Forestel*. M. Leglay a fait paraître tout récemment un ouvrage ayant pour titre : *Recherches sur l'église métropolitaine de Cambrai*, aussi remarquable par l'érudition qu'il annonce que par l'élégance du style.

« C'est en grande partie à son savoir, à son zèle constant et infatigable, que l'académie de Cambrai doit l'éclat dont elle brille aujourd'hui. Le prix de poésie, au dernier concours, a été remporté par madame Dufresnoy [1]; les mentions ont été accordées à MM. Bignan, de Rougemont, Cyprien Anot, et à madame de Montigny. Certes il faut qu'une académie jouisse d'une réputation méritée pour voir les palmes de ses concours disputées par des personnes aussi distinguées dans la carrière des lettres.

« M. Fidèle Delcroix, receveur municipal, est un poète agréable; il a publié un recueil de poésies qui se distingue par la grace, et la délicatesse des pensées.

« Cambrai compte au nombre de ses enfants M. Boniface Saintine, deux fois couronné par l'académie française, et M. Alex. Boniface, l'un de nos plus savants lexicographes.

« Le barreau de Cambrai possède quelques hommes d'un beau talent : celui qui se présente le premier est M. Farez père, ancien législateur, ancien procureur du roi, destitué après 1815, homme

---

[1] Madame Dufresnoy est morte au commencement de l'année 1825.

qu'honorent également ses lumières, ses vertus, la loyauté de son caractère, et la fermeté de ses principes. Je vous nommerai encore MM. Cacheux, H. Leroy, et Fénélon Farez.

« Les arts et les lettres sont depuis long-temps en honneur à Cambrai.

« L'historien Enguerrand de Monstrelet est né à Cambrai, ainsi que le chanoine Baudri, auteur du *Chronicon Cameracense*, publié au onzième siècle.

« Le jésuite Buzelin, auteur de l'ouvrage ayant pour titre *Gallo-Flandria*, bon historien et poète agréable; Jean Le Carpentier, auteur de l'histoire de Cambrai et du Cambrésis, écrivain exact et scrupuleux, sont aussi du Cambrésis.

« Pierre de Franqueville, premier sculpteur d'Henri IV et de Louis XIII, Balthazar et Gaspard Marsy, tous trois statuaires de grand mérite, ont vu le jour à Cambrai.

« Il est un nom que je ne dois point oublier ici, les arts et les lettres auraient le droit de m'en faire de justes reproches; c'est celui de M. Béthune-Houriez, maire de la ville de Cambrai, qui, pour la protection éclairée qu'il leur accorde, mérite toute leur gratitude.

« Sous le rapport du commerce et de l'industrie, cette ville est digne des regards de l'observateur; elle s'attribue l'honneur d'avoir la première fabriqué les toiles connues aujourd'hui sous le nom de batistes et linons, et appelées autrefois *toiles de Cambrai*. Quoique les villes de Saint-Quentin et de Valenciennes fassent maintenant ce commerce en grand, Cambrai leur dispute toujours la perfection et soutient la concurrence avec une noble émulation.

« Outre cette branche importante, Cambrai possède un grand nombre de raffineries et de fabriques, et elle fait un grand commerce des produits abondants que lui donne chaque année l'agriculture.

« Parmi les personnes qui honorent le plus ici le commerce, je vous nommerai M. Lallier-Fremicourt, beau-frère de M. Alex. Fremicourt, qui a siégé à la chambre des députés pendant plusieurs années. Cet ancien maire de Cambrai, où son nom est encore chéri, s'est vu forcé en 1816 de se retirer à Paris, pour échapper aux outrages de quelques misérables ameutés contre leur bienfaiteur.

« Parmi les noms estimables qu'offre ici le commerce, ma mémoire me rappelle ceux de MM. Boniface et fils, Lequeux aîné, Aimé Bris, et veuve Delloye et fils. »

Nous nous étions remis en marche, et nous nous trouvions arrêtés en face du beffroi, qui est le clocher de l'ancienne église de Saint-Martin, lorsque nous fûmes rejoints par M. Leglay, que les apprêts des fêtes communales avaient forcé de nous quitter.

« Au haut de ce clocher que vous contemplez, nous dit-il, se trouve toutes les nuits un *guetteur*, qui répète avec un porte-voix la demi-heure sur les quatre faces du beffroi ; par ce moyen, tous les quartiers peuvent l'entendre, malgré les vents contraires, et l'on est assuré que le *guetteur* reste éveillé. Le droit de beffroi était jadis un privilége. Jean de Béthune, évêque de Cambrai, ayant à se plaindre des habitants, porta ses plaintes à l'empereur Othon, qui, pour leur ôter les moyens de rassemblement, leur défendit d'avoir un beffroi ; ce qui n'empêcha pas les bourgeois d'en construire un en 1207, et d'y mettre une cloche pour convoquer le peuple. Nos Cambrésiens ont eu pendant long-temps une grande disposition à l'indocilité et à la révolte. »

Je n'avais pas l'espoir d'assister à la fête communale, pour laquelle on faisait de grands préparatifs, et qui ne devait avoir lieu qu'à quelque temps de là ; je priai M. Leglay de m'en donner une idée.

« De temps immémorial, me dit-il, on a consacré, dans nos contrées du nord, l'usage de ces fêtes annuelles, que l'on nomme, selon les localités, *ducasses*, *dédicasses*, *kermesses*, ou *processions*.

« La fête de Cambrai passe pour l'une des plus intéressantes du pays ; un goût éclairé préside toujours à l'ordonnance des marches triomphales, qui en font le principal ornement : ce sont des cavalcades brillantes, des phaétons, des chars richement décorés, sur lesquels sont assises une multitude de jeunes personnes vêtues avec magnificence, et tenant à la main, les unes des emblèmes ingénieux, les autres des inscriptions heureuses, des allégories fines et délicates. Tantôt c'est le buste de Fénélon ou de Vanderburck qu'on offre aux hommages du public; tantôt celui d'un citoyen vertueux qui a laissé dans la ville des traces de sa bienfaisance: depuis plusieurs années, on s'est attaché à rappeler dans cette fête les époques glorieuses et les personnages célèbres de l'histoire de Cambrai. Cette année, c'est la monarchie française illustrée par les femmes que l'on desire caractériser.

« La marche sera ouverte par un héraut d'armes, revêtu du costume qui lui est propre; sa bannière, qui sera aux armes de France, portera ces mots: *Le royaume de France est le plus ancien et le plus noble de tous les états de la chrétienté.*

« Quatre chevaliers suivront avec un étendard, sur lequel on lira cette inscription:

Quel pays n'a pas vu nos drapeaux triomphants!

« Sur le premier phaéton sera un tableau représentant Pharamond élevé sur le pavois, avec cette devise:

J'ai fondé pour la France un empire éternel.

« Clotilde, reine de France, femme de Clovis, occupera le premier siége. Le drapeau qui flottera sur sa tête portera une croix de velours violet : c'était une des bannières des rois de la première race. Plus bas seront placées toutes les femmes célèbres qui ont vécu dans les premiers temps de la monarchie. On remarquera parmi elles Radegonde, Bathilde, et Geneviève, patronne de Paris.

« L'un des écussons de ce char portera la réponse de saint Remi à Clovis :

« *France durera tant que justice et loi y régneront.*

« Le premier char portera Charlemagne, Hildegarde, Adélaide de France, Emma Richilde, Ausgarde, et Gerberge, femme de Louis d'Outremer. Le chœur fera entendre un chant guerrier.

« Hugues Capet, Alix de Champagne, Blanche de Castille, Marguerite de Provence, Jeanne de Navarre, et Yolante, comtesse d'Auxerre, occuperont le second phaéton.

« Sur le second char seront Jeanne d'Arc, portant le glaive de Sierbois; Clémence Isaure, tenant le bouquet des cinq fleurs, ambitionné par les troubadours; Jeanne Hachette, portant un petit drapeau, avec cette date: 10 *juillet* 1472; Valentine de Milan, duchesse d'Orléans, ayant pour emblème un arrosoir penché et versant de l'eau en forme de larmes, avec la devise: *Plus ne m'est rien, rien ne m'est plus;* Clotilde de Surville, portant au bras la couronne que lui donna la dauphine Marguerite, avec cette légende: *Marguerite d'Écosse à Marguerite Hélicon.*

« Sur le haut du troisième phaéton sera peint un essaim d'abeilles, emblème décerné par le peuple à Louis XII, avec cette devise: *Notre roi n'a pas d'aiguillon.*

« Anne de Bretagne, Jeanne de France, Louise de Savoie, occuperont ce phaéton. *Une jeune paysanne du midi* sera assise au-dessous d'elles; elle tiendra une petite bannière, avec cette légende: *Honneur au chevalier Bayard,* hommage de l'innocence au guerrier.

« Ce char sera suivi, comme le précédent, de chevaliers armés de toutes pièces; deux de ceux-ci figureront des compagnons de Louis XII et de François Iᵉʳ. Chacun d'eux soulèvera une bannière; on lira sur la première: *Bon roi amende le pays;* sur l'autre: *Gloire au fils du preux.*

« Le troisième char portera Jeanne d'Albret, Anne d'Autriche, la marquise de Lambert, madame de Sévigné, madame Dacier, madame et mademoiselle Deshoulières, Julie de Rambouillet, Marie Stuart, portant un petit écusson, avec ces mots:

Adieu, tant beau pays de France; la comtesse de Soissons, madame de La Sablière, et la comtesse de La Suze.

« Des emblèmes rappelleront les différents genres de gloire qui ont illustré ce siècle.

« Sur le quatrième char seront placées les femmes célèbres du dix-huitième siècle, madame de Verdier, madame Viot, madame du Châtelet, madame Cottin.

« A chaque station des chars, des chants analogues aux événements figurés seront entonnés par les chœurs.

« Pendant ces jours de réjouissance, les cloches et carillons ne cessent de se faire entendre : la ville est pavoisée et illuminée; des jeux de paume, d'arc, d'arbalète, des tirs de cible chinoise et horizontale, sont établis: des mâts de cocagne, des joutes sur l'eau, offrent leur prix aux concurrents qui veulent entrer en lice. La ville entretient à ses frais, pendant ces jours, une troupe d'acrobates pour amuser les habitants. La bibliothèque est ouverte tous les jours; l'académie tient une séance solennelle, et distribue les prix des concours: enfin un superbe feu d'artifice annonce la fin de ces jours de fêtes, pendant lesquels les bals de jour, les bals de nuit, les bals champêtres au joli jardin de Flore, sont ouverts sans interruption, et où toutes les classes de la société se trouvent réunies. »

Nous étions arrêtés alors vis-à-vis la demeure de M. Leglay : il nous pria avec beaucoup d'instances d'accepter son dîner; et nous nous trouvâmes au milieu d'une réunion de personnes aussi distinguées par leur esprit que par leurs manières. Je sus un gré infini à M. Leglay de son invitation : Hippolyte se chargea de lui en témoigner toute notre gratitude.

N° CIX. [24 JUIN 1821.]

GABRIELLE DE VERGY.

MAITRE JACQUES.

Nullæ sunt inimicitiæ, nisi amoris, acerbæ.
PROPERCE.
Il n'y a de haines implacables que celles de l'amour.

*Cupidine humani ingenii, libentius obscura
Creduntur.*
TACITE.
L'esprit humain est porté à croire volontiers les choses obscures

La ville de Cateau-Cambrésis, où nous nous arrêtâmes pour changer de chevaux, offre peu d'intérêt au voyageur. Les archevêques de Cambrai, qui jadis y possédaient un très beau château, lui avaient accordé des exceptions et des priviléges, où les habitants trouvaient, avec des moyens de contrebande, une source de richesses : le cardinal Dubois, entre autres, avait pour cette ville une prédilection toute particulière, à laquelle les femmes de cette contrée, qu'il affectionnait beaucoup, n'étaient pas étrangères. On assure que c'est de là que datent les lettres de noblesse de quelques familles de Cateau, qui jouissent aujourd'hui de la plus grande faveur.

Son commerce en batistes et linons est moins considérable à présent qu'il ne le fut autrefois. M. Ferdinand Ladrière y établit, il y a quelques années, une fort belle filature; mais il devint depuis l'objet de la jalousie d'hommes puissants: on le persécuta; il en mourut de chagrin. Sa veuve continue son établissement avec beaucoup de succès. Une autre manufacture, dont le moteur principal est une machine à vapeur, est dirigée par M. Paluste-Lupin et compagnie.

C'est à Cateau que fut signé en 1559, entre Henri II et Philippe II, le traité si funeste à la France, connu sous le nom de *Traité de Cateau-Cambrésis*.

L'un des plus illustres guerriers de la révolution, le maréchal Mortier, duc de Trévise, est né dans cette ville. Parti avec l'un des premiers bataillons du Nord, en 1792, il gagna tous ses grades sur le champ de bataille, où le plus grand sang-froid, uni à la plus brillante valeur, a élevé si haut sa fortune et sa gloire.

Deux mauvais chevaux, un postillon qui s'arrête à chaque demi-poste pour avaler un verre d'eau-de-vie ou une grande pinte de bière, nous conduisent enfin à *Landrecies,* ville située sur la Sambre, et à deux ou trois lieues de la source de cette rivière.

« Je ne vous parlerai pas des siéges que Charles-Quint, que le cardinal de Lavalette, devenu général des armées de Louis XIII, que Louis XIV, et enfin le prince Eugène, lui firent essuyer, me dit Hippolyte en entrant dans la place. Il en est un qui est plus mémorable pour moi et pour ses malheureux habitants. En 1793 les coalisés s'emparèrent de Landrecies après un long bombardement; l'année suivante, à la suite d'un nouveau bombardement, les armées de la république y entrèrent victorieuses. L'un de mes frères, que la réquisition venait d'arracher de nos bras, n'y put rentrer avec elles ; il trouva la mort sur le glacis de la place... Mais je dois confondre ma douleur avec celle des valeureux habitants de cette ville. Dans le premier bombardement, toutes les maisons furent renversées ou brûlées. Une grande partie de la population trouva la mort sous ses ruines, sans que cela diminuât l'intrépidité de ceux qui survivaient. Ils se défendirent avec un courage dont l'histoire offre peu d'exemples. Les femmes relevaient les blessés, les transportaient sous les blindages, et leur donnaient les premiers soins; plusieurs furent tuées ou blessées en exerçant ces pieux devoirs. Ces généreux citoyens ne se rendirent que lorsqu'ils eurent perdu tout espoir d'être secourus, et lorsque leur ville n'offrit plus qu'un vaste monceau de ruines. L'intrépidité des habitants de Landrecies fit l'admiration de toute la France. Deux lois ordonnèrent que leurs maisons seraient reconstruites aux frais de l'état. Des mercenaires, annoncés comme architectes, furent envoyés de Paris pour relever cette ville ; ils s'établirent dans les deux seules maisons qui restassent debout, pour faire des plans et des projets. Là, et sans se laisser toucher par l'aspect des ruines fumantes de cette malheureuse cité, ils ne s'occupèrent que des moyens de prolonger leur séjour et d'augmenter la masse de leurs honoraires : ils ne posèrent pas une pierre, et dépensèrent cent mille francs ; le gouvernement, qu'effraya la dépense, renonça alors à ses projets : c'est en vain que depuis trente ans les malheureux réclament les justes réparations des désastres dont ils ont été les victimes, et dont à chaque pas que nous faisons vous voyez les traces [1].

« C'est à Landrecies qu'est né le maréchal Clarke, duc de Feltre, ministre de la guerre sous l'empire, et depuis la restauration....

« Un homme qui long-temps fit bénir son administration par les habitants du Bas-Rhin, M. Shée,

---

[1] Quelques centaines de mille francs sur l'indemnité d'un milliard pouvaient-ils être mieux placés ?

ancien préfet, avait aussi vu le jour à Landrecies. Honneur à la mémoire de ce dernier ! »

Pendant que l'on relayait, nous avions pris les devants à pied ; Hippolyte me fit remarquer que l'aspect du pays avait entièrement changé depuis que nous avions passé la Sambre, laquelle semble être, pour le département du Nord, une ligne de démarcation entre un sol fertile et un sol tout-à-fait ingrat. « Cet arrondissement, ajouta Hippolyte, est beaucoup plus que les autres du département entrecoupé de coteaux, et couvert de forêts : il est riche de belles prairies ; mais la terre, en général argileuse et froide, se refuse à donner à ses habitants les belles moissons qui font l'ornement et la richesse des autres arrondissements. Il pourrait devenir florissant par l'exécution du canal de l'Helpe-Majeure et de la Sambre, et par la découverte de la houille que l'on explore à Aulnoie près Barlaimont, à deux lieues environ d'ici. Les fers, les bois, les cendres fossiles de Sarspoterie, les marbres et les foins qui font la richesse de cet arrondissement, trouveraient des moyens de transport faciles et peu coûteux. La houille, outre les avantages qu'elle offre aux diverses branches d'industrie, ferait faire d'immenses progrès à l'agriculture ; car, dans l'état actuel des choses, la chaux coûte trop cher aux cultivateurs pour qu'ils puissent en amender leur terre. Les pierres calcaires y sont en abondance ; il ne manque qu'un combustible à bon marché pour les réduire à l'état de chaux : tous les autres engrais usités dans le département du Nord seraient ici trop au-dessus des moyens de nos agriculteurs, eu égard aux prix qu'ils retirent de leurs denrées. »

La voiture nous rejoignit au village de *Maroilles*, renommé par ses fromages auxquels il a donné son nom.

Comme la route sur laquelle nous voyagions ne traverse ni bourg, ni village, et que notre postillon, pressé sans doute par la soif, ne trouvait moyen de la satisfaire qu'en arrivant à sa destination, nous fîmes le trajet rapidement, et nous ne tardâmes pas à entrer dans *Avesnes*, petite ville située sur le penchant d'un coteau, et arrosée par la grande Helpe. Triste chef-lieu d'une sous-préfecture, cette ville n'offre rien de remarquable, ni par ses édifices, ni par son commerce. Pendant que l'on préparait notre dîner, nous eûmes le temps de la parcourir et de visiter les travaux que l'on exécute pour la reconstruction de l'arsenal; il sera maintenant voisin de la maison d'arrêt; ce quartier de la ville y gagnera sous le rapport de la salubrité publique.

« Avesnes ne peut citer qu'un écrivain, Dumées; encore son éloge se borne-t-il à dire qu'il est auteur des Annales belgiques ; mais en revanche elle a donné le jour au brave général Désanfent dont le nom a été inscrit avec honneur dans les premiers bulletins de nos victoires à l'armée du nord. Nous lui devons encore le général Després, et les deux frères Gossain, membres à diverses époques de nos assemblées législatives, où ils se sont fait remarquer, autant par leur modération et leur fermeté que par leur attachement aux principes constitutionnels. Enfin, pour atténuer la fâcheuse impression que semble faire sur vous le triste aspect de cette pauvre ville, je vous dirai que le célèbre compositeur Gossec est né dans son arrondissement. J'ai oublié, en passant à Catillon, entre Cateau et Landrecies, de vous rappeler que le brave général Clément, connu par ses beaux faits d'armes au col de Bagnol, au siége de Saint-Elme, et à l'affaire de Berghen, y avait reçu le jour. »

En entrant à l'hôtel du Nord, nous remarquâmes qu'une calèche y était arrivée depuis que nous en étions sortis, et trois couverts mis sur la table nous apprirent que nous aurions un nouveau convive. Il ne tarda pas à paraître ; je le vis aussitôt courir à Hippolyte, qui le serra dans ses bras. « Quel hasard vous amène, mon cher G*** ? — Je vais vous le dire : je me rendais à ma terre de Ferrière, quelques amis m'arrêtent à Saint-Quentin ; ils me prient de les accompagner dans une partie de plaisir au bois de Fayel, pour y visiter l'ancien château des seigneurs de ce nom, devenu historique et fameux par les tristes amours de Gabrielle de Vergy, et de Raoul, sire de Coucy. » J'interrompis le narrateur en lui faisant observer que ce triste événement avait dû se passer en Bourgogne.... « S'il fallait absolument en croire mademoiselle de Lussan, reprit-il; mais comme nous n'y sommes pas forcés, nous adopterons de préférence les renseignements historiques fondés sur l'identité des noms, des traditions et des lieux qui ne permettent pas de douter que cet événement ne se soit passé à *Fayel,* près Saint-Quentin, d'où j'arrive en ce moment, l'esprit encore tout rempli de l'horrible anecdote que je viens d'entendre au lieu même où la scène s'est passée. » Nous ne la connaissions que par la tragédie de Dubelloy, et nous insistâmes pour que notre jeune convive nous en fît le récit.

« Le seigneur de Coucy, Raoul Ier, l'un des plus beaux et des plus braves chevaliers du Vermandois, aimait tendrement la belle Gabrielle, fille du seigneur de La Vergy, village peu distant du noble manoir de Coucy. Il en était payé d'un tendre retour, bien que Gabrielle n'ignorât pas que Raoul avait juré fidélité, aux pieds des autels, à une autre femme, et que jamais il ne pourrait devenir son époux; mais si elle n'avait pu résister aux charmes de l'esprit et à la noblesse du caractère et de la figure du sire de Coucy, elle avait su concilier son amour et la vertu. En 1190, Aubert de Fayel demanda sa main; le seigneur de La Vergy la lui accorda et exigea de sa fille qu'elle se soumît à cet hymen; Gabrielle obéit.

« Cependant le caractère sombre et jaloux de Fayel ne fit qu'accroître la passion de la malheureuse Gabrielle. Comme ses amours avec Coucy n'étaient point soupçonnés, Raoul se présentait souvent au château de Fayel, et presque toujours lorsque l'époux de Gabrielle était occupé à lancer le cerf ou à poursuivre le daim. On ne sait au juste jusqu'à quel point l'amour avait triomphé du devoir dans le cœur de la noble dame, lorsque Raoul fut appelé par le roi pour le suivre dans la Palestine. Après avoir fait à sa douce amie les adieux les plus tendres, et avoir reçu de sa main une écharpe portant leurs chiffres enlacés, Raoul partit. Il avait signalé sa valeur dans vingt combats, et la renommée de ses exploits, dont la France était fière, consolait Gabrielle de l'absence de son amant, qui n'attendait que la fin du siége de Saint-Jean-d'Acre pour revoir sa patrie : vain espoir! un coup mortel vint l'atteindre au pied de ces remparts de tout temps funestes à nos armes. Rapporté dans sa tente, il tourna toutes ses pensées vers celle qu'il avait tant aimée, et qui, dans ce moment terrible, était encore tout ce qu'il regrettât. D'une main tremblante il traça la lettre où il lui adressait son dernier adieu et son dernier soupir. S'adressant ensuite à Monlac, à son fidèle écuyer : « Lorsque mon ame aura quitté sa dépouille mortelle, fais ouvrir mon corps, tires-en mon cœur; qu'il soit embaumé et déposé par toi dans cette cassette, avec cette lettre et cette écharpe. Tu te rendras au château de Fayel, et tu chercheras à remettre secrètement, à la noble dame, ce souvenir de celui qui meurt en l'adorant. Monlac, puis-je compter sur toi?» Celui-ci promit, foi de gentilhomme, de remplir cette cruelle mission. Raoul lui fit don de son épée, et expira.

« Depuis trois jours le fidèle écuyer revenu de la Palestine et caché dans le bois de Fayel, cherchait à s'approcher du noble manoir, à la faveur du crépuscule, lorsqu'il fut tout-à-coup surpris dans le parc par le sire de Fayel que le soupçon y avait conduit. Fayel terrassa le trop fidèle Monlac, le força, l'épée sur la gorge, de lui révéler son secret, et l'ayant mis à mort, s'empara de la cassette fatale. A la lecture de la lettre qu'elle renfermait, Fayel, dans un transport frénétique, conçut le projet de la plus horrible vengeance. Il fit préparer le cœur de Raoul sous la forme d'un mets que sa femme préférait à tous les autres, et le lui fit servir à souper. Ayant remarqué qu'elle en mangeait avec plaisir, il la pressa de satisfaire son goût. « Noble dame, lui dit-il, de quelle chair pensez-vous que se compose le mets que vous venez d'achever avec tant de plaisir?—Je ne sais, reprit-elle.—Ceci vous l'apprendra, » ajouta-t-il en lui présentant la lettre de

Coucy. Gabrielle s'évanouit à la lecture des premiers mots, mais ayant repris ses sens, elle achève cette lettre sans verser une larme, sans pousser un soupir. « Et ce présent qu'il m'envoie? » dit-elle à son cruel époux... Fayel frémit. « Pourquoi craignez-vous de me répondre; continua-t-elle avec un effrayant sang-froid.... *L'aliment que vous m'avez présenté m'a paru délicieux ; il suffira au reste de ma vie; je jure qu'aucune autre nourriture n'entrera dans mon corps....* » En disant ces mots l'infortunée Gabrielle se retira dans son appartement et s'y laissa mourir de faim. »

Ce récit achevé, nous remontâmes en voiture avec notre nouveau compagnon de voyage, dont le château se trouvait sur notre route, et qui nous invita à venir passer la nuit à Ferrière.

Nous avons pris place tous trois dans la calèche de M. G***, et nous voilà, au sortir d'Avesnes, enfoncés dans des bois épais, sur une route montueuse et pénible. Cette route était couverte de deux à trois mille personnes qui prenaient diverses directions; toutes étaient parées et semblaient animées par la joie. « C'est aujourd'hui la fête patronale du village de Dompierre, situé à peu de distance de cette route, nous dit M. G***; ces braves gens viennent de faire le pèlerinage de *Saint-Éton;* chaque année, le jour de l'Ascension, on voit courir, dès cinq heures du matin, à Dompierre, plusieurs milliers de personnes qui viennent de dix lieues à la ronde. Ces pèlerins sont armés de baguettes sur toute la longueur desquelles on a enlevé l'écorce en spirale; ils vont processionnellement, dans l'église, tourner autour de la statue en pierre de saint Éton qui est renversée sur le dos; ils promènent leur baguette sur tout le corps du saint, en commençant par les pieds et en remontant vers le nez, que ce frottement souvent répété a rendu camard; ils se rendent ensuite au bord d'une petite fontaine voisine de l'église, ils y plongent leurs baguettes qui, après le frottement et l'immersion, acquièrent selon eux le pouvoir de préserver de toutes maladies les bestiaux qui en sont touchés. Au sortir de l'église, on trouve des baladins, des danseurs de corde, des boutiques, et des jeux de toute espèce. Dans une grotte voisine, on représente la passion, spectacle assez grotesquement exécuté par des marionnettes d'un pied de hauteur qui figurent les apôtres, Pilate, Caïphe, et les autres personnages de ce *mystère* dialogué en patois du pays. C'est aussi le rendez-vous des pauvres et des estropiés de tous les environs. Le chemin qui conduit à la fontaine est jonché de malheureux qui viennent y étaler leurs difformités ou leurs infirmités, et d'autres qui

> Excitent la pitié sur des maux qu'ils n'ont pas,
> Ou qui, feignant la honte et courbés dans la boue,
> Y groupent autour d'eux des enfants qu'on leur loue.

Nous traversons le village de Beaufont, où se donna, en 1793, le combat de ce nom, entre les Français et les Autrichiens; bientôt nous descendons au château de Ferrière. La nuit était venue; toutes les portes du château étaient fermées et barricadées, et ce n'est qu'après avoir sonné à plusieurs reprises que l'on se présenta pour nous ouvrir. « Qui est là?—C'est moi, Jeanne; ouvrez.—Qui, vous?—Votre maître, M. G***. » Cependant la porte ne s'ouvre pas; on chuchote, et les mots de *maître Jacques*, de *sorcier*, répétés à voix basse, parviennent jusqu'à nous. Justement impatienté de ces délais, M. G*** commande impérieusement qu'on lui ouvre. La voix du domestique qui l'accompagnait s'étant fait entendre, inspira quelque confiance: on nous ouvrit avec beaucoup de précautions. Nous aperçûmes aussitôt, à la lueur d'une lanterne que portait Jeanne, cinq ou six individus mâles ou femelles armés de bâtons, de fourches et de pieux, et en position de se défendre, quoique la plus grande frayeur fût peinte sur leurs traits. En entrant, M. G*** demanda l'explication de toutes ces précautions et de ces craintes. On commença par pousser quelques soupirs. Jeanne, en me voyant au côté de M. G***, effrayée sans doute par ma tournure hétéroclite, poussa un cri accompagné de ces mots : *le sorcier!* et toute la troupe fit deux pas en arrière, avec les signes les plus mani-

festes d'une vive frayeur. « Nous aurons tout-à-l'heure l'explication de tout ceci, dit M. G*** en me prenant la main et en avançant dans le vestibule. »
Lorsque le calme fut rétabli dans les esprits, M. G*** appela son jardinier et lui demanda la cause du trouble qu'il voyait régner dans sa demeure. « Hélas! monsieur, ce n'est point ici seulement que tout est dans la crainte, Ferrière la petite et Ferrière la grande sont sens dessus dessous à cause d'un *maître sorcier* comme on n'en a jamais vu. Il y a plus de soixante ans que j'ai entendu dire par mon grand-père. — Laisse là tes réflexions, Joseph, et conte-nous l'histoire de ton maître sorcier. — Hé bien donc, monsieur ; maître Jacques, berger à la ferme de B***, était connu depuis Beaumont jusqu'à Bavai, et depuis Sobre jusqu'au Quesnoy, comme le *meilleur conjureur* et le plus habile sorcier du pays. Il ne demandait pas aussi cher que les autres, et quand il avait fait ses cérémonies et ses grimaces, si l'on récitait bien les formules et les prières qu'il prescrivait, on était sûr de réussir soit qu'on lui parlât pour la guérison *d'un gent* ou *d'une bette*. Il avait un grand livre tout latin, où, sans jamais avoir su lire, il lisait tout couramment le nom et la demeure de ceux qui avaient jeté un sort ou fait un maléfice ; quand vous vouliez vous venger de quelqu'un, il priait l'étoile du berger, *le grand char* ou *le petit char*, pour que les graines, les herbes, les

bêtes de votre ennemi fussent empoisonnées, et cela arrivait. Lorsqu'on était volé ou que l'on avait perdu quelque chose, on s'adressait à maître Jacques, et, avec sa petite baguette de noisetier, il savait où l'on pouvait les retrouver; enfin, quoique toujours il m'ait fait peur, c'était un habile homme. Voilà qu'il y a quelques jours une fille de...., qui se plaignait d'être ensorcelée, fait appeler maître Jacques; elle avait des éblouissements, des lassitudes, des suffocations; il arrive, il conjure l'esprit malin et voilà que la fille accouche bientôt d'un enfant mort. Alors le juge de paix s'est fâché; il a dit que maître Jacques avait tué l'enfant par des drogues; il a envoyé les gendarmes pour l'arrêter. Biste, maître Jacques a disparu, et c'est de ce moment qu'a commencé notre malheur. Depuis huit jours maître Jacques se promène par tout le pays: tantôt il est loup, tantôt tigre, tantôt démon ou bête de Gévaudan; après on le voit en chevalier, en ermite, en capucin. Il marche, il court, il s'élève en l'air tout environné de feux, il retombe sur la terre en eau bouillante; il entre dans les maisons, et tous les meubles sont brisés, renversés; il enlève des femmes, des filles, et des jeunes garçons. L'autre jour, il se promenait auprès de Colleret, en habit de capucin, les gendarmes l'ont pris et enchaîné; il a soufflé sur les fers et a disparu. Le lendemain des hommes l'ont poursuivi à la course; ils n'ont saisi qu'une botte de paille;

ils y ont mis le feu, et une souris s'en est enfuie. Enfin, monsieur, c'est une providence que vous soyez arrivé, car nous étions tous perdus. » M. G*** voyant qu'il n'y avait, pour l'instant, aucun moyen d'éclairer la raison de ses domestiques, rassura le jardinier et le congédia. « Voilà, nous dit M. G***, les effets de la superstition malheureusement encore trop répandue dans ces contrées. Il y a peu de jours que le village d'Hoisnes, près Béthune, vient d'être le théâtre de l'une de ces horribles scènes. Un pauvre paysan avait perdu trois de ses enfants depuis peu de temps, un quatrième était mourant sur son grabat; il court consulter le devin, qui lui dit que sa propre tante est cause de ses malheurs; qu'elle a jeté un sort sur ses enfants; qu'elle seule peut sauver celui qui reste. C'était un dimanche pendant l'office: le malheureux envoie un de ses voisins prier sa tante de passer chez lui pour un objet pressant. La pauvre femme, plus que septuagénaire, arrive toute confiante, croyant pouvoir être utile à son neveu. A peine est-elle entrée, que le neveu et son voisin se précipitent sur elle et la menacent, si elle *n'ôte le sort* qu'elle a mis sur l'enfant, de la livrer au supplice du feu. En vain la malheureuse verse des larmes et proteste de son innocence; un grand feu de paille de colza est allumé; on prend une poignée de chalumeaux enflammés, on lui arrache son bonnet, et promenant la flamme sur sa tête blanche et chenue; on procède à son supplice. Bientôt dépouillée entièrement de ses vêtements, elle est exposée au feu le plus ardent; ses cris font enfin accourir au secours; la porte de la cabane est enfoncée, et l'on trouve la victime, au milieu de ses bourreaux, brûlée de la tête aux pieds, et au milieu des douleurs les plus horribles. Les assassins ne fuient pas, la justice s'empare d'eux. Forts de leur superstition, ils sont sans crainte; ils croient avoir accompli un devoir. La justice doit frapper, mais doit-elle oublier que le *sorcier* est la première cause du crime? »

Le souper était servi; nous prîmes place autour de la table. Hippolyte, en sa qualité d'archéologue, nous dit que les chartes générales du Hainaut imposaient autrefois aux communes l'obligation de nourrir les sorciers et les sorcières en minorité. (Chap. 135, art 22.)

« Et cela ne vous paraîtra pas extraordinaire, ajouta-t-il; puisque les rituels du culte catholique sont remplis d'exorcismes terribles contre les diables et les démons; et pourquoi? parceque les ordres mendiants y trouvaient jadis un moyen de pâture. Vivant de quêtes, ils allaient, dans des temps marqués, exorciser dans les écuries et les étables; ils encensaient avec des chaufferettes ou autres vases d'un usage commun, et se cachaient, pour ces opérations, des curés, parceque ceux-ci, généralement raisonnables, ne se prêtaient pas à ces ridicules cérémonies. De nos jours les missionnaires redoutent aussi les yeux des curés.

« Ce serait à tort que l'on s'étonnerait que cette croyance aux sorciers et devins, qui, à l'époque de la révolution était encore entretenue par les ministres de la religion, ne fût pas plus généralement répandue. Peut-être, certaines gens loin de chercher à la détruire, comme l'un des fléaux de la société, la verraient avec plaisir se perpétuer et s'étendre; il y aurait alors des pèlerinages entrepris, des messes commandées, des exorcismes invoqués, des donations faites; et l'on sait que ces gens-là ne pensent pas, comme Jésus-Christ, que leur royaume n'est pas de ce monde. »

Après une excellente nuit, que ne troubla aucunement le sorcier, M. G*** voulut nous conduire jusqu'à Maubeuge.

Maubeuge est une place forte sur la Sambre, dont les fortifications ont été renouvelées par Vauban; elle est régulièrement bâtie et fort bien percée. Elle avait avant la révolution un chapitre de chanoinesses qui passait pour l'un des plus illustres et des plus anciens de l'Europe. Nous visitâmes la belle manufacture d'armes dirigée de père en fils par MM. Félix; c'est l'un des plus beaux établissements de ce genre qui soit en France.

La ville de Maubeuge ne compte de nom qui mérite d'échapper à l'oubli, que celui du général La Cour.

Après avoir pris congé de M. G***, le postillon nous entraîna sur la route de Bavai. En sortant du village de La Longueville, Hippolyte me montra sur la droite la position de Malplaquet où se livra, en 1709, la bataille de ce nom si malheureuse pour nos armes. Comme nos cœurs battent d'intelligence lorsqu'il s'agit de la France! Le silence succéda à l'indication qui m'était faite, et il ne fut interrompu que par une exclamation d'Hippolyte qui s'écria: « Nous voici dans l'antique Baganum, l'une des plus anciennes villes de la Gaule-Belgique! Quoiqu'elle ne fût au temps des Césars, continua-t-il, qu'un amas de cabanes entourées d'un fossé et de palissades, Auguste la choisit, à cause de sa position centrale, pour en faire la capitale de cette province romaine; il l'agrandit et l'embellit beaucoup, et elle devint tellement importante, que Tibère, son gendre, lorsqu'il commanda dans les Gaules, y fit une entrée solennelle. Nous allâmes visiter les ruines d'un cirque encore parfaitement tracé, et les restes de l'aqueduc qui, en passant sous la Sambre, amenaient dans la cité les eaux de la fontaine de Foursies, éloignée de quatre lieues. Nous espérions voir le cabinet d'antiquités recueillies sur les lieux par le respectable M. Carlier, curé de Bavai, mort depuis quelques années; mais nous ne pûmes obtenir cette permission pour le jour même. Ce digne ecclésiastique, aussi recommandable par ses mœurs douces et tolérantes que par son savoir et son goût pour les sciences, avait formé une très précieuse collection du produit des fouilles qu'il avait fait exécuter; il avait trouvé des vases de terre, des statues en plâtre et en bronze, grand nombre de médailles en or, en argent, en bronze; des parties de pavés en mosaïque et des peintures à fresque parfaitement conservés. « Quelques amateurs s'étaient réunis, nous dit mon compagnon, il y a quelques années, pour faire faire des fouilles; mais, soit que le nombre des souscripteurs n'ait pas été assez considérable, soit que les travaux aient été mal dirigés, on les a abandonnés; cependant on avait découvert, pendant le peu de temps que l'on s'était livré à ces recherches, un beau trépied de Bacchus, qui est aujourd'hui déposé au musée de Douai. Il est formé de trois montants de bronze de deux pieds et demi de haut, cannelés en sautoir, et surmontés de trois têtes de Bacchantes, ornées de feuilles de vigne et de grappes de raisin. Sur l'un des côtés du vase est une panthère. Le tout est d'une belle conservation.

« Sur le milieu de la place, nous avons remarqué une colonne septangulaire, dont chacune des faces indique la direction de la voie romaine qui y aboutissait. Cette colonne n'a rien d'antique; elle a remplacé, nous a-t-on dit, celle qui existait du temps des Romains et qu'on voyait encore au dix-septième siècle. On assure que la reine Brunehaut a fait entretenir et réparer ces chaussées, que l'on appelle encore aujourd'hui *Chaussées Brunehaut.*

« L'une conduisait à Maestricht et à Cologne par Tongres; une autre à Reims, une troisième à Soissons, une quatrième à Amiens, une cinquième à Mardick, par Valenciennes et Tournay; une sixième à Utrecht, et la septième à Gand. Presque toutes sont encore très bien marquées dans le département du Nord, et l'on reconnaît dans leur solidité le travail du peuple-roi : elles sont presque toutes composées de silex ou cornues, transportées à grands frais des contrées voisines. »

En sortant de Bavai, Hippolyte desirait que nous prissions la route du Quesnoy, place forte distante de trois lieues, afin d'aller visiter la belle forêt de Mormal, qui en est voisine; mais je craignis de n'arriver à Valenciennes qu'après la fermeture des portes; ce qui est un grand désagrément dans ce pays, car alors il faut coucher à la belle étoile, ou se loger dans une auberge de rouliers, dans le faubourg. Nous suivîmes donc la route de Valenciennes.

N° CX [1ᵉʳ JUILLET 1821.]

PÈLERINAGE

AUX ENVIRONS DU TÉNARE.

> Le vent mugit sous ces voûtes profondes ;
> Des torrents souterrains j'entends gronder les ondes.
> Tout-à-coup jusqu'à moi parviennent d'autres sons ·
> C'est le bruit des travaux, c'est le bruit des chansons,
> C'est la voix des humains.
>
> DELILLE, *Trois Règnes*.

« Le Hainaut, que nous parcourons maintenant, était jadis habité par les *Nerviens*, l'un des peuples les plus puissants et les plus braves de la Gaule, et *Bavai* fut long-temps leur capitale. César ne connaissait pas ce peuple lorsqu'il arriva dans la Gaule, et le pays qu'il habitait était tout-à-fait inconnu à Rome. *Où sont ces Nerviens? et à quelle distance de nous se trouvent-ils? Je l'ignore,* écrivait Cicéron à son frère Quinctus, l'un des lieutenants de César.

« Ils occupaient, selon César, Strabon et Dion-Cassius, un grand pays borné au midi par les Rhémois, les Sénonois, les Véromandois, et les Amiénois; au couchant par l'Escaut, dont le bord opposé appartenait aux Atrebates et aux Ménapiens; au nord, ils étaient séparés des Toxandrois par la Rupéle; ils tenaient aux Éburons et aux Aduatics par la Dyle et par les limites communes des anciens diocèses de Cambrai et de Tongres.

« Les Nerviens étaient belliqueux, fiers, doués d'un grand courage, et en grande réputation chez leurs voisins, par la sévérité de leurs mœurs. Ils négligeaient le commerce, et ne souffraient point que l'on introduisît chez eux le vin, les mets recherchés, et les objets de luxe qui auraient pu amollir leur courage ou corrompre leur vertu.

« Comme ils étaient entrés dans la ligue des peuples belges, et qu'ils avaient déclaré hautement qu'ils n'enverraient pas de députés, qu'ils n'entendraient à aucune condition de paix avec les Romains, César se décida à les attaquer les premiers.

« Après trois jours de marche dans cette contrée, le consul romain apprit que les Nerviens l'attendaient sur la Sambre, dont il n'était éloigné que de dix milles. Il sut aussi qu'ils avaient renfermé leurs femmes, enfants et vieillards avec leurs objets les plus précieux dans des marais inaccessibles. Les Nerviens s'étaient fait une défense de leurs bois. Ils n'avaient point de cavalerie, et, pour empêcher leurs voisins de faire usage de la leur, ils avaient *marcotté* de jeunes arbres, dont les pousses nombreuses, devenues grandes, entrelacées avec les buissons et les ronces, avaient formé des haies à travers lesquelles il était impossible de pénétrer¹.

« A un signal donné, les Nerviens attaquèrent l'ennemi avec la plus grande impétuosité; ils s'emparèrent de son camp, et mirent César et son armée dans le péril le plus imminent. Cependant, accablés sous le nombre, et d'ailleurs si prodigieusement inférieurs en tactique aux Romains, ils succombèrent, mais avec tant de gloire, que César lui-même s'en montra jaloux.

« Dans cette extrémité, dit-il, l'ennemi même
« parut augmenter de valeur. L'un d'eux n'était pas
« plus tôt tombé qu'un autre prenait sa place et com-
« battait sur son corps; ceux-ci, tués et amon-
« celés, servaient comme de remparts à leurs cama-
« rades, qui, de là, nous lançaient leurs traits et
« nous renvoyaient nos propres javelots. On ne doit
« donc pas être surpris, après cela, que d'aussi bra-
« ves gens aient osé traverser une large rivière, en
« escalader les bords très escarpés et combattre
« dans un poste désavantageux. La grandeur de leur
« courage leur rendait tout aisé. »

« La race des Nerviens fut presque entièrement détruite dans cette sanglante affaire; les vieillards,

---

¹ César convient que ces bois retardèrent sa marche, et donnèrent pendant quelque temps aux Nerviens une supériorité marquée sur ses troupes.

retirés dans les marais, envoyèrent des députés au vainqueur et se soumirent : *De six cents sénateurs,* lui dirent-ils en lui exposant leurs désastres, *nous ne restons que trois, et de soixante mille combattants, cinq cents à peine sont en état de porter les armes.*

« Ne reconnaissez-vous pas, dans les braves défenseurs de Lille, de Valenciennes, de Landrecies en 1793 et 1794, ajouta mon jeune ami avec une sorte d'orgueil dont je lui sus bon gré, les descendants de ces généreux Nerviens qu'enflammait un même sentiment, l'indépendance de la patrie ! César, touché de leur malheur, leur laissa le pays, leur rendit leurs villes, et défendit à leurs voisins de leur faire ni mal ni insulte.

« La nouvelle de sa victoire, portée à Rome, y fut reçue avec une joie et un enthousiasme inexprimable. Le sénat ordonna, pour la première fois, quinze jours de prières publiques en actions de graces, tant était grande la terreur que le nom nervien avait inspirée. « En effet, disent Tite-Live et « Plutarque, le danger avait été imminent. »

« Plusieurs fois encore les Nerviens décimés cherchèrent à secouer le joug de la puissance romaine; mais, trop affaiblis, ils ne purent y parvenir. Rome conçut pour eux une telle estime qu'elle leur conserva toutes leurs libertés. Pline les appelle *les Nerviens libres;* ils l'étaient en effet, puisqu'ils usaient de leurs lois, de leurs coutumes, et qu'ils étaient exempts de tributs. César parle par-tout des Nerviens avec éloge; Strabon et Plutarque les proclament avec les Belges les plus valeureux des Gaulois : Salluste ne craint même pas de dire qu'ils étaient plus belliqueux que les Romains ; enfin Lucain, persuadé que les Nerviens étaient seuls capables de grands exploits, leur attribue la défaite et la mort de Cotta, auxquelles ils ne prirent aucune part. »

J'étais tellement occupé de l'histoire des Nerviens, que nous étions aux portes de Valenciennes sans nous en être aperçus. « Où descendent ces messieurs? nous cria le postillon. — *Au grand Canard.* »

Un mot ou deux en anglais, qui m'étaient échappés inattentivement en montant l'escalier de l'hôtel du Canard; la chevelure blonde, la taille élevée de mon compagnon, je ne sais quoi de britannique dans son extérieur firent prendre le change sur nous. « Ce sont des Anglais, entendîmes-nous distinctement dans le corridor.—Vous vous trompez, de par tous les diables, reprit brusquement Hippolyte en mettant la tête à la porte qui donne dans le corridor; nous sommes Français et très bons Français, je vous l'assure, quoi qu'en disent certaines gens qui prétendent que c'est par amour pour la France qu'ils ont passé vingt ans éloignés d'elle. C'est qu'il est essentiel pour nos finances, ajouta-t-il en entrant dans l'appartement, que l'on ne nous prenne pas ici pour des hommes d'outre-Manche, car les aubergistes ont, à Valenciennes comme à Paris, l'habitude de traiter les Bretons en vrais corsaires. Il est vrai que les hôteliers anglais en agissent de même à l'égard des voyageurs français; mais ici nous ne devons pas être victimes des représailles. »

Le guide sur la complaisance de qui nous avions compté pour nous conduire dans la ville, M. Aimé Leroy, est à la campagne. Le tilbury qui nous attendait à Valenciennes est prêt. Nous voilà à *Anzin*, village considérable situé sur les hauteurs qui dominent la capitale du Hainault, à une portée de canon de la ville sur le terrain où s'exploitent les mines de charbon les plus importantes de France.

En 1717, le territoire de cette commune présentait l'aspect le plus triste; on apercevait seulement çà et là quelques maisons isolées, et ce n'était qu'à force de soins et de travail que les cultivateurs parvenaient à arracher de maigres récoltes à un sol appauvri et ingrat. L'industrie, amenant après elle l'opulence, est venue changer l'aspect de cette triste contrée; guidée par la science, elle a interrogé le sein de la terre sur ce qu'il recélait. Armée de longs tubes, elle en a pénétré les profondeurs, et ses sondes ont ramené, après de nombreuses tentatives, les preuves d'une richesse cachée. Dès-lors la misère et la tristesse ont fui devant une prospérité toujours croissante. Le charbon de terre, moins cher que le bois, plus à la portée des besoins de toutes les classes, et d'ailleurs si utile dans nos usines, est devenu l'une des principales branches de richesses de ce pays.

La découverte et l'ouverture de ces fosses ont été faites par le travail opiniâtre et la constance inaltérable de M. Pierre Taffin, procureur-général du conseil provincial du Hainaut. Ce ne fut que lorsqu'il eut dépensé une fortune considérable dans des recherches infructueuses, et au moment où il allait manquer de moyens pour les continuer, qu'il trouva enfin la récompense de son zéle et de ses efforts. Cet important établissement appartient aujourd'hui à une riche compagnie. Au nombre de ses régisseurs se trouvent M. Casimir Perrier, l'un des députés les plus distingués et les plus véritablement honorables de la chambre éligible, et M. Taffin de Sorel, petit-fils du fondateur de l'établissement, savant jurisconsulte que 1816 a vu destituer, comme tant d'autres hommes de mérite, des fonctions de président de chambre à la cour royale de Douai, qu'il exerçait depuis vingt ans de la manière la plus honorable. Les autres régisseurs sont M. le prince Ernest d'Aremberg, M. le comte Hocquart, M. Joseph Perrier, M. Taffin d'Heursel. Ces régisseurs contribuent de tous leurs efforts à la prospérité et à la splendeur de cet important établissement, et acquièrent chaque jour des droits nouveaux à la reconnaissance publique, en assurant une existence aisée à un grand nombre de familles. Les circonstances présentes sont difficiles pour eux, et l'on doit desirer, dans l'intérêt public, que le gouvernement les encourage de sa protection.

« Les propriétaires des mines de la Belgique luttent avec persévérance contre les actionnaires des mines d'Anzin. La modicité des droits d'entrée en France des charbons étrangers, comparés avec ceux que nous devons payer pour introduire le nôtre chez nos voisins, favorise le commerce des Belges; si le gouvernement, inattentif au besoin de l'administration des mines d'Anzin, ne s'occupe pas de la soutenir dans cette lutte, et si, par impossible, la société d'Anzin venait à succomber, on sentirait toute l'étendue de la perte que ferait cette belle contrée. »

Nous fûmes reçus à Anzin par M. Courouble, receveur principal des mines, homme probe, laborieux et généralement estimé, qui voulut bien nous accompagner dans la visite que nous nous proposions de faire de ce vaste établissement. Vingt-cinq fosses sont en extraction; onze sont destinées à l'aérage. Dix machines à vapeur sont dans une activité perpétuelle pour pomper les eaux souterraines qui inondent les fosses, et quatre mille ouvriers travaillent nuit et jour en se relayant de douze heures en douze heures.

Les travailleurs fatigués quittaient les profondeurs de la terre lorsque nous approchâmes de l'un de ces gouffres; d'autres se disposaient à y descendre. Passant leur vie dans le voisinage du noir royaume, ils ont pris la couleur et quelque chose de l'extérieur des habitants du Ténare. Leurs visages, leurs mains et toutes les parties visibles du corps sont du plus beau noir; les lèvres, les dents et les yeux conservent seuls leur couleur naturelle. « J'aurais cru, dis-je à M. Courouble, qu'après avoir passé douze heures sans autre lumière que celle des lampes, leur vue devait souffrir en se retrouvant exposés à celle du jour. Il paraît que vos ouvriers n'en sont pas affectés? — Ils s'en font une habitude, répondit-il. L'œil s'accoutume même à la poussière du charbon qui continuellement s'élève dans les galeries des mines; nous voyons peu de nos ouvriers aveugles ou souffrant de la vue dans leur vieillesse.

« Je ne vous proposerai pas, mon cher Ermite, d'entreprendre avec moi ce voyage souterrain, me dit Hippolyte. — Non, lui répondis-je en riant, je craindrais trop de m'arrêter à cinq ou six pieds sous terre. — Eh bien, continua-t-il, je vais me mettre en route avec ceux que je vois prêts à partir, si M. Courouble veut me le permettre. — Je ne vous en refuse pas la permission, dit M. Courouble, mais je vous engage à renoncer à ce projet. Ce voyage est trop pénible lorsqu'on le fait pour la première fois. Nous y formons nos ouvriers dès l'âge de huit à dix ans, parceque leurs membres étant plus souples s'accoutument plus facilement à ce dur et fatigant exercice. N'entreprenez pas ce voyage, je vous en prie : je vous crois assez fort pour descendre les douze cents pieds de profondeur qu'a cette fosse; mais il vous serait impossible de les remonter aujourd'hui par le même moyen; vous seriez obligé de remonter dans le panier; voie dangereuse et trop parcourue, malgré tant de malheurs que nous avons à déplorer. » Hippolyte insista, promit de suivre le conseil de M. Courouble, et de remonter par les échelles.

Il revêtit le costume des mineurs (c'est un pantalon de toile grise; une veste longue boutonnant sur toute sa longueur); il serra sa tête dans un bonnet, qu'il couvrit d'un petit chapeau de cuir à larges bords et d'une forme basse, auquel se trouvait attachée une lampe à la *Davy* (invention qui place son auteur au rang des bienfaiteurs de l'humanité); et, précédé des deux *porions* que M. Courouble lui avait donnés pour guides, il commença à descendre l'échelle perpendiculaire appliquée sur l'une des parois de la fosse. A l'instant je le perdis de vue.

Je ne m'éloignai pas sans une vive inquiétude pour mon ami. Bientôt généralisant mes craintes, je me mis à réfléchir aux dangers auxquels sont chaque jour exposés des milliers d'hommes pour gagner les moyens de soutenir leur pénible existence, et à l'injuste répartition des peines et des récompenses dans cet état social dont nous sommes si fiers. Cet homme qui passe chaque jour douze heures dans les entrailles de la terre, attaché au plus pénible travail, dans une position qui est presque une torture, plongé dans une atmosphère humide, épaisse et malsaine; cet homme qui, après vingt ans passés si tristement, doit renoncer à ses travaux, accablé qu'il est d'infirmités de toutes espèces, gagne à peine de quoi fournir à ses plus impérieux besoins, et meurt presque toujours dans la misère; tandis que ce ministre, habitant des palais somptueux, foulant de riches tapis, se reposant sur le mol édredon, s'asseyant à une table couverte de ce que les quatre parties du monde produisent de plus délicat et de plus exquis, jouit de tout ce que la vie offre de douceurs, et travaille à peine deux heures chaque jour. Pour ce facile labeur, il reçoit un traitement égal à celui de cinq cents des malheureux qui vont fouiller la terre pour chasser le froid des antichambres du visir. Après quelques années de pouvoir, le ministre se retire comblé d'honneurs et de fortune, et va attendre la mort au milieu de toutes les somptuosités de la vie!...

La voix de M. Courouble me tira de ces pénibles réflexions. « La découverte du charbon de terre dans le ci-devant Hainaut impérial, me dit-il, et par suite dans ces contrées, date du onzième siècle. Cette découverte importante est, comme tant d'autres, entièrement due au hasard. Un maréchal du pays de Liège, nommé *Houilleux*, s'occupant à creuser un puits pour son usage, rencontra la tête d'une veine; il s'associa cinq autres ouvriers, et sa mine fut exploitée. Plus justement qu'Améric Vespuce qui n'avait point découvert l'Amérique et qui lui donna son nom, Houilleux donna le sien au minéral que le hasard lui avait fait découvrir : on le nomma *Houille*. »

Après avoir visité en détail l'établissement qui par-tout m'a montré l'application d'excellents principes d'ordre, d'économie et de bonne administration, nous nous sommes rapprochés de la fosse par laquelle mon compagnon de voyage était descendu. A peine y étions-nous arrivés qu'une voix partie du fond des mines nous annonça le retour d'Hippolyte par la voie des paniers. Un léger nuage s'éleva sur le front de M. Courouble. Lorsque le panier ne se trouva plus qu'à quelques cents pieds de la surface du sol, un des employés des mines, qui se trouvait auprès de la fosse avec nous, chanta ce premier vers d'une chanson de Béranger :

>Hommes noirs, d'où sortez-vous?

et Hippolyte du fond de son panier répondit :

>Nous sortons de dessous terre.

La singulière application nous fit sourire et dissipa les inquiétudes de M. Courouble et les miennes; en moins de cinq minutes le panier nous avait rendu notre ami, et M. Courouble, en le revoyant, au lieu de le gronder, se prit à rire. Ses vêtements, sa figure, ses mains, tout avait pris la couleur du minéral dont il venait de visiter le berceau. Son pantalon et sa veste étaient collés au corps par l'eau noire dont ils étaient imprégnés et qui en découlait. M. Courouble fit d'aimables reproches au curieux imprudent, et gronda fortement les *porions;* mais Hippolyte les excusa et prit la faute sur lui.

Il avait changé de vêtements, nous avions pris congé de M. Courouble, et le tilbury nous reportait rapidement à Valenciennes. « Vous vous rappelez mieux qu'un autre, me dit-il, l'impression vive et douloureuse que l'on éprouve lorsque, pour la première fois, une voile enflée par les vents vous éloigne de la terre et vous livre aux caprices de l'Océan. Le bruit des poulies, des cordages, le sifflement d'une brise fraîche dans les huniers, l'oscillation plus brusque du navire, le craquement des mâts ou de toute autre partie, agissent sur l'imagination sans pour cela ébranler le courage. Un sentiment à-peu-près semblable, mais plus pénible, s'empara de moi, lorsque, après avoir descendu cinquante ou soixante pieds, je m'arrêtai sur le premier pallier. Déja les vêtements que j'avais pris étaient souillés d'une boue noire formée par l'eau qui continuellement suinte ou dégoutte de toutes parts, et par la poussière du charbon. L'échelle était mouillée et conséquemment glissante ; l'air était plus rare et moins pur ; ma respiration éprouvait une gêne sensible. Je continuai cependant à descendre au milieu des bruits singuliers dont je n'avais pas le temps de me rendre compte, tout absorbé que j'étais par l'attention soutenue qu'exigeait mon voyage sur l'échelle. J'ai su depuis que ces bruits étaient formés par l'air souterrain et par les eaux contenues qui s'agitaient autour du cuvelage [1]. Tout en cheminant, nous avions rencontré des ouvriers remontant sans lumière par économie, habitués d'ailleurs qu'ils sont à parcourir cette route dans les ténèbres. Lorsqu'ils nous entendaient ou que nous les entendions à cinquante ou soixante pieds sous nous, on s'avertissait par quelques mots, et lors de la rencontre, il fallait partager l'échelle en se rangeant presque en dehors, ne conservant chacun qu'un pied sur chaque échelon ; car l'échelle n'a guère que quatorze à quinze pouces de large. Nous arrivâmes ainsi à six cents pieds environ de la bouche de la fosse et nous rencontrâmes alors les galeries nommées *latérales*. Ce sont de petits cor-

[1] C'est ainsi que l'on nomme l'espèce de charpente qui recouvre les parois des fosses et qui empêche les inondations et les éboulements.

ridors légèrement inclinés, hauts de trois pieds environ et de la même largeur, dans lesquels il faut se traîner péniblement dans un chemin boueux. Nous descendîmes alors par des échelles ayant à-peu-près vingt-cinq degrés d'inclinaison, lesquelles sont posées dans des galeries basses et assises sur un fond d'argile humide. Au moment où nous allions reprendre les échelles droites pour arriver au fond de la fosse, nous entendîmes des soupirs et aperçûmes bientôt un enfant de huit à dix ans posé sur le bord de l'échelle. « Que fais-tu là, Pierrot? lui demanda le maître *porion*.—J'ai tant de mal aux pieds que je ne puis plus remonter, maître André. Il y a tantôt une heure que je suis parti du fond, et, comme vous voyez, je ne suis encore qu'à la deuxième échelle de cent vingt pieds.—Monte sur mes épaules, tu descendras avec nous et nous remonterons ensemble. » Pierrot ne se le fit pas dire deux fois et monta sur le dos du *porion*. Nous atteignîmes enfin à la roche noire, qu'il faut traverser pour arriver aux veines.

« Cette partie se nomme *toit*, et celle qui est sous le charbon s'appelle *mur*. Assis sur un tas de charbon, dans une salle basse taillée dans le roc noir à douze cents pieds de la surface du globe, je commençai à respirer. Les travailleurs étant occupés au loin dans les galeries souterraines, le silence qui régnait dans cette noire enceinte n'était interrompu que par le bruit qu'occasionaient le suintement et la chute des eaux supérieures. Mon imagination agitée par ce spectacle terrible et solennel, et par la singularité de ma position, allait s'abandonner à ses rêveries habituelles, lorsque les soins que les *porions* donnaient au petit Pierrot vinrent me rappeler que quelqu'un souffrait près de moi. Je m'approchai de lui, et, sous la teinte de charbon qui couvrait ses traits, je distinguai une petite figure charmante, à laquelle deux yeux noirs et vifs donnaient une expression touchante. Les pieds trop sensibles du petit malheureux n'avaient pas encore pu s'habituer au rude frottement des échelons; ils étaient ensanglantés. Débarrasser avec les eaux malpropres de la fosse les plaies des petites particules de charbon qui s'y étaient introduites, fut tout ce qu'on put faire pour le moment. « Pierrot, me dit le porion, est un enfant bien courageux, il est l'un des soutiens de sa mère et de trois frères et sœurs. Son père mourut, il y a dix-huit mois, dans cette fosse, du *brisou* (feu grieux). Grace à l'invention des lampes de M. Davy, quoique nous soyons moins bien éclairés qu'avec des chandelles, nous n'avons plus ce malheur à redouter. J'étais assis à la place que vous occupiez tout-à-l'heure lorsque l'accident arriva; un bruit semblable à celui d'une forte grêle se fit entendre, et bientôt une flamme brunâtre vint vers moi avec une grande impétuosité; heureusement elle prit la direction de la fosse; ma chandelle fut éteinte par la rapidité avec laquelle elle passa, et bientôt j'entendis les cris des malheureux qu'elle avait blessés en parcourant les galeries. Elle remonta par la fosse, et fondit les anneaux de la chaîne de fer qui y était suspendue. Quatre ouvriers furent trouvés morts, plusieurs furent blessés; parmi les premiers était le père de Pierrot : c'était un ancien militaire échappé aux désastres de la campagne de Russie. Bon père, bon époux, excellent ouvrier, MM. les régisseurs n'ont pas voulu laisser sa veuve dans la misère; ils ont assuré les gages du père de Pierrot; qui vient ici apprendre son état, et reporte son gain à sa mère. Le grand-père de notre petit et intéressant compagnon avait aussi trouvé la mort dans les fosses; en remontant dans l'un des paniers, il en avait été renversé par celui qui descendait, et avait été précipité de quatre à cinq cents pieds. » Pierrot pleurait des inquiétudes qu'éprouverait sa mère en voyant son retard. Sa douleur fut calmée par la promesse que je lui fis de le faire remonter par le panier, ce qui abrégerait sa route de deux heures.

« Nous nous glissâmes alors dans les galeries latérales, qui sont des veines de charbon épuisées. A soixante toises de la fosse, nous rencontrâmes un énorme fourneau d'aspiration établi pour prévenir les mauvais effets des exhalaisons en purifiant l'air. La liberté de mouvement et de circulation de l'air et de l'eau dans les travaux des mines méritent une attention constante. Bientôt j'entendis la voix des travailleurs; ils chantaient. — Que chantaient-ils? — Ce que tout le monde chante en France, une chanson de Béranger. A huit cents mètres environ de la fosse, je trouvai une veine en exploitation. Je remarquai, sur le schiste qui recouvre le charbon, des impressions et des configurations de diverses plantes, de fleurs, de végétaux, dont plusieurs m'étaient totalement inconnus.

J'allais, étendu sur le charbon, dans une galerie de moins de trois pieds de hauteur, commencer mes méditations sur les bouleversements de la nature et sur les révolutions du globe; j'allais rêver de nouveau avec Buffon et noblement m'égarer peut-être avec lui, lorsque le *maître porion* me rappela que j'avais du chemin à faire, et que les portes de Valenciennes se fermaient tous les soirs. J'étais fatigué, il était tard, il me fallait une heure et demie au moins pour remonter par l'échelle. En cinq minutes le panier me rendait à la lumière du jour. J'avais parcouru une route, je ne connaissais pas l'autre; j'avais promis à Pierrot de le faire remonter dans le panier: mon parti est pris; on le dépose à côté de moi. Les *porions* se placent debout sur le bord du panier, notre char périlleux s'élève, un abyme de douze cents pieds est sous nos pas, la corde qui nous soutient s'est quelquefois rompue!... Mais Pierrot sourit; aurai-je moins de courage qu'un enfant? Je veux qu'il se souvienne de moi; une piéce d'argent que je lui glisse dans la main le fait bondir de joie, et l'ébranlement qu'il cause au panier me cause un mouvement de frayeur que j'ai bien de la peine à dissimuler : enfin, nous revoyons la lumière; je vous retrouve et le péril est oublié... Nous pourrons parler *de visu.* »

N° CXI. [8 JUILLET 1821.]

VALENCIÈNNES.

> Aujourd'hui chaque ville en France est dans une sorte de dépendance de toutes les autres.
>
> M

La table se composait de cinq à six convives, qui nous parurent tous des commis de maisons de commerce. L'un d'eux tenait le dé dans la conversation, où l'on traitait de la situation du commerce et de l'industrie à Valenciennes. « Je n'ai jamais vu d'état comparatif des importations en toiles ou batistes de Valenciennes et de Cambrai, disait-il en s'adressant à un des convives, et il me serait difficile d'assigner, comme vous venez de le faire à la seconde de ces villes, le premier rang sous le rapport de l'étendue de ses relations commerciales; mais ce que je crois savoir c'est que la ville de Cambrai n'a pas les droits incontestables que vous revendiquez en sa faveur à l'invention de ces étoffes [1],

[1] Les expéditions de commerce de Valenciennes, en certaines années, ont été de cent cinquante mille, et même de cent quatre-vingt mille pièces.

quoique long-temps elles aient porté le nom de *toiles de Cambrai*. Le premier individu qui ait fabriqué ces tissus est un nommé *Baptiste Cambrai*, de Cantaing, qui en fut à-la-fois l'inventeur et le parrain. Ni Cambrai, ni Valenciennes ne doivent donc s'enorgueillir de cette précieuse invention qui leur appartient également, puisque toutes deux l'ont employée dès son origine au treizième siècle, et l'ont perfectionnée dans la suite.

« Quoi que disent Thucydide, Pline et Théophraste de la finesse, de la blancheur et de la transparence des tissus dont se servaient les Athéniennes, j'aurais bien de la peine à croire que les Grecs aient jamais poussé la perfection du tissage au point où l'ont conduite les ouvriers de ce pays. Les maisons les plus importantes dans le commerce des batistes sont celles de MM. Ewbanck, Hamoir frères, Fiseaux, Dubois-Fournier, Lelièvre, Rhoné, Dinaux et Jean-Baptiste Hazard.

« Cette seule branche de commerce assure ici l'existence d'un nombre incalculable d'individus. Un paysan, possesseur d'un coin de terre, peut trouver dans le produit qu'il tirera de la culture du lin, de quoi nourrir et élever sa famille. Lorsqu'il a fait sa récolte, sa femme et ses enfants s'occupent à rouir, à tiller, à filer cette matière première, que des ouvriers ambulants viennent tisser chez lui, de sorte que, sans quitter sa demeure, il a vu une légère portion de graines confiées à la terre se transformer en toile, qu'il vend au fabricant de profession, lequel la revend lui-même à plus gros bénéfices aux marchands et aux consommateurs après l'avoir blanchie sur le pré, où elle acquiert cette blancheur que l'art des Bertholet pouvait seul surpasser.

« Depuis quelques années on imprime des dessins de différents genres sur nos batistes, et principalement sur les mouchoirs et cravates. Ces impressions se font aussi à Valenciennes. En 1822 et 1823, on en envoya une grande quantité en Espagne; un de nos négociants, dont l'opinion n'a rien de libéral, en fit de nombreuses expéditions. Sur ces mouchoirs et sur ces cravates il avait fait imprimer en gros caractères le cri des constitutionnels : *Viva la Constitution!* Cet estimable commerçant ne savait probablement pas la langue espagnole, et pour ceux qui sont dans le même cas, on pourrait ainsi traduire cette devise : *Vive mon commerce, quand même!* »

L'esprit et les connaissances locales du narrateur nous engagèrent à prendre part à la conversation. « Monsieur, lui dis-je, vous me paraissez si parfaitement instruit de tout ce qui concerne le commerce et l'industrie de ces contrées, que je voudrais vous devoir quelques détails sur le commerce des dentelles, qui contribua jadis à accroître la renommée et les richesses de cette ville.

« — Valenciennes, nous dit-il, est encore aujourd'hui, renommé pour la beauté et la solidité des dentelles qui portent son nom ; et cependant ce commerce est presque entièrement tombé. Le prix excessif de ces riches tissus n'en aurait peut-être pas dégoûté les acheteurs, si les parures en tulle, à l'avantage d'être infiniment moins chères que les parures de dentelles, ne joignaient celui de pouvoir se renouveler beaucoup plus souvent ; cette considération, de nature à frapper si vivement l'esprit des femmes, ne pouvait manquer d'assurer aux tulles la préférence qu'ils ont obtenue sur les dentelles.

« On chercha, il y a une vingtaine d'années, à donner une nouvelle activité à ce commerce. Le ministre de l'intérieur, M. Chaptal, mit des fonds à la disposition du préfet du Nord, pour relever une fabrique qui n'avait point de rivale en Europe. Ces efforts, secondés par l'autorité locale, n'amenèrent rien de durable. Des ateliers publics furent ouverts ; une classe nombreuse de jeunes filles *jeta le fuseau* pendant quelques années ; mais une longue vie ne put être rendue à une industrie éteinte. Les dentellières ne recevaient qu'un salaire modique ; leurs besoins croissant avec l'âge, elles se trouvaient bientôt placées entre la crainte de la misère et les dangers de la séduction : leur choix était facile à prévoir ; les ateliers furent fermés.

« Une particularité relative à la fabrication des dentelles de Valenciennes mérite d'être observée : c'est que jamais on n'a pu, hors des murs de cette ville, fabriquer des dentelles égales en beauté, en solidité à celles qui se faisaient dans l'intérieur. Des ouvrières excellentes ont été envoyées à Lille, à Douai, à Arras, avec des pièces commencées et montées sur les mêmes carreaux ; elles les ont terminées dans ces villes, et toujours on a remarqué un degré d'infériorité dans les parties exécutées hors de Valenciennes. Je me contente de citer un fait sans me charger d'en expliquer la cause, de peur d'être tenté de vous répéter les contes absurdes que j'ai entendu débiter à ce sujet. »

On se leva de table, et nos convives se dispersèrent.

M. Aimé Leroy, qui de grand matin était venu nous rejoindre au *Grand-Canard*, voulut bien nous servir de guide pour parcourir la ville. Nous fûmes frappés péniblement dans cette promenade par la vue des traces encore visibles du siège que Valenciennes soutint en 1793. « Le bombardement, nous dit-il, dura quarante-trois jours sans interruption, ce qui est sans exemple. Le duc d'Yorck, qui commandait l'armée assiégeante, fit tirer sur la ville deux cent mille boulets, trente mille obus, quarante-deux mille bombes, et y fit jeter une quantité énorme de pierres et de morceaux de fer pour ménager ses munitions. Toutes les maisons eurent plus ou moins à souffrir. Les rues de Mons, de Tournay, de Cambrai, de Saint-Géry, et divers quartiers de la ville, n'offraient plus que des monceaux de ruines. La férocité des assiégeants ne pouvait se comparer qu'à l'intrépidité et au courage de la garnison assiégée. Sur dix mille hommes dont elle se composait, elle en perdit six mille cinq cents : on n'oubliera jamais qu'elle était commandée par le brave général Ferrand. Telle fut l'activité de l'artillerie et du génie que la perte des assiégeants ne fut pas moins de vingt mille hommes. Parmi les officiers de ces armes, se distinguèrent alors les capitaines Lauriston et Dambarère, tous deux aujourd'hui pairs de France[1]. »

En traversant la place de Wantiers, M. Leroy nous indiqua avec un sourire malin la demeure de M. Giard-Fortier. « Voici, nous dit-il, un perfectionnement en matière de commerce inconnu à Paris. M. Giard exerce deux professions, dont l'une vient puissamment au secours de l'autre : il est libraire et épicier. Du haut des rayons où nos bons auteurs sont placés dans sa double boutique, ils voient à chaque instant mettre en sacs et en cornets leurs misérables confrères. Par ce moyen, M. Giard-

---

[1] Le premier est maintenant (en 1826) grand-veneur et maréchal de France.

Fortier est sûr d'avoir le débit en feuilles de tous les livres qu'il ne peut vendre en volumes.

« Puisque je vous ai parlé de livres, ajouta M. Leroy, je vous dirai que l'imprimerie, à Valenciennes, n'a jamais rien produit de remarquable. On ne peut citer que quelques livres recherchés de certains curieux, à cause de leur singularité et de leur rareté: *La pieuse Alouette avec son tirelire; les Rossignols spirituels ligués en duo; la Peau de bœuf, ou le Remède universel pour faire une bonne femme d'une mauvaise*, et autres productions de ce genre, qui portent toutes le cachet du ridicule: c'est bien là ce qui justifierait cette expression généralement adoptée: *faire gémir les presses*. Ce ne fut qu'en 1817 que les frères Lemaître de Valenciennes commencèrent à donner de l'extension au commerce de la librairie, et à réhabiliter le goût des habitants; ils publièrent de bons livres, et le département où ils ont servi si puissamment la cause des lettres leur doit de la reconnaissance.

« — L'établissement de MM. Lemaître n'est pas le seul, reprit Hippolyte, qui, depuis quelques années, ait contribué à la restauration des lettres dans cette ville. Les rédacteurs de certain journal souvent malin, quelquefois sérieux, toujours spirituel et classique, sous le rapport des doctrines littéraires, ont encore plus fait que la librairie de MM. Lemaître. Ce journal, connu sous le titre des *Petites*

Affiches de Valenciennes, et au succès duquel notre aimable guide a beaucoup contribué, fournit en général plus d'articles aux journaux de la capitale qu'il ne leur en emprunte.

« — Notre bibliothèque publique, à laquelle depuis quelques années on consacre des sommes suffisantes, sert aussi puissamment la cause des lettrés; l'administration municipale mérite à cet égard de justes félicitations.

« Valenciennes possède une société libre des *sciences, arts, commerce et industrie*. Voilà bien des promesses; mais avec du génie et du travail on peut venir à bout de les remplir. Malheureusement cette société, comme quelques autres de notre voisinage, n'existe que de nom; elle n'a même pas encore fait choix d'un local pour ses séances. Le travail le plus important que cette académie ait encore publié est la liste alphabétique des membres qui la composent. Depuis qu'une sous-préfecture a été établie à Valenciennes, il est question d'y former une nouvelle société : n'est-il pas temps en effet que l'ancienne se repose?

« — Voilà un magnifique bâtiment, dis-je, en m'arrêtant vis-à-vis un édifice imposant par son élévation et son étendue. — C'est l'Hôpital général, me répondit M. Leroy. Il fut construit vers le milieu du siècle dernier. Son immensité rend cette propriété onéreuse pour l'administration des pauvres.. Il serait peut-être à desirer que le gouvernement se chargeât de son entretien en lui donnant une autre destination : *l'Hôtellerie*, *l'hospice des Orphelins*, celui *des Chartriers*, *l'Hôtel-Dieu*, pourraient, au moyen de quelques changements, suffire comme établissements de charité. Ce fut, dit-on, à l'aide d'un droit de deux liards établi sur chaque pot de bière qui se buvait dans la province du Hainaut qu'on parvint à trouver en grande partie les fonds nécessaires pour la construction de ce vaste et utile édifice. Il n'y aura jamais chez les Flamands d'impôt plus lucratif et d'une perception plus prompte que celui que l'on établira sur les boissons. »

Nous traversâmes l'un des ponts jetés sur l'Escaut; ce fleuve, qui coule à travers la ville, du midi au nord, la divise en deux parties inégales. Il y a dix siècles, l'une appartenait à la France et l'autre à l'Empire; comme avant la révolution, l'une était du diocèse de Cambrai et l'autre de celui d'Arras. « La ville, nous dit M. Leroy, réclame depuis long-temps et avec de vives instances l'établissement de la navigation intérieure et transversale. Il paraît que très anciennement cette navigation exista, et ce qui indique bien qu'on n'a jamais perdu l'espoir de l'y voir rétablir, c'est l'élévation qu'on a donnée à tous les ponts. Des anneaux y sont placés pour amarrer les bateaux, et la même précaution fut prise lors de la construction riveraine de l'Hôpital général. Quelles causes se sont opposées au rétablissement de cette navigation intérieure? Les uns l'attribuent à la grande dépense qu'occasioneraient les travaux à effectuer, d'autres au danger d'une entrée par eau dans une ville frontière, relativement aux tentatives ennemies, ou à celle des contrebandiers. Une troisième cause enfin est indiquée par des gens qui se disent bien instruits du fait; s'il faut les en croire, la compagnie d'Anzin, seule intéressée à ce que cette navigation transversale n'ait pas lieu, serait parvenue à étouffer les réclamations des habitants de cette ville.

« — Quelle que soit la cause qui s'oppose à l'établissement de cette navigation intérieure, reprit Hippolyte, si l'on en croit l'historien d'Oultremon et l'auteur d'un précis sur la ville de Valenciennes, récemment publié, cette navigation intérieure n'a jamais existé. Le premier assure que l'Escaut ne commence à être navigable que sous le pont Néron [1] et non devant; et l'autre assure qu'on ne trouve aucun réglement relatif à cette navigation, et qu'il n'y a point de traces de quai, de port, ou de magasin qui fassent soupçonner qu'elle ait existé. Dans

---

[1] Tibérius Néron a fait construire ce pont, pour faciliter les communications de Bavai et de Famars avec Tournay.

l'intérêt de la ville, faisons néanmoins des vœux pour que la voix des citoyens de Valenciennes soit entendue, et que la navigation intérieure soit enfin établie ou rétablie. »

La grande place d'armes, où nous nous trouvions alors, est belle et régulièrement bâtie; elle est décorée de quelques édifices qui ne manquent pas d'élégance: la façade de l'hôtel-de-ville, quoique dégradée, offre encore un ensemble agréable, le beffroi, par son élévation, l'élégance de sa partie neuve et sa position pittoresque à l'un des angles, est un bel ornement; enfin la salle de spectacle, d'une construction moderne, est un bâtiment de fort bon goût. Tous trois contribuent à faire de cette place une promenade agréable et toujours fréquentée.

J'aurais desiré pouvoir assister à une représentation théâtrale à Valenciennes, afin de jouir de la vue intérieure de la salle, que l'on m'a dit être d'une coupe heureuse, d'une bonne proportion et décorée avec autant de soin que de goût; mais les habitants s'étant brouillés, quelques jours avant notre arrivée, avec un certain directeur qui, depuis quelques années, a le privilége d'éloigner du spectacle tout ce qui, dans le département du Nord, n'est pas entièrement dépourvu de goût, celui-ci s'était vu forcé de se retirer et d'aller solliciter à Paris les moyens de mettre à la raison un public factieux qui se permettait de siffler des pièces et des acteurs de circonstance.

« Monsieur l'ermite, l'heure du déjeuner est arrivée; entrons à l'hôtel du *Petit-Ours*; M. Remy Botteau nous y servira, entre autres mets, des pieds de cochon merveilleusement préparés; j'espère que vous penserez comme moi, après en avoir goûté, que M. Remy Botteau a justement mérité la jalouse animosité des illustres charcutiers de Sainte-Menehould. » Nous étions attendus dans une salle particulière de l'hôtel du *Petit-Ours*, par quelques amis de notre spirituel *cicerone*, et le souvenir de l'excellent déjeuner que j'ai fait chez M. Remy Botteau me fait un devoir de recommander aux voyageurs gastronomes les pieds de cochon du *Petit-Ours*.

En roulant vers Famars, où nous allions visiter les fouilles qu'une société d'actionnaires fait maintenant exécuter à ses frais, j'exprimai à M. Leroy le desir de connaître les personnages célèbres de Valenciennes.

« Commençons par les morts.

« Je vous nommerai d'abord le vaillant et infortuné Baudouin IX, comte de Flandre, empereur de Constantinople. Il naquit à Valenciennes, en 1171, et fut fait prisonnier au siége d'Andrinople par le féroce Joannic, roi des Bulgares, qui lui fit couper les bras et les jambes, et le fit jeter dans un cloaque où il ne mourut, dit-on, que trois jours après.

« Henri d'Oultremon, auteur d'une histoire de Valenciennes, qui n'est point sans mérite, mais qui est très faible de critique.

« Jean Froissart, l'un de nos meilleurs chroniqueurs et l'oracle de nos modernes historiens. Comme Pétrarque il était chanoine; il fut comme lui poëte, comme lui amoureux : tout cela pouvait s'allier et même s'avouer au quatorzième siècle. Froissart est peu connu ; cependant son histoire écrite en français est un monument précieux ; elle est d'ailleurs, sous le rapport du style, remarquable pour l'époque où elle fut publiée. Il est possible que le format incommode de l'in-folio ait nui à cet écrivain ; mais, grace à M. Buchon, Froissart pourra bientôt décorer les rayons de nos belles bibliothèques, et sa lecture procurera autant de plaisir que d'instruction. A propos du *Froissart* de M. Buchon, croirait-on que pas un habitant de Valenciennes n'a encore souscrit à cette édition ? J'ajouterai que dix personnes au plus, dans cette ville, savent qu'elles peuvent compter ce gothique historien au nombre de leurs concitoyens, et qu'il manque plusieurs feuillets à l'exemplaire des ouvrages de cet auteur qui repose depuis plusieurs siècles dans notre bibliothèque publique. Vous voyez qu'on n'est point prophète dans son pays, même après sa mort. N'oublions pas de dire, cependant, que depuis quelques années une des rues de Valenciennes porte le nom de *Froissart*.

« De Pujol, homme fort recommandable, fut prevôt de Valenciennes. C'est à lui qu'on doit l'établissement, en cette ville, d'une académie de peinture et de sculpture. Il avait commencé, en 1789, une galerie historique et universelle dont il n'a paru que dix-huit livraisons. Cet ouvrage, interrompu par la révolution, devait se composer de mille portraits. M. de Pujol est l'auteur des dessins, de la gravure, et des extraits biographiques.

Levoyer d'Argenson, marquis de Paulmy, ambassadeur de France en Suisse, en Pologne, à Venise, ministre d'état; membre de l'académie française, de celle des inscriptions et belles-lettres, de celle des sciences; associé de la plupart des académies de l'Europe. Il a rajeuni plusieurs romans de chevalerie, et leur a donné un nouvel intérêt. Il a publié des *Mélanges* curieux dont le style, quelquefois négligé, est toujours clair et plein d'originalité.

. « Valenciennes a donné le jour au peintre Watteau, qui, né artiste, conserva jusqu'au dernier instant de sa vie l'amour de son art et le goût qui présida à toutes ses compositions. Le curé qui l'assistait à ses derniers moments lui ayant présenté un crucifix mal sculpté, il s'écria. *Comment un ar-*

liste flamand a-t-il pu rendre si mal les traits d'un Dieu? Les peintres Eyden et Pater, le sculpteur Milhomme, ont aussi reçu le jour à Valenciennes.

« Nous devons encore rappeler à la mémoire le brave général de division Dugua, qui, après s'être distingué dans les premières victoires de la révolution, et particulièrement à la bataille des Pyramides, et pendant le siège de Saint-Jean-d'Acre, fut préfet du Calvados; alors il ne suffisait pas de *bien penser* pour *être préfet.* Membre de l'institut d'Égypte, il mourut sur le champ d'honneur à Saint-Domingue, où il était chef d'état-major du général Leclerc.

« Les hommes vivants de Valenciennes, qui ont su s'élever au-dessus de la foule, ne sont point nombreux.

« Le premier est sans doute M. Abel de Pujol, l'un des peintres les plus distingués de notre école actuelle, homme dont le caractère et le talent sont également recommandables.

« Je cite avec plaisir, après lui, M. Hécart, homme de lettres, savant modeste, auteur de divers ouvrages écrits sous l'inspiration des sentiments les plus moraux, et des plus pures doctrines littéraires: M. *Arthur* Dinaux, savant laborieux, quoique jeune, qui s'occupe principalement, et avec succès, d'études archéologiques, et qui déjà a remporté deux palmes académiques.

« — Arrêtez, interrompit Hippolyte en s'adressant à M. Leroy, j'applaudis au sentiment délicat qui vous fait citer ces estimables savants avant M. Onézime Leroy, votre frère; mais je suis persuadé que si MM. Hécart et Dinaux étaient présents à notre entretien, ils seraient les premiers à vous prier de changer votre ordre biographique.

« Vous savez, respectable Ermite, que M. Leroy est auteur de plusieurs ouvrages représentés avec succès sur le premier et le second Théâtre-Français. Vous avez su apprécier depuis long-temps la grace et la finesse de son esprit, la pureté de son style, et son heureux talent d'observation dans le joli tableau de l'*Irrésolu*. Il est, m'a-t-on dit, sur le point de publier son ouvrage critique sur nos auteurs dramatiques, considérés sous les rapports moraux et littéraires.

« —Puisque vous ne me dites pas que son frère, notre aimable guide, cultive aussi les lettres, *con amore*, c'est à moi d'en faire la remarque, et de lui apprendre en face ce que pensent de lui les hommes capables de l'apprécier. Avec beaucoup d'esprit et de goût, M. Aimé Leroy est doué d'une imagination active, et peut-être un peu trop mobile, qui le promène sur trop de genres à-la-fois; s'il parvient à la fixer sur le roman de mœurs et de caractère, je ne balance pas à lui prédire d'honorables succès. » M. Leroy se hâta de m'interrompre..... « Vous ne me pardonneriez pas, en vous parlant des *notabilités* de notre ville, d'oublier la première tragédienne de notre époque; mademoiselle Duchesnois est née au village de Saint-Saulve, un des faubourgs de Valenciennes, et son buste a été inauguré solennellement, il y a quelques années, sur le théâtre de cette ville.

« Comme nous ne sommes pas assez riches en fait de célébrité pour dédaigner les fractions, je vous apprendrai que mademoiselle Rosalie Levasseur, qui fit pendant plusieurs années les délices de l'Opéra, du temps des Arnould, des Legros, et des Larivée, est aussi notre concitoyenne.

« —Pour n'oublier personne, ajouta Hippolyte, je vous nommerai le lieutenant-général comte Despinois, mieux, ce qui veut dire plus, connu de l'armée comme commandant de la première division militaire en 1815 et 1816, que par ses faits d'armes antérieurs. »

La route pour arriver sur le plateau de Famars monte rapidement; aussi fûmes-nous obligés de quitter notre voiture et de gravir à pied, jusque sur le mamelon où s'exécutaient les fouilles. Assis sur des pierres que l'on a mises récemment à découvert, et qui, il y a quinze siècles, étaient dressées en temple, en palais, ou en remparts, je voulus reconnaître l'assiette du camp que le brave Dampierre y forma après la défection de Dumourier en 1793, et bientôt mon imagination eut repeuplé ces lieux, depuis l'Escaut jusqu'à la Ronelle, *de ces paysans fils de la république,* avec qui j'eus alors l'honneur de combattre et de vaincre pour la liberté et l'indépendance de la patrie. Grace à son infatigable activité, Dampierre parvint à rallier les corps dispersés et à rétablir la discipline ; des camps retranchés avaient été formés à Cassel, au faubourg de la Madeleine, devant Lille, à Maubeuge, et entre Philippeville et Givet. Il avait lié tous ces camps par une ligne de cantonnement, et placé son quartier-général à Famars. Ainsi établi, il pouvait attendre des renforts, se contenter de harceler l'ennemi, et se promettre, dans l'avenir, des succès certains. Mais le caractère fougueux, et surtout le zèle ignorant des commissaires conventionnels, le forcèrent à courir indiscrétement la chance d'une bataille. On connaît les suites de leur funeste impéritie. Dampierre fut tué, et les places de Valenciennes et de Condé, investies par des corps d'armée de siége, tombèrent après une héroïque résistance au pouvoir de l'ennemi.

Nous nous approchâmes de l'un des puits que l'on avait ouverts pour faire des fouilles ; on venait, à douze pieds au-dessous du sol, de rencontrer une galerie souterraine, qui, par ses tuyaux, ses piliers, et ses carreaux, paraissait avoir été destinée à entretenir la chaleur dans un vaste édifice ; on me fit voir de fort belles pierres ornées, sur différentes faces, de bas-reliefs de grande dimension. Les fouilles, à Famars, avaient eu déjà des résultats très heureux; elles avaient produit plus de vingt mille médailles en argent, bon nombre en or et en bronze, et plusieurs statues en bronze et en marbre, ainsi que des armes, des fibules, des stylets, et divers autres petits meubles ou ustensiles à l'usage des anciens maîtres du monde.

Famars (*Fanum Martis*) fut ainsi nommé par les Romains, qui y établirent le siège de leur puissance militaire dans ces contrées, après la destruction de Bavay. Ils la choisirent pour en faire la résidence de leur préfet de la seconde Belgique[1] et elle fut alors considérée comme capitale de la province. Les Romains ayant perdu leur autorité dans les Gaules, cette ville perdit bientôt après une partie de ses avantages. Elle avait été l'un des points de la Belgique où ils s'étaient le plus long-temps maintenus; aussi le christianisme ne s'y établit-il que fort tard. Vers 550, saint Wast vint y prêcher et commença la conversion des habitants; saint Géry con-

---

[1] Dans la notice des dignités de l'empire romain, on désigne le commandant de Famars sous le titre de *præfectus lætorum Nerviorum Fano-Martis Belgicæ secundæ*. On comprenait sous la dénomination de *læti*, *letes*, tous les barbares enrôlés au service de l'Empire, de quelque nation qu'ils fussent. La garnison de Famars était presque entièrement composée de ces sortes de troupes

tinua cette entreprise. Famars, au témoignage d'Éginhard, figurait encore au septième siècle au nombre des villes de quelque importance : on ne sait rien de positif sur la destruction de cette ville. Des médailles agglomérées et demi-fondues, des grains de froment à demi consumés, des murs calcinés par le feu ou noircis par la fumée, que l'on rencontre dans les fouilles, pourraient faire présumer qu'elle a péri par le feu. Au commencement du huitième siècle Famars n'existait plus comme ville; Valenciennes s'était élevée à peu de distance de cet antique boulevart du peuple-roi. Famars n'est plus aujourd'hui qu'un petit village. La charrue se promène sur la poudre de ses palais, et quelques ruines d'anciennes murailles sont les seuls restes de ses orgueilleux remparts.

N° CXII. [16 juillet 1821.]

DENAIN.

Voyez-vous dans Denain l'audacieux Villars
Disputant le tonnerre à l'aigle des Césars.
VOLTAIRE.

« Prenons notre parti gaiement, dis-je à Hippolyte, nous ferons un mauvais souper, nous coucherons dans de mauvais lits, mais demain tout sera oublié. — Je n'en suis inquiet que pour vous, me dit-il; à votre âge les commodités de la vie en sont les nécessités. — Voyez ce bon vieillard qui sommeille vis-à-vis de nous, à l'autre coin de la cheminée : il a bien quelques lustres de plus que moi; pourquoi serais-je plus difficile que lui? »

Cette conversation se continuait au coin d'une vaste cheminée chauffée par un grand feu de houille, dans un cabaret situé au bord de l'Escaut au village de *Denain*. Nous avions pris congé, à Famars, de nos aimables guides, espérant encore arriver à Bouchain avant la nuit. Nous avions traversé l'ancienne voie romaine qui va de Famars à

Cambrai, et passé la rivière de l'Escaillon lorsque nous nous aperçûmes que notre cheval boitait. Il avait perdu un de ses fers, et un clou resté dans le pied le blessait. Nous nous souvenions du conseil du bonhomme Richard Saunders, nous nous arrêtâmes à Prouvy. Point de maréchal. Il faut attendre. « Nous ne coucherons pas ici, me dit Hippolyte, laissons-y cheval et voiture ; donnez-moi le bras, nous irons à Denain demander le souper et le gîte à M. P***, chez qui je suis assuré d'un accueil tout amical. » Nous étions partis, mais M. P*** était à Valenciennes. Force nous fut, la nuit étant venue, de prendre gîte dans le cabaret où nous nous trouvions. C'est ainsi qu'il en est des projets des hommes.

Ce vieillard qui était assis de l'autre côté de la cheminée, dans un vaste fauteuil de paille, tenant entre ses mains son grand bâton d'appui, s'éveilla et parut étonné de nous voir ; il nous salua en tirant un gros bonnet de laine grise de la forme des bonnets phrygiens qui, joint à son âge, lui donnait assez l'air du *pater Anchises*. « Soyez les bienvenus, nous dit-il d'une façon tout-à-fait cordiale. » Les vieillards les mieux pourvus de philosophie aiment à rencontrer des hommes plus âgés qu'eux ; il leur semble que la mort ne doit choisir ses victimes que par rang d'ancienneté, et que l'âge avancé où un homme est parvenu est le garant certain de celui où ils parviendront. « Quel âge avez-vous ? demandai-je au patriarche; vous paraissez jouir d'une santé parfaite. — J'avais dix ans quand mon père fut tué à la bataille de Fontenoi, où, comme l'un des plus adroits contrebandiers du pays, il servait de guide à l'armée française. Cette bataille se donna en 1745, d'où il faut conclure que j'entre dans ma quatre-vingt-dixième année. — Vous devez être bien riche en souvenirs? — Les plus anciens et les plus aimables sont ceux qui me reportent au temps que j'ai passé au service des nobles dames de Denain. — Je serais d'autant plus curieux, lui dis-je, d'avoir quelques renseignements sur ces aimables chanoinesses, qu'elles ont, m'a-t-on dit, constamment refusé aux chroniqueurs du temps des renseignements sur l'histoire de leur maison. — Je vous dirai ce que j'ai vu, et ce que la tradition m'a appris.

« En 764, je crois, Eldebert, comte d'Ostrevant, et Reine, son épouse, fondèrent à Denain une abbaye de bénédictines qu'ils dotèrent richement. Ils avaient dix filles qui furent les premières chanoinesses de ce monastère, et qui passèrent pour saintes dans la contrée. Elles ne ressemblaient probablement pas par leurs mœurs à celles qui leur ont succédé. L'arrivée des Normands vint un siècle plus tard troubler la paix des saintes colombes, elles s'envolèrent du moutier et se réfugièrent dans leurs familles. Elles y jouissaient, chacune pour sa part, des revenus de la maison qu'on appela dans la suite *prébende*. Au milieu du monde et des plaisirs de la société elles oublièrent le cloître et éludèrent, après les troubles, sous différents prétextes, les ordres qu'on leur donna de rentrer sous le toit monastique. Afin d'être appuyées dans leur résistance et de trouver des protecteurs, elles nommèrent, pour remplacer celles d'entre elles qui mouraient, les filles des seigneurs les plus puissants de leur voisinage, se contentant, pour sauver les apparences, de payer quelques prêtres qui leur rendaient visite à Denain, dans le cloître où elles n'étaient pas. Cependant Gérard, évêque de Cambrai et d'Arras, et Leduin, abbé de Saint-Waast, vinrent en 1029 troubler leurs jouissances mondaines. Aidés du comte de Flandre, Baudouin, ils forcèrent les brebis à rentrer au bercail, et donnèrent la houlette à une abbesse très sévère nommée Ermentrude, qui y rétablit la règle de saint Benoît dans toute sa rigueur. Les réformateurs moururent et les abus s'introduisirent de nouveau dans la sainte maison. On ne la quitta plus, mais on y attira tous ceux qui pouvaient en charmer la retraite. Les chevaliers, les abbés et les troubadours y donnèrent des fêtes, des banquets, des carrousels tels que la renommée en fut portée à Rome. Le pape Eugène III fulmina la bulle du 5 février 1151, et commit l'évêque d'Arras pour réformer l'abbaye de Denain, commission dont il eut l'air de s'acquitter.

« Depuis long-temps ces dames avaient le projet d'ériger leur communauté en chapitre; l'évêché d'Arras devint vacant; les comtes de Hainaut et de Flandre étaient en guerre, l'abbesse de Denain mourut; le moment parut opportun, on le saisit et le chapitre fut érigé. Comme la plupart d'entre ces dames étaient nobles, elles prirent le titre de nobles chanoinesses, refusèrent l'entrée de leur maison à la roture et même à la petite noblesse, et arrêtèrent qu'on serait obligé de faire preuve de huit quartiers pour être reçu parmi elles. Ces dames portaient l'habit blanc, avec un surplis de toile fine et un manteau doublé d'hermine; celui de l'abbesse était moucheté. L'abbesse, qui avait le titre de comtesse d'Ostrevant, seule faisait des vœux; les autres n'y étaient point astreintes; elles pouvaient se marier en remerciant le chapitre, mais elles usaient rarement de la permission; elles trouvaient leur liberté préférable au joug du mariage. *Point de vœux*, disaient-elles, *quels qu'ils soient*. L'amour, le chant, les festins, occupaient tous leurs moments. La licence était telle, que Charles-Quint, par un arrêt de son conseil du 12 mai 1546, avait ordonné que nul banquet *avec laïques venant de dehors ne pourrait être tenu sans que trois religieuses au moins fussent pré-*

sentes; mais les arrêts, les remontrances étaient de nul effet. Pendant quarante ans je fus le jardinier des nobles dames; les habitudes voluptueuses, la liberté, la licence même y ont toujours régné avec la jalousie, l'envie, l'orgueil, hôtes inévitables et tyrans ordinaires de toutes les communautés. Ah! messieurs, combien la noble maison s'est sanctifiée depuis la révolution! M. P***, qui l'habite et qui en est le propriétaire, en a fait une véritable maison de Dieu, en y faisant régner la bienfaisance, la douceur, et toutes les vertus. Jamais un malheureux ne frappe vainement à sa porte, et l'infortuné qui gémit sur un grabat n'attend jamais long-temps sa visite et ses secours. »

J'avais remarqué, depuis que j'étais en conversation avec ce vieillard, qu'il portait sa main d'un bouton à un autre bouton de sa veste chaque fois qu'il avait à rappeler une date; je lui en demandai la cause. « Quand je m'aperçus, répondit-il, que ma mémoire commençait à s'affaiblir, je cherchai des moyens artificiels de la fixer, et je n'en trouvai pas de plus simples que d'attacher les dates principales des faits les plus intéressants de ma vie à chacun de mes boutons; comme mon gilet en est garni du bas en haut, et qu'il est à double rang, je me suis fait bon nombre de jalons qui jusqu'ici m'ont servi de guides et ne m'ont pas encore trompé. » Je trouvai cette nouvelle mnémonique ingénieuse quoique peu étendue. « Cette méthode me paraît sûre, ajouta Hippolyte; j'ai connu, à Bayonne, il y a quelques années, un juif nommé *Minge Piastres*, qui passait pour l'un des plus habiles changeurs de l'Europe. Cet homme faisait avec une promptitude extraordinaire les opérations de change les plus compliquées, au moyen des boutons de sa veste, sans nul autre secours et sans jamais se tromper. Son habileté était telle, qu'ayant commencé à travailler à la bourse de Bayonne, sans fortune, il laissa en mourant plus de deux millions à ses héritiers. »

La fille du patriarche, qui tenait la maison, nous servit un souper composé d'œufs frais et d'anguilles fort bonnes, pêchées dans l'Escaut. Nous invitâmes le vieillard à le partager, ce qu'il accepta sans se faire prier. « Messieurs, je ne trouve pas toujours une aussi bonne compagnie, aussi ne refuserai-je pas une occasion de causer avec des personnes instruites. Peut-être demain partirai-je, profitons du moment. J'ai de longs souvenirs; peut-être que l'un de mes boutons fera retrouver, dans une case reculée de mon cerveau, quelque fait que vous pourrez conserver et qui mourrait avec moi.

« En 1785, continua le vieillard, après le souper et en prenant, comme d'habitude, l'un de ses boutons, M. Senac de Meilhan, intendant du Hainaut, qui, en 1787, fit élever la première pyramide qui rappelait la victoire de Villars, vint à l'abbaye avec une fort jolie dame de Famars, qu'il aimait d'amour et qui fut la cause pour laquelle l'ancienne voie romaine, qui mène de Famars à Valenciennes, fut réparée. Il voulait parcourir le champ de bataille de 1712, et reconnaître tous les lieux. J'avais beaucoup vécu avec des contemporains de l'événement : madame l'abbesse me choisit pour guider M. l'intendant. Nous nous mîmes en route, M. de Senac et la dame de Famars à cheval, les domestiques et moi à pied, portant des livres et des cartes. Nous parcourûmes toute la ligne des retranchements du général Albermale; je leur montrai les routes qu'avaient suivies les cinq colonnes de l'armée du maréchal; le lieu où l'attaque avait été la plus vive, long-temps remarquable par la grande quantité d'ossements humains que le fer de la charrue ramenait à la superficie : le champ où le général Albermale, les princes de Nassau, le prince de Holstein, un prince d'Anhalt avaient été faits prisonniers; enfin le pont voisin de ma demeure, dont le prince Eugène avait vainement cherché à se rendre maître. Arrêtés près de ce pont, M. de Senac s'extasiait avec nous sur le succès de cette affaire qui avait sauvé la France, et qui devait, selon M. de Voltaire, assurer au vainqueur le nom de restaurateur du royaume. Il rappelait au chapelain qui, après sa messe, était venu nous rejoindre, que c'était à l'intendant de la province que l'on devait d'avoir gagné cette affaire si importante par ses conséquences. « C'est, il est vrai, disait-il, le conseiller Lefebvre Dorval qui en conçut l'idée, mais c'est l'intendant qui, appréciant le projet de Lefebvre, lui donna l'heureuse hardiesse de le communiquer, et se chargea lui-même d'en faire part au maréchal de Montesquiou qui commandait sous le maréchal de Villars. — Permettez, monsieur l'intendant, reprit notre chapelain, à un vieillard qui a vécu avec les spectateurs et les acteurs de cette importante journée de vous dire avec franchise que vous vous trompez, aussi bien que M. de Voltaire. Je tiens ce que je vais vous dire de personnes dignes de foi avec lesquelles j'ai vécu dans ma jeunesse. M. le conseiller Lefebvre Dorval avait été, dans les premiers jours de juillet 1712, envoyé en commission à Cambrai par le parlement de Douai. Un soir il se rencontra, chez le prevôt de la métropole de Cambrai, avec M. de Valière, officier-général d'artillerie et divers autres personnages. La conversation s'engagea sur le succès probable et prochain des armées ennemies. M. de Valière dit qu'il venait de suivre le cours de l'Escaut et celui de la Selles, qu'il avait examiné avec soin les positions des alliés, et qu'il était certain de remporter une victoire sur eux si l'on attaquait Denain, d'ailleurs facile à emporter. M. Lefebvre fit des objections, contesta ce qu'avait dit M. de Valière, et l'amena bientôt à tracer à l'instant le plan de l'attaque dont il se promettait le succès. La conversation changea d'objet; le jeu y mit un terme, on se groupa autour des tables; mais Lefebvre n'avait pas oublié ce qu'avait dit M. de Valière, et tenait l'œil sur le plan qu'il avait tracé à la hâte. Sans que personne y prît intérêt, il chiffonna le plan et le mit dans sa poche. Rentré chez lui, il dressa deux mémoires auxquels il joignit deux copies du plan détaillé de M. de Valière. Il en envoya une au ministre, et porta l'autre *lui-même* au maréchal de Villars qui le reçut fort bien, sans cependant prêter une grande attention au plan d'attaque imaginé par un robin. Mais pareil mémoire lui étant adressé de la part du conseil du roi, avec ordre d'en exécuter le contenu, il connut qu'il avait eu le tort de négliger le conseil de Dorval, et vous savez s'il le répara glorieusement. Quelques jours après la bataille, Lefebvre alla voir M. de Villars et lui parla de son mémoire; celui-ci, dont la vanité surpassait encore le talent et la valeur, méconnut Lefebvre, , affirma qu'il n'avait rien reçu de lui et le maltraita même de paroles; c'était une punition de sa conduite peu franche avec M. de Valière. Cependant, il faut le reconnaître, si Lefebvre n'avait pas envoyé le plan au ministre, probablement l'affaire n'aurait pas eu lieu et la France n'aurait pas été sauvée, puisque M. de Valière n'aurait point osé l'envoyer au ministre, par crainte du maréchal, et que celui-ci, par vanité, aurait refusé de se rendre aux avis de l'un de ses subalternes. Cependant le ministre, plus reconnaissant que M. de Villars, assura une petite pension à Lefebvre, que celui-ci toucha jusqu'à sa mort.

« J'ai depuis entendu conter cette anecdote par notre vieux chapelain à plusieurs autres personnes, et elle m'a paru digne d'être classée dans mes souvenirs. »

Nous prolongeâmes long-temps notre conversation avec notre vieil hôte, auquel ses boutons rappelaient, de moment en moment, les dates auxquelles se rattachaient des faits, la plupart pleins d'intérêt, et qu'il contait d'une façon très originale. Sous les glaces de l'âge il avait conservé de l'ame et de la chaleur; il nous parla avec enthousiasme de la gloire de nos armées, et nous dit des choses fort piquantes sur le séjour des alliés en France, principalement sur la singulière parade dans laquelle Wellington voulut, en 1818, donner à l'empereur de Russie et au roi de Prusse une idée générale de la bataille de Denain. L'heure avancée nous força à nous retirer. Nous prîmes congé de lui.

« Vous allez, messieurs, coucher dans la chambre où, le 23 juillet 1712, veille de la bataille, reposa le comte de Dhona, gouverneur de Mons, qui le lendemain se noya en se sauvant devant les Français. »

Le lendemain le vieillard était levé de grand matin pour nous faire ses adieux; nous rejoignîmes Prouvy. La chaussure de notre cheval était réparée; nous fûmes bientôt en présence de l'obélisque élevé sur le bord de la chaussée en commémoration de la bataille de Denain. Ce qui nous frappa ne fut point d'y trouver inscrits les noms des intendants et préfets qui l'avaient fait élever, restaurer ou rétablir de nouveau, mais ce fut de n'y point lire le nom de Villars. Nous avons cependant voulu copier les deux inscriptions qui y sont gravées; voici la première:

LUDOVICO MAGNO REGNANTE
OB HOSTES DEBELLATOS APUD VICUM DENAIN
24 JUL. M. DCC. XII
REGNUMQUE SERVATUM
HOC MONUMENTUM POSUIT
SENAC DE MEILHAN HANNONIÆ PRÆF.
ANNO M. DCC. LXXXVII.

La seconde porte ce qui suit:

LUDOVICO DECIMO OCTAVO REGNANTE
PRIMUM AB HOSTIBUS DIRUTUM
MONUMENTUM
DIEUDONNE PROV. SEPTENTR. PRÆF.
ANNO M. DCCC. IV
RURSUSQUE COLLAPSUM
DE MURAT EJUSD. PROV. PRÆF.
ANNO M. DCCC. XXII
INSTAURARE CURAVERUNT.

« Pourquoi, demandai-je, n'y lit-on plus les deux vers de Voltaire qu'on y voyait avant la révolution :

Voyez-vous dans Denain l'audacieux Villars
Disputant le tonnerre à l'aigle des Césars?

Ne valaient-ils pas bien les inscriptions nouvelles approuvées par l'Académie? » Auprès de l'obélisque s'élève l'habitation d'un vieux soldat mutilé, commis à sa garde. Cette précaution était utile, ne fût-ce que pour le préserver d'être bientôt couvert du nom de tous les passants, quand celui de *Villars* est oublié!!!

Nous traversâmes bientôt *Bouchain*, petite ville bien fortifiée, bâtie sur le penchant d'un coteau, et divisée par l'Escaut qui la divise en ville haute et basse. C'est à tort que quelques historiens ont avancé que Bouchain avait été fondée par Pépin d'Héristal, maire du palais, parceque dans son voisinage il avait défait Théodoric, roi des Goths; car la bataille qui lui livra ce prince et son royaume se donna en 697, entre Péronne et Saint-Quentin, à Testri-sur-Domignon, à plus de quinze lieues de Bouchain.

Elle dut ses accroissements aux châtelains de Valenciennes, et devint ensuite le chef-lieu du comté d'Ostrevant. Le comté fut un fief mouvant de la couronne de France, souvent donné en apanage aux enfants des comtes de Hainaut. Bouchain revint aux ducs de Bourgogne après la mort de Jacqueline de Hainaut, qui avait épousé le duc de Glocester, frère du roi d'Angleterre, Henri V.

Louis XI vint assiéger Bouchain au mois de mai 1477, et s'en empara. La France fut sur le point alors d'être délivrée de ce monstre, qui n'avait encore consommé à cette époque qu'une partie des crimes qui ont souillé sa vie. Un coup de fauconneau, parti de la place, l'eût immanquablement tué, s'il n'eût été détourné par le brave Tanneguy Duchâtel, sur lequel Louis était appuyé, et qui en fut frappé à mort. Louis épouvanté se prosterna, baisa la sainte vierge de plomb qu'il portait à son bonnet; et, dans sa superstitieuse reconnaissance, envoya cent marcs d'argent à Notre-Dame-de-la-Victoire, à Senlis, pour le salut de l'ame de celui qui, en mourant, lui avait conservé la vie.

Par une convention, Louis XI céda Bouchain l'année suivante à l'archiduc Maximilien; cette ville demeura à la maison d'Autriche et ensuite à l'Espagne, jusqu'en 1676, où elle fut prise après cinq jours de tranchée par le duc d'Orléans, frère de Louis XIV, presque à la vue d'une armée de quarante mille hommes, commandée par le prince d'Orange. Cédée à la France par le traité de Nimègue, elle fut prise par les alliés en 1711, et reprise en 1712 par le maréchal de Villars; elle est restée à la France depuis ce temps. C'est une ville mal bâtie dont les rues sont mal percées, et qui n'offre rien de remarquable.

Nous nous dirigeâmes sur la gauche en sortant de Bouchain vers le village de Wavrechain, qu'habite le brave lieutenant-général baron Lahure, que, comme tant d'autres, on a mis à la retraite quand il avait encore bon nombre de belles années à consacrer au service de sa patrie. Sans détailler tous les faits qui signalèrent sa carrière, nous rappellerons seulement que ce fut lui qui conçut le hardi projet de s'emparer avec des cavaliers, portant en croupe des tirailleurs, de la flotte hollandaise que les glaces retenaient captive dans le Texel, et qu'il exécuta cette sorte de prodige avec autant d'intrépidité que de bonheur. Blessé grièvement sur le champ de bataille de la Trebia, il ne put dès-lors être employé activement à l'armée. Bientôt ses compatriotes le nommèrent membre du corps législatif, où il siégea jusqu'en 1814. Pendant le même temps, il fut chargé de divers commandements dans l'intérieur. Pendant les cent jours, il commandait le département du Nord; il fit le sacrifice de plusieurs années de ses revenus à la défense de la patrie, en inondant la belle propriété vers laquelle nous nous dirigions, pour fermer le passage à l'ennemi.

Lorsque nous fûmes descendus au château de

Wavrechain, on nous introduisit dans un petit salon. Le général y lisait à haute voix la note éloquente de M. le vicomte de Châteaubriant en faveur des Grecs; près de lui se trouvait madame la baronne Lahure, que je reconnus parfaitement quoique trente années se fussent écoulées depuis que je l'avais vue chez son père, M. le premier président de Warenghien: la belle famille du général, composée de sept enfants, était assise çà et là dans le salon, tout attentive à l'appel énergique et généreux du noble vicomte.

Nous fûmes accueillis avec une simplicité, une franchise vraiment patriarcales, et cependant avec une élégance de manières qu'on cherche quelquefois vainement dans les salons de la capitale. Nous passâmes deux jours délicieux dans cette heureuse maison, nous entretenant de gloire, de patrie, de liberté; employant tour-à-tour, pour parler des arts et de la littérature, la langue française, l'italienne, ou l'anglaise. Le général affectionne *el dolce parlar*, et l'aînée de ses filles parle avec autant de pureté et plus de grace qu'une lady la langue énergique de Byron. La promenade sur l'eau ou dans les vastes dépendances de la terre de Wavrechain, la musique que l'on cultive dans cette famille avec autant de goût que de succès, suspendaient nos conversations et variaient nos plaisirs. J'eus le plaisir de faire la connaissance à Wavrechain de MM. Oudart. Partis tous deux avec nos armées au commencement de la révolution, ils ont ensemble combattu sur presque tous les champs de bataille où nous avons vaincu ; tous deux décorés de la croix des braves, ils ont tous deux servi dans l'artillerie légère, et se sont tous deux retirés avec le grade de capitaine. Cette destinée semblable rappelle à certains égards le douloureux souvenir de deux victimes de 1815, des frères Faucher. Les beaux caractères de MM. Oudart leur donnent encore quelques autres traits de ressemblance avec les infortunés jumeaux de Laréole, à l'éloge desquels je me garderai bien d'ajouter un seul mot [1]. Associés sous la raison commerciale d'Oudart frères, ils ont établi au village de Villers-au-Tertre une fabrique de sucre de betteraves, l'une des plus importantes de France. Ils occupent pour son exploitation une partie de la population nécessiteuse de cette commune et de celles des environs, dont ils ont éloigné la misère et tous les vices qui marchent à sa suite.

Deux jours s'étaient à peine écoulés lorsque nous prîmes congé du brave général et de son intéressante famille ; déja nos pensées habituelles étaient en harmonie, déja nos cœurs s'étaient accoutumés à battre à l'envi aux mêmes inspirations, et nos

---

[1] Voir le motif de ma réserve dans le volume de l'*Ermite en prison*.

yeux se mouillèrent au moment de notre dernier adieu que nous répétâmes du haut du coteau où se prolonge la route de Douai.

Après avoir traversé le village d'Aniche, devenu important par l'exploitation des mines de charbon que l'on y a ouvertes depuis trente à quarante ans, et par les belles verreries que MM. Chartier de Douai y ont établies depuis dix ans environ, nous fûmes bientôt au village de *Lewarde*.

Nous nous y arrêtâmes pour visiter la ferme exploitée par M. Dervaux. C'est l'une des plus belles propriétés agricoles que l'on puisse trouver en France. On ne sait ce que l'on doit le plus admirer de l'élégance, de la commodité, ou de l'heureuse distribution de cette belle exploitation.

Après le dîner, nous prîmes congé de M. Dervaux et de sa famille. M. Henri G***, son gendre, négociant distingué à Douai, nous offrit de nous prendre dans sa voiture de campagne afin de pouvoir faire route de compagnie; nous acceptâmes.

Nous roulions rapidement sur un chemin fort égal au milieu d'une vaste plaine parfaitement cultivée: je remarquais un grand nombre de voitures de toute espèce qui semblaient se presser vers Douai; elles étaient remplies de jeunes, de vieilles, de belles, de laides femmes, toutes vêtues avec une certaine recherche, et ayant toutes une physionomie riante et qui semblait annoncer qu'on courait vers le plaisir. J'interrogeai notre conducteur sur cette affluence qui me semblait extraordinaire : « C'est *Gayant* demain, me répondit-il; n'avez-vous jamais entendu parler de Gayant? » Sur ma réponse négative: « La fête de Douai que l'on célèbre demain, me dit-il, a pris le nom de son patron. Comment votre compagnon ne vous a-t-il pas appris que c'était demain la fête communale de la ville de Douai? Il a voulu, sans doute, vous ménager une surprise agréable, et je vois que mon indiscrétion prive mon ami du plaisir qu'il aurait eu à vous procurer un spectacle neuf et inattendu. » Par un sourire bienveillant, mon compagnon apprit à son ami qu'il avait deviné juste, mais qu'il lui pardonnait d'avoir détruit l'espoir qu'il avait conçu de me faire jouir d'une scène nouvelle pour moi.

« Lorsque notre ermite habita ces contrées, Gayant était au nombre des proscrits, reprit Hippolyte; et, quoiqu'il n'ait figuré sur aucune des listes fatales, ce n'est cependant que lorsque tout le monde a pu rentrer en France que nous l'avons vu reparaître; mais laissons-le se préparer pour sa fête.

« Ce village que nous traversons, continua-t-il, a nom *Dechy;* il fait un commerce considérable de lin: quoique sa population soit peu nombreuse, il est l'un des principaux marchés où les Normands viennent s'approvisionner. Mirœus rapporte que

Dechy possédait, dès le dixième siècle, un bel hôpital gouverné par des frères et des religieuses ou sœurs. Celles-ci, fatiguées d'un état qui leur paraissait trop tumultueux, cherchèrent une vie plus austère, se séparèrent des frères et prirent la vie monastique. Elles fondèrent une abbaye au village de *Sin-le-Noble* que vous apercevez là à droite, ainsi nommé parcequ'il a toujours appartenu au souverain de Flandre. Les nonnettes qui habitaient ce couvent ont eu, comme celles de Nevers, leur chantre; c'est le trinitaire Laurent, l'auteur spirituel du *compère Mathieu*, qui les a célébrées dans un poëme de douze chants, ayant pour titre *le Balai*. Cette production, quoique semée de traits d'esprit, n'est cependant pas digne de son auteur. Ce poëme a été dédié à Voltaire, qui en a pourtant agréé la dédicace. »

Nous traversâmes bientôt le faubourg Notre-Dame, lieu consacré aux divertissements du peuple de Douai. Là se trouvent de nombreuses guinguettes, où les dimanches, les lundis, et les jours de fête on se livre avec une grande ardeur à la danse. C'est le Belleville ou le Mont-Parnasse de Douai; seulement ici il n'est point défendu aux militaires de prendre part aux plaisirs qu'offre ce joyeux faubourg; ils se mêlent avec les habitants et vivent en parfaite harmonie avec eux; les querelles y sont rares, et, s'il arrive que la paix soit troublée, le sang n'y coule jamais: nous devons cette tranquillité à l'espèce de troupes qui tiennent habituellement garnison à Douai. Nos arsenaux, notre fonderie à canon, exigent la présence des régiments d'artillerie. On ne saurait croire combien le savoir et l'instruction inhérents à ces corps ont d'influence sur la discipline, la tenue, et la conduite des militaires qui leur appartiennent.

Nous étions, pour nous servir de l'expression consacrée dans les places de guerre, entre les ponts, c'est-à-dire que nous avions franchi les barrières extérieures. J'aperçus une porte très élevée, flanquée de deux tours crénelées et surmontées d'un bâtiment assez spacieux. « Voilà, me dit M. G***, la porte de la prison Notre-Dame; elle est destinée aux militaires. C'est dans cette prison que fut détenu le trop fameux marquis de Maubreuil, qu'on traîna de prison en prison et d'assises en assises, comme accusé d'avoir volé les bijoux et les pierreries de l'ex-reine de Westphalie, princesse de Wurtemberg, épouse de Jérôme Bonaparte. C'est un homme fort original que ce marquis de Maubreuil, d'une pétulance et d'une activité d'esprit incroyables! Il a laissé ici, en se sauvant, des manuscrits autographes que possède un de nos amis, M. l'avocat H..., et qui contiennent les choses les plus étranges et les révélations les plus extraordinaires. Il est certains grands personnages qui, s'ils en connaissaient le contenu, attacheraient, j'en suis persuadé, un grand prix à les posséder pour les anéantir. Maubreuil s'est échappé de sa prison, a-t-on dit, comme l'oiseau sort de sa cage, quand, par imprudence, on en laisse la porte ouverte. Lorsque l'on s'est aperçu de son évasion, il était en Belgique. On nous avait dit que depuis il avait été arrêté à Vienne, lorsqu'il se disposait à remplir une mission encore plus délicate que celle de voler les bijoux d'une reine; mais il n'en est rien, puisque les journaux nous ont tout récemment annoncé son arrestation à Paris; qu'en fait-on?»

Pendant que l'on me racontait l'échappée du fameux marquis d'Orveaux, je remarquai qu'une grande activité régnait dans la ville de Douai; les habitants et les étrangers avaient tous un air de fête; toutes les affaires semblaient oubliées. Nous descendîmes bientôt chez Hippolyte, où nous attendait le plus franc et le plus doux accueil.

N° CXIII. [24 JUILLET 1821.]

GAYANT.

> *Veritas visu et morâ, falsa festinatione et incertis valescunt.*
> TACITE.
>
> La vérité reçoit sa force du temps et de l'examen; le mensonge s'accrédite par les propos populaires et la précipitation.

C'était un dimanche, nous nous étions rendus, Hippolyte et moi, sur la place d'armes de Douai, ornée de constructions d'assez bon goût, et dont la figure offre un parallélogramme régulier. Cette place, d'une grande étendue, était couverte d'une immense population, qui se trouvait principalement serrée vers le milieu. Tous ces habitants de diverses classes étaient vêtus d'habits de fête. Bravant un soleil des plus ardents, ils s'étaient arrêtés faisant face à un vaste bâtiment public, nommé *le Dauphin*, parceque l'on y tenait autrefois une hôtellerie sous cette enseigne; de moment en moment ils portaient les yeux avec une sorte d'impatience sur le cadran du beffroi que nous apercevions à notre droite:

dix heures tardaient trop à sonner au gré de leurs desirs. On murmurait, trépignait, frappait le pavé du pied ou de la canne..... Le carillon, ornement obligé de tous les beffrois de la Flandre et de la Belgique, fait entendre enfin l'air d'Henri IV, qui précède toujours, à Douai, le bruit du timbre qui annonce les heures: des cris s'élèvent simultanément; ils sont bientôt interrompus par un roulement de tambours, et Gayant paraît, suivi de sa femme, de ses enfants, et de son cortège. Il est salué par de bruyantes acclamations; on se presse, on se pousse, on cherche à mieux voir, on se hausse sur la pointe des pieds; les pères et les mères élèvent leurs enfants sur leurs bras: les cris de *Vive Gayant!* mille fois répétés, résonnent de toutes parts, de la place, des croisées, de dessus les toits. Le signal est donné par le bourdon du beffroi; les tambours battent la marche de *Gayant*. Alors la joie est à son comble, les cœurs des Douaisiens sont comme agités d'un frémissement néphrétique; une cadence rhythmique est imprimée à leurs mouvements, des larmes coulent des yeux.... c'est un délire!

«Vous ne voudriez pas croire, mon cher ermite, quelle puissance exerce sur mes bons compatriotes de tous les âges et de toutes les classes cet air simple, dénué d'expression et de mélodie: c'est notre *ranz-des-vaches*. Un M. de Bréande, qui commandait une compagnie presque toute composée de Douaisiens, les conduisit souvent à la victoire en faisant exécuter cet air patriotique. En 1745, le lendemain de la prise de Tournay, à laquelle il avait concouru, sa compagnie avait entièrement disparu; le sous-officier chargé du détail vint lui annoncer que tout le monde avait déserté. « Sois tranquille, dit-il au sous-officier, je sais où sont mes déserteurs. C'est aujourd'hui *Gayant;* ils sont allés voir leur grand-père[1]. Demain ils seront rentrés. » Le lendemain tous avaient rejoint les drapeaux.

« En 1765, le régiment d'Auvergne, qui tenait garnison à Strasbourg, et dans lequel servait bon nombre de Douaisiens, les perdit ainsi pendant la fête de *Gayant!* tous rentrèrent à Strasbourg immédiatement après.

« L'un de mes parents, né à Douai, et qui longtemps avait habité les Indes orientales, me disait qu'ayant un jour entendu, à Pondichéri, un soldat fredonner *l'air de Gayant,* il en avait été pris d'un tel accès de joie qu'il en fit une maladie. »

Cependant *Gayant* s'avançait avec sa suite dans la rue de Paris, et se dirigeait vers la demeure du maire, à qui il ne manque jamais de présenter ses premiers hommages. Il est temps de dire que Gayant est un énorme mannequin, dont le corps

---

[1] Les Douaisiens sont dans l'usage de nommer *Gayant* leur grand-père, et plus d'une classe de citoyens aime à se qualifier du titre d'*enfants de Gayant.*

est d'osier et la tête de carton peint; il est haut de vingt à vingt-cinq pieds, et couvert d'une riche armure, à la manière des guerriers du seizième siècle; une cotte de mailles qu'il porte sous cette armure descend jusqu'à terre; par ce moyen on n'aperçoit pas les hommes, au nombre de huit à dix, qui le font mouvoir; il est armé d'une épée à la chevalière, son bras est chargé d'une lance et d'un écu aux armes de Douai. Derrière lui est sa dame, élégamment vêtue et selon la mode du temps; elle a environ vingt pieds de haut; suivent leurs trois enfants, de grandeurs relatives et également portés par des hommes que les vêtements des mannequins dérobent à la vue du public. Autour de ces enfants, qui ont noms, *Jaco, Fillion* et *Binbin* ou *Tiot-Tourni*[1], caracole un petit centaure tout grotesque, nommé, je ne sais pourquoi, *le sot des canonniers*. *La roue de fortune* les suit; c'est la seule partie du cortége qui ne soit pas ridicule, et dont on puisse saisir le sens allégorique. Sur un train de char se trouve une plate-forme mobile et inclinée, portant des mannequins costumés de divers personnages. La déesse de la fortune, bien sculptée et vêtue avec goût, est fixée au sommet de la plate-

---

[1] Ce dernier est habillé comme un jeune enfant, ayant le bourrelet en tête. Il paraît loucher: aussi les femmes du peuple, sur son passage, l'apostrophent-elles du nom de *Tiot-Tourni* (tiot petit); elles le font baiser à leurs enfants.

forme. Devant elle dansent en cercle, et se tenant par la main, les mannequins représentant *un financier*[1], *un paysan avec une poule, un procureur, un Espagnol, une fille de joie et un militaire.* Le mouvement de rotation imprimé à la machine par le cheval qui la tire, communique un second mouvement à la plate-forme qui, étant obliquement posée, présente les personnages tantôt en haut, tantôt en bas, pour indiquer l'inconstance et la mobilité des caprices de la déesse. Qu'on se rappelle l'état de la France et des états qui en dépendaient au quinzième et au seizième siècle, on trouvera facilement le sens allégorique de cette machine, ingénieuse pour le temps où elle fut imaginée. Les querelles, le faste insolent, le désordre des princes, les guerres inutiles et malheureuses, le schisme de l'église catholique, donnaient lieu à des levées continuelles d'impôts, de tailles et de subsides qui servaient presque toujours à enrichir les gens du fisc, les favoris ou les concubines. L'homme du peuple dépouillé, pressuré, réclamait la justice contre tant d'exactions, et bientôt le procureur achevait sa ruine. « Mais pourquoi cet Espagnol figure-t-il là ? demandai-je à Hippolyte. — L'adjonction de ce personnage annonce qu'à l'époque de l'établissement du cortége, nous étions parqués sous le scep-

[1] Un collecteur.

tre espagnol. Comme on haïssait généralement la domination castillanne, peindre sa fortune tantôt haute, tantôt basse, c'était en faire la satire, c'était entretenir l'espérance de se voir un jour délivré de cette avilissante domination. L'histoire de nos contrées prouve que jamais peuple ne supporta plus impatiemment que celui de la Flandre le gouvernement espagnol. »

Le cortége de *Gayant* se promène ainsi pendant trois jours dans tous les quartiers de la ville, toujours escorté d'une grande foule; il s'arrête à la porte des magistrats et des principaux habitants, et forme des danses de famille, ce qui procure une rétribution aux porteurs ou au moins quelques rafraîchissements. Gayant et sa famille honorent aussi les cabarets de leurs visites; ils s'arrêtent au milieu de la rue aux acclamations de tous les buveurs habitués; les porteurs font alors d'amples libations *à la santé de Monsieur et de Madame Gayant,* ils boivent à celles de leurs enfants; et, comme ces visites sont très nombreuses et les libations très répétées, il arrive souvent que vers le soir la famille dispersée a bien de la peine à regagner son gîte, et qu'alors l'autorité est obligée d'envoyer à la recherche de *Madame Gayant* et de sa fille, restées dans quelque rue écartée, au grand scandale de MM. les commissaires de la fête communale.

J'interrogeai Hippolyte sur l'origine de cette singulière procession et sur les causes qui excitent cette sorte d'enthousiasme parmi ses concitoyens : « La veille des Rois de 1556, dit Buzelin, Gaspard de Coligny voulut surprendre la ville de Douai, sachant que, comme de coutume, les habitants étaient cette nuit profondément ensevelis dans d'épaisses fumées de bière et de vin. Saint Maurand, patron de la ville, qui tremblait pour ses fidèles, alla trouver le sonneur de l'ancienne collégiale de Saint-Amé, à qui il ordonna par trois fois de sonner les matines. Le sonneur, qui n'était point remis de l'ivresse de la veille, et qui sentait d'ailleurs le danger d'arracher les voluptueux chanoines à leur édredon, avant qu'ils eussent réparé leurs forces épuisées, refusa d'obéir. Après un long débat, il se lève cependant et va sonner les matines; mais, pour faciliter un miracle de la grace, au lieu de sonner le *branle*, il sonne le *tocsin et l'alarme*. Ce bruit effrayant éveille le peuple; on court aux remparts et l'on trouve saint Maurand, vêtu d'un habit de bénédictin, qui défendait la porte de la ville : Douai fut sauvé, et, en commémoration de cet événement, on établit une procession solennelle. » Buzelin a cependant tronqué en partie les faits : une pièce authentique, existant dans les archives de la ville de Douai, fait remonter la procession à 1480, et porte qu'elle a été instituée en *l'honneur de Dieu, de toute la cour célestiale et de monseigneur saint Maurand, pour rendre graces que, par tel jour 16 juin, cette ville fut gardée et conservée de l'emprinse qui y feraient les Franchais pour le cuider s'en prendre.* Quoi qu'il en soit, la procession était instituée depuis cinquante ou soixante ans, lorsque Charles-Quint, né Flamand, qui connaissait parfaitement le caractère des peuples de ces contrées, et qui cherchait tous les moyens de neutraliser l'humeur inquiète et l'amour de la liberté qui leur étaient propres par les fêtes et par les plaisirs, fonda la plupart des représentations gigantesques qui ont existé en Flandre jusqu'à l'époque de la révolution. Il fit adjoindre à la procession de Douai, jusque là toute religieuse, les figures colossales de Gayant et de sa famille, et, comme cette procession avait pour principe la conservation de la place contre un ennemi, on inventa une fable sur Gayant. On en fit un chevalier, seigneur de Cantin, village situé à une lieue de Douai, sur la route de Paris, d'un courage à toute épreuve, d'une force herculéenne, d'une taille gigantesque; ce brave guerrier, dont le nom s'était corrompu avec le temps, s'appelait *Géhan Jélon*. Il avait sauvé la ville des entreprises des *Sarrasins*. On couvrit cette fable de détails merveilleux, propres à toucher l'imagination du peuple, et bientôt Gayant devint l'objet d'un véritable culte, un objet d'amour et de vénération. Que de croyances religieuses pour lesquelles on a répandu des flots de sang et qui n'ont pas d'autre origine! Vous voyez, très respectable ermite, quelle exaltation, quelle joie *Gayant* excite encore aujourd'hui.

« Cette procession, dont l'auteur du *Compère Mathieu* nous a conservé une très spirituelle description, était à-la-fois pompeuse, brillante, et ridicule. Tous les corps de métiers, tous les ordres religieux formant seuls un personnel de onze à douze cents personnes [1], les quatre facultés de l'université de Douai, précédées de leur recteur magnifique, les échevins et les corps de judicature la composaient; mais elle étala tant de ridicule, elle fut la cause de tant de désordres, elle eut un effet si funeste sur les mœurs, que l'évêque d'Arras la défendit en 1699, et la supprima en 1770; rétablie en 1778, elle fut enfin supprimée de nouveau en 1792. Parmi les diverses figures allégoriques qui, jusqu'à la suppression des jésuites, faisaient partie de cette procession, on remarquait *la Morale*, habillée par les jésuites, tenant d'une main un grand cartouche, où on lisait ces mots : *La physionomie de la foi varie à l'infini*, et de l'autre un thermomètre avec cette devise :

Les vents de Loyola font monter ma liqueur.

La Théologie était sur le même char représen-

---

[1] La population de Douai n'était pas alors de dix-sept mille ames.

tée par une *fille espagnole;* deux jésuites lui bandaient les yeux; elle tenait toutes les lettres du grand *Arnaud. Cet anti-jésuite faussaire, digne de toutes les peines de l'enfer,* était sous ses pieds, le front couvert de plumes de *chat-huant. Le Droit,* à ses côtés, était représenté par une vierge couronnée de clous de girofle, de canelle, et de poivre concassé, le tout collé sur de vieilles lettres de provision. Deux jésuites lui offraient la bulle du P. Tellier qu'elle baisait respectueusement. Alors les jésuites criaient: *Benè, benè: digna, digna es intrare in nostro nigro corpore.*

« — Mais comment cette procession si ridicule dans sa forme, et que vous me dites avoir été si raisonnablement proscrite par les principes libéraux de la révolution, se trouve-t-elle en partie rétablie? — Le besoin d'accroître le revenu des octrois de bienfaisance a fait adopter les géants comme de puissants auxiliaires; ils ont reparu, et avec eux l'antique culte qu'on leur a voué. En effet la ville de Douai, qui n'a que vingt mille habitants environ, renfermera plus de quarante mille ames dans une heure. Cette affluence ne sera produite que par le desir de voir les mannequins; et les trois quarts des étrangers qui seront entrés dans cette ville n'en sortiront ce soir qu'après avoir amplement sacrifié à Bacchus et à Comus. A l'exemple de Cambrai, on aurait pu tirer de ces représentations des avantages réels au profit de l'esprit public, de la philosophie, de l'amour des lois et de la patrie; il fallait que ces représentations parlassent autant à l'esprit et à la raison qu'aux yeux et à l'imagination; mais par une extrême timidité on craindrait ici de tenter une innovation. On redoute les rumeurs passagères d'un public aveugle qui, en critiquant les novateurs, applaudirait de tout cœur aux innovations.

« Gayant a souvent été célébré par les troubadours populaires et par les poëtes de nos contrées; les ménestrels, que vous apercevez aux coins de la place, et que la foule environne, chantent des paroles sur l'air que vous avez tout-à-l'heure entendu battre par les tambours. On a recueilli deux volumes des chants et poëmes lyriques qui ont été publiés sur Gayant, mais qui ne font pas grand honneur à ses poëtes.

« Il existe aussi à Douai une société bachico-lyrique, à l'instar du *Caveau* et du *Souper de Momus*, qui se réunit à certaines époques pour chanter son patron et *toaster* à sa mémoire. Elle prend le titre de *Société des enfants de Gayant*, et parmi ses membres se trouvent d'austères magistrats que les règlements de la société dépouillent, sur le seuil de l'académie bachique, de leur gravité magistrale; on assure qu'ils ne sont pas les moins gais entre les convives. »

Pendant que nous parlions de Gayant, la grande

place était traversée par des compagnies d'archers et d'arbalétriers qui, tambours en tête, drapeaux déployés, venaient disputer les prix dans les lices ouvertes à leur adresse. J'admirai la bonne tenue de la plupart de ces compagnies et l'élégance de leurs étendards. Ces enseignes sont en soie, peintes ou brodées aux armes ou aux chiffres de la compagnie; sur le haut se lit en gros caractères le nom de la ville ou du village auquel appartient la compagnie. Après le tambour et le drapeau, qui ouvrent la marche, vient *l'empereur,* portant au cou un oiseau d'argent suspendu à une chaîne du même métal. Pour être empereur, il faut avoir été trois fois roi; pour être roi, il faut avoir donné de grandes preuves d'adresse. L'empereur marche appuyé sur le maréchal et le sénéchal ou sur des rois; après ces grands dignitaires marchent ceux d'un ordre inférieur, *Dei minores,* suivis du corps des archers. Pendant que j'étais occupé à lire le mot *Flines* sur un étendard fort riche qui passait alors devant moi, la foule trop pressée qui cherchait à s'écouler m'emporta et me jeta dans un magasin de la rue de Bellaing. Un peu étourdi de cette secousse aussi brusque qu'inattendue, je cherchai des yeux mon compagnon; je l'avais perdu. Je m'excusai de la brusquerie de mon entrée, auprès de la maîtresse du magasin, jolie femme dont les beaux yeux noirs, voilés par de longues paupières, prirent l'expression de l'intérêt en me demandant si je n'étais pas blessé; elle me pressa, avec beaucoup de grace, de m'asseoir. J'étais entré chez elle sans le vouloir, je profitai de ce hasard pour lui acheter des gants, je n'en avais pas plus besoin qu'*Yorick*[1], mais ma marchande était au moins aussi jolie que la sienne. « Un homme qui serait en peine de connaître s'il change, s'il commence à vieillir, dit La Bruyère, peut consulter les yeux d'une jeune femme qu'il aborde, et le ton dont elle lui parle : il apprendra ce qu'il craint de savoir. » Soumis déja depuis long-temps à cette dure épreuve, peu s'en fallut que je ne l'oubliasse chez ma jolie marchande de la rue de Bellaing.

Je suivis cette rue de Bellaing tout entière, puis tournant à gauche je me trouvai bientôt en face d'une église de fort belle apparence, dans laquelle j'entrai. J'eus bientôt vu, par quelques insignes, qu'elle était sous l'invocation de saint Pierre. Cette église, toute moderne, est fort belle et très grande, je ne lui reprocherai que d'être trop éclairée; le clocher est massif et sans élégance, mais le dôme est beau, hardi, et d'une noble simplicité. J'y ai vu avec plaisir, aux deux côtés du maître hôtel, les modèles en plâtre, des belles statues de saint Pierre et saint Paul que le jeune et déja célèbre statuaire Bra a exécutées pour la ville de Paris. Je me suis

---

[1] Voyage sentimental de Sterne.

arrêté devant un tombeau en marbre, très élégant, exécuté par Allegrain, pour M. de Polinchove, ancien premier président au parlement de Flandre. L'église est décorée de quelques tableaux de Lagrenée et de Deshays.

J'ai admiré le superbe buffet d'orgue qui y fut apporté pendant la révolution, lors de la destruction de l'abbaye d'Anchin.

Comme je m'étais arrêté à examiner la belle façade du palais de Justice, voyant la porte extérieure ouverte, je fus tenté d'en visiter l'intérieur. A peine avais-je fait quelques pas sous la voûte que mon odorat fut agréablement chatouillé par l'odeur d'une excellente cuisine. Surpris de cette sensation inattendue, je réfléchis cependant que si le Palais de Paris avait *sa buvette*, celui de Douai pouvait avoir aussi la sienne, et je me souvins que je n'avais pas déjeuné.

J'entrai et j'allai prendre place dans un petit salon, à une table voisine de celle où déjeunaient deux jeunes gens que je pris pour des légistes, et qui, sans faire attention à moi, continuèrent leur conversation. « Crois-moi, disait à l'autre celui qui me parut le plus âgé, ne fréquente point la société si tu veux ici t'avancer dans la carrière du barreau; ce n'est maintenant qu'avec du talent et beaucoup d'étude que l'on pourra parvenir. Les places sont prises, et ceux qui les occupent ne sont pas d'âge et d'humeur à les laisser vides de long-temps. Jamais d'ailleurs, depuis la translation du parlement de Flandre à Douai, en 1713, le barreau n'a pu s'enorgueillir d'une aussi belle réunion de jeunes talents; il a vu dans ses rangs MM. Merlin et Déprés en 1789; mais aujourd'hui, au lieu de deux noms, il peut en citer quinze avec éloge, et parmi eux des hommes que le barreau de Paris serait fier de posséder : tels que les Leroy de *Falvi*, les Martin, les Roti, les Leroy de *Béthune*, les Lalou, les Danel, les Honoré, déjà vieux d'études et d'exercice, quoique aucun d'eux n'ait encore atteint son huitième lustre. »

La magistrature et le barreau jouissent ici d'une grande considération, et cette considération nuit beaucoup au commerce et à l'industrie. Tous les membres de la cour actuelle descendent de familles plébéiennes (la plus ancienne noblesse de la cour date de l'établissement du parlement de Tournai, qui est fort récent), et cependant il suffisait, il y a peu de temps encore, d'avoir acquis le droit de s'asseoir sur les fleurs de lys pour regarder le commerce avec un superbe dédain.

Le commerce, déconsidéré à Douai, s'est réfugié à Cambrai, Arras, et Valenciennes, et pendant que le barreau recevait, comme il reçoit encore, dans la première de ces villes un grand nombre de membres inutiles, l'industrie et le commerce ne purent y prendre l'essor. Cependant on commence à sentir, depuis quelques années, qu'il vaut mieux vivre dans l'aisance des produits d'un négoce roturier que de végéter dans la noble profession de jurisconsulte, et l'on compte aujourd'hui autant de jeunes Douaisiens aux écoles de commerce de Paris qu'à l'école de droit.

Quoi qu'il en soit, la cour royale de Douai, héritière de l'illustration et des lumières de l'ancien parlement de Flandre, compte encore dans ses rangs bon nombre d'hommes dont les noms pourront être un jour inscrits après ceux des Polinchove, des d'Aubers, des Calonne, des Vernimen, des Beaumetz, des Warenghien, des Gosse, et des Dhaubersart, l'honneur de la magistrature douaisienne.

Je témoignai à M. le concierge, cuisinier du Palais, le desir de visiter les différentes salles d'audience; il consentit de très bonne grace à m'accompagner. Je m'arrêtai principalement dans la salle des assises, qui me parut belle, grande, et disposée d'une manière plus convenable, je dirai même plus décente que celle de Paris.

Au sortir du Palais, je m'entends nommer, je m'arrête; un petit monsieur me salue. Long-temps je cherche à le reconnaître; ma mémoire est lente à placer sur des traits, qu'une longue et douloureuse maladie a beaucoup changés, le nom de M. Gautier d'Agoty, ancien secrétaire-général de la préfecture du département du Nord, que je reconnais enfin avec un extrême plaisir. C'est en l'an 6 qu'avait commencé ma connaissance avec M. Gautier[1]; je voyageais dans le département du Nord, avec le général Beurnonville, à l'armée duquel j'étais alors adjudant-général; nous passâmes à Douai, où était encore le chef-lieu de la préfecture : on nous invita à un banquet donné en réjouissance des victoires remportées sur la coalition européenne par les armées françaises. Nous acceptâmes, nous fûmes accueillis avec une franchise et une cordialité dont le souvenir m'est encore bien cher; de l'esprit, des graces, de la noblesse dans les manières distinguaient chacun des membres de cette réunion.

Maître d'une grande fortune, M. Gautier a voulu la faire servir à la prospérité de la ville de Douai. Il avait fondé en 1806 une filature de coton, qui depuis a donné l'idée de la fondation d'autres établissements semblables ; elle occupait cinq cents per-

---

[1] On aura plus d'une fois occasion de remarquer dans ce volume que j'oublie souvent le personnage que je représente, et que je parle en mon propre nom.

sonnes. Plus de deux mille ouvriers y ont fait leur apprentissage, et y ont pris le goût du travail, si rare autrefois dans cette ville parlementaire. M. Gautier a constamment soutenu par les plus grands sacrifices, et en dépit des immobiles, une entreprise que les circonstances contrariaient sur-tout de 1812 à 1814; à cette dernière époque, les malheurs de l'invasion, la suppression des droits de douane *sans indemnité* ont occasioné à M. Gautier des pertes énormes et l'ont décidé à céder un établissement à la prospérité duquel il avait sacrifié presque toute sa fortune.

M. Gautier se dirigeait vers le Musée, dont on m'avait parlé avec éloge; je lui demandai la permission de l'accompagner. Nous parcourûmes les différentes salles de ce superbe établissement, où les trois règnes déploient toutes leurs richesses, où l'anatomie comparée dévoile toute sa science, où la numismatique renoue la chaîne des temps, où l'archéologie nous révèle les coutumes, les usages, l'état des arts et de l'industrie des siècles reculés. Toutes ces riches collections sont classées avec un soin et un ordre admirables. On doit leur formation au zèle et aux connaissances de M. Becquet de Mégille, maire actuel de la ville de Douai; de M. Potiez de Froom, commissaire de police, et de M. Louis Duquesne, propriétaire, que les habitants de Douai ont vu avec regret éloigner, il y a peu d'années, de la commission du Musée, après les services éminents qu'il a, pendant plus de vingt ans, rendus à ce bel établissement.

Lorsque nous eûmes admiré à loisir, dans la salle consacrée à la sculpture, le mausolée du comte de Lallaing, attribué à Jean de Bologne; la belle statue d'Aristodème, de M. Bra, que le roi a donnée à la ville de Douai, et le buste du célèbre Jean de Bologne, dont le même statuaire a si noblement reproduit les traits, nous passâmes dans une galerie où se trouvent exposés les bustes des personnages morts, dont les noms peuvent honorer la ville de Douai.

Entre tous ces *illustres morts* les noms seuls de Lestiboudois et de Taffin étaient venus jusqu'à moi. Le premier, botaniste d'un grand savoir, a laissé une *Botanographie belgique* très estimée. Un genre de plante fut désigné en Allemagne sous le nom de *Lestibodœa*. Le second, dont nous avons déjà parlé dans un précédent discours, a introduit en France les pompes à feu et les a appliquées à l'exploitation des mines de charbon.

« Comment, dis-je à M. Gautier, lorsque des noms estimables sans doute, mais obscurs, sont ici exposés à la vénération publique, la ville de Douai n'y fait-elle point figurer celui du meilleur écrivain qu'elle ait produit, du fameux trinitaire dom Laurent, l'auteur du *Compère Mathieu?* sans doute sa conduite et ses écrits ne sont pas exempts de reproche, mais il n'en est pas moins resté un écrivain plein de verve, d'esprit, d'instruction et d'originalité. Long-temps on a attribué son livre à Voltaire, et ce n'est point un mince honneur, ni un médiocre éloge. La ville de Douai ne doit point laisser perdre ce titre. — On en laisse ici plusieurs autres dans l'oubli, ce qui est vraiment inconcevable dans une ville où les lettres et les arts sont l'objet d'une sorte de culte; permettez, continua M. Gautier, que je vous rappelle les hommes dont le nom nous fait quelque honneur.

« Jérôme Commelin, réputé de son temps *le plus savant des imprimeurs après Henri Étienne.*

« Antoine Blondel, baron de Cuincy près de Douai, fondateur, en 1593, d'une société littéraire dédiée aux *neuf doctes sœurs* sous le titre de *Banc des Muses de Cuincy.* Il faisait des vers qu'il accompagnait de son luth. Blondel et ses enfants furent plusieurs fois princes de la *confrérie des clercs parisiens.* Ses poésies ont été imprimées avec celles de Claude de Rosimbos, qui appartient aussi au département du Nord.

« Jacques Loys qui, mort à vingt-six ans, en 1611, avait déja trois fois remporté le prix du *chant royal* (en 1608, 1609 et 1610) décerné par la confrérie des clercs parisiens; il avait le titre de *poète Lauré*.

« Jacques Duclerq, l'auteur d'une histoire de la cour de Philippe-le-Bon.

« Gaguin, général des Mathurins, l'un des auteurs de l'*Histoire générale de France*, écrite en latin.

« Les jésuites Spira et Trigault, qui, tous deux, furent mandarins à la Chine. Par une exception qu'on ne peut imputer qu'au hasard, les portraits de ces enfants d'Ignace ne manquent pas; ils sont tous deux parfaitement conservés dans la galerie des tableaux.

« Après Jean de Bologne, le plus illustre des enfants de la cité, on pouvait encore placer dans cette galerie le buste de Jean de Bellegambe, peintre d'un mérite supérieur, et celui de François Regnard, musicien, dont les compositions, gravées en 1595, eurent un très grand succès.

« Certes, le contrôleur-général Calonne est loin d'être exempt de blâme; mais n'est-il pas un de ces hommes que leur prospérité, leur esprit, leurs écarts même, élèvent au-dessus du vulgaire, et qui ne doivent pas rester confondus dans la foule? M. de Calonne, comme contrôleur-général, ne fut qu'un ministre ordinaire; mais, comme homme privé, ce fut l'un des plus propres à servir de type au caractère français.

« Ici devrait encore figurer l'image de ce marquis d'Aoust, si justement nommé le patriarche de Cuincy, qui cultiva les lettres et les arts avec succès, et les encouragea de tous les moyens que lui donnait une grande fortune. Membre de l'assemblée constituante, il y porta une noble fermeté, non pour y défendre de vieux parchemins, mais pour y faire triompher les droits et les intérêts du peuple. Étranger à tous les partis extrêmes, il donna en 1790 à la société populaire de Douai une somme de trois cents francs afin qu'elle offrît une médaille de ce prix à *l'écrivain qui, au jugement de la société, établirait le mieux la borne qui sépare la liberté de la licence.* Mort en 1805, toujours inébranlable dans les mêmes principes de modération et de liberté, au moment où il allait mettre la dernière main à des mémoires précieux sur l'histoire et les antiquités de la Flandre. On a, dit-on, laissé perdre ses manuscrits, qui n'auraient pas été pour ses enfants un héritage moins honorable que le nom qu'ils portent.

« Ne serait-il pas juste de voir près de lui le buste de son fils aîné, de ce brave et infortuné général d'Aoust qui, maréchal-de-camp à l'armée des Pyrénées-Orientales, fut fait général de division devant Perpignan, et deux fois général en chef de cette armée ; qui, vainqueur à Peyrestortes, sauva une seconde fois son armée en battant l'ennemi à Bagnols, et qui, tout couvert des blessures qu'il avait si glorieusement reçues, fut envoyé par Fouquier-Tinville expier ses victoires sur l'échafaud?

« Après avoir rendu hommage à sa valeur, et donné quelques larmes à sa fin malheureuse, ne contemplerait-on pas ici avec fierté les traits du brave général Cambrai? On se rappellerait la prise de vive force du camp de la Commandari, et la belle défense de l'île de Noirmoutiers contre les Anglais et les émigrés; sa glorieuse conduite à la bataille de la Trébia, où il reçut le coup mortel en chargeant à la tête de ses escadrons, et quelques vertus naîtraient peut-être des germes que ces souvenirs jetteraient dans les cœurs de nos jeunes concitoyens.

« Parmi les vivants, quelques noms promettent à la ville de Douai d'augmenter un jour cette galerie d'hommes dont la réputation n'aura pas eu pour bornes la seule enceinte de ses murailles.

« Le premier est ce Merlin de Douai, qui, tout exilé qu'il est, reste encore l'oracle de toute la magistrature européenne, et que l'on regarde justement comme le premier jurisconsulte de l'époque.

« Je citerai après lui le lieutenant-général comte Durutte. La Piave, le Tagliamento, Monte Borghetto, conservaient le souvenir de ses exploits, lorsqu'il rendit les plus éminents services dans la campagne de Russie, sauva l'armée à Dennewitz, mérita les plus grands éloges à Leipsick, où il résista à l'ennemi, malgré la défaite des Saxons: couvert de blessures, il se distingua à l'affaire du Mont-Saint-Jean en 1815; il y perdit la main droite d'un coup de sabre.

« Le brave baron et maréchal-de-camp de cavalerie Scalfort.

« Les maréchaux-de-camp baron Delcambre et chevalier de Warenghien.

« Madame Desbordes Valmore, dont les élégies touchantes ont fait oublier les vers maniérés et les *moutonneries* de madame Deshoulières.

« M. Lenglet, président à la cour royale, auteur d'une *Introduction à l'histoire* et de *Recherches sur les dernières révolutions du globe*. M. Lenglet est sur le point de publier une *Histoire de la révolution française;* la lecture de quelques passages a donné une haute idée de cet ouvrage à ceux qui ont eu le plaisir de les entendre. A des connaissances très étendues M. Lenglet unit une grande simplicité de mœurs et une grande fermeté de caractère; on se rappelle encore qu'étant législateur il vota contre le consulat à vie et contre l'empire. La vie de M. Lenglet est tout aussi honorable. La médisance, la calomnie même, se taisent devant lui; il est le plus ancien des présidents de la cour royale de Douai, et le seul qui ne soit pas décoré.

« M. le chevalier Masclet, consul-général de France à Édimbourg, membre de la société royale et centrale d'agriculture de Paris, et d'une grande partie des sociétés agricoles de France et d'Angleterre, homme d'esprit et d'une vaste érudition; aussi versé dans l'étude des langues grecque et latine qu'habile à écrire et à s'exprimer dans cinq ou six langues vivantes. M. Masclet a publié un grand nombre d'opuscules sur la science agronomique et sur divers sujets d'économie publique. Il avait achevé une traduction de Thucydide que de savants hellénistes, entre autres M. Larcher, à qui il l'avait communiquée, le pressaient de publier; il se disposait à la mettre au jour lorsque, forcé de s'éloigner de France pendant les troubles de la révolution, il perdit le seul manuscrit qu'il eût de cet ouvrage.

« Le jeune sculpteur dont nous avons déja parlé plusieurs fois, et auquel l'art est déja redevable des statues d'*Aristodème*, d'*Ulysse*, de *saint Pierre*, de *saint Paul*, du duc d'Angoulême, et des bustes remarquables de Pinel, de Dubois, de Béclar; M. Théophile Bra, l'un de ces hommes qui, selon le jugement de nos premiers amateurs, possèdent le mieux le sentiment de la statuaire.

« M. Hippolyte Bis, que sa tragédie d'*Attila* a

déja fait connaître si avantageusement, et que quelques autres ouvrages, dont des circonstances fâcheuses retardent la représentation, promettent de placer au premier rang parmi les jeunes soutiens de la Melpoméne française. »

Nous montâmes à la bibliothéque publique, que précéde une belle galerie de tableaux, plus remarquable par les ouvrages modernes que par les anciens. Nous fûmes reçus et conduits dans la bibliothéque par le vénérable M. Guilmot, homme aussi respectable par son savoir que par la douceur et l'aménité de son caractère. Il était accompagné de M. Plouvain, conseiller à la cour royale, le plus savant chronologiste, me dit-on, de la contrée. M. Plouvain est l'auteur des ouvrages suivants: *Souvenirs à l'usage des habitants de Douai; Notice sur les offices du parlement de Flandre; Notice sur le conseil provincial d'Artois.*

J'ai admiré l'ordre et la bonne tenue de la bibliothéque de Douai, qui se compose de trente mille volumes environ, et de près de quatre mille manuscrits. Ce qui paraîtra extraordinaire c'est que, lorsque l'on fait de si généreux sacrifices pour les arts et les sciences dans la ville de Douai, on ne fasse rien pour la bibliothéque publique.... Rien! Je me trompe; on a acheté en 1824 deux petits volumes in-12; les poésies de M. C. Delavigne, et les premières *Méditations* de M. de La Martine. Assurément le choix est bon ; mais un si mince accroissement est-il digne d'une riche bibliothèque? Je ne puis croire, comme on me l'a assuré, que chaque année 3,000 fr. sont portés au budget de la ville pour son accroissement, et que les cabinets d'histoire naturelle seuls en profitent.

N° CXIV. [1ᵉʳ AOUT 1821.]

DOUAI.

> Presque aucun des arts de luxe ne peut atteindre à quelque degré de perfection sans la pratique et des écoles publiques de dessin. Il n'en faut pas une, il en faut un grand nombre. Une nation où l'on apprendrait à dessiner comme on apprend à écrire l'emporterait bientôt sur les autres dans tous les arts du goût.
>
> DIDEROT, *du Goût.*

Après un déjeuner à la flamande, composé de thé, de crème, et de café, nous étions montés dans le cabinet d'Hippolyte pour y passer la matinée à travailler. J'avais quelques lettres qui attendaient une réponse; il avait quelques travaux pressants. A peine avions-nous pris place devant nos tables respectives que la porte s'ouvrit. « Eh! bonjour, mon cher confrère, dit Hippolyte en s'avançant vers un beau vieillard, sec, et doué encore de beaucoup de vivacité. Mon cher ermite, c'est M. G***, l'un des annalistes les plus profonds de nos contrées, que j'ai l'honneur de vous présenter. » Après les compliments d'usage, M. G*** reprit: « J'ai su que l'anachoréte de la Chaussée-d'Antin était ici ; j'étais curieux de faire sa connaissance, voilà tout simplement le motif de ma visite.—Nous prétendons bien la mettre à profit, ajouta Hippolyte ; nul ne saurait mieux que vous instruire notre ermite des détails historiques sur la ville de Douai, et vous ne les lui refuserez pas. — Il est vrai que depuis plus de quarante ans je m'occupe de recherches pour faciliter les moyens d'écrire l'histoire de ces contrées, et que j'ai recueilli d'immenses matériaux ; mais l'histoire de cette ville n'offre point de particularité bien remarquable. Si cependant M. l'ermite le desire, ma petite érudition est à ses ordres. » J'assurai M. G*** que son entretien serait à-la-fois pour moi un plaisir et un service ; il continua.

« L'origine de Douai, quoi qu'en aient dit quelques écrivains, n'est point ancienne. Il vous importe peu de savoir si Douai vient du celtique *du*, conduit, et de *ai*, eau; du romain *Duacum*, syncopé de *Ductus aquarum;* du saxon *du*, conduit, *wacter*, eau, dont on aurait fait *Duwaicum:* je ne vous conduirai point dans ce labyrinthe étymologique.

« Douai, qui n'était qu'un château, fut rebâti et fortifié au septième siècle par Abalbald, maire du palais de Neustrie, et reçut bientôt des agrandissements. Cette ville passa successivement sous grand nombre de dominations; rien dans son histoire ne mérite d'être conservé jusqu'au quatorzième siècle.

«En 1304, Douai appartenait au comté de Flandre; l'ambitieux Philippe-le-Bel, qui voulait tirer vengeance de la défaite que ses armées avaient éprouvée à Courtray, cherchait à pénétrer dans la Flandre. Après avoir été repoussé par les Douaisiens à Pont-à-Vendin, il vint se présenter devant Douai et l'attaqua vivement. Les habitants se défendirent avec tant de courage qu'ils le forcèrent à se retirer, après avoir perdu beaucoup de monde; peu de jours après, ils envoyèrent un bon nombre d'arbalétriers et deux cents hommes de cavalerie à Mons-en-Pévéle, sous les ordres du jeune Henri, troisième fils de Guy, comte de Flandre. Les Français recueillirent tous les avantages de cette journée; mais les Flamands y furent véritablement vainqueurs. Les Douaisiens y combattaient avec le plus grand courage; ralliés avec ceux de Gand, de Lille, d'Ypres, et de Courtray, vers le soir de la bataille, ils retournèrent furieux sur les Français, culbutèrent tout ce qui s'opposait à leur passage, renversèrent le roi de son cheval, pénétrèrent dans sa tente, et restèrent maîtres du champ de bataille, qu'ils abandonnèrent de leur propre gré le lendemain. Toutes les familles de Douai eurent à regretter, dans cette journée, un père, un fils, un époux. Pour honorer leur mort héroïque, pour consacrer le souvenir des exploits de ses fils, la ville de Douai ajouta une flèche d'or à ses armoiries, qui, en partant de l'angle dextre, vient frapper le cœur de l'écu; un flot de sang en sort, d'où découlent six gouttes ou larmes, pour figurer les six cents hommes qu'elle perdit dans cette affaire. Les arbalétriers de Douai adoptèrent alors pour cri de guerre la devise: *Gloire aux vainqueurs*, 1304; ils l'inscrivirent sur leurs enseignes, et la gardèrent lorsque Douai fut ensuite cédée à la France, sans qu'on la leur contestât.

« Cette ville passa encore sous diverses dominations, obtint quelques succès, essuya quelques revers jusqu'à la bataille de Denain; elle fut prise, le 10 septembre 1712, par le maréchal de Villars. Depuis cette époque, elle est restée à la France. Elle s'était beaucoup agrandie pendant le cours de cinq ou six siècles; ses nombreuses fabriques étaient florissantes, et son commerce était l'un des plus importants de la Flandre; ses libertés, ses priviléges, le droit d'élire ses magistrats, lui assuraient un état brillant. Dans sa *Philippide*, Breton nous la peint ainsi:

Duacum
Dives et armipotens et claro cive refertum.

Mais les persécutions religieuses exercées sous le

gouvernement de Philippe II, mais le rétablissement de l'inquisition, mais la translation du parlement de Flandre à Douai, portèrent à son commerce des coups mortels.

« Depuis quelques années, cette ville semble se ranimer; l'industrie se réveille, et avec elle l'aisance reparaît. Des constructions s'élèvent de toutes parts sur les terrains et sur l'emplacement des anciens refuges et monastères; les étrangers viennent s'établir parmi nous, accroître notre population, augmenter nos consommations et les revenus communaux.

« Douai possédait au moment de la révolution une université célèbre, fondée en 1561 par Philippe II. Elle était composée de cinq facultés et présidée par un docteur pris dans son sein et nommé tous les ans; six colléges et dix-neuf séminaires de la dépendance de l'université existaient alors à Douai. Nous avons maintenant une académie *sans facultés* et un collége royal. La présence de certain jésuite avignonais, député de Saint-Acheul, avait conduit cet établissement à deux doigts de sa perte; heureusement le ministère a eu besoin de ses services ailleurs; cet établissement recommence à prospérer.

« Peu de villes en France font autant de sacrifices pour l'instruction de la jeunesse et dans l'intérêt des arts, des sciences, et des lettres, que la ville de Douai; nous possédons des écoles d'anatomie, de botanique, de dessin, d'architecture, de sculpture, de musique, et d'enseignement mutuel [1].

« Nous comptons aujourd'hui bon nombre de maisons de commerce recommandables et toutes formées depuis moins de vingt ans : on distingue entre elles la filature de coton de MM. Malfait et compagnie, et celle de MM. Desmoutier père et fils (toutes deux mues par la vapeur); les fabriques de tulles à dentelles de MM. Dablaing, Black fils et compagnie, celle de M. Baylay et compagnie, et celle de MM. Brown et Pounder: la vapeur est le moteur dans la première de ces fabriques, l'eau dans la seconde, et les bras dans la troisième. Dans d'autres branches de commerce, se distinguent MM. Arthur Bris, Barré, Bouhez, Gantois-Dervaux, Chartier, Arrachart, Druelle de Berkem. Vous présumez bien, monsieur l'ermite, qu'à Douai, ainsi que dans toutes les villes de la Flandre, la fabrication de la bière est l'une des branches commerciales les plus importantes.

« Dans un vaste et beau jardin des Plantes sont cultivées et classées, d'après la méthode de Jussieu, plus de sept mille plantes, tant exotiques qu'indi-

---

[1] Pendant qu'on imprimait ce discours, on faisait à Douai l'ouverture d'un cours gratuit de géométrie et de mécaniques applicable aux arts et à l'industrie.

gènes. C'est le plus riche jardin botanique de France après ceux de Paris, de Montpellier, et de Toulouse. L'on doit des éloges à M. Potiez de Froom, conservateur de ce jardin, et au directeur, M. Foulon, médecin et professeur de botanique et d'anatomie, pour les soins qu'ils ont pris à le former et pour ceux qu'ils prennent encore pour en accroître les richesses.

« La *Société de médecine* de Douai se distingue par une rare indépendance d'opinions, et compte dans son sein plusieurs hommes dont le caractère est aussi beau que le talent.

« La *Société de musique* de Douai n'a pas de rivale dans cette contrée, où cet art est par-tout cultivé avec amour; parmi ses membres se distinguent MM. Luce et Tarlier, estimés, l'un comme violoncelle et l'autre comme violon, entre les premiers amateurs de France. Le talent de M. Tarlier est supérieur, dit-on, à celui de M. Luce pour l'exécution; mais celui-ci, musicien consommé, et de plus compositeur, dirige un orchestre avec un talent rare [1].

« La *Société des Amis des arts*, fondée la première en France après celle de Paris, a pour but

---

[1] La mort vient de frapper à Montpellier M. Joseph Tarlier, que ses qualités privées autant que son talent rendaient cher à ses concitoyens.

de concourir à relever dans la Flandre française les autels des arts. Quoique seulement formée en 1821, ses heureux effets se font déjà sentir dans le département du Nord. Par-tout le goût et l'émulation s'éveillent; déjà la ville de Lille a suivi l'exemple de Douai. Cambrai et Valenciennes s'occupent des moyens d'y parvenir.

« Après les établissements consacrés aux arts, aux sciences, et aux lettres, viennent ceux d'utilité publique.

« Douai renferme un riche arsenal de construction; une belle école d'artillerie avec un vaste polygone : cette école est commandée par M. le général Filhiol de Camas, officier-général d'un grand mérite. Des professeurs de chimie, de physique, de mathématiques, de dessin, d'écriture, sont attachés à cette école; nous possédons aussi une des trois fonderies à canons en bronze de France : elle est dirigée avec beaucoup de talent et d'activité par M. Émon Desmoutier, ancien capitaine d'artillerie, sous l'inspection de M. le chef de bataillon d'artillerie de Lagrange, officier aussi distingué par ses talents militaires que par son urbanité, son esprit, et la variété de ses connaissances. »

M. G***, dont la visite m'avait été si utile et si agréable, prit occasion d'une visite qui nous arrivait pour se retirer.

Les remparts sont la promenade habituelle des

habitants de Douai; de cette hauteur, la vue domine sur la ville et sur les campagnes qui l'environnent. Ils sont ornés de beaux ormes qui, pendant les chaleurs de l'été, peuvent garantir le teint des belles des ardeurs trop vives du soleil. C'est une promenade pittoresque, variée et pleine d'agréments : mais les habitants de Douai ne sont pas promeneurs ; les gens du peuple passent leurs moments de loisir dans les cabarets, environnés de pots de bierre, au milieu d'une épaisse atmosphère de fumée de tabac ; et les personnes des hautes classes usent tristement leurs jours autour des tables de jeu, préférant le *wisk des grands-pères* et le *reversi des graves douairières* aux plus agréables promenades, et même aux jeux de la scène les plus attrayants.

« Derrière cette masse d'abres que vous apercevez là sur la droite, me dit Hippolyte, se trouve le village de Lallaing, où résidaient les comtes de Lallaing, desquels est descendue l'illustre maison d'Aremberg. Dans ce village habite mon vénérable ami le général de cavalerie baron Scalfort, retiré après quarante ans de service et vingt-trois campagnes. Entré dans la carrière comme simple dragon, il était déja officier et chevalier de Saint-Louis au moment où la révolution éclata; il a suivi partout nos drapeaux victorieux jusqu'à ce que son âge et ses blessures lui eussent imposé la pénible loi de la retraite. Vous ne trouverez pas son nom dans nos biographies; il savait se battre et non se recommander. Quoique, à la tête de son régiment, il eût forcé les passages de la Piave et du Tagliamento, et décidé la victoire; quoique plusieurs charges de cavalerie, qu'il exécuta à Austerlitz, eussent contribué au gain de la journée, quoiqu'il y ait été grièvement blessé, on n'a pas même cité son nom dans les *Victoires et Conquêtes* où tant d'autres..... Au reste les faits d'armes du général Scalfort sont gravés sur sa poitrine, et le sabre d'honneur qu'il portait à Austerlitz, par ses nombreuses et glorieuses empreintes, atteste que c'était à la tête de ses régiments qu'il chargeait, et que la prudence ne l'éloigna jamais de la mêlée. Ancien chevalier de Saint-Louis, commandeur de la Légion-d'Honneur dès la création de l'ordre, baron de l'empire, il s'était retiré à Douai avec sa retraite et une riche dotation en Westphalie. En 1815 il commandait la garde nationale de Douai, malgré son grand âge. La garnison de cette ville, après la déplorable journée de Waterloo, refusait d'ouvrir ses portes à quelques ramas de paysans qui venaient demander la remise de la place en vociférant au pied des murailles et insultant les braves qui la gardaient. Le peuple qui souffrait de l'état du siége, et que d'ailleurs quelques meneurs avaient excité, s'agitait dans la ville et se répandait en invectives contre la garnison; on fit conduire des pièces de canon sur la place d'armes, l'artillerie et les autres troupes vinrent s'y former en bataille: le peuple alors, toujours lâchement et insidieusement poussé, ne s'en tint plus aux injures; il lança des pierres aux artilleurs. Ces braves, que depuis trois jours on abreuvait d'outrages, que l'on contenait avec peine, se portèrent avec fureur à leurs pièces, les dirigèrent vers la rue de la Mairie, où se trouvait une grande affluence d'hommes, de femmes, d'enfants: déja la mèche s'approchait de la lumière; le général Scalfort, dont une ancienne blessure a rendu la marche difficile, court, s'élance à la bouche du canon: « Amis! dit-il, si vous faites feu, c'est moi que vous atteindrez le premier. » Cette action, aussi hardie que généreuse, fit descendre dans l'ame des artilleurs des sentiments de générosité: ils s'apaisèrent ; la guerre civile fut étouffée à sa naissance. Que de sang a épargné mon digne ami! qui pouvait calculer les suites d'un premier coup entre deux partis également exaspérés!

« A Lallaing réside aussi ce spirituel vicomte de Montozon, ancien sous-préfet de Saint-Quentin, l'ami de MM. Lameth, dont il s'est toujours montré le digne élève par la fermeté de ses principes et l'urbanité de ses manières. Dans un autre moment nous aurions fait le voyage de Lallaing; mais la fête a rappelé dans nos murs, pour quelque temps, et le brave général et l'aimable vicomte.

« Voici les débris de l'ancienne demeure des victimes de l'ambitieux Philippe-le-Bel et du lâche Clément V. Ce bâtiment se nomme encore le *Temple*: sa chapelle, que vous apercevez, fut fondée par Thierry d'Alsace, comte de Flandre, en 1155; elle sert maintenant de grange au fermier successeur des chevaliers du Temple. »

Nous traversâmes le pont sur la Scarpe, nommé la *Porte-d'Eau*, et Hippolyte me fit remarquer la magnifique résidence de M. Paulée, l'un des plus riches propriétaires de France. C'est sur l'emplacement de l'ancienne abbaye des Prés que les bâtiments ont été élevés; les jardins et les eaux qui les environnent font de cette belle habitation un séjour délicieux. Il est bon nombre de princes souverains dont les palais n'offrent point autant de magnificence. M. Paulée fils, ancien capitaine de hussards, aide-de-camp du général Guilleminot pendant les campagnes de Russie, chevalier de la Légion-d'Honneur, y fait sa résidence habituelle.

Toujours entre des campagnes couvertes de belles moissons et richement boisées d'un côté, et de beaux jardins cultivés avec le plus grand soin de l'autre, nous arrivâmes à la porte d'Équerchin, où nous quittâmes le rempart : je m'arrêtai devant cette porte dont l'architecture, d'ordre toscan, est vraiment remarquable ; les casernes d'Équerchin et la rue de ce nom, qui sont grandes et spacieuses, sont dignes de l'attention du voyageur.

L'hôtel-de-ville, où nous allions visiter l'exposition des arts et de l'industrie qui a lieu à Douai tous les deux ans, est un bâtiment gothique à l'extérieur, qui ne manque point d'élégance; il a été réédifié au quatorzième siècle après un incendie qui avait consumé jusqu'au beffroi et fondu les cloches qu'il renfermait.

Il faut que le goût des arts soit bien inné chez les Flamands, me disais-je en parcourant les salles de l'exposition, pour qu'une ville du troisième ordre, dont la population ne s'élève pas à vingt mille ames, puisse offrir aux amateurs un si riche spectacle; nulle autre en France, après Paris, n'a encore donné un pareil exemple de zèle et de véritable amour pour les arts. Que de soins, que d'activité, que d'ordre, et d'économie n'a-t-il pas fallu, avec de si faibles ressources communales, pour parvenir à former ce riche dépôt des arts que sept salles spacieuses peuvent à peine contenir! Et cet empressement, cette avidité avec laquelle toutes les classes diverses s'y précipitent, cette lenteur dans l'examen, ne font-ils pas penser qu'un autre besoin que la curiosité porte les Flamands vers les arts du dessin?

J'arrivai dans une salle haute où je trouvai réunie une nombreuse foule d'amateurs en face d'un tableau qui captivait toute leur attention, et que je ne pouvais entrevoir à travers l'épaisseur des rangs. J'allai prendre place sur un grand canapé adossé aux croisées, sur lequel se trouvaient assis quelques personnages discutant avec chaleur. « Non, non, criait d'une voix glapissante un petit personnage poudré et à jambes torses, ce n'est point aux Italiens que les Flamands doivent le goût du beau. — Monsieur, non seulement ils leur doivent le goût du beau, mais encore celui des arts: aux quatorzième et quinzième siècles, le commerce des Flamands était l'un des plus riches et des plus étendus du monde; leurs marchands, qui négociaient avec toute l'Italie, y puisèrent quelques notions des arts: ces notions rapportées germèrent dans la Flandre, où l'aisance et quelques idées de liberté avaient avancé plus qu'ailleurs la civilisation; bientôt l'on put reconnaître que le génie des Flamands les portait vers les arts, mais il est prouvé qu'ils en ont pris le goût des Italiens. C'est une idée si généralement répandue, qu'il n'est plus permis de la combattre.—Sachez, repartit vivement le petit boiteux, que votre *idée généralement répandue* est fausse, de toute fausseté, et que nous autres Flamands ne supportons pas plus la tyrannie des idées fausses que celle des choses contraires à la justice. Vous reconnaissez que l'agriculture, l'industrie, le commerce de la Flandre, étaient parvenus à un haut degré de splendeur, lorsque toutes les autres contrées de l'Europe gémissaient encore dans l'abjection sous le règne de la féodalité: eh bien! ce sont les sciences et les arts qui avaient contribué à assurer en Flandre cet heureux état de choses; la routine, le sol, et le climat, n'auraient jamais amené ces heureux résultats: les arts et les sciences ont seuls contribué à leurs progrès, étonnants pour l'époque. Des monuments encore debout, des peintures portant le cachet de l'époque, attestent que, lors de la renaissance des arts en Italie, l'architecture, la sculpture, et la peinture, s'étaient déja relevées dans la Flandre. — Les peintres flamands cependant allaient faire leurs études au-delà des Alpes. — Dans le seizième siècle, oui, mais non avant; d'ailleurs cela ne prouve rien. S'ils durent quelquesunes de leurs qualités aux écoles italiennes, celles-ci profitèrent à leur tour du savoir des peintres flamands; *un seul* des services que nous avons rendus aux Italiens a plus que payé tous ceux que nous avons pu en recevoir. Rappelez-vous que la Flandre a donné le jour à Jean Van Eyck, connu sous le nom de Jean de Bruges; que ce grand artiste a découvert le moyen de peindre à l'huile; qu'avant cette découverte la peinture languissait encore par-tout; que lui-même porta sa découverte en Italie, et que bientôt elle fut répandue dans toute l'Europe : les Flamands d'ailleurs ne manquent pas plus que les Italiens des dispositions nécessaires à la culture des arts. Diodore de Sicile regardait les Belges comme une nation ingénieuse, et César dit d'eux qu'ils étaient d'une grande industrie, *genus summæ solertiæ*. Les jugements de ces deux illustres écrivains ont reçu du temps une sanction aussi complète qu'honorable. »

Je n'ai quitté cette riche exposition qu'après avoir parcouru, pendant trois grandes heures, toutes les salles; qu'après avoir payé mon juste tribut d'éloges aux belles compositions du général Lejeune qui captivaient la foule, à Douai comme à Paris; à celles de MM. Leprince, Beaume, Berré, Couder, Delassus, Garneray, Knip, Laurencel; de mesdames Hersent, et d'Hervilly; des maîtres de la savante école flamande, et de la spirituelle école lyonnaise. Dans la salle de sculpture j'ai trouvé les œuvres de MM. Bosio et Bra, et dans leur voisinage, sans qu'ils aient trop à en souffrir, ceux de l'aimable comtesse R. de Saint-Jean-d'Angely, qui joint à toutes les graces, à toutes les qualités de son sexe, le talent, si rare dans une femme, d'un véritable statuaire.

Le salon consacré à l'industrie étalait aussi une grande richesse. Les manufacturiers et fabricants de Paris et des grandes villes commerçantes y avaient envoyé les produits de leurs fabriques, entre lesquels se distinguaient, en différents genres, ceux de M. Ternaux.

On me conduisit au cercle *Vanghelle*, sur la grande place. Cette société se compose de négociants, de fabricants, d'avocats, de propriétaires, tous indépendants; aussi l'opinion constitutionnelle y est-elle générale. Cette société et la loge maçonnique sont les seules remarquables à Douai : la dernière possède un fort beau local; elle s'occupe de travaux philosophiques, et ouvre annuellement des concours d'histoire, de poésie, et d'éloquence, qui sont très suivis.

J'ai assisté à une représentation théâtrale: je ne dirai rien des acteurs; dans leur art il n'est pas de degré du médiocre au pire. La salle est d'une coupe élégante, les décorations ont été peintes par Cicéri, c'est assez en faire l'éloge: les loges étaient garnies d'un double rang de femmes, presque toutes jolies. On m'a assuré (et je l'ai cru, tant est grand aujourd'hui mon respect pour le beau sexe) que les femmes de cette ville sont toutes, sans la moindre exception, des modèles de fidélité conjugale.

N° CXV. [8 AOUT 1821.]

LA FRONTIÈRE.

Sed, si tantus amor casus cognoscere nostros,
. . . .
Quanquam animus meminisse horret, luctuque refugit,
Incipiam.
VIRG., *Æneidos.*

Mais, si de nos malheurs vous exigez l'histoire,
S'il faut en rappeler l'affligeante mémoire,
Quoique au seul souvenir de ces scènes d'horreur,
Mon cœur épouvanté recule de terreur,
J'obéis.
Traduction de DELILLE.

Dirò, come colui, che piange, e dice.
DANTE, *nell' Inferno.*

Je parlerai comme celui qui parle en pleurant.

Des affaires impérieuses retenant mon guide chez lui, j'ai pris une place dans la très lente diligence de Tournay, avec l'intention de visiter quelques points de la frontière qui nous sépare de nos anciens frères les Belges. Nous étions quatre dans la voiture, deux Flamands bien replets, un jeune abbé, et moi. La voiture s'arrêta rue Saint-Jacques, à la porte d'un notaire; un grand vieillard sec y monta. Il fit placer entre ses jambes deux gros sacs d'argent, et assura sur ses genoux un énorme sac de nuit qui s'élevait jusqu'à son menton. Le conducteur voulait le débarrasser de son bagage pour le déposer dans les coffres; mais il refusa obstinément : « *Votre serviteur très humble,* dit le plus âgé de nos deux Flamands : mon cher compatriote, il paraît que vous levez toujours de bons impôts sur la France. — Il le faut bien ; comment payer sans cela ceux dont nous charge le roi de Hollande (généralement les Belges désignent ainsi le roi des Pays-Bas), et sans nos contributions comment paierait-il celles que lui imposent les Anglais? Il ne suffisait pas que nous payassions pour l'air dont nos poumons ont besoin, pour la lumière qui pénètre dans nos demeures, pour ne pas être obligés d'y entrer par la fenêtre, et même pour que la fumée pût en sortir; il ne suffisait pas que nous ne puissions faire un pas à cheval ou en voiture sans payer un droit, que l'on ne pût envoyer un sac au moulin sans qu'il payât le plus fiscal de tous les droits, il faut maintenant que j'acquitte le personnel pour ma jument Cocotte et pour mon caniche César. Oh! nous ne sommes plus les Flamands du quinzième et du seizième siècle. MM. de Bourgogne y regardaient à deux fois pour charger le comté de Flandre d'un nouvel impôt, et nous avons oublié que le duc d'Albe, aidé de son cardinal de Granvelle, ne put jamais parvenir à faire payer son *dixième* et son *centième.* Napoléon lui-même se croyait obligé à des ménagements; que ne sommes-nous restés Français! — *Votre serviteur très humble,* mon cher compatriote; mais vous ne parliez pas ainsi avant 1814 : vous êtes, comme le dit le vieux professeur de l'université de Louvain, *laudator temporis acti.* — Je ne sais pas le latin, M. D***, je ne le sais pas, et je ne m'embarrasse guère de ce que dit le vieux professeur de Louvain; c'est un savant, dès-lors il ne paie pas d'impôts, et par une bonne raison. Mais qu'il attende; M. Apelius trouvera bien moyen un jour d'imposer ses bouquins; non, c'est moi qui vous le dis, il n'y a plus moyen de vivre en Belgique, que pour ceux qui n'ont rien. — Ah! par exemple, *votre serviteur très humble,* vous ne nous ferez pas accroire qu'on vive mieux avec rien qu'avec quelque chose. Je conviens avec vous que les impôts sont fort élevés dans le royaume; que nous avons à payer les dettes des Hollandais ; mais en échange quels avantages ne trouvons-nous pas sous notre gouvernement ! Quel pays jouit d'une plus grande liberté civile ? dans quel autre le commerce, l'industrie, les arts utiles, sont-ils plus efficacement protégés? où règnent une plus sage égalité, plus de douceur dans l'action du gouvernement? où trouve-t-on plus de bonhomie, plus de simplicité, plus de sagesse dans le souverain? où voit-on ailleurs le monarque descendre du trône pour aller au-devant de ses sujets, pour écou-

«ter leurs plaintes et leurs vœux, pour les consoler, les aider, leur faire rendre justice? quel prince se montre plus zélé partisan de la tolérance religieuse? —Arrêtez, monsieur, interrompit le jeune abbé en fermant son bréviaire, sur lequel il feignait de marmotter quelques litanies; il n'est point permis à un vrai catholique de faire l'éloge de la conduite que tient envers la religion le gouvernement des Pays-Bas: ce que vous appelez légèrement tolérance religieuse est un sacrilége. C'est le manteau dont on couvre le desir de détruire, de ruiner la sainte, la vraie religion de Rome. N'est-ce point un instrument de mort pour l'église romaine que ce collége philosophique fondé avec tant de faste et d'éclat?—Vous en voulez beaucoup à cette pauvre tolérance. — N'est-ce pas en son nom que nous avons vu dernièrement expulser de la Belgique les frères de la doctrine chrétienne, les courageux missionnaires, et les membres respectables de l'ordre le plus illustre de la chrétienté? c'est par tolérance sans doute qu'on les poursuit par-tout comme des êtres malfaisants, qu'on les livre à la risée du peuple, et qu'on les fait escorter et conduire à la frontière de brigade en brigade comme des malfaiteurs.» Mon gros Flamand, qui d'abord avait été frappé de la brusque sortie du jeune lévite, se mit en selle et avec un gros rire: « *Votre très humble serviteur*, dit-il; quand on a de mauvais sujets chez soi on les chasse et on fait bien, et vive le prince d'Orange [1] !—Vous êtes un *gueux* [2] ou je me trompe fort, reprit tout rouge de colère le petit énergumène, et dès-lors je n'ai plus rien à dire.—Je vous en demande bien pardon, monsieur l'abbé ; je suis bon catholique, et de plus marguillier de ma paroisse : mais, quand il s'agit de fanatisme, *votre serviteur très humble*, je n'en suis plus ; grace à notre sage roi Guillaume, qui se vante d'être un bon huguenot, et que vous appelez un gueux, nous serons bientôt délivrés de ce démon du fanatisme dont vous me paraissez tant soit peu possédé. Oui, monsieur l'abbé, et, ne vous en déplaise, la fondation du collège philosophique nous donnera des ministres du culte, sages, modérés, charitables, dont l'instruction philosophique éclairera la piété, et dans dix ans on ne verra plus, en Belgique du moins, des prêtres prêcher l'oubli des injures, l'injure à la bouche, commander la modération avec les expressions de la colère ; se dire ministres d'un Dieu de paix en répandant le trouble et l'affliction au sein des familles.» J'arrêtai mes yeux sur l'abbé, il mordit ses lèvres et ne répliqua pas.

Nous entrâmes bientôt dans la petite ville d'Orchies, renommée par ses riches marchés aux grains : elle était autrefois dépendante de la châtellenie de

---

[1] Les Belges donnent aussi ce titre à leur roi.

[2] Les catholiques flamands nomment *gueux* ceux qui professent la religion réformée.

Douai, et jouissait des mêmes priviléges et libertés, en vertu d'un diplôme de Philippe d'Alsace, comte de Flandre, daté de 1188. Son commerce et ses manufactures de draps et de soieries étaient jadis considérables; mais Charles VI, roi de France, dont la raison commençait sans doute à s'affaiblir, défendit en 1393 aux habitants d'Orchies de fabriquer autres choses que des soies et des étoffes légères. Cette ville, qui jouissait alors d'une grande prospérité, fut bientôt ruinée. Elle a suivi le sort des châtellenies de Lille et de Douai, auxquelles elle a toujours été unie. Elle a passé tour-à-tour sous la domination des comtes de Flandre, des rois de France, des ducs de Bourgogne, des empereurs d'Allemagne, et des rois d'Espagne; elle a été prise et reprise, et cédée difinitivement à la France par le traité d'Utrecht, en 1713.

J'ai été long-temps à me demander compte de l'espéce de répugnance que me causait le nom seul de cette ville, et j'ai fini par découvrir que ce sentiment avait sa source dans l'horreur que m'avait inspirée jadis un certain curé d'Orchies, qui a joué un rôle odieux dans les premiers jours de la révolution, et que des considérations particulières me défendent de nommer.

Je quittai à Orchies la voiture de Tournay, après avoir pris congé de mes compagnons de voyage. J'avais à voir M. Devred, pour qui j'étais porteur d'une lettre de recommandation. M. Devred est un ancien agronome, maintenant retiré à Orchies; l'agriculture lui doit plusieurs services importants. Sans parler des nouvelles méthodes de culture qu'il a introduites dans les contrées qu'il habite, il a doté l'agriculture de quelques nouveaux instruments aratoires, et entre autres d'un excellent *semoir*, nommé par les agronomes *semoir Devred*, de beaucoup supérieur à ceux de Frost, Thaer et Ducket, par sa grande légèreté, par la facilité qu'il offre dans la manœuvre, par sa solidité, et la modicité du prix auquel on peut en tous lieux l'exécuter.

M. Devred n'était pas chez lui; je suivis la route de Saint-Amand, où l'on m'assura que je le rencontrerais.

J'avais pris place dans la carriole du messager pour arriver à Saint-Amand, et nous cheminions sur une fort belle route, au milieu de campagnes couvertes de riches moissons, et de villages dans lesquels la fertilité du sol semble faire régner une grande aisance: « Voilà un pays bien riche et dont les habitants doivent être parfaitement heureux, dis-je assez haut pour qu'un de mes compagnons de route m'entendît. — Oui, tout irait bien ici, si le pays n'était couvert de ces innombrables troupes de perroquets qui répètent avec tant de plaisir *qu'as-tu là?* — Comment? — Ne voyez-vous pas que toute cette contrée n'est remplie que de douaniers qui l'occupent militairement par double, par triple, par quadruple ligne. —Je ne vois pas quel tort la présence des douaniers peut apporter à l'agriculture. —Si elle gêne le commerce, elle nuit à l'agriculture. —Mais si le système de douanes met quelques entraves au commerce, souvent aussi il le protége. —Nous nous passerions très bien de sa protection! —Quel est donc votre commerce? —Je suis contrebandier. » Je fus le seul des individus renfermés dans la carriole qui parût étonné de cette singulière qualification que se donnait mon interlocuteur. « Vous n'en vouliez pas à la douane, l'année où vous gagnâtes 60,000 fr., maître Pierre, reprit le messager: vous reconnaissiez que la douane était une excellente institution; car, disiez-vous, sans douaniers il n'y aurait pas de contrebandiers, et adieu mon état. Je crois, pour dire toute ma pensée, que vous avez été *frotté* cette année, et que de là vient votre grande colère contre *les tirailleurs de la cannelle* et *les hussards de la muscade*, comme vous les appelez. —Il est vrai que j'ai été pris le mois dernier deux fois, au passage de la Scarpe, et une autre fois à l'escalade que je tentais contre les murs de Douai; que l'on m'a saisi pour plus de 30,000 fr.; mais, comme je me nomme Pierre, et notre patron Saint-Michel, je veux, avant huit jours, leur enlever le double de ce qu'ils ont saisi. — Si vous n'aviez pas de pertes à craindre, dis-je à mon fraudeur, homme d'une force herculéenne, vous feriez aussi de trop grandes fortunes.—D'accord; mais, depuis que l'on a doublé cette meute de limiers verts, nous avons bien de la peine à conserver ce que nous gagnons au milieu de tant de périls. Vous ne savez point quelle vie mène un contrebandier, et par quels travaux il achète une aisance qui souvent lui échappe à la fin de sa carrière. Pendant toute l'année, hors de son domicile; l'hiver, qui est l'époque de sa récolte principale, il n'y rentre presque pas. Ses nuits, quel que soit l'état de l'atmosphère, sont consacrées aux expéditions et ne sont jamais données au sommeil; le dos chargé de fardeaux énormes, il cherche, à la faveur de l'ombre et par les chemins les plus détournés et les plus impraticables, à passer les lignes de surveillance, à trouver le gué des rivières: tantôt il se traîne lentement, tantôt il précipite sa course de toute la vitesse de ses jambes; après dix ou douze heures d'une pénible anxiété, il perd souvent, au moment de le sauver, l'objet qui lui a coûté tant de peines et de soins. Quelquefois il doit opposer la force à la force, et combattre le douanier corps à corps: il risque alors deux fois sa vie. Il peut succomber sous les coups des assaillants; il peut renverser son adversaire: s'il est vainqueur, la justice l'attend pour le punir ou des galères ou de la mort.—Comment continuez-vous ce pénible état?—Mon père m'a élevé dans ces périls; je m'y suis plu, et c'est en vain que chaque année je promets d'y renoncer, l'appât du gain m'y ramène toujours. — La contrebande se fait-elle pour votre compte ou pour celui de négociants? — Tantôt d'une manière, tantôt d'une autre. En général, nous prenons des marchandises aux particuliers, dont nous assurons la remise, hors de toute atteinte de la douane, à raison de 12, 15, 20 et 25 pour cent. Ces assurances se font avec autant de sécurité pour les contractants que les assurances maritimes et de commerce. Nul procès à ma connaissance n'a encore eu lieu entre les négociants qui se livrent à ces opérations et les contrebandiers. — Quels sont les principaux objets sur lesquels s'exerce la contrebande? — Les cotons filés anglais, attendu que les fabricants de tulle, en France, emploient de préférence ces cotons qu'ils ne paient guère plus cher. Sur mille livres de cotons employés dans une fabrique de tulle français, sept cent cinquante livres au moins sont de coton anglais introduit par la fraude.— Quelle perte pour les fabriques françaises! — Après le coton viennent les livres. Il y a, dit-on, à Paris, une espèce particulière de douaniers qui repoussent de France certains livres avec plus de soin qu'on n'en éloignerait la peste: si ces livres, comme on le dit, contiennent un poison extrêmement subtil, je m'étonne que les Français les recherchent avec tant d'avidité. A peine un ouvrage a-t-il été poursuivi ou mis sur l'état prohibitif, qu'on le demande en France à grands cris; nous ne pouvons suffire aux affaires qui se présentent alors: aussi de 12 pour cent, nous élevons quelquefois les assurances jusqu'à 15 et 18, comme nous l'avons fait pour le *Béranger*, dont plus de cinq mille exemplaires ont passé sur mes épaules; pour les Mémoires de *Scipion Ricci*, dont deux mille exemplaires encore sont, au moment où je vous parle, en mouvement sur diverses routes pour arriver à Paris. — Quel est le livre qui a été introduit par contrebande en plus grande quantité? — C'est le *Béranger*, dont nous avons importé près de cent mille exemplaires. » Ici nous entendîmes quelques coups de fusil à une distance éloignée, sur la droite. « Arrête, l'Écapé, cria le chef contrebandier au messager; la nuit tombe, mes aciers traversent maintenant la forêt de Vicogne, mes gens sont attaqués par les *verts*. » Il descendit alors lestement, malgré ses soixante hivers, et, se jetant sur la droite, il s'avança à pas précipités vers la vallée de la Scarpe; nous le perdîmes bientôt de vue.

Saint-Amand, où je m'arrêtai pour passer la nuit, est une petite ville bâtie sur la Scarpe: on la nommait autrefois *Elnon*; mais, saint Amand, évêque de Tongres, étant venu y établir une abbaye de religieux bénédictins, elle fut dès-lors appelée Saint-Amand, *Fanum sancti Amandi*, ou *Amandiacum*.

Cette abbaye était l'une des plus riches et des plus vastes de ces contrées. Son église, reconstruite dans le seizième et le dix-septième siécle, était un chef-d'œuvre d'architecture: elle n'a pas échappé au vandalisme révolutionnaire; son beau clocher seul est resté debout. C'est dans cette église que fut enterré l'auteur *des Baisers,* Jean. second, mort dans l'abbaye. On y voyait encore, il y a quelques années, la pierre tumulaire qui couvrait les restes de ce poëte. L'abbaye de Saint-Amand était une habitation délicieuse, et, pour en accroître encore le charme, certain abbé, Nicolas Dubois, avait établi dans *l'enclos* de son abbaye un monastère de bénédictines réformées, *pour entretenir les ornements de l'église et les linges de l'abbaye.* Les moines de Saint-Amand ne se contentaient pas de la société de leurs sœurs bénédictines, ils recherchaient beaucoup celle des dames de la ville. Comme l'abbaye était entourée de larges fossés, et que la règle interdisait la sortie des moines pendant la nuit, il arrivait souvent que les révérends pères traversaient à la nage les fossés pour aller jouir de la conversation des belles dames de Saint-Amand. Cette ville a numériquement beaucoup souffert de la suppression de cette abbaye.

Les environs de Saint-Amand sont renommés pour la belle qualité des lins qu'ils produisent; aussi fait-on à Saint-Amand un commerce considérable de fil de *mulquinerie* et de fil de dentelle. On y fabrique aussi des porcelaines dans le genre de celles dites de *Tournay;* entre ces sortes de fabriques on distingue celle de M. Dorchies.

J'allai visiter l'établissement des eaux minérales situé à une demi-lieue environ à l'est de la ville, à l'extrémité du hameau dit *la Croisette.* Cet établissement est au milieu d'une prairie marécageuse, environnée de toutes parts par une forêt considérable qui porte le nom de la ville. On ne peut indiquer positivement à quelle époque la propriété médicinale de ces eaux a été connue. Il est à présumer cependant qu'elles ont été fréquentées par les Romains, car souvent *les bouillons* ont rejeté des médailles, des vases, qui avaient appartenu au peuple de Romulus. Ces eaux avaient, dans le quinzième siècle, la réputation de guérir la gravelle. L'archiduc Léopold, gouverneur des Pays-Bas, fut amené à Saint-Amand, après la bataille de Lens, pour être guéri d'une colique néphrétique; et il le fut par l'usage intérieur de ces eaux. On a reconnu depuis que les eaux et les boues de Saint-Amand avaient une vertu particulière pour la guérison des rhumatismes, des paralysies non cérébrales, des affections dartreuses, de la gravelle, et sur-tout pour les blessures reçues à la guerre. L'une des fontaines fut mise en réputation par la guérison qu'y trouva un évêque d'Arras, depuis long-temps malade; il ne connaissait ni la nature de son mal, ni son origine. L'eau de la fontaine lui apprit qu'il devait son infirmité à la découverte de l'Amérique; depuis cette fontaine se nomme *la fontaine de Vérité.* C'est dans l'une des salles de ce bâtiment que Dumouriez fit arrêter les cinq commissaires de la Convention, Beurnonville, Camus, Bancal, Lamarque, et Quinette, qui furent ensuite échangés contre l'orpheline du Temple, aujourd'hui madame la duchesse d'Angoulême.

Le pavillon des fontaines a été exécuté en 1697 par les soins du maréchal de Boufflers, alors gouverneur de la Flandre française, sous la direction du maréchal de Vauban. On regrette de ne pas voir le nom de cet illustre ingénieur à côté de celui du gouverneur, sur l'inscription française qui décore la façade du pavillon.

Cet établissement, digne des soins et de l'attention du gouvernement, est depuis long-temps négligé. Situé au milieu d'une vaste forêt, riche de sites pittoresques, il offre des promenades aussi variées qu'agréables que l'on peut prolonger jusqu'au bord de la Scarpe, l'une des plus belles rivières du département. Il pourrait devenir un rendez-vous de plaisir pour tous les oisifs des contrées voisines.

M. Devred avait poursuivi sa route vers Valenciennes ; je renonçai pour le moment à courir après lui, et je me dirigeai, longeant toujours la frontière, vers le confluent de l'Escaut et de la Scarpe. Je traversai le village de Mortagne, qui vit naître le comte Dubois, ancien préfet de police de Paris. Je priai un paysan de m'indiquer le lieu de naissance du brave général comte Fernig. Il me le montra, et ses yeux se remplirent de larmes. « Quel est mon ami, la cause de votre émotion? — Ah! monsieur, comment pourrais-je voir cette demeure sans que des pleurs de reconnaissance vinssent mouiller ma paupière! Je dois la conservation de mes jours à ceux qui l'ont habitée. — Mon ami, la voix de la reconnaissance est toujours douce à mon oreille; dites-moi comment vos jours étaient en danger, et comment ils en ont été préservés.

« — Au commencement de la révolution le général Dumouriez vint asseoir son camp là, sur l'amphithéâtre qui s'élève devant nous, au confluent de la Scarpe et de l'Escaut; les demoiselles Fernig étaient encore dans leur première jeunesse. La vue de nos soldats, l'éclat des armes, l'enthousiasme dont on était alors animé, éveillent en elles un desir de gloire militaire; elles se couvrent d'habits de gardes nationaux, elles courent demander à Dumouriez la permission de se mettre dans les rangs de nos soldats et de combattre pour la cause de la liberté.

« Dumouriez les accueille, il apprécie bientôt leurs brillantes dispositions; il reconnaît en elles une bravoure au-dessus de leur sexe, et les place au nombre de ses aides-de-camp. Chargées par le général en chef d'expéditions contre les Autrichiens, qui chaque jour s'avançaient dans les villages français, elles les poursuivaient à la tête de nos volontaires, qui chaque jour ramenaient au camp quelques prisonniers. Pendant toute la tenue du camp de Maulde elles se signalèrent par une intrépidité et un sang-froid qui faisaient l'admiration des ennemis mêmes. Un soir je sortais du bois de Mortagne, et je m'empressais de regagner ma demeure : treize soldats autrichiens m'entourent, me saisissent, m'accablent de mauvais traitements, m'entraînent vers le bois, et, par le terrible *caput mac*, m'annoncent qu'ils me prennent pour un espion, et qu'ils vont me fusiller; la conduite féroce que tenaient les Autrichiens dans nos contrées ne me laissait pas d'espoir. Je recommandais mon ame à Dieu; tout-à-coup paraissent les deux héroines: quoique seules, elles chargent avec une impétuosité extraordinaire les treize hulans qui m'entraînaient; la résistance est de peu de durée; ils prennent la fuite, et je tombe aux genoux de mes libératrices qui me dégagent de mes liens, et me suivent jusqu'à ce que je sois hors de danger.

« Hélas! la perfidie de Dumouriez entraîna mes deux guerrières dans sa perte : dignes d'être associées à des braves et non à des traîtres, elles le suivirent dans sa fuite lorsqu'il déserta son armée au camp de Bruille; elles traversèrent l'Escaut à la *Boucaulde* avec lui, ignorant le parti qu'il prenait, et, lorsqu'il fut sur la rive droite du fleuve, il les abandonna... Le retour leur était fermé; alors errantes, fugitives, devant nos armées victorieuses, elles éprouvèrent tous les besoins, furent en butte à toutes les vexations, essuyèrent tous les dégoûts, et se réfugièrent enfin à Hambourg, où, dans un état voisin de la misère, elles attendirent que l'heure de rentrer dans la patrie vînt à sonner. — Que sont devenues ces héroïnes? — J'ai eu le plaisir de revoir madame Vanderwalen, l'une d'elles, il y a deux ans; j'appris qu'elle était chez M. Baligand, notaire à Mortagne, et je courus lui exprimer de nouveau toute ma gratitude. En me voyant elle me reconnut et me dit: « Il est déjà loin le temps où, combattant pour la cause sacrée de la liberté, nous fûmes assez heureuses pour vous arracher des mains des Kaiserlitz... » Elle poussa un soupir que je compris bien quoique je ne l'eusse pas vue depuis plus de vingt-cinq ans; sa sœur cadette, mademoiselle Théophile, est morte à Bruxelles il y a quelques années. Il ne nous reste plus que le souvenir de cette brave famille. Nous n'avons pas vu depuis long-temps madame la comtesse Guilleminot, la troisième des filles de M. Fernig. »

J'aime à semer dans les cœurs où germe la reconnaissance, et je fus assez heureux pour laisser un souvenir dans le cœur de cet honnête homme. Je remonte dans le modeste phaéton que j'avais loué à Saint-Amand, je me dirige sur ma gauche, laissant à ma droite le champ de Fontenoy où se livra, le 11 mai 1745, la célèbre bataille que les Français gagnèrent sur les Anglais et les Hollandais unis. Je laisse aussi à ma droite Bouvines, où Philippe-Auguste battit, le 27 juillet 1214, l'empereur Othon IV, le comte de Flandre, et leurs alliés. Je traverse le riche pays de Pevèle, où je vois s'élever le *Mons-en-Pevèle*, qui servit de théâtre à la sanglante bataille que Philippe-le-Bel livra, en 1304, aux Flamands défenseurs de leur liberté. Ainsi, en moins de deux heures, j'avais en quelque sorte visité trois champs de bataille, où le sang humain avait coulé à grands flots; et c'est de semblables souvenirs que tout le territoire de cette belle Flandre est couvert! Je répétai avec mon ami Béranger :

Près de la borne où chaque état commence,
Aucun épi n'est pur de sang humain.

J'arrivai bientôt au village d'Attiches, où m'attendait une réception pleine de franchise et d'amitié. M. Lorain, chez qui je descendis, est du petit nombre de ces hommes qui ont traversé la révolution dans les emplois publics, et qui sont sortis sans tache de cette rude épreuve. Patriote sincère, ennemi des excès, il perdit, sous le directoire, la place d'administrateur du département du Nord, accusé de modération en faveur des émigrés. La première organisation des tribunaux, en 1795, le fit rentrer dans la magistrature, d'où il n'est plus sorti depuis ce temps. Sans ambition, il n'a jamais aspiré à s'élever au-dessus du modeste emploi de juge de première instance qu'il exerce depuis 1810 avec une grande distinction. Il est le conseil gratuit de tous les paysans des environs d'Attiches; né aux champs, il a toujours partagé son temps entre ses devoirs et l'agriculture. Il s'est principalement attaché à la culture et à l'emménagement des bois; aussi on ne peut voir de plus beaux arbres que ceux qui environnent sa charmante demeure, et qui peuplent ses bois, véritable école forestière de tout le pays qui les entoure.

Je passai deux jours délicieux au château d'Attiches. M. Lorain fils, avocat, dont quelques succès au barreau de Paris ont signalé l'entrée dans la carrière, était chez son père avec sa jeune épouse. Je trouvai beaucoup de charmes dans leur société. Nous parcourûmes ensemble les riches campagnes qui ceignent le coteau d'Attiches et les belles forêts qui le couvrent à l'ouest. Nous poussâmes nos courses jusqu'à Phalempin pour y visiter les ruines de l'ancien château du Plouy, qui fut un des apanages de Henri IV par succession du duc de Vendôme. Nous nous reposâmes chez M. Jean-Baptiste Cogez, où nous trouvâmes réunis ses frères MM. Joseph et Alexandre; tous trois agronomes distingués, tous trois hommes d'esprit, ils sont aussi tous trois électeurs des deux collèges, et amis sincères des libertés constitutionnelles.

J'eus l'avantage de faire chez M. Lorain la connoissance de M. Ernest Desmoutier, conseiller de préfecture à Lille, ancien membre de la chambre des députés, administrateur aussi recommandable par ses lumières que par la fermeté de son caractère, et la fixité de ses principes.

Nous nous arrêtâmes à notre retour, au haut du chemin des *loups pendus*, pour contempler le riche bassin agricole qui de ce point se déploie sous les yeux et que limitent Martinsart, Séclin, Watiésart et Phalempin, dont l'horizon reculé est borné par la vue des monts de Vemy et Saint-Éloi, et par ceux de Cassel et des Récollets.

J'arrivai bientôt à Séclin, jolie petite ville bien bâtie et qui commence à devenir commerçante. On ne sait rien sur son origine; quelques écrivains font remonter sa fondation aux premières années de la chrétienté: ils disent que saint Piat, patron de la ville, y fut enterré en 299; qu'ayant souffert le martyre à Tournay, sa tête fut séparée du corps; que le saint, l'ayant remise sur ses épaules, vint ensuite jusqu'à Séclin où sa tête tomba: ils vont même jusqu'à tirer de là l'étymologie de son nom *Siclenium* ou *Seclinium*. Ils la trouvent dans *se inclinavit*. Dagobert fonda à Séclin un chapitre de chanoines, et Marguerite de Dampierre, comtesse de Flandre, y établit, ce qui valait mieux, un hôpital pour les infirmes et les passants; entre les donations qu'elle lui fit, elle lui assura quinze mille harengs à prendre à Mardick. Les chanoines ont disparu: la maison de charité existe encore.

Séclin fut brûlé par l'armée de Philippe-Auguste, lors de la bataille de Bouvines, et pillé par les troupes de Philippe-le-Bel, le 19 juin 1297; Charles V y rassembla son armée en 1382, et Philippe-le-Bon y ouvrit des conférences avec les Gantois, conférences qui furent sans succès.

En 1566, les Séclinois repoussèrent vaillamment *les gueux*, qui étaient venus pour piller leur église. Ils montrèrent, en 1794, un ferme courage devant les Autrichiens. Plusieurs d'entre eux furent tués en défendant leur ville, que les Autrichiens incendiaient; ils les contraignirent à se retirer par leur noble contenance.

La porte d'entrée du cimetière de Séclin, devant lequel je passai en sortant de la ville, est construite avec assez d'élégance. Je vis bientôt sur ma droite le village de *Templemars*, à qui quelques chroniqueurs donnèrent long-temps une origine romaine, parcequ'ils tirent son étymologie de *Templum Mar-*

tis. On a cherché en vain des débris qui pussent fortifier leur antique et savante étymologie; mais les fouilles n'ont mis à découvert que du sable et une espèce de craie, nommée dans le pays *marlette*, qui font du terroir de Templemars un sol fort médiocre; ce qui pourrait bien nous faire trouver plus sûrement l'étymologie, d'ailleurs inutile, de Templemars, que nous emprunterions du celtique; savoir: de *tem*, le; *pfeld*, champ, campagne; et de *marl*, marlette: champ de marlette.

Cette étymologie vaudrait bien assurément celle de *Templum Martis*, et celle de *Vandalorum villa*, ville des Vandales, que l'on donne à un petit hameau voisin de Templemars, nommé *Vendeville*.

Me voici à *Arbrisseau* d'où se découvre la vaste plaine autrefois connue sous le nom de *Mannée* de Lille [1], à cause de l'immense quantité de moulins à vent qui la couvrent. Jadis ces moulins étaient exclusivement employés à la mouture des céréales; maintenant ils le sont presque tous à la fabrication des huiles de colza, d'olliette ou de cameline. C'est un coup d'œil bizarre à-la-fois et pittoresque que celui de cette forêt de moulins qui s'offrent à la vue, lorsqu'on arrive à Lille du côté de la France: il

---

[1] On nomme *mannée*, dans les campagnes de Flandre et de l'Artois, le sac de grain que l'on envoie au moulin. Ce mot vient-il de *manne*? je le crois.

donne déja à l'observateur une idée favorable de l'industrie et de l'esprit commerçant des Lillois.

J'entrai dans Wazemmes, gros bourg très peuplé, malgré la gêne imposée à ses habitants par le voisinage trop rapproché d'une place de guerre. Les maisons sont à Wazemmes d'une construction élégante, mais elle ne peuvent avoir qu'un rez-de-chaussée, sans étages supérieurs, parcequ'elles sont dans le rayon kilométrique de la place. En temps de guerre, on peut forcer les habitants, sans les indemniser, à détruire ou à laisser renverser leurs maisons; la faculté de bâtir sous la portée du canon de Lille ne leur a été accordée qu'à cette condition. Cependant le commerce considérable qui se fait à Wazemmes y attire et y retient une grande population, en général aisée et même riche.

C'est à Wazemmes qu'a lieu le marché d'huile de graines le plus important de toute la France. Les établissements commerciaux y sont nombreux et variés; les principales fabriques sont celles de céruse, entre lesquelles on remarque la fabrique de M. Faure.

N° CXVI. [16 AOUT 1821.]

LILLE.

Dulce et decorum pro patriâ mori.
Horat.

Il est doux, il est glorieux de mourir pour la patrie.

En sortant de Wazemmes, j'avais quitté ma voiture, qui ne pouvait entrer en ville par la porte *des Malades*, où s'exécutaient de grands travaux. Je revis avec un nouveau plaisir la belle porte que les Lillois firent jadis élever à Louis XIV[1]. Cette entrée est digne d'une ville aussi belle, aussi riche, aussi importante par son commerce, son industrie, et sa population ; mais en la restaurant on l'a dégradée. Pourquoi, me suis-je demandé, accoudé sur les appuis du pont, pourquoi au milieu du monument ce lourd écusson, si peu en harmonie d'architecture avec ce bel arc triomphal ? Est-il dit qu'en fait de restauration de monuments pour cause de changement d'état politique le goût et les arts auront toujours à souffrir ? Je me rappelais

[1] Ouvrage d'une exécution très remarquable pour le temps.

alors la singulière restauration de l'arc de la place du Carrousel, et le bas-relief qui surmonte la colonnade de la chambre des députés.

Un petit monsieur, au nez pointu, à l'œil vif et pénétrant, s'approcha de moi, et, semblant deviner les réflexions qui m'occupaient : « Monsieur, me dit-il avec un accent normand très marqué, ne vous étonnez pas de ce que vous voyez ; l'empressement que les Lillois ont montré en 1815, pour effacer toutes les traces de ce qui s'était passé depuis 1790, était tel, qu'ils proscrivaient avec une sorte de fureur ce qui rappelait pour eux des époques de gloire : ne voulaient-ils pas que l'on fît retirer des murs où on les a scellés, les boulets que l'ennemi leur avait lancés pendant le siége de Lille ; ils regardaient comme factieuses les glorieuses cicatrices que quelques uns de leurs concitoyens conservaient de cette défense mémorable : on brisait les statues, les bustes ; on brûlait les tableaux, les gravures, quels que fussent les auteurs. Il existait à l'hôtel-de-ville un magnifique portrait de Napoléon, peint par Gros, qui avait coûté une somme considérable. Un fonctionnaire le fit détacher de sa place et livrer aux flammes. Une sorte de frénésie s'était emparée des classes supérieures, qui poussaient la populace aux excès. C'était à qui briserait une image de Napoléon ou de Marie-Louise, que cette même population avait accueillis en 1810 avec un enthousiasme, je dirai même avec une bassesse, comparable seulement à la folie de 1815. On se portait chez les citoyens que l'on soupçonnait de ne pas approuver ces inutiles profanations; on brisait leurs vitres, on les invectivait, et force leur était de se renfermer chez eux pour échapper à des traitements plus rigoureux. Si de pareils excès avaient duré, les Lillois auraient fini par mériter le sobriquet que leur ont injustement donné depuis long-temps les autres villes de la Flandre, par une fausse interprétation d'un mot du bon duc Philippe de Bourgogne. »

Nous traversâmes alors l'immense rue des Malades, qui doit son nom à un hôpital de lépreux, fondé jadis par Jeanne de Constantinople. Le petit monsieur qui m'avait accompagné jusqu'à l'hôtel du *Lion d'or*, où j'allais loger, me demanda la permission de venir me voir, et j'avais trouvé tant de plaisir dans sa conversation pendant le trajet que nous avions fait ensemble, que je l'en priai instamment.

Établi chez madame Mahy, au coin d'une élégante cheminée prussienne chauffée par du charbon de terre, je me délassai en repassant dans ma tête les principaux traits de l'histoire de l'importante cité dans laquelle je me retrouvais après trente ans, et qui m'était parfaitement connue.

Un village entouré de marais a donné son nom à l'ancienne capitale de la Flandre française; un château y fut bâti dans les derniers temps de la domination romaine; ce fut le premier des accroissements que cette ville reçut. Bauduin IV, comte de Flandre, l'agrandit en 1007, et l'entoura de murs et de fossés en 1030. Sa population s'accrut si rapidement que Bauduin V fut obligé d'en étendre l'enceinte. L'empereur Henri III s'en empara et la pilla en 1054; mais bientôt tout fut réparé par Bauduin, dont la prédilection pour cette ville lui mérita le nom de *Bauduin de Lille*. Les historiens le regardent, à juste titre, comme son fondateur, puisqu'en effet il accrut sa population, et augmenta son commerce, véritables principes de sa grandeur.

Elle fut prise trois fois dans le courant de l'année 1213, d'abord par Philippe-Auguste, puis par le comte de Flandre Ferrand, enfin par le même Philippe, qui, la trouvant sans défense, la réduisit en cendres: attaquée par Philippe-le-Bel, elle fut prise en 1297. Jean de Namur, fils de Guy de Flandre, la reprit en 1302, après la bataille de Courtrai. Philippe-le-Bel l'assiégea de nouveau après la bataille de Mons-en-Pevéle; mais il ne s'en empara point: elle lui fut cédée par traité. Philippe-le-Hardi, duc de Bourgogne, ayant épousé Marguerite, fille unique et héritière de Charles V, lui céda ses droits sur cette ville et ses châtellenies, se réservant de les reprendre si les descendants mâles manquaient à ce prince. Charles-le-Hardi mourut sans enfant mâle; mais Maximilien d'Autriche, qui avait épousé sa fille, ne voulut point avoir égard aux droits du roi de France, et conserva la principauté de la châtellenie de Lille. Les rois et les princes se faisaient alors un jeu de manquer à leurs engagements et de trahir leurs serments. Sont-ils beaucoup plus scrupuleux aujourd'hui? Les traités entre Charles-Quint et François Ier confirmèrent cette usurpation.

Louis XIV s'empara de Lille le 27 août 1667, après neuf jours d'attaque. En 1708, après une défense de quatre mois qui illustra le maréchal de Boufflers, à qui, dit-on, les habitants de Lille se proposent d'élever une statue au milieu de la place de la Citadelle, la ville fut de nouveau prise par les alliés, sous les ordres du prince Eugène et de Marlborough; elle fut enfin cédée à la France par le traité d'Utrecht.

Mais, de tous les siéges que cette place importante eut à soutenir, nul n'est aussi célèbre, aussi digne d'être immortalisé par l'histoire, que celui de 1792.

Dumouriez, en quittant la Flandre et le Hainaut pour se porter en Champagne à la rencontre des Prussiens, avait laissé toute cette frontière découverte; les sept à huit mille hommes restés sous le commandement du général Moreton pour couvrir les forteresses, ne pouvant résister aux forces supérieures des Autrichiens, s'étaient retirés du champ de Maulde, dans les villes de Valenciennes, Condé et Bouchain. Le général autrichien, Albert de Saxe-Teschen, libre de toute entrave, avait pénétré sur le territoire français avec son armée. Un moment indécis sur le parti qu'il prendrait, il résolut enfin d'assiéger Lille. Quoique la garnison ne fût que de sept à huit mille hommes [1], il comptait plus pour la réduire sur les divisions intestines qu'il espérait exciter entre les habitants que sur ses troupes, puisqu'il n'avait que vingt-cinq mille hommes d'infanterie et huit mille chevaux, force insuffisante pour le seul investissement d'une place aussi importante.

Lille d'ailleurs était bien défendue par ses fortifications : cette belle et grande ville est assise dans une plaine arrosée par la Deule, qui se répand dans les fossés de la place. Ses ouvrages de défense, quoique irréguliers, ont été réparés et relevés par Vauban. Sa citadelle passe pour la plus belle de l'Europe et pour le chef-d'œuvre de ce grand ingénieur; mais Albert avait le féroce desir de faire éprouver un bombardement terrible à cette ville, quelque peu avantageux ou glorieux qu'il pût être pour ses armes.

Le lieutenant-général Duhoux, qui commandait

[1] Il n'y avait que trois mille hommes de troupes régulières. Le reste se composait de volontaires, braves il est vrai, mais ne sachant pas même charger leurs armes.

dans la place, avait sous ses ordres les généraux Ruault, Lamarlière, et Champmorin, le capitaine de génie Marescot, devenu depuis célèbre dans cette arme, et le colonel d'artillerie Guiscard; la garde nationale était commandée par un habitant de Lille nommé Bryan. Plusieurs sorties eurent lieu pour repousser les travailleurs et servirent à aguerrir les soldats et les gardes nationaux qui rivalisaient de zèle et de courage avec eux.

Le duc de Saxe somme les Lillois de se rendre; il leur promet de les traiter avec douceur s'ils se rangent du parti de la coalition, et les menace d'incendier leur ville s'ils continuent à se défendre. *La garnison que j'ai l'honneur de commander, et moi,* répond Ruault, commandant d'armes, *sommes résolus de nous ensevelir sous les ruines de cette place, plutôt que de la rendre à nos ennemis; et les citoyens, fidèles à leurs serments de vivre libres ou de mourir, partagent nos sentiments et nous seconderont de tous leurs efforts.*

La municipalité de Lille fit cette énergique réponse: *Nous venons de renouveler nos serments d'être fidèles à la nation, de maintenir la liberté, l'égalité, ou de mourir à notre poste. Nous ne sommes pas des parjures.* La réponse du commandant et celle du maire électrisent tous les citoyens qui jurent de se défendre jusqu'à la mort [1].

[1] On cite encore cette réponse du colonel Guiscard au major

Bientôt la ville est couverte d'une grêle de bombes et de boulets rouges lancés par les assiégeants, la garnison répond par un feu bien nourri; ce sont les braves canonniers lillois qui font le service des pièces. Le feu se prolonge dans la nuit, l'incendie s'allume aux casernes de Fives, à l'église Saint-Étienne; les habitants quittent leurs demeures. Les groupes inquiets et qui se forment pour se communiquer leurs craintes sont dispersés par la chute des projectiles ; ils se réfugient dans les églises; l'autorité civile et militaire porte par-tout de prompts secours; mais la mort frappe, et la plus grande consternation règne dans la cité. Le quartier Saint-Sauveur devient la proie des flammes; on tente en vain d'arrêter l'incendie, par-tout il étend ses ailes immenses; les édifices, les maisons, s'écroulent et écrasent les malheureux qui s'étaient réfugiés dans les caves.

Cependant le zèle et la valeur des Lillois ne se ralentissent pas, ils se retrempent au contraire au milieu des périls: on reste sur pied pour veiller à l'incendie; par-tout on établit des réservoirs d'eau: les femmes se précipitent sur les obus pour en arra-

---

d'Aspes, envoyé pour sommer Lille de se rendre : « Croyez-vous
« que les murs de Lille, comme ceux de Jéricho, vont tomber au
« son des trompettes? » Et les félicitations honorables des administrateurs de Douai : « Vous avez parlé en Lacédémoniens, vous
« mourrez de même. »

cher les mèches incendiaires; tous les citoyens se disputent à qui montrera le plus de courage ou de générosité. On vient dire à un capitaine de canonniers bourgeois, M. Ovigneur, qui servait une pièce sur les remparts, que sa maison est la proie des flammes; il se retourne et voit en effet sa maison en feu, sa maison qui renferme sa femme et son fils. Continuant à charger, il fait cette réponse, digne des beaux jours de l'antiquité : *Je suis à mon poste*, et ne quitte sa pièce que quand il est remplacé. (Napoléon paya à ces braves canonniers sédentaires la dette de la patrie : M. Ovigneur fut nommé membre de la Légion-d'Honneur; un hôtel et deux pièces de canon d'honneur furent donnés à la compagnie.) Lorsque quelques habitants se trouvaient sans asile, on les recueillait avec empressement. « Buvez, mangez, leur disait-on, tant que nous aurons quelque chose: la Providence pourvoira à l'avenir. »

Combien de traits de grandeur d'ame, de courage, de bienfaisance, auraient dû être recueillis par l'histoire! elle les a oubliés, et nous conserve l'anecdote suivante, dont l'originalité prend sa source dans le caractère national. Un barbier, dans un des endroits les plus exposés au feu de l'ennemi, court après un éclat de bombe, s'en saisit, et, avec ce bassin de nouvelle espèce, rase quatorze citoyens au milieu de la rue et des bombes tombant de toutes parts. Quel autre qu'un Français, au milieu des plus grands périls, pouvait avoir cette pensée si plaisante?

Le bombardement dura huit jours, presque toujours suivi avec la même fureur par les assaillants. L'archiduchesse Marie-Christine, gouvernante des Pays-Bas, vint au camp; on dit même qu'elle dirigea en personne les batteries qui foudroyaient la ville, et qu'elle prit plaisir à contempler les ravages dont elle donnait le signal.

Albert de Saxe, après avoir épuisé ses munitions, et craignant le retour de Dumouriez et de Labourdonnaye, eut la honte de se retirer, couvert des justes malédictions de toute la contrée[1].

Les Lillois, délivrés de leurs ennemis, se répandent avec joie dans la campagne, rencontrent les ouvrages des Autrichiens, qu'ils détruisent avec une sorte de fureur. Par leur courage ils avaient échappé à l'ambition de la maison d'Autriche, mais ils avaient chèrement payé cet avantage: deux mille des leurs avaient péri pendant le bombardement; le faubourg de Fives était entièrement brûlé et rasé; plus de sept cents maisons avaient été incendiées;

[1] On assure qu'il lança, pendant ces huit jours, sur la ville, soixante mille boulets rouges, des bombes et des obus en proportion; et, comme il manqua de munitions, il envoya sur la ville des barres de fer, des chaînes, des pierres, et jusqu'aux poids de l'horloge de Fives

un grand nombre menaçait ruine et était devenu inhabitable, et presque toutes portaient l'empreinte du siège terrible que la ville venait d'essuyer; enfin le quartier Saint-Sauveur, le plus populeux de la ville, n'était plus qu'un amas de décombres.

Comment se fait-il, me disais-je, que, si fiers en 1792 des vestiges honorables du siège qu'ils avaient soutenu, de ces boulets autrichiens dont ils décoraient la façade de leurs maisons, ils aient pu rougir en 1815 de ce qui faisait leur orgueil depuis un quart de siècle? Etrange aberration de l'esprit humain!

Comme j'achevais un déjeuner composé de laitage et de *couhes* sucrées, espèce de petits gâteaux en usage à Lille et fort renommés, je vis entrer dans mon appartement mon petit naturel du pays de Caux.

« Vous êtes ici pour observer; sus, partons, me dit-il; c'est aujourd'hui la fête du *Broquelet*, il ne faut pas perdre cette heureuse occasion de voir le peuple de Lille en goguettes. — Qu'est-ce donc que la fête du *Broquelet?* dis-je à M. T***, comme nous traversions la rue *des Chats-Bossus*. — C'est, me répondit-il, une fête générale, à laquelle prend part toute la population. On n'en connaît point l'origine, elle remonte sans doute à l'époque où l'on a commencé à fabriquer de la dentelle à Lille, puisqu'elle est principalement la fête des dentellières : elle fut d'abord peu nombreuse, parceque les femmes seules la célébraient; mais les filtiers, ouvriers d'une espéce de fabrique très importante à Lille, se réunirent pour la célébrer, et prirent, comme les dentellières, saint Nicolas pour patron. Cette fête acquit alors une grande importance; le négoce du fil de lin et tout ce qui s'y rapporte, comme la toile et la dentelle, formant presque exclusivement le commerce de Lille, la fête du *Broquelet* devint celle de toute la ville. Les manufactures de coton, qui s'établirent sur les ruines des fabriques qui employaient les productions indigènes, et qui aujourd'hui occupent une si grande quantité d'ouvriers, se sont aussi rangées sous la crosse de saint Nicolas, et la fête en a acquis une plus grande popularité.

« Le nom de *Broquelet* est respectable parcequ'il est aussi ancien que la fête; le broquelet est le nom du fuseau autour duquel la dentellière roule son fil, et qu'elle agite sans cesse pour former les mailles de son précieux tissu. Nous ignorons quels noms Minerve et Arachné, ces fameuses dentellières de l'antiquité, donnèrent à leurs fuseaux; mais nous sommes bien sûrs que ce nom n'avait point la puissance magique que le mot *broquelet* exerce sur notre grande population.

Nous sortîmes de la ville par la porte de la Barre,

parceque la fête se célèbre dans le faubourg de la Barre et dans celui de Béthune, qui est contigu. Toute la route était couverte d'une foule immense, et tous ceux qui la composaient étaient *endimanchés*; leur visage rayonnait de gaieté : j'eus encore là l'occasion de remarquer combien les Flamands avaient conservé de goût pour les plaisirs et les fêtes ; il n'est pas de peuple à qui ce superflu soit plus nécessaire, et qui s'y livre avec plus d'abandon.

Toutes les guinguettes, tous les cabarets, jardins publics, étaient inondés des flots d'artisans de toutes les classes : vieillards, femmes, enfants, tous se pressaient de prendre part aux plaisirs ; on s'évertuait à qui montrerait le plus de gaieté, à qui chanterait le mieux ou boirait le plus.

Nous gagnâmes le faubourg de Béthune, et nous allâmes nous asseoir dans une salle de la *Nouvelle Aventure*, lieu public d'une construction bizarre où se réunissent les dentellières et les fileurs de coton.

« Vous le voyez, me dit M. T***, l'affluence est grande, mais les individus ne sont pas confondus ; il règne dans ces jours de fête une espèce d'ordre naturel que tous les soins de la meilleure police ne sauraient ni régler, ni maintenir. Les dentellières sont rassemblées par sociétés ou par écoles ; les filtiers par fabriques ; les fileurs de coton par ateliers: chaque compagnie a adopté un cabaret tout entier ou seulement une pièce de ce cabaret; c'est là qu'on mange le jambon et le pâté, que l'on vide les bouteilles de vin ou les *canettes* de bière en grande compagnie, mais toujours entre soi : des visites se font de sociétés à autres; on se régale réciproquement, on trinque suivant certaines règles d'étiquette dont ne fait certainement pas mention dans son dictionnaire la noble comtesse de Genlis. »

Les dentellières qui se trouvaient à la table voisine de la nôtre témoignaient un grand désir d'entendre chanter un gros ouvrier fileur qui fumait sa pipe avec des camarades, dans un coin de la salle; on se détacha pour aller l'inviter. Après quelques instances il arriva avec sa pipe, fit quelques salutations, but *de deux*, et, continuant à fumer, entonna d'une voix de Stentor la chanson si connue :

Ah! ma chère, il m'a fait des traits.

A chaque couplet, il partait d'un gros éclat de rire, qu'accompagnaient toutes les dentellières et fileurs de la table Une seule des dentellières, d'une figure, pâle et mélancolique, ne répétait pas le refrain et ne prenait aucune part à la gaieté générale. A la fin de la chanson des larmes roulèrent dans ses yeux, elle se leva et sortit; je remarquai son embarras, et je fis part de mon observation à M. T***;

il suivit la jeune fille, qui lui apprit que le fileur n'avait chanté sa vilaine chanson que pour humilier celle dont il avait été *l'ami*, et qu'il avait trompée...

. Un peu suffoqués par la fumée de tabac, qui se promenait en épais nuages dans cette salle, d'ailleurs, comme tous les lieux publics de la Flandre, d'une propreté remarquable, nous sortîmes pour nous rendre à la *Vieille Aventure,* autre lieu de réunion; elle nous parut plus fraîchement décorée que la *nouvelle*. On y dansait; et là l'ordre avait entièrement disparu : c'était une véritable confusion. Pendant que les violons faisaient sauter les amateurs, d'autres chantaient d'une voix pleine, quoique déja voilée par les nombreuses libations de bière. Une dentellière fredonnait *l'amour* près d'un fileur que Bacchus possédait tout entier; un filtier chantait la fidélité auprès de sa femme que pressait mystérieusement le genou d'un jeune compagnon, et le plus grand nombre criait plutôt qu'il ne chantait des chansons patoises du fameux *Brûle-Maison*. Du fond d'un cabinet arrivait jusqu'à moi le bruit de la jolie chanson de l'aveugle de Bagnolet.

Je répétai aussi :

Le plaisir rend l'ame si bonne.

Au milieu de toute cette confusion, pas une querelle,

pas la moindre dispute; tous les cœurs, ivres de joie, semblaient enclins à la générosité; le moment eût été bon pour l'*aveugle*.

« Il n'est pas difficile à l'observateur, me dit M. T***, de distinguer ici les différentes classes d'ouvriers et d'ouvrières: à son dos voûté, à sa poitrine resserrée et souvent au volume proéminent de certains charmes, vous reconnaîtrez la dentellière; l'habitude de se tenir courbées sur leur carreau influe trop évidemment sur la vie de ces femmes; il en est peu qui parviennent à un âge avancé. Il serait digne de la société académique de Lille d'ouvrir un concours sur cette question: *Quels sont les moyens à employer pour épargner aux dentellières les fréquentes maladies de poitrine dont elles meurent presque toutes victimes?* Près d'elle, l'ouvrier filtier se fait remarquer par son agilité, par son costume qui se compose d'un gilet de turquoise, d'un pantalon de nankinet de Roubaix, d'une veste ronde de la même étoffe, et d'un chapeau à petits bords placé sur l'oreille gauche. Voyez là, devant nous, ce modèle des fileurs de coton; il se distingue par une mise plus recherchée, des bottes noires, cirées et luisantes, un chapeau plus fin, et une redingote de drap de couleur à la mode: il est aussi plus robuste que le filtier; effets naturels d'un travail plus pénible et mieux payé. »

Lorsque l'heure de la fermeture des portes de la ville fut arrivée, on sortit de tous les lieux de plaisir, et chacun chercha à regagner son domicile ; ici se soutenant les uns aux autres ; là s'aidant de l'appui des murailles ; d'autres se faisant hisser dans des fiacres où ils montent dix, douze, hommes, femmes, enfants, non compris ceux que le cocher prend près de lui, ou qui montent derrière la voiture. La fête, qui ne devrait durer que trois jours, se prolonge toute la semaine, et même jusqu'au lundi suivant; alors tout rentre dans l'ordre accoutumé, les artisans regagnent leurs ateliers, les dentellières reprennent le broquelet, non sans éprouver quelque découragement, quelque ennui, suite naturelle des plaisirs bruyants et prolongés.

Cette fête du Broquelet a été pour moi l'occasion de remarquer que la santé des classes inférieures, à Lille, ne s'était point améliorée depuis vingt-cinq ans; toujours des hommes faibles, grêles, des boiteux, des bossus, des rachitiques, tristes conséquences des habitations humides et privées d'air. « C'est en vain, me disait M. T***, que des administrateurs distingués, MM. Dieudonné et de Pommereul, préfets du département du Nord, ont multiplié les efforts pour empêcher que les habitants continuassent à se loger dans ces repaires humides que l'on nomme *courettes,* lieux impurs aussi mortels au physique que funestes au moral de l'homme : toutes leurs tentatives ont été vaines; ces malheureux, qui forment les deux tiers de la population de Lille, n'ont point voulu profiter des vues généreuses de leurs administrateurs, et continuent de vivre dans des caves au milieu des miasmes délétères, et souvent dans la débauche la plus crapuleuse et la plus révoltante.

N° CXVII. [24 AOUT 1821.]

PROMENADE DANS LILLE.

> On ne peut trop le répéter, il existe heureusement une puissance au-dessus d'un injuste pouvoir, au-dessus du parti dominateur, au-dessus des lois, des circonstances.
>
> *Mémoires de M. le duc* DE CHOISEUL.

Depuis que j'avais quitté Lille, de grands changements avaient dû s'y opérer : des rues avaient été percées ; des monuments avaient été élevés, d'autres détruits ; les traces du siége de 1792 avaient disparu sous d'élégantes habitations. J'étais pressé de parcourir la ville ; mais mon petit Normand était ce jour-là retenu par ses affaires et ne pouvait m'accompagner : dans un autre temps j'aurais eu pour guide mon ami l'auteur d'*Attila*, qui réside ordinairement à Lille, mais il se trouvait à Paris. Je ne me fiais pas à ma mémoire pour abréger ma promenade et ménager mon temps et mes pas ; je ne me fiais pas davantage à elle pour me rappeler les noms de monuments et de rues ; et puis, seul, comment apprendre ce que je voulais savoir sur ce qui s'était fait depuis que je m'étais éloigné de Lille? J'étais descendu machinalement dans la cour de l'hôtel du *Lion d'or*, lieu de départ et d'arrivée des messageries.

Hippolyte, que je n'attendais pas sitôt, descendit de la voiture de Douai qui venait d'entrer dans la cour : comme il n'était venu que pour m'accompagner, nous nous mettons aussitôt en course ; nous traversons le carrefour que l'on a nommé *Place-des-Patiniers*, et nous nous rendons d'abord au Musée.

Le Musée est un ancien couvent de récollets, dont la façade, réparée tout nouvellement, mérite l'attention du voyageur : on rencontre au premier la bibliothèque de la ville, riche d'environ vingt mille volumes, classés avec ordre ; on y trouve quelques éditions du quinzième siècle et quelques livres précieux. Les Lillois ont eu long-temps la prétention, et bon nombre la conserve encore, d'avoir eu la première imprimerie du département du Nord, par la raison qu'ils possèdent un in-16, imprimé en 1556, ayant pour titre : *Francisci Hœini insulani sacrorum hymnorum libri duo*, etc. Mais M. Guilmot, bibliothécaire à Douai, et le jeune et modeste savant M. Arthur Dinaux, de Valenciennes, ont prouvé que les villes de Cambrai et de Douai avaient des titres plus anciens que ceux qu'invoque la ville de Lille, par exemple : le *Voyage à Rome et à Jérusalem de Jacques Le Saige*, in-4°, imprimé en 1524 à Cambrai, et le *De Pœnitentiâ disputationes theologicæ*, in-4°, imprimé à Douai en 1526.

Au-dessus de la bibliothèque se trouve une belle galerie de peinture, dans laquelle brillent les ouvrages des Flamands, Rubens, Vandick, Alnould de Vuez, Van-Ost, Jordain, Snayer, Ruisch; des Italiens, Raphaël, Jules Romain, Bassano, Guido, Del Sarto, Veronèse, Piazetta, Salvator Rosa, Sassenio, Maratti, Romanelli; des Français, Philippe de Champagne, Joseph Vernet, Charles Lafosse, Pierre Mignard, Abel de Pujol, Hilaire Ledru, et de grand nombre d'autres maîtres. MM. Vanblaremberg et Vatteau, conservateurs de ce riche établissement, sont dignes de la confiance que leur a accordée l'autorité.

En entrant à l'église Saint-Maurice, la plus ancienne et la principale de Lille, nous remarquâmes l'énorme échafaudage que l'on vient de faire élever pour soutenir le clocher et la façade extérieure qui menaçaient d'écraser de tout leur poids les maisons voisines. « On a, me dit Hippolyte, l'intention de renverser cette partie de maisons qui offusquent la vue de l'église dont on veut reconstruire le portail, en sorte qu'une petite place se trouvera entre la rue de Paris et l'église Saint-Maurice. Sur cette place serait exposée la statue en bronze du duc de Berri, dont la ville de Lille a confié l'exécution à notre jeune compatriote M. Bra. Au moyen de ce travail, ce quartier de la ville acquerrait l'élégance et la salubrité qui lui manquent. »

Je remarquai, auprès du maître-autel, les deux statues de M. Bra, figurant saint Pierre et saint Paul. « Vous êtes dignes, vous autres Flamands, dis-je à mon guide, de voir éclore le génie et le talent parmi vous : vous savez les encourager, les récompenser. Vos villes se disputent à l'envi le plaisir d'exciter l'émulation, et de soutenir les efforts de ceux de leurs concitoyens qui s'annoncent avec quelque talent. »

Parmi les tableaux qui décorent Saint-Maurice, nous avons remarqué celui de saint Nicolas, par Vanderburgh père, et le martyre de saint Maurice de Lenghen Jan. Au retable de l'autel, sont deux termes en marbre travaillés avec autant de goût que de délicatesse ; mais le monument le plus important que renferme cette église est le mausolée en marbre que les habitants de Lille ont fait élever dans une chapelle expiatoire pour y renfermer les entrailles du duc de Berri : c'est le sculpteur Gois qui a été chargé de son exécution ; il n'a pas répondu à ce qu'on attendait de son talent. La composition n'a rien de noble et d'élevé, et le travail manque de goût et de correction. Magistrats chargés du soin de faire exécuter des monuments, soyez donc sourds à toutes les sollicitations et à toutes les prières; ne donnez votre confiance qu'au véritable talent : vous êtes responsables devant la postérité des ouvrages que vous aurez fait exécuter; vous encourrez le blâme aussi bien que l'artiste, s'ils sont contraires aux régles du beau; et vous aurez votre part dans les éloges s'ils sont dignes de l'admiration publique. Les magistrats de Florence ont acquis en Italie une gloire presque égale à celle de Ghiberti, pour avoir ouvert le concours solennel, à la suite duquel cet homme de génie fut chargé de l'exécution des portes du Baptistaire saint Jean, *dignes*, selon Michel-Ange, *d'être les portes du paradis*. Ouvrez des concours, et ne confiez l'exécution d'un monument public qu'à celui des artistes qui se montrera le plus capable de satisfaire aux vœux de vos administrés, et d'accroître, par la beauté de ses œuvres, l'illustration de votre cité.

Jean-sans-Peur, après l'assassinat du duc d'Orléans, s'était retiré à Lille; il y fit bâtir le palais qui sert aujourd'hui d'hôtel-de-ville. Son fils, Philippe-le-Bon, y tint le second chapitre de l'ordre de la Toison-d'Or, l'ordre chevaleresque alors et encore aujourd'hui le plus illustre de la chrétienté.

Ce fut dans cet édifice que, le 9 février 1454, se fit le *vœu du faisan*, par lequel le duc de Bourgogne et tous les chevaliers s'engageaient à aller rejeter les Turcs en Asie. C'est là qu'ils firent tant d'extravagantes promesses qu'ils n'accomplirent jamais. Ce palais fut ensuite habité par Charles-Quint, et prit le nom de *Cour de l'Empereur;* Philippe IV d'Espagne le céda aux magistrats de Lille en 1660. Il sert, depuis ce temps, d'hôtel-de-ville. L'aile gauche, par ses tours à créneaux et ses croisées gothiques, montre suffisamment qu'elle date de l'époque de la construction du palais par Jean-sans-Peur; mais l'aile droite est d'un style moderne. Un incendie, communiqué par la salle de spectacle, qui alors en était voisine, consuma toute cette partie droite qui fut rétablie dans le siècle dernier.

Dans cette aile de bâtiment, avec l'administration municipale, siège le tribunal de première instance de Lille, qui, pendant longues années, a joui d'une réputation d'impartialité, de sagesse, d'indépendance, et de savoir, telle que nul autre tribunal inférieur en France n'en a jamais eu d'égale.

« L'escalier que nous montons, me dit mon guide, reste de l'ancien palais, d'ailleurs très remarquable par ses riches ornements en sculpture, nous conduit aux cabinets d'histoire naturelle, qui sont aussi dans cet hôtel, et dont la garde et l'entretien sont confiés à la *Société des amateurs des arts, des sciences, et de l'agriculture,* qui tient ici ses séances. Cette société académique et celle de Cambrai sont les seules, parmi les réunions littéraires des sept ou huit département du Nord, qui travaillent utilement, et qui, par la publication de leurs mémoires, rendent de véritables services aux arts, aux lettres, aux sciences, et sur-tout à l'agriculture : celle-ci compte parmi ses membres MM. les docteurs Vaidy et de Chambret, collaborateurs du *Dictionnaire des sciences médicales;* Desmazières, professeur de botanique, auteur d'un précieux ouvrage sur les cryptogames; le petit-fils de l'immortel botanographe Lestiboudois, lui-même professeur de botanique très distingué; M. Delezenne, professeur de physique; M. Hay, auteur, avec M. Bis, de la tragédie de *Lothaire,* et en particulier de diverses poésies pleines de graces et de fraîcheur; M. Duhamel, auteur d'un recueil de fables, et d'une comédie en vers ayant pour titre : *La vieille Fille.* J'aurais quelques autres noms à vous citer honorablement, mais on nous ouvre la porte du cabinet d'histoire naturelle. »

C'est M. le docteur Degland, aussi membre de la Société académique de Lille, qui voulut bien nous accompagner dans la visite du cabinet d'histoire naturelle et de celui de physique. Le cabinet d'histoire naturelle de Lille ne se forme que depuis quelques années, et déja on peut dire que, grace au zéle de la Société, et sur-tout aux connaissances de M. Degland, il possède de riches collections de quadrupèdes, d'oiseaux, et d'insectes; nous y avons vu trois belles momies d'Égypte parfaitement conservées. Une fois par an, Flore est appelée à tenir sa cour dans les salons consacrés à l'histoire naturelle : c'est là qu'elle étale ses richesses apportées de tous les climats. On offre des palmes à l'émulation de ses adorateurs, et on les distribue avec tout l'enthousiasme de vrais amis de la nature.

Le cabinet de physique, que nous allâmes ensuite visiter, est fort beau; il est consacré à propager l'instruction de cette science. M. Delezenne y fait avec beaucoup de talent un cours gratuit.

On doit à la ville de Lille les éloges que nous avons donnés à la ville de Douai. Depuis quelques années elle ne néglige rien pour encourager l'étude des sciences et des lettres, la culture des arts et le perfectionnement de l'industrie.

Elle a fondé des expositions publiques de peinture qui sont très suivies, et une Société des arts pour les maintenir. Elle possède des académies d'architecture, de physique, de dessin, de musique, de botanique, d'écriture. Depuis deux ans, un jeune et savant professeur y fait un cours gratuit de chimie appliquée aux arts et à l'industrie. Elle entretient un beau jardin botanique; mais, et ce reproche seul détruit tous nos éloges, elle n'encourage pas l'enseignement mutuel.

Il est si doux de pouvoir parler des magistrats avec éloge, que nous nous empressons de dire, à propos de ces efforts en faveur des lumières et de la civilisation, que, depuis son arrivée dans le département du Nord, M. le comte de Murat, qui en est le préfet, n'a négligé aucun moyen de les servir, et qu'il n'a pas moins mérité par ces encouragements la reconnaissance de ses administrés que par la sage modération de son administration.

Nous traversons la place d'armes ; elle est grande et remarquable par la régularité des bâtiments qui l'entourent : c'est là que se font les exercices de troupes, que l'on nomme *parades;* là se tiennent aussi les foires et les marchés aux grains. Sur la droite se trouve la Bourse, dont la construction n'a rien qui mérite de fixer l'attention. Après avoir parcouru la rue Esquermoise, qui rappelle la rue Vivienne, pour l'activité du commerce, la richesse et l'élégance de ses magasins ; après nous être arrêtés à l'entrée de la rue *des Bonnes-Filles,* pour contempler le coup d'œil qu'offre la belle rue nommée tour-à-tour *Royale, Nationale, Impériale,* et puis *Royale,* et puis *Impériale,* puis enfin *Royale,* nous sommes entrés dans l'église Sainte-Catherine, où nous avons vu un des chefs-d'œuvre de Rubens, *le Martyre de sainte Catherine,* et le plus beau tableau d'un artiste de Lille, nommé *Wamps,* représentant *l'Adoration des Bergers.* Ces deux tableaux sont d'un grand mérite, et le premier sur-tout peut être classé parmi les meilleurs ouvrages que le génie de Rubens ait enfantés.

Je remarquai en sortant de Sainte-Catherine qu'on avait établi sur ses tours une machine télégraphique. « Passons vite, me dit Hippolyte. . . .

. . . .; elle a, comme à Grenoble, servi, en 1816, la justice expéditive de certains ministres: elle a ordonné la prompte exécution d'un homme dont le crime n'a jamais été bien connu.....

« Nous voici sur l'Esplanade; c'est, vous le savez, la principale promenade de Lille. Lorsque vous l'avez vue, elle était dépouillée des arbres qui en avaient fait l'ornement; depuis elle a été replantée, et, grace aux soins que l'on a donnés aux jeunes arbres, elle est assez ombragée pour être maintenant fort agréable.

« Le *Ramponeau*, là, sur la droite, autrefois destiné à des bals, à des fêtes, est maintenant le lieu de réunion d'une société maçonnique sous le titre de *la Fidélité*.

« Cette promenade intérieure se trouve sur les bords de la Deule, qu'elle longe pendant un demi-quart de lieue environ; elle est divisée en cinq ou six allées, dont la plus rapprochée de la chaussée est destinée aux voitures et aux cavaliers. Vers le milieu se trouve un bassin, et vis-à-vis une espèce de pont chinois jeté sur la Deule, autrefois nommé *Pont-Napoléon*, et consacré à la gloire de nos armées. On le nomme aujourd'hui *Pont-de-Berri*; il est élevé de vingt marches et couvert. Lorsque l'on est au haut, l'horizon qui l'entoure est très étendu, très varié et très pittoresque: on aperçoit toute la promenade depuis la rue des Fossés jusqu'au jeu de balle ; l'église Saint-André, le magasin général à blé, bâti par les états de Flandre, l'un des plus vastes et des plus utiles édifices de Lille. Un beau manége construit dans un bon goût, situé à l'extrémité de la promenade ; la sortie des eaux percée à travers les remparts ; les allées des Soupirs, situées de l'autre côté de l'eau, dépendent aussi de la promenade : à côté est un vaste tapis de verdure, nommé *la Plaine*, qui sert de lieu d'exercice à la cavalerie, à l'infanterie, et même à l'artillerie de la garnison. C'est là que, le 14 juillet 1790, se célébra la fédération des gardes nationaux du Nord, du Pas-de-Calais, et de la Somme, brillante aurore des jours de liberté qu'obscurcirent trop tôt de sombres et de sanglants nuages. »

Nous descendîmes ce pont du côté de la citadelle, et au bas nous trouvâmes un fort joli café champêtre, nommé *Ma Campagne*. « Le propriétaire de cet établissement, me dit Hippolyte, est un brave homme qui, déjà plusieurs fois, s'est dévoué pour sauver la vie à des individus tombés dans la Deule et menacés d'y périr ; il a toujours été assez heureux pour sauver ceux pour lesquels il s'est exposé. »

Nous passâmes les ponts-levis et entrâmes dans la citadelle de Lille, comme je l'ai dit ailleurs, la plus belle de l'Europe. Elle a cinq bastions réguliers, dont les courtines sont couvertes par des tenailles en terre ; elle est entourée par un fossé profond, en avant duquel se trouve un chemin couvert : les angles rentrants de l'avant-fossé, du côté de la campagne, sont garnis de sept demi-lunes en terre; au milieu, se trouve une belle et vaste place d'armes entourée de solides et élégantes constructions. On nous permit de parcourir les remparts, qui forment une agréable promenade. Arrivés à l'un des angles des bastions : « Voilà, me dit mon guide, en me montrant une porte donnant entrée à un souterrain pratiqué sous le rempart, la casemate où M. le duc de Choiseul, aujourd'hui pair de France, fut pendant si long-temps enfermé avec les malheureux naufragés de Calais, où ce noble défenseur des libertés publiques endura le plus dur esclavage. » Nous nous assîmes sur le talus du rempart, vis-à-vis cette casemate.

« Le fanatisme politique et religieux, quels que soient le temps et le climat où ils naissent, me dit mon ami, se signalent toujours par les mêmes excès. Sur leurs autels il ne doit couler que des larmes et du sang humain; dans un moment, nous foulerons une terre que le fanatisme politique couvrit de sang en 1816. Nous voici maintenant arrêtés près d'un cachot où le fanatisme d'une autre époque exerça sa fureur.

« Dans la nuit du 13 au 14 novembre 1795, M. le duc de Choiseul, émigré français, qui se rendait dans l'Inde avec un régiment de hussards sous ses ordres, échoua sur les côtes de Calais, où il échappa miraculeusement à la mort avec une partie des siens. Il fut d'abord transféré avec ses compagnons d'infortune à Saint-Omer. Le ministre de la justice voulait les faire condamner, comme émigrés pris les armes à la main, par le tribunal criminel, condamnation capitale à laquelle ils n'auraient pas échappé sans la résistance courageuse de M. Gosse, alors accusateur public[1]. Reconduits à Calais pour y être jugés par un conseil de guerre, ils furent ramenés à Saint-Omer, d'où enfin on les transféra à Lille. Ces infortunés, que la mer avait rejetés, objets de la fureur de quelques hommes exagérés, passèrent quatre ans à Lille dans des cachots humides et glacés, habités avec eux par d'immondes reptiles: sans feu dans les plus rudes hivers, mal vêtus, réduits au pain et à l'eau, privés de lumière, de toute correspondance, de toutes visites; jouets de tous les événements et de toutes les passions, ils attendaient chaque jour la mort dont continuellement on les menaçait. Rien ne pouvait attendrir les persécuteurs que le sang des vic-

---

[1] M. Gosse, homme aussi distingué par son savoir, son esprit et la fermeté de son caractère, que par l'urbanité et l'élégance de ses manières, était procureur-général près la cour de Douai; il fut destitué en 1815, après trente ans d'honorables services. L'amitié et l'estime d'hommes tels que M. de Choiseul font aisément oublier à M. Gosse les injustices des dépositaires du pouvoir.

times. « La seule humanité de nos gardiens, dit
« M. de Choiseul dans ses Mémoires, préserva du
« désespoir un grand nombre de mes compagnons. »
Entre ceux des habitants qui se distinguèrent le plus
par leurs soins et leur piété touchante envers ces
infortunés, on doit conserver le nom honorable,
pour la ville de Lille, de M. Drapier, père du chimiste de ce nom, et beau-père de l'éditeur de *l'Écho
du Nord*, M. Leleux. « Il était, dit M. de Choiseul
(dont nous nous plaisons encore à emprunter les
paroles comme un touchant hommage de reconnaissance), en sa qualité de membre de la municipalité, chargé de l'administration de notre prison :
républicain zélé, patriote énergique, mais bon, humain, sensible, c'est à lui que nous avons dû tous
les adoucissements d'une position vraiment déplorable... C'est à lui que je dus le bonheur de voir mes enfants [1]. Il me donna une plus grande liberté, pour ne
pas corrompre ce bonheur par des entraves qui l'auraient empoisonné. « Vous desirez voir vos enfants,
me dit-il un jour ; vous avez des amis qui desirent aussi
vous voir : ma responsabilité, vu les ordres supé-

---

[1] M. Étienne de Choiseul, mort depuis de ses blessures après la bataille d'Esling, et madame de Marmier, qui écrivit à Bonaparte en faveur de son père la lettre touchante que toute la France connaît.

rieurs, est au-delà de tout ce que vous pouvez imaginer; hé bien! je la confierai à votre parole. Promettez-moi de ne rien tenter pour vous y soustraire, tant que je ne vous l'aurai pas rendue, alors je n'aurai aucune crainte, et vous verrez vos enfants. » Je lui donnai ma parole; je lui aurais donné ma vie s'il me l'eût demandée à un semblable prix. Je vis mes enfants, ils restèrent cinq mois à Lille. J'ai pu me sauver plusieurs fois, mais j'aurais préféré mourir; j'étais bien mieux gardé par ma parole, par mes obligations envers ce vertueux citoyen, que je ne l'aurais été par toutes les grilles dont le gouvernement d'alors m'a depuis entouré. »

Qu'il est doux de trouver, au milieu des fureurs des partis, de ces actes de confiance et de générosité, de voir le patriote sincère résister aux violences du gouvernement qu'il sert, exposer sa liberté, sa vie même pour ceux que, dans l'intérêt mal entendu de sa propre cause, il voit poursuivre ou accabler injustement! Qu'il est plus grand, plus rare encore de voir un homme dévoué, par d'implacables ennemis, à l'échafaud qui l'attend et auquel il peut se soustraire par la fuite, enchaîné par sa seule parole au lieu qu'il ne doit quitter que pour marcher au supplice! Que 1815 nous présente un fait semblable, et j'oublie ses proscriptions, ses fureurs et ses assassinats juridiques!

Cependant un nouveau jour brillait sur la France : l'ordre commençait à s'y rétablir, les prisonniers recouvraient leur liberté; les échafauds cessaient d'être permanents, le directoire était tombé et remplacé par le consulat. Les prisonniers avaient été transférés à Ham, avec une barbarie nouvelle, par des ordres subalternes. Une lettre, lancée par M. de Choiseul à travers les barreaux de sa prison, fut recueillie et jetée à la poste par un passant. Madame la douairière de Choiseul la reçut au moment où M. Regnault de Saint-Jean d'Angely était chez elle; il se chargea de la remettre lui-même à madame Bonaparte, depuis l'impératrice Joséphine : celle-ci la lut au premier consul, qui en fut indigné; il ordonna au ministre Fouché de faire faire une enquête, et peu après les naufragés de Calais furent mis en liberté.

Nous avions continué notre promenade, et nous étions parvenus au coin d'un autre bastion. « Ici, dit Hippolyte en m'arrêtant, les partis ont aussi exercé leurs fureurs; mais cette fois la victime ne leur est point échappée. C'est ici que l'infortuné baron de Chartran a subi sa sentence, et que le plomb français a déchiré le sein d'un brave général de la garde, coupable d'avoir rempli la mission dont il avait été chargé. Chartran avait, pendant les cent jours, saisi les papiers du duc d'Angoulême, lors de la retraite de ce prince dans le Midi. Après la seconde rentrée du roi, ce général, que l'on n'avait pas jugé assez coupable pour le faire figurer sur la liste du 24 juillet, est envoyé à Lille en surveillance. Doué d'une belle figure, d'une stature imposante, d'un caractère franc et ouvert, Chartran avait su se faire des amis à Lille; il y vivait heureux et tranquille, entièrement étranger à la politique. Tout-à-coup, au mois de mai 1816, il est arrêté, traduit au conseil de guerre et condamné à la peine de mort. Pourquoi? son crime est celui de tous les militaires français, il a porté les armes en 1815. Cependant, le général marquis de Jumilhac, commandant de la division, affligé de cette condamnation, retarde l'exécution, consulte les ministres. La poste, par sa lenteur, blesse leur impatience; le télégraphe, comme à Lyon, s'agite et donne le signal de mort: on amène Chartran dans ce bastion; d'une main il tient élevée sa croix de la Légion-d'Honneur, de l'autre il découvre sa poitrine, couverte de glorieuses cicatrices. « Camarades, dit-il aux vétérans chargés de l'exécution, faites votre devoir. » Celui que la mort avait épargné sur vingt champs de bataille n'est pas tombé sans gloire dans ce coin reculé.

Ses restes furent inhumés au cimetière de Wazemmes: le temps avait déja effacé l'inscription modeste que l'on avait peinte sur la croix qui surmonte sa tombe ; une main généreuse s'est tout récemment acquittée d'un devoir pieux, en la rétablissant plus simple et plus touchante que la première : *Ci-gît Chartran.*

N° CXVIII. [1ᵉʳ SEPTEMBRE 1821.]

COMMERCE DE LILLE.

> Le commerce guérit des préjugés destructeurs; et c'est presque une régle génerale, que par-tout où il y a des mœurs douces il y a du commerce, et que par-tout où il y a du commerce il y a des mœurs douces.
> MONTESQUIEU, *Esprit des Lois.*

Hippolyte et moi, en nous quittant la veille au soir, nous nous étions donné rendez-vous au café *Lalubie,* pour y déjeuner avant de reprendre nos courses. Arrivé le premier, je me mis à parcourir les journaux, ou plutôt le seul journal du département, *l'Écho du Nord.* Cette feuille périodique ne fait pas moins d'honneur au talent et à l'esprit de son principal rédacteur, M. Leleux, qu'à ses principes et à son caractère. Père de neuf enfants, sans craindre les risques d'une semblable entreprise, ni les haines qu'il allait susciter contre lui, M. Leleux employa une grande partie de sa fortune à fonder un journal constitutionnel dans le département du Nord, à une époque où le mot de *Charte* ne se prononçait qu'en tremblant, où l'opinion d'une population de huit cent mille ames n'avait pas un organe qui ne fût vendu au pouvoir ou qui ne lui eût fait serment d'obéissance absolue. Depuis sept ans l'*Écho du Nord* combat avec une persévérance toujours égale le fanatisme, le privilége, et les tyrannies subalternes: c'est à lui que l'on doit, dans le nord, l'exemple de cette utile résistance aux mesures illégales des dépositaires du pouvoir. Plusieurs fois M. Leleux, conduit devant les tribunaux, s'y est vu condamné à de fortes amendes; il a subi de longs emprisonnements sans que son zèle pour la cause de la liberté légale ait été ralenti.

Le *Journal du département du Nord*, que je pris ensuite, est celui que la circulaire administrative recommande annuellement à l'abonnement des communes; fondé sous l'empire, par M. Bottin, alors secrétaire général de la préfecture du Nord, aujourd'hui secrétaire de la société royale des antiquaires de France, il eut alors l'avantage d'inspirer quelque intérêt par les articles que chaque semaine il publiait sur l'histoire morale et économique du pays. Journal administratif en 1814, il continue à servir les ministres et les préfets avec un zèle qui lui a mérité le titre de *Quotidienne du Nord*, nom sous lequel il est généralement connu.

J'achevais de parcourir la feuille d'*Affiches et Annonces*, de M. Danel, qui ne tient guère plus que son titre ne promet, lorsque mon ami entra, accompagné de M. H***, que je revis avec un grand plaisir. M. H*** avait passé ses belles années à cultiver les muses, qui souvent se montrèrent pour lui favorables. J'avais applaudi à ses premiers succès, et ma voix l'avait encouragé dans la carrière. Je ne puis cependant lui faire un crime d'avoir pensé que les fleurs de son printemps ne lui assuraient pas pour son automne des fruits assez abondants. M. H***, bien convaincu que Bacchus serait toujours en honneur chez les Flamands, a transformé l'autel des muses en comptoir, et s'est fait agent commercial du dieu des vendanges.

M. Lalubie est le *Tortoni* lillois : ses vastes appartements, très richement et très élégamment décorés, ont une triple destination; plusieurs pièces sont consacrées au *café* proprement dit, d'autres au *restaurant*, d'autres enfin à la *tabagie*, car, pour les trois quarts de la population de la Flandre, le besoin de fumer est encore aujourd'hui de nécessité première.

Pendant que nous dépêchions l'excellent déjeuner que nous avait servi M. Lalubie, dont les vins en général ne sont pas dignes de sa cuisine, M. H*** nous apprit que bientôt cet établissement serait éclairé par le gaz. « Une compagnie, organisée depuis six mois, ajouta-t-il, se propose de faire jouir la ville de Lille, au printemps prochain, de ce brillant et économique luminaire : si cette compagnie réussit dans son projet, je croirai que nulle amélioration commerciale ou industrielle ne sera désormais impossible ici ; car il n'en est aucune qui puisse y rencontrer plus d'obstacles et plus d'opposition. A la puissance inerte de la routine se joint encore parmi nous celle des intérêts directs que l'on croit menacés. Que deviendra, se demande-t-on, le commerce des huiles, si important pour ces contrées et sous le rapport de l'agriculture et sous le rapport de la fabrication ? Qui voudra consommer nos huiles lorsque la capitale de la Flandre, le premier marché aux huiles de France, aura donné l'exemple de l'abandon de ce mode d'éclairage ?

« Il eût été facile d'apaiser la fermentation que cette entreprise a produite dans les esprits, en apprenant à ceux dont elle paraît froisser les intérêts que le meilleur gaz s'obtient par la combustion de l'huile, et que par conséquent le commerce des liquides oléagineux ne peut que s'accroître par la propagation du nouveau mode d'éclairage : ce moyen si simple de calmer les inquiétudes des commerçants ne s'est pas présenté à l'esprit de nos administrateurs, ou, ce qui est plus probable, ils n'ont pas jugé à propos d'en faire usage.

« — Le commerce des huiles est-il ici le plus important ? demandai-je à M. H***. — Non, me répondit-il ; celui des denrées coloniales emploie de plus grands capitaux: c'est à Lille que s'approvisionnent une partie des départements du Nord, du Pas-de-Calais, de la Somme, de l'Aisne, des Ardennes, de la Meurthe, de la Meuse, et de la Moselle, plus de deux millions de consommateurs. Cette immense consommation, une population de soixante-dix mille ames, de nombreuses et d'importantes fabriques, donnaient sans doute le droit à la ville de Lille d'obtenir un entrepôt, ainsi que l'ont obtenu Metz, Besançon, Strasbourg, Rouen, Lyon; mais c'est en vain qu'elle l'a réclamé. La fondation d'un entrepôt de denrées coloniales à Lille n'est point seulement dans l'intérêt du commerce des Lillois, il est dans l'intérêt de toutes les contrées que Lille approvisionne, et du port de Dunkerque lui-même, qui, dit-on, a eu assez d'influence pour faire rejeter la demande fondée de la chambre de commerce de Lille.

« Les principales maisons qui se livrent au commerce des denrées coloniales sont connues sous les raisons, *Lefebvre fils, Révoire, Lecreux, Herlin, Renty et sœurs, Derode frères, Lecomte, Testelin-Waresquelle, Danel, Mariage-Bonte;* il en existe encore à Lille beaucoup d'autres très recommandables.

« Après le commerce des denrées coloniales, l'on doit, je crois, ranger par ordre d'importance les fabriques de coton, entre lesquelles se distinguent celles de MM. Mille (Auguste), Barrois frères et Faucille, dont les machines sont mues par la vapeur.

« Je devrais ici placer le commerce des huiles; mais, comme je me propose de vous engager à visiter l'un des établissements où l'huile se prépare par de nouveaux procédés, je me réserve de vous en parler alors.

« La fabrique de fil est l'une des principales branches du commerce lillois. On a craint long-temps pour cette industrie, à cause de la modicité du prix des tissus de coton; mais elle se soutient avec honneur. Il existe aux environs de Lille bon nombre d'établissements considérables consacrés au blanchîment du fil. Le plus remarquable est celui de MM. Dejaeghère frères, où les connaisseurs vont voir une machine hydraulique des plus ingénieuses.

« Puisque je vous ai parlé des établissements extérieurs, je vous dirai un mot de la fabrique d'indienne de MM. André Charvet et Fevet, située à Loos, à une demi-lieue de Lille. Cet établissement occupe constamment deux cents ouvriers. Cette fabrique et celle qui fut établie à la même époque, dans une commune voisine, par MM. Devos et Woortmann, ont donné naissance à une multitude de fabriques de tissage dont elles consomment les produits, et qui, à leur tour, offrent un débouché considérable et facile aux filatures de la ville de Lille.

« Comme l'or est l'ame du commerce, les banquiers ont toujours tenu le premier rang dans la hiérarchie commerciale; mais nos banquiers ici sont tous commerçants et se rattachent à l'une ou à l'autre des branches industrielles dont je vous ai parlé; cependant, je vous citerai, comme faisant plus spécialement les opérations de banque, MM. Révoire, ancien député, Hegmann et fils, Dutilloy, Coget l'aîné, Marchand-Delvigne et compagnie, Bordier et Licson.

« La ville de Lille possède en outre des filatures de laine et des fabriques de draps, des fabriques de tulles, de calicots, de linge de table, de fil retors, de dentelles, de toiles à matelas, de bonneterie, de couvertures de laine, de sarraux (source de grandes richesses pour la ville de Lille). Les raffineries, les salines, les savonneries, y sont en grand nombre. On estime beaucoup les voitures faites à Lille; les carrossiers Lemaire et Arnold le disputent pour l'élégance et la solidité aux meilleurs ouvriers de Bruxelles, de Londres, et même de Paris. »

En sortant du café Lalubie, M. H*** nous conduisit à la fabrique de cardes de MM. Scrive, que j'avais témoigné le desir de voir, d'après les éloges que j'en avais entendu faire. J'étais curieux d'examiner les produits de cette nouvelle branche d'industrie, ravie à l'Angleterre et importée parmi nous avec tant de difficultés et de périls. Les cardes de

MM. Scrive sont fabriquées à l'aide de la mécanique la plus ingénieuse qui, je crois, ait été inventée. Donnez-leur une plaque de cuir préparée et un fil de fer suffisamment menu : le cuir est tendu sur la machine; des aiguilles le percent de trous parfaitement réguliers; une pince saisit le fil, une autre le coupe à une longueur donnée; des crochets lui font éprouver une triple, une quadruple courbure; une main de fer en présente les extrémités aux orifices des trous, les y engage et les y fixe irrévocablement. Ce travail, qui demandait un œil et une main si exercés, qui occupait deux à trois cents jeunes gens dans divers ateliers, se fait maintenant à l'aide de vingt à trente métiers mus par la vapeur, et n'exige pas l'emploi de plus de quinze personnes. J'aurais voulu féliciter MM. Scrive sur leur intéressant établissement, mais ils en étaient alors absents.

En quittant la fabrique de MM. Scrive, nous fûmes visiter celle de MM. Bonte-Pollet et Adrien Bonte. Elle est consacrée à la fabrication des huiles de toute espèce, et peut servir aussi à moudre les céréales. Les machines sont mues par la vapeur et exécutées avec un soin et une précision remarquables. Depuis quatre ans que cette machine est en activité, elle ne s'est pas encore dérangée, et n'a cessé son travail de jour que pendant le temps nécessaire pour la nettoyer. Cet établissement, déjà si utile au commerce, peut devenir, en cas de siège, d'une importance incalculable pour la mouture des farines nécessaires à la consommation des assiégés. Il peut moudre environ par jour le tiers des farines que consommerait la population de Lille : quel immense avantage pour cette ville, place frontière de première classe, qui se trouve toujours la première investie en cas de guerre, et qui n'a que deux moulins à eau et trois roues !

MM. Bonte eurent la complaisance de nous accompagner dans la visite de leur bel établissement, et la franchise de leur caractère m'eut bientôt fait reconnaître que je me trouvais avec des commerçants éclairés, et des citoyens dévoués à l'ordre et aux principes constitutionnels.

Il existe encore à Lille quatre autres machines à vapeur pour fabriquer l'huile, dont deux seulement sont en activité : ce sont celles de MM. Victor Vigne et Candellier.

Nous admirâmes, en sortant de la fabrique de MM. Bonte, et en nous rapprochant du canal de la Deule, le beau bâtiment, malheureusement non achevé, nommé Hôpital-Général, et consacré au soulagement de l'humanité. Cet édifice, d'un grand style, est l'un des plus vastes et des plus beaux que possède l'Europe.

« Il me reste à vous citer, me dit M. H***, parmi les établissements industriels qui se recommandent à l'attention de l'observateur parcourant la capitale de la Flandre, ceux de MM. Bonnel et Dubus, et de mesdames Lamotte et Seynave, nouvellement formés, et destinés à naturaliser à Lille deux branches d'industrie précieuses. MM. Bonnel et Dubus avaient, il y a quelques années, trouvé le moyen de teindre les fils de lin de nos fabriques, qu'auparavant nous envoyions teindre à Lyon, et qui revenaient ensuite ici pour être mis en consommation. Après nous avoir affranchis du tribut que nous acquittions à la ville de Lyon, ils ont voulu nous relever de celui que nous payions à celle de Rouen. Ils ont voulu faire pour les fils de coton ce qu'ils avaient fait pour les fils de lin, et, malgré les préjugés généralement répandus qu'à Rouen seulement on pouvait teindre les fils de coton, MM. Bonnel et Dubus ont envoyé à la dernière exposition de nombreux échantillons de fil de coton teint en rouge d'Andrinople, de toutes nuances, et d'un éclat aussi vif que les plus belles teintures de Rouen; ils sortaient de l'établissement que ces messieurs ont fondé au faubourg de la Barre et qui est en pleine activité. Les avantages de cette conquête industrielle sont incalculables pour le commerce lillois.

« Celle que nous devons à mesdames Lamotte et Seynave est moins importante, quoique fort utile. Ces dames ont fondé à Wazemmes une fabrique de toiles-cuirs vernissées, dont les produits obtiennent les suffrages de tous les connaisseurs pour la solidité du tissu, la beauté des dessins, la vivacité et la variété des couleurs. Il sort aussi de leur manufacture-fabrique des taffetas et des percales cirés qui se plient comme le linge sans se briser; enfin elles fabriquent une toile dite de bitume imperméable qui sert de couverture aux habitations de la campagne, et à leurs dépendances. »

Dans la soirée nous parcourûmes les diverses sociétés particulières, nommées ici *cercles*. Le premier où l'on me présenta fut celui de l'hôtel de Bourbon. Il a été, me dit-on, récemment fondé par un comte de fraîche date, autrefois grand partisan du gouvernement impérial, des idées libérales et des pensées généreuses que la révolution avait fait éclore. Quoique M. de *** ait quelque peu varié dans ses opinions, on se rappelle toujours avec plaisir qu'il a été le fondateur d'une institution toute philanthropique, c'est-à-dire toute révolutionnaire, selon certaines gens amis de M. le comte : nous voulons parler de la fête de la vaccine, qui se célébrait à F***, chaque année, avec autant d'utilité que d'éclat et de générosité. Le cercle de l'hôtel de Bourbon se nomme *cercle de l'Union :* il occupe de grands et beaux appartements; on y trouve une compagnie très mêlée, et on y joue très gros jeu.

Le *salon des négociants* avait naguère une couleur très prononcée : cette couleur pâlit depuis quelque temps. On y lit, on y joue, on y cause, le tout avec beaucoup de modération.

Le *cercle d'Apollon* est un cabinet littéraire établi dans un grand et bel appartement, au premier, sur la grande place. Il est exclusivement consacré à la lecture des journaux et des brochures nouvelles, dont il est abondamment pourvu. L'opinion de ceux qui le fréquentent est généralement constitutionnelle.

La *société de Saint-Joseph*, où je fus ensuite présenté, se compose de quarante membres, tous les quarante, électeurs, tous les quarante, constitutionnels. Dans cette réunion le jeu n'est point une affaire; une franche gaieté, une liberté décente y sont constamment à l'ordre du jour. On y vante l'activité de M. de C***, les mœurs et la science de M. de P***, on y exalte le désintéressement de M. de V***, et l'on s'y permet quelquefois de parler des jésuites comme Pascal, et de dire que l'élection de nos députés et celle de nos académiciens sont aussi libres qu'elles l'étaient sous le gouvernement impérial.

En nous rendant à la salle de spectacle, on me proposa de visiter l'un des nombreux estaminets de Lille : nous entrâmes dans celui de *la Vignette*, qui, fraîchement et élégamment décoré, renfermait une nombreuse société. Tous les fumeurs ont près d'eux, sur leur table, un grand verre nommé *glass*, sur lequel se trouve un couvercle vernissé portant un numéro en chiffres d'or pour éviter la confusion. Cette réunion, à Montpellier, à Bordeaux, et à Toulouse, serait très bruyante; ici l'on n'entend qu'un murmure de voix où l'on distingue de temps en temps ces mots : « Garçon, un verre de *farot de Louvain*, un verre de *pitreman*; un verre de *bière blanche*; un verre de *bière rouge*, un verre de *Moulque* (nom d'un brasseur fameux), une bouteille de *mousseuse !* » Le service se fait avec une grande exactitude et sans bruit. La propreté du local, des vases, des pots, des verres, des garçons, est extrême, et telle que dans la Flandre seule on peut en prendre l'idée; mais une épaisse fumée de tabac se promène dans tout l'établissement, fait pâlir les quinquets, vous prend à la gorge et raréfie l'air au point de gêner la respiration : aussi force nous fut de sortir.

La salle de spectacle de Lille offre la figure d'un parallélogramme régulier; on y pénètre par un beau péristyle élevé de sept marches, dont l'entablement et la balustrade sont soutenus par six colonnes d'ordre ionique. Cet ordre règne sur les quatre faces de l'édifice qui, cependant, manque totalement de légèreté. L'intérieur était autrefois parfaitement distribué; mais on a dépensé, m'a-t-on dit, quatre cent mille francs, il y a peu de temps, pour rendre cette salle la plus incommode de toutes celles que j'ai vues. Du parterre on ne peut apercevoir les personnes qui occupent les premières et les secondes loges, et de ces loges on ne peut jeter les yeux dans le parterre. Les baignoires sont tellement enfoncées qu'à peine la lumière du lustre peut-elle y pénétrer. L'orchestre est aussi fort resserré et ne peut contenir que les deux tiers des musiciens qui devraient le composer. Puisque les habitants de Lille savent faire des sacrifices pour leurs plaisirs, je les engage fort à dépenser encore quatre cent mille francs pour remettre les choses dans l'état où elles étaient avant la restauration.

Le lendemain matin je me disposais à prendre congé de mes amis et à quitter Lille dans la journée. Ils me proposèrent de visiter l'exposition des beaux-arts et de l'industrie, ouverte en ce moment, rue *Comtesse*, dans le local qui lui est spécialement consacré.

Le nombre des tableaux me parut plus considérable encore qu'à Douai; cependant, excepté quelques morceaux remarquables, comme le *Socrate* de M. Hennequin; le *Mari malade*, de madame Petit-Jean, que j'avais vu au Louvre; le *Cosaque*, de M. Carle Vernet; une jolie aquarelle de M. Isabey; les deux paysages de M. Constable, et un beau portrait de sir Thomas Lawrence; tous les ouvrages de mérite qui enrichissaient l'exposition de Lille, ayant orné les salons de Douai, avaient déja reçu mon tribut d'admiration.

Ce même local est affecté aux écoles académiques : quoique récemment restauré, il est loin d'offrir la commodité convenable à une exposition du produit des arts; il est d'ailleurs éclairé d'une manière fort désavantageuse à la peinture.

Nous fûmes accompagnés, pendant notre visite du salon, par M. Liénard, peintre très distingué, homme d'esprit et de talent, directeur de l'académie de Lille, et par M. Houzé de l'Aulnoit, secrétaire de la société des Amis des arts : c'est à son zèle que la ville de Lille est redevable de l'éclat et de la richesse de son exposition.

« Ces salons, demandai-je à M. Houzé, sont-ils décorés d'ouvrages de quelques artistes distingués qui aient reçu le jour à Lille ? — Nous avons, monsieur, quelques bons tableaux de M. Descamps, artiste né à Lille, qui a enrichi notre église de Saint-André d'un ouvrage de grande dimension, représentant le martyre de l'évêque de Patras, et qui, à la dernière exposition de Paris, envoya un tableau représentant Vénus ramenant Hélène à Pâris, lequel fut apprécié par les amateurs.

« M. Serrur, qui prend aujourd'hui un rang distingué parmi les jeunes peintres de l'école française, est aussi né à Lille. Vous avez dû remarquer quelques uns de ses ouvrages à Douai, entre autres son beau tableau du *Grec blessé*, dont la société des Amis des arts de cette ville a fait l'acquisition.

« Nous avons ici encore de charmantes miniatures de madame Félicie de Watteville, élève d'Isabey, fixée à Lille, et quelques beaux portraits de M. Liénard, qui nous accompagne, et dont je fais l'éloge en sa présence, sans blesser son extrême modestie, par la raison qu'il est sourd. N'en doutons point, les encouragements que l'administration accorde aux élèves de nos écoles qui se distinguent, feront éclore et développeront de nouveaux talents qui rendront, dans quelques années, l'école de Lille digne de l'importance de cette grande cité.

« Si la ville de Lille, me dit M. Houzé, en sortant de l'exposition, ne présente pas un plus grand nombre de noms connus parmi les artistes vivants, malheureusement elle n'en peut citer davantage parmi les hommes qui cultivent les sciences et les lettres. Dans la visite que vous avez faite des cabinets d'histoire naturelle et de physique, on vous a nommé ceux des membres de la société académique de Lille, qui se distinguent dans la carrière scientifique et littéraire ; mais on ne vous a pas parlé de ceux de nos littérateurs ou savants qui n'appartiennent pas à cette société. Je vais vous les nommer. M. Gosselin, membre de l'académie des inscriptions et belles-lettres, l'un de nos plus savants géographes ; ses ouvrages sur la géographie des anciens sont répandus dans toute l'Europe.

« M. Dubrunfaut, professeur de chimie, membre de la société royale et centrale d'agriculture de Paris, auteur d'un traité complet sur la distillation, et d'un autre sur la clarification.

« M. Drapiez, professeur de chimie à Bruxelles, savant minéralogiste, auteur de divers opuscules sur la minéralogie, la chimie et l'économie rurale.

« M. Defaucompret, traducteur des romans de sir Walter Scott.

« M. Cunyngham, savant helléniste et littérateur distingué, auteur d'un *Recueil de poésies* en deux volumes.

« Je n'oublierai pas MM. Dathis et Cauvin, tous deux auteurs de fort jolis vers, et qui malheureusement tous deux semblent déserter les autels des muses.

« Le cours de notre conversation m'a conduit à vous parler des hommes vivants : vous desirez sans doute connaître aussi les noms de nos illustres morts; j'aurais dû commencer par eux, selon le principe, *gloria majorum*.

« Citons d'abord ce fameux Alain, de Lille, que l'on surnomma, dans le treizième siècle, où il vivait, le *docteur universel*, et dont la vaste science ne nous a pourtant légué que quelques poésies latines assez médiocres.

« L'auteur de l'*Alexandriade*, Gauthier de Chatillon, naquit aussi à Lille, ainsi que Jacqueman

Giélée qui lança, dans le treizième siècle, un poëme satirique en vers excellents pour l'époque, intitulé : le *Nouveau Renard*, critique très fine et très piquante des mœurs du temps de Philippe-le-Bel, qui n'épargne ni les rois, ni les grands. Cet ouvrage se trouve manuscrit dans la bibliothèque du roi; il offre un cadre qui peut avoir quelque analogie avec le poëme de Casti, *Gli animali parlanti*. L'Italien a bien pu emprunter quelque chose au Flamand.

« Pierre Dondegherst, savant jurisconsulte qui vivait au sizième siècle, auteur des *Chroniques et Annales de Flandres*, écrites avec une grande bonne foi et une sévère exactitude.

« Pierre Lemonnier vivait dans le même siècle; il publia des *Mémoires* remplis de particularités très curieuses.

« Au dix-septième, Guillaume Haneton, de Lille, donna une tragédie latine et composa divers ouvrages de jurisprudence; Dominique Baudier donna un recueil de harangues, de lettres familières, et laissa en mourant beaucoup de morceaux de poésies latines et françaises. Dans le même siècle se distinguèrent, par leurs poésies latines, Jacques Dujardin et Théodore Vandevalle, auteur d'une tragédie intitulée : *Divinæ justitiæ theatrum, sive Maria, Othonis III imperatoris uxor;* Jean Vinçart, de qui on a dit : *Joannes Vincartius, Nasoni arte vicinus*.

« Dans le siècle dernier, Lille a vu naître Charles

Leclercq de Moulinot, chanoine à Saint-Pierre, auteur d'une Histoire de Lille, écrite très philosophiquement et dans un grand esprit d'indépendance. Elle lui attira des persécutions; il fut abreuvé de dégoûts, forcé de se démettre de son canonicat, et enfermé à Soissons en 1780, en vertu d'une lettre de cachet; il ne sortit de prison qu'à la révolution.

« Feutry, auteur de divers poëmes d'un genre sévère, né à Lille; il y est mort en 1789.

« Panckoucke père, éditeur de l'*Encyclopédie* par ordre de matières, l'un des hommes qui ont su le mieux servir les lettres dans le dernier siècle, était aussi de Lille. Fourmantel, poëte incorrect, mais plein de verve et d'originalité, mort à Lille dans une maison de charité.

« Il ne me reste plus qu'à vous citer le sculpteur Roland, professeur de l'académie des beaux-arts, mort membre de l'Institut et de la Légion-d'Honneur, auteur d'une belle statue d'Homère chantant ses poésies, qui fait maintenant l'un des ornements de la galerie d'Angoulême.

« Il est deux hommes dont il serait injuste d'oublier les noms lorsque nous parlons des sciences et des lettres, quoiqu'ils ne soient pas nés à Lille. Je veux parler de deux administrateurs qui ont mérité, par leurs travaux et leur amour du bien public, la gratitude des habitants du département du Nord.

« L'un était M. Dieudonné, qui, à une époque difficile, mourut dans ses fonctions, regretté de tous les habitants du Nord. Cet administrateur éclairé a publié une Statistique de ce département, qui est un modèle d'ordre, de méthode, et d'exactitude.

« L'autre est M. Bottin, destitué, en 1815, des fonctions de secrétaire-général de la préfecture du département du Nord, qu'il exerçait depuis treize ans; aujourd'hui secrétaire perpétuel de la société royale des antiquaires de France. Savant laborieux et infatigable, M. Bottin n'a négligé aucun moyen d'être utile au département du Nord; il a fondé des journaux et publié grand nombre d'opuscules sur des objets d'intérêt public; il a mis au jour treize volumes des Annuaires statistiques du département du Nord. On a vu, pendant douze ans, M. Bottin ne songer qu'au bien qu'il pourrait faire; c'est ainsi que pour faire adopter la vaccine, lorsque tous les citoyens semblaient la repousser dans le Nord, lui-même s'est fait inoculer le vaccin en présence d'une assemblée nombreuse d'hommes de toutes classes qu'avaient réunis les médecins vaccinateurs.

« Pour compléter cette liste de notabilités scientifiques et littéraires, je dois encore citer M. d'Herbigny, auteur des *Revues politiques de 1824 à 1826*, et des *Nouvelles Lettres provinciales*; M. Cordier, ingénieur en chef des ponts et chaussées du département du Nord. M. d'Herbigny, ancien président de collége, et recteur d'académie, était récemment encore secrétaire-général de la préfecture du Nord: cet homme d'esprit et de talent, eût sans doute conservé sa place, si sa conscience, plus souple, eût cédé à l'impulsion de leurs excellences. Il habite maintenant le village de Hambeurdin, situé à une lieue de Lille.

« M. Cordier, l'un des plus savants agronomes que posséde la France, et auteur d'un ouvrage précieux dont voici le texte: *Mémoire sur l'Agriculture de la Flandre française, et sur l'Économie rurale.* »

Cinq jours après mon arrivée à Lille, Hippolyte fut rappelé chez lui par ses affaires, et je me trouvai encore seul. Dès le lendemain je fis marché avec un cabriolet de louage pour voyager plus librement dans les directions qui pourraient me plaire. Je sortis par la porte de Fives, et bientôt je reconnus l'endroit où d'indignes soldats, se sauvant après l'affaire de Baisieux, en 1792, pendirent l'infortuné colonel du génie Berthois, et massacrèrent le malheureux général Dillon déja blessé; ils traînèrent le cadavre de leur victime jusque sur la grande place et le jetèrent dans un grand feu qu'ils avaient allumé avec les enseignes des auberges voisines.

N° CXIX. [8 SEPTEMBRE 1821.]

LA FLANDRE.

>Le commerce, les lois, les arts et l'industrie
>Renaîtront dans le sein de leur vieille patrie.
>*Philippe-Auguste*, de M. Parseval.

Me voici au milieu de la contrée la plus peuplée de toute l'Europe. Les hommes sont ici dans la proportion de cinq à six mille par lieue carrée[1]; et cependant ce pays a été de tout temps le théâtre des guerres les plus désastreuses. De quelque côté que je porte les yeux, je ne vois que les signes de la fécondité et de l'aisance; la pauvreté n'est guère plus connue dans ces campagnes que les grandes fortunes. Quelle en est la cause? la bonté du sol, et la division des propriétés, source de bonheur pour le plus grand nombre. « Par-tout où se trouve une place où deux personnes peuvent vivre com-

---

[1] L'opinion des économistes est que la population moyenne de la lieue carrée n'est en France que de neuf cents à mille individus.

modément, a dit quelque part Montesquieu, il se fait un mariage. La nature y porte assez, lorsqu'on n'est pas arrêté par la difficulté de la subsistance. « Mais, nous disent les prôneurs de la grande propriété, ceux qui ne veulent que des *châteaux* et des *chaumières*, la petite et la moyenne culture ruinent et perdent l'agriculture; hâtez-vous de rétablir les grandes fermes et les jachères, sans quoi plus de bêtes à laine, plus de beaux produits, plus de bois de chauffage et de construction; les inventions, les améliorations sont désormais impossibles avec la division des propriétés. » Venez, leur répondrons-nous, sans perdre le temps à combattre leurs spécieuses propositions, venez parcourir l'arrondissement de Lille; les jachères y sont inconnues, le système des grandes fermes y est proscrit, et cependant cet arrondissement est le plus florissant, le plus paisible et le plus heureux de la France, à laquelle il sert d'école-modèle d'agriculture; mais cette réponse mathématique, la vue de faits qui détruisent vos spécieux raisonnements, ne prévaudront pas contre vos préjugés qui ne sont, à vrai dire, que vos intérêts. La division des propriétés, vous ne l'ignorez pas, répand l'aisance où elle règne, l'aisance dispose à l'indépendance; l'arrondissement de Lille vous offrira donc en masse des amis de la liberté; vous en détournerez les yeux et vous vous empresserez de rentrer à l'ombre de vos tourelles féodales pour y écrire en faveur de la grande propriété, parceque la grande propriété fait des esclaves.

Si la bonté du sol est incontestable dans les anciennes châtellenies de Lille, Douai, et Orchies, il faut absolument que l'on reconnaisse que ces contrées ne doivent cependant la fertilité de leur sol et la richesse de leur population qu'à des causes morales; la protection des gouvernants, une sorte de liberté, la division des biens du clergé, la modération où étaient réduits les seigneurs féodaux; Arthur Young avait senti l'influence de ces causes morales. « Les conquêtes des Français, disait-il en 1787, ont étendu leurs possessions bien loin de l'ancienne ligne qui séparait les deux états de France et de Flandre : mais cela ne change rien à l'ancienne division, et il est très curieux de voir que le mérite de l'agriculture forme, jusqu'à ce jour, des bornes qui ne répondent point aux limites politiques de la période actuelle, mais de l'ancienne, offrant une ligne très distincte tracée entre le despotisme de la France, qui déprimait l'agriculture, et le gouvernement libre des princes de Bourgogne, qui la chérissait et la protégeait. »

Mon conducteur interrompit mes réflexions pour me montrer, sur la gauche de la chaussée, le village d'Annapes, où réside habituellement M. de Brigode, frère de M. le comte de Brigode, ancien maire de Lille, et aujourd'hui pair de France. Député pendant plusieurs années du département du Nord, il a figuré au côté gauche de la chambre législative avec distinction; c'est un homme d'esprit dont les piquantes railleries troublaient sans doute le sommeil de leurs excellences, car elles se sont efforcées d'empêcher sa réélection, ce à quoi elles ont réussi. M. de Brigode Daunapes a épousé la petite-fille de l'illustre général La Fayette.

Nous traversâmes bientôt le petit bourg de Lannoy, très florissant aux douzième, treizième, et quatorzième siècles, par ses fabriques de pannes, de serges, de camelots, et d'une étoffe nommée *tripp*; mais les terreurs, les cachots, les bûchers dont Philippe II couvrit la Flandre, pendant qu'il y exerça sa puissance sanguinaire, dépeuplèrent cette ville habitée en grande partie par des réformés. Les habitants se sauvèrent alors en Angleterre, où leur industrie s'est exilée avec eux. Depuis quelques années, Lannoy semble vouloir sortir de son long engourdissement. Ce bourg n'offre rien de remarquable que les débris d'un vieux château féodal qui a long-temps appartenu à la famille d'Allery, plus connue sous le nom de Lannoy; quelques chevaliers de cette famille se sont autrefois distingués et ont été élevés à de hauts emplois par les souverains de la Flandre; Lannoy est la patrie de François Raphelenques, collaborateur et beau-fils de Christophe Plantin; il occupait une chaire d'hébreu et d'arabe à Leyde, où il mourut en 1597; il a laissé différents ouvrages.

La nuit me surprit à l'entrée de la ville de Roubaix, où je m'arrêtai; mon conducteur me conduisit à l'hôtel Saint-Georges. J'avais entendu parler souvent des progrès de notre industrie dans le Nord, j'en avais déjà signalé d'importants, dans le cours de ce voyage, dans les villes de Saint-Quentin et de Lille; mais c'est à Roubaix que j'ai pu me faire une idée de la prodigieuse extension qu'elle a prise. Le bruit des machines, des mécaniques, des moulins, vous rompt ici la tête; il n'y a coin si reculé, de grenier, de cave que l'industrie n'occupe: *fervet opus*. Roubaix, dans un recensement fait en 1806, ne comptait que huit mille ames de population; il en compte aujourd'hui plus du double, et emploie une grande partie de la population des villages qui l'entourent. Par-tout on construit des ateliers, des fabriques; la valeur vénale des propriétés bâties s'est quadruplée; les locations se sont élevées dans la même proportion. Les terrains voisins du bourg sont à des prix exorbitants; on m'a parlé de *bonniers* de terre qui s'étaient vendus au-delà de quarante mille francs[1].

On m'a cité parmi les fabricants, MM. Julien Defrenne, Lepoutre-Decottignies, Roussel-Dazin,

---

[1] Un hectare quarante-quatre ares cinquante centiares.

Motte-Bredar, Cuvru-Desurmont, Lefévre-Orant, Deleruc-Bulteau, Duquesne-Derveaux, Dazin-Bulteau, Florin-Wattines. Parmi les filateurs, madame veuve Delaoutre, MM. Mimerel et Yon, Bonami-Defrenne; entre les maisons qui ne font que la commission, celles de MM. Bossu père et fils, Daghin-Bulteau et Wattines-Wattel.

Les noms que je viens de citer me donnent l'occasion de faire remarquer qu'une des habitudes des commerçants de la Flandre, et principalement de ceux de l'arrondissement de Lille, est de joindre le nom de famille de leurs femmes au leur; il est vrai, comme nous l'avons dit ailleurs, qu'on voit assez communément les femmes placées à la direction des affaires et exercer un grand empire dans le ménage. On peut donc leur passer la prétention qu'elles ont presque généralement de voir leur nom régner à côté de celui de leur mari, que, selon une autre coutume, elles appellent le maître (*che maître*), sans doute par ironie.

On fabrique à Roubaix des draps, des calemandes, des nankins, des nankinets, et beaucoup d'autres étoffes légères, connues sous le nom d'*étoffes de Roubaix*. Tout au commerce, à l'industrie, cette ville est entièrement étrangère aux sciences, aux arts, et aux lettres; il est remarquable qu'à cet égard elle n'offre pas une seule exception. Autrefois elle donna son nom à une famille riche qui l'agrandit et l'embellit. Isabeau, veuve de Jean de Luxembourg, y fonda un hôpital pour les infirmes. Nous voudrions que les noms de tous les amis de l'humanité échappassent à l'oubli : aussi nous faisons-nous un plaisir de conserver ici celui de cette noble dame.

J'ai déjeuné à Turcoing, à l'hôtel *du Cygne*. Turcoing est un bourg riche, beaucoup plus considérable que bon nombre de chefs-lieux de préfecture, et dont le commerce est rival de celui de Roubaix. Turcoing est principalement renommé pour la filature et la *peignerie* de la laine dont il fournit les ateliers d'Amiens et la manufacture des Gobelins. Les maisons de commerce y sont nombreuses : on cite parmi les premières celles de MM. Pollet, Desurmont, Desurmont-Carton, P. Destombes, Dewavrin-Dervaux, Wattines-Dervaux, Delobel-Desurmont, Charlet-Crombez, Tiberghien-Castel, Tresca-Danniaux, Duvillier-Ferdinand.

Les Turquennois, hommes actifs, prudents et habiles commerçants, passent pour les Béotiens du département du Nord. Un troubadour de marché et de foire, surnommé *Brûle-Maison*, les prit, dans le siècle dernier, pour sujets de ses chansons patoises, et leur donna une grande célébrité de ridicule qui n'est pas encore effacée. Les œuvres de *Brûle-Maison* ont été recueillies en deux volumes in-32, sous le titre d'*Étrennes Turquennoises*.

Commines, que je traversai, est une jolie petite

ville ouverte, que la Lys sépare en deux parties, et dont, avant la révolution, une partie appartenait à la France, et l'autre à l'Autriche. Il s'y faisait autrefois un grand commerce de draperies et d'étoffes légères. Aujourd'hui on s'y occupe principalement de la fabrication et du commerce des toiles. Si l'on ajoute foi aux martyrologes, Commines était déja considérable en 303, lorsque saint Chrysole, émule de saint Denis, vint y déposer sa tête qu'on lui avait coupée à Verlinghem, qui en est éloigné de deux lieues.

C'est la patrie de Philippe de Commines, sage et véridique historien et habile négociateur. Jean Despautère, dit le Ninivite, le grammairien, finit ses jours à Commines, en 1520, et y fut enterré dans l'église, avec cette courte épitaphe :

Hic jacet unoculus visu præstantior Argo,
Nomen IOANNES *cui* NINIVITA *fuit.*

Je dînai à Armentières, ville commerçante, autrefois renommée par ses fabriques de différentes étoffes ; celles que l'on nommait *étamettes* étaient répandues dans tous les pays, et celles qui sont connues sous le nom de *quatre couleurs* furent recherchées dans l'Italie et le Levant. Charles-Quint, après avoir fortifié Armentières, avait essayé d'y faire fleurir le commerce en lui créant des priviléges par ses lettres-patentes du 16 mai 1550; mais le coup funeste était porté à son industrie et à son commerce, ainsi qu'à celui de toutes les villes de la Flandre. L'intolérance avait armé son bras et élevé des bûchers; les fabricants de draperies, presque tous calvinistes, qui faisaient la prospérité de la Flandre, s'enfuirent de toutes parts vers l'Allemagne et l'Angleterre qu'ils enrichirent. On a prétendu que les guerres de religion n'avaient pu nuire au commerce de la Flandre française; que cette contrée n'avait pas pu souffrir de la révocation de l'édit de Nantes, puisqu'elle n'appartenait pas alors à la France. C'est une vérité : la Flandre, n'ayant jamais joui de la sécurité que l'édit de Nantes assurait aux protestants, ne pouvait pas souffrir de sa révocation; mais, pendant que le sage édit couvrait, en France, les réformés de son égide protectrice, leurs malheureux frères, persécutés, chassés et poursuivis dans le Hainaut, le Cambrésis et la Flandre, soumis alors à la domination espagnole, s'efforçaient d'échapper aux tortures de l'inquisition. L'histoire, ce juge terrible des tyrans et des persécuteurs, présente ses pages impartiales et sévères, et nous raconte comment les cachots, les fers, les bûchers, ont tari dans la Flandre, au seizième siècle, la source des richesses. En 1565 Philippe II met l'inquisition en vigueur, fait exécuter les *placards* sur la religion, et ordonne que l'inquisition *sera aidée de la force.*

Dans la même année, Marguerite, gouvernante des Pays-Bas [1], donne l'ordre, dans toutes les villes, aux inquisiteurs de «rechercher, poursuivre et livrer « au bras séculier, sans s'astreindre à suivre les « formes de jugements ordinaires, les suspects d'hé- « résie; ceux qui liraient les livres défendus, par- « leraient ou disputeraient sur la sainte Écriture; de « contraindre toute personne à déposer contre ceux « qu'on leur mettrait en avant, à peine d'être les « premiers punissables. »

On voit par ce qui précède que les suspects ne sont pas d'invention révolutionnaire.

«Bientôt, dit Jean-François Lepetit [2], à qui j'em- « prunte les faits que je cite, les inquisiteurs, se- « condés des prêtres et des moines, poussèrent les « choses au point de noter et désigner en leurs ser- « mons les plus apparents, c'est-à-dire ceux qu'ils « choisissaient particulièrement entre les nobles, « marchands et artisans, singulièrement les plus

---

[1] Celle qui osa dire en plein conseil : « Qu'il valait mieux ré- « duire ce peuple misérable à passer en pays étranger, s'il ne vou- « lait pas renoncer à l'hérésie, ou l'exterminer entièrement par le « fer » (STRADA.)

[2] Jean-François Lepetit, greffier de Béthune en Artois, 1601. Deux volumes in-folio.

« riches, pour en faire leurs victimes et les livrer
« aux fureurs de ce tribunal de sang.

« Il est chose incroyable, ajoute-t-il ailleurs,
« combien de dommages ont apportés les persécu-
« tions, depuis quarante ans, à la draperie, la sayet-
« terie, la tapisserie, métiers propres et particuliers
« aux Pays-Bas, chassés vers les Français et les An-
« glais. » Il porte à plus de cent mille le nombre
d'hommes qui se sont expatriés, et il cite particulièrement Armentières, « comme une ville dont la
draperie avait grande réputation et d'où les ouvriers se retiraient en grande troupe à défaut de
travail. »

Les conquêtes de Louis XIV, en rattachant la
Flandre à la France, pouvaient raviver les sources
précieuses que le fanatisme et l'intolérance avaient
impolitiquement taries. L'amour de la patrie brûlait toujours dans le cœur de ces ingénieux artistes,
de ces fabricants industrieux, de ces commerçants
actifs, que l'on avait forcés à s'exiler; il ne fallait
que leur promettre du repos sur la terre natale,
et ils seraient accourus la féconder, l'enrichir de
leurs travaux ; mais ce Colbert, beaucoup trop
vanté, provoqua deux arrêts du conseil d'état, l'un
du 3 juillet 1665, et l'autre du 21 avril 1667, portant que les nationaux qui professaient le calvi-
nisme seraient exclus de tout commerce, fabriques
ou manufactures; dispositions qui se trouvèrent

rappelées dans les capitulations des villes de la Flandre que l'on réunit à la couronne de France. C'est ainsi que l'on ferma pour toujours aux exilés le chemin du retour dans la patrie; c'est ainsi que l'on acheva de ruiner toutes les villes commerçantes de la Flandre, du Hainaut, et du Cambrésis.

Cependant le commerce et l'industrie ne purent rester long-temps éloignés d'Armentières; ils y reparurent dans le siècle dernier, et, depuis ce temps, ils s'y sont de nouveau naturalisés. Aujourd'hui cette ville est dans un état très prospère : elle fait un grand commerce de toiles et de linge de table, de dentelles, de toiles à matelas; elle est le centre d'une fabrique considérable de briques. Ses principaux négociants et fabricants sont : MM. L. Delacroix, Delmazure père et fils, Thery-Bonte, Ragot, Béghin-Duflot, Delangre, Viart-Delacroix, Brassart-Spie, et Vanoie-Delangre. Le marché aux grains d'Armentières est un des plus fréquentés du pays.

Armentières a été l'une des villes de la Flandre où l'opinion s'est le plus violemment prononcée en 1815 et 1816 : c'est une de celles qui a vu le plus de saturnales, de cérémonies ridicules et de folies de toute espèce; on a, pour un moment, pensé que les maladies que l'on traite communément aux *Bons-Fieux* [1] avaient atteint une grande partie de

---

[1] Hospice d'Armentières très connu dans le département, et destiné aux aliénés.

la population : certaine famille sur-tout s'est distinguée par son exagération. Un individu, surnommé *Pistolet*, pour une violence exercée, quelques années avant, contre un grand fonctionnaire qui avait daigné lui accorder son pardon, dirigeait ces bacchanales : il avait pour aide-de-camp un quidam, grand ami de la contrebande. Ces personnages traînaient une tourbe soldée après eux, et les encourageaient à toutes sortes d'excès. Je laisse dans l'oubli ceux dont les suites ont été trop affligeantes, pour en raconter un qui n'a laissé après lui que du ridicule. Quatre tableaux assez médiocres, représentant les quatre saisons, décoraient depuis long-temps l'hôtel-de-ville d'Armentières ; on fait croire aux autorités que ces tableaux sont les portraits des quatre sœurs de Napoléon, et voilà que *le printemps, l'été, l'automne* et *l'hiver* volent, à l'envi l'un de l'autre, par les fenêtres de l'hôtel-de-ville, et vont tomber sur la place publique pour réjouir, par la vue d'un auto-da-fé de nouvelle espèce, les descendants de ceux que l'inquisition avait autrefois livrés en personne à un semblable supplice [1].

Mon conducteur, qui desirait ne pas trop s'éloigner de Lille et rester toujours dans le même rayon, voulait, lorsque je partis d'Armentières,

---

[1] Au rapport de Buzelin (*Gallo-Flandria*), la seule ville de Douai a vu dans son temps, et en peu d'années, quatre *auto-da-fé*.

me conduire à la Bassée, patrie du peintre-observateur Boilly, m'assurant que cette petite ville n'est pas indigne des regards du voyageur: mais la température, depuis mon départ de Lille, était devenue plus rigoureuse; je voulais me presser d'achever ma tournée, parceque la saison avancée ne me promettait plus de beaux jours dans cette contrée que glacent les vents d'ouest, nommés dans le pays *vents d'Écosse:* d'ailleurs, pour reprendre la direction de Cassel, où je voulais passer en sortant de la Bassée, j'aurais dû suivre la route de Merville et d'Estaires, et je me rappelai que ces chemins sont presque toujours impraticables; je me souvins qu'au 20 mars les escadrons de la garde du roi, qui se rendait à Gand, avaient failli y rester; qu'ils y avaient abandonné chevaux, armes, bagages, et que quelques uns y avaient perdu jusqu'à leur casque, bien qu'on ne les eût point inquiétés dans leur marche.

A une portée de canon d'Armentières on traverse la Lys, belle rivière dont les eaux pures et limpides coulent entre de riches et fraîches prairies. La ville de Bailleul, où nous entrâmes bientôt, n'offre rien de remarquable; c'est la première ville de France, du côté du midi, où le flamand soit l'idiome habituel: elle est régulièrement bâtie et ses rues sont bien percées; cependant les constructions y sont déja plus germaniques que françaises. Le dessus des portes des maisons les plus élégantes est décoré d'une manière bizarre et propre à donner une idée de l'esprit religieux des Flamands : ce sont des faits de l'histoire sainte, sculptés; dans les vides de la sculpture se trouvent des morceaux de glaces qui laissent pénétrer le jour dans le vestibule des maisons. Ainsi, vous voyez sur la porte de l'une, *Adam* et *Ève* auprès de l'arbre de vie; sur d'autres, *Élie ravi aux cieux*, le *chasseur Nemrod*, la *Nativité*, les *rois Mages*.

Bailleul, qui est entouré de fertiles prairies, et où l'on élève une grande quantité de bestiaux, a la réputation de fournir à la Flandre d'excellents fromages.

La route de Bailleul à Cassel est l'une des plus agréables que l'on puisse parcourir; elle est partout plantée d'ormes superbes : les campagnes sur lesquelles se promène la vue sont riantes et animées; de beaux et nombreux troupeaux de bœufs, de vaches, paissent dans de gras pâturages : l'horizon est borné par des coteaux sur lesquels éclate, comme dans la plaine, le luxe de l'agriculture flamande.

Je me suis détourné pour aller voir l'hôtel-de-ville nouvellement construit à Hazebrouck; c'est assurément l'un des plus beaux bâtiments modernes que possède le département du Nord. Il est heureux pour cette ville qu'il ait été élevé, car c'est le seul objet remarquable que présente ce chef-lieu de sous-préfecture. Je ne me suis arrêté à Hazebrouck que le temps nécessaire pour examiner cet édifice; cependant j'arrivai tard au pied du mont Cassel, que, malgré la fatigue de la journée, je voulus gravir à pied.

Le soleil s'était déjà abaissé sous l'horizon: quelques jets brillants s'élevaient encore à ma droite, du sein de la mer, entre Gravelines et Dunkerque; une teinte de pourpre et d'azur colorait l'occident; la nuit s'avançait, et des tons chauds nuançaient avec une admirable délicatesse tous les points de l'immense tableau qui se déployait à ma vue.

Il faut une grande demi-heure pour arriver du bas du mont Cassel sur la place de cette ville; mais je ne m'en aperçus pas, préocupé que j'étais d'idées qui me reportaient à plus de trente ans en arrière. Je cherchais des yeux la position où nos tentes étaient assises, lorsqu'en 1793 j'étais campé à Cassel, sous les ordres de l'infortuné général O'Moran: c'était aussi par un beau jour d'automne que s'était donnée la bataille d'Hondschoote, dont les suites pouvaient être si avantageuses à la France; en effet, si Houchard, plus habile mais non plus fidèle, eût marché rapidement après la bataille, nous fermions toute retraite à l'ennemi, nous nous emparions du duc d'Yorck, du prince Adolphe d'Angleterre, et nous tenions l'armée qui assiégeait Furnes. Cependant, me disais-je, cette brillante action, dont on n'a pas su saisir tous les avantages, n'en a pas moins changé la face des affaires: elle a décidé du sort de la campagne; elle a commencé cette série d'étonnants succès qui, l'année suivante, signalèrent nos armes. A compter de la journée d'Hondschoote, la terreur dont nous avions été frappés passa sous les drapeaux ennemis. C'est là, me disais-je, que j'eus l'honneur de combattre près des Jourdan, des Leclerc, des Vandamme, des Collaud, des Hédouville; c'est là que je fus grièvement blessé....[1].

J'arrivai à la porte de l'hôtel du *Sauvage*, dont le maître, le gros Adrien, vint me recevoir avec sa bonhomie ordinaire, et me conduisit dans le salon qu'il a si justement nommé *salon de Bellevue*, et d'où l'on découvre les campagnes qui environnent Cassel, au midi, à l'est, et à l'ouest.

En attendant le souper, je m'assis sur le balcon, et je promenai mes rêveries sur ces campagnes qui me rappelaient de si cruels et de si glorieux souvenirs. Je cherchais, dans cette vaste plaine,

---

[1] Je m'aperçois à cet endroit de mon récit que je trahis mon incognito, en me mettant à la place du personnage imaginaire sous le nom duquel je voyage en France depuis quelques années. On me pardonnera ce mouvement d'un trop juste orgueil, en songeant qu'il s'agit des premières campagnes de cette guerre si glorieuse de la révolution, que je puis aussi me rappeler avec quelque bonheur.

Oxelare, qu'occupait le lieutenant-général O'Moran, dont j'étais le chef d'état-major; Zuid Peene, Noord Peene, et Bawinchove, où s'appuyait la gauche de notre armée, lorsque le 6 septembre 1793, au matin, nous partîmes pour aller attaquer le maréchal Freytag. Je voyais, à quelques pas sur ma droite, cette charmante maison de M. Duchambge, que j'habitai tout le temps que nous gardâmes cette inexpugnable position de Cassel qui couvre les départements du Nord et du Pas-de-Calais. Je ne pus me rappeler, sans verser des larmes, que ce fut dans cette même maison, à deux heures de la nuit, le 27 octobre 1793, que se passa l'événement qui changea ma destinée. Je revenais du mont des *Récollets*, où j'avais porté aux troupes l'ordre de se replier sur Cassel. Le lendemain, à la pointe du jour, je vois entrer le général O'Moran dans ma chambre, au moment où j'allais me jeter sur mon lit. « Ma voiture est à la porte, me dit-il d'une voix émue; montez-y et sauvez-vous; le représentant du peuple Duquesnoy est en ce moment occupé, chez le maire, à rédiger l'ordre de votre arrestation. Vous n'avez pas un moment à perdre, » et, sans me donner le temps de lui adresser une seule question, sans me permettre de faire aucun préparatif, il me conduisit à sa voiture qu'il avait fait atteler de quatre chevaux de poste, en ordonnant lui-même aux postillons de prendre la route de Lille. Je ne m'arrachai pas, sans une peine extrême, des bras de ce vénérable guerrier, de cet excellent homme qui m'honorait d'une tendresse paternelle, et qui m'avait ouvert avec tant d'éclat une carrière que je ne devais point parcourir. Je sentais, en le quittant, que je l'embrassais pour la dernière fois[1].

Bien que Cassel ne soit élevé que de cent dix mètres au dessus du niveau de la mer, il n'existe pas de vue plus étendue; les voyageurs s'accordent à la regarder comme la plus belle de toute l'Europe, après celles de Constantinople et du golfe de Naples. Le tableau qu'elle offre au lever du soleil est ravissant. Résolu d'en jouir le lendemain, j'étais sorti avant l'aurore. J'avais gravi la butte; j'étais parvenu sur le point le plus élevé de Cassel, et, un peu essoufflé de ma marche ascendante, j'étais venu m'asseoir sur l'escalier d'un moulin. Un homme d'une belle stature était appuyé sur l'une des piles d'appui de ce moulin, où quelques *gentlemen* et

---

[1] Le lieutenant-général O'Moran, chevalier de Saint-Louis et de Cincinnatus, traduit au tribunal révolutionnaire le 6 mars 1794, fut conduit le lendemain à l'échafaud. Le général O'Moran n'a pas fourni tout entière la carrière de gloire qui lui était destinée; mais il n'en a que plus de droits aux éloges de ses contemporains et aux hommages de la postérité, comme un des généraux qui ouvrirent à nos armées les chemins de la victoire qu'elles ont suivis pendant trente ans; comme le modèle de toutes les vertus militaires, et l'une des plus honorables victimes de cette grande et malheureuse époque.

quelques *ladies* semblaient s'être donné rendez-vous : l'air était frais et tranquille, un calme heureux régnait dans la nature, que chacun de nous observait dans une sorte d'extase. Le disque d'or parut enfin à la droite du mont des Récollets, qui nous présentait ses flancs noirâtres comme une ombre magique dans ce superbe tableau; et nos cris d'admiration saluèrent l'apparition de l'astre bienfaiteur : bientôt il darde ses rayons sur les flèches aiguës des églises, sur les sommets des bois élevés, dans les plaines, à travers les taillis, et les projette jusqu'à l'horizon occidental borné par l'Océan. Jamais je n'avais été aussi vivement frappé de ce spectacle imposant; je le témoignais par une suite d'exclamations qui attirèrent sur moi l'attention du personnage appuyé sur la pile du moulin. « Monsieur, me dit-il en s'approchant de moi, l'admiration que vous manifestez pour ce magnifique tableau de la nature me touche plus qu'il ne m'étonne; habitué que je suis à en jouir dès mon enfance, je me dérobe encore tous les matins au sommeil pour venir le contempler, et j'éprouve toujours à son aspect une nouvelle extase. Combien doit-il être plus délicieux pour vous, qui le voyez pour la première fois! » Après avoir arrêté un moment mes yeux sur la personne qui me parlait : « Détrompez-vous, général, lui dis-je; ce n'est pas la première fois que je salue le soleil du haut du *Castellum Mo-*

rinorum; il y a trente-deux ans bientôt que vous et moi nous nous sommes rencontrés plus d'une fois à la même place. » Le général Vandamme (car c'était lui-même; je l'avais reconnu au son de sa voix, bien que trente-deux ans se fussent écoulés depuis notre dernière entrevue), le général cherchait vainement à se rappeler mes traits. Je me nommai, il me serra dans ses bras avec une vive effusion de cœur. « J'ai bien des reproches à vous faire; vous êtes à Cassel et je l'ignorais.—Je ne suis à Cassel que d'hier soir, et j'ai voulu saluer le soleil avant vous. Pardonnez-moi de lui avoir accordé cette préférence.—Je ne vous pardonne, me répondit-il amicalement, qu'à condition que nous retournerons ensemble à Cassel, et que vous y passerez au moins la journée avec nous. — J'allais vous demander la faveur de me présenter à madame la comtesse Vandamme; mais, avant de quitter ce point de vue ravissant, laissez-moi en jouir quelques instants encore. — Vous savez, me dit le général, que de la hauteur de Cassel l'on aperçoit trente-deux villes ou bourgs et plus de cent villages; que là, sur la droite, dans la direction de Bergues et Dunkerque, lorsque le temps est clair et que le soleil commence à décliner à l'horizon, on voit très distinctement les côtes blanches de l'Angleterre; que dans les plaines qui sont sous vos yeux, trois Philippe de France livrèrent autrefois bataille: Philippe Ier y fut défait par Robert-le-

Frison; Philippe VI, de Valois, y battit les Flamands et vint saccager la ville; Philippe, duc d'Orléans, frère de Louis XIV, y défit le prince d'Orange, malgré la plus vive résistance. C'est là qu'outré de colère contre un soldat qui lâchait pied le prince d'Orange lui coupa la figure d'un coup de hache, en lui jetant ces mots: *Coquin, je te marquerai du moins afin de te reconnaître pour te faire pendre après la bataille.* Sur le plateau que nous occupons, étaient autrefois le château de Cassel, *Castellum Morinorum*, et la *Tour grise*, sur laquelle on allumait des fanaux qui servaient de guide et de boussole dans toute la contrée. » Nous fîmes alors le tour de la butte, moi toujours interrogeant, le général répondant toujours avec une extrême obligeance sur la topographie militaire et sur l'histoire de ce beau pays.

Au moment où nous nous apprêtions à quitter la butte, nous nous rencontrâmes avec les Anglais que j'avais vus en arrivant: un garçon meunier leur avait servi de *cicerone;* tout en le remerciant par le don de quelques pièces de monnaie, un *fashionable* d'une cinquantaine d'années lui dit, d'un air ridicule qu'il cherchait à rendre plaisant: « De ce lieu, l'ami, ne voit-on pas *Waterloo?* — Non, répondit le Flamand avec l'accent d'une brusquerie dédaigneuse; mais là, à droite, on distingue parfaitement *Hoondschoote.* » L'Anglais se mordit les lèvres, et nous ne contraignîmes pas le rire que nous arracha cette vive repartie du bon Flamand.

Le général m'avait accueilli comme un vieux frère d'armes tombé au milieu de sa course, et qui trente ans après retrouve au faîte des honneurs celui avec lequel il était entré dans la carrière : madame la comtesse Vandamme voulut bien prendre la peine de me faire connaître elle-même sa délicieuse habitation, que sa position, sur le penchant sud-ouest du mont Cassel, rend l'une des plus pittoresques, des plus riantes, et des plus magnifiques que j'aie vues dans mes courses. Des fenêtres du château, qui présente le front au nord, on aperçoit les côtes de la Manche, éloignées de six à sept lieues, tout l'espace compris entre Furnes et Dunkerque, la riche plaine sur laquelle s'élèvent des villes, des bourgs et de nombreux et beaux villages. A travers les diverses percées faites dans les massifs de verdure qui ornent les jardins, l'œil se promène dans de riches vallons, sur des champs immenses, rencontre les villes de Saint-Omer, d'Aire, de Béthune, et va s'arrêter sur les monts de l'Artois qui bornent l'horison à l'ouest et au sud.

Une riche variété d'arbres, d'arbrisseaux, de plantes exotiques, peuple ces bosquets que garnissent de belles statues, sur lesquelles on remarque avec regret les traces du passage des armées ennemies [1]; de beaux kiosques, des bassins de forme élégante, où les eaux sont recueillies, contenues et conservées avec beaucoup d'art, se montrent au milieu des pelouses émaillées. Enfin, tout ce qui peut ajouter au charme de la campagne et de la retraite a été réuni dans ce séjour, où le général, au milieu de sa famille et de l'étude dont il s'est fait un besoin, essaie d'oublier les glorieuses années qu'il a consacrées à la défense de la patrie et de la liberté.

Le lendemain matin, pendant que mon conducteur disposait notre équipage et pansait son *cosaque*, c'est ainsi qu'il appelait son cheval, je parcourus Cassel. La ville est bien percée, petite, mais assez élégamment bâtie. Je n'y aperçus nulle trace de commerce ou d'industrie; cependant mon hôte m'assura qu'on y faisait un petit commerce de fils et de bestiaux. Les seules choses qui m'aient frappé dans cette promenade c'est le bâtiment d'un ancien collège de jésuites, le gothique édifice de l'hôtel-de-ville, et le nom ultra-flamand d'un notaire, que je vis imprimé sur les murs, et qui se nomme *Dehandtschoewercker*. Ce garde-note a le temps de réfléchir sur les actes qu'il vient de passer, pendant qu'il y appose sa signature.

La route de Cassel à Bergues semble tracée à tra-

---

[1] Cette superbe habitation du général Vandamme fut horriblement dévastée en 1815 par les hordes de Huns et de Vandales qui s'appelaient nos alliés.

vers un paradis terrestre; au-delà de Wormhout, on aperçoit çà et là les élégantes maisons de plaisance des négociants et armateurs de Dunkerque.

Je ne m'arrêtai pas à Bergues, assez jolie petite ville, renommée par ses fromages et pour son marché de grains et de bestiaux. Les habitants de Bergues portent, je ne sais pourquoi, un sobriquet que nous avons emprunté de l'italien, et que la délicatesse de notre langage ne me permet pas de citer. Bergues est la patrie du grammairien Despautère, dont nous avons parlé dans le discours précédent.

En sortant de Bergues, on aperçoit la ville de Dunkerque, qui en est éloignée de deux lieues. La route qui y conduit longe un canal encaissé, qui est à sa droite; elle se trouve souvent élevée de dix à douze pieds au-dessus des terrains qui l'avoisinent à sa gauche, de sorte que cette route est toujours dangereuse pour les personnes qui voyagent en voiture. Elle traverse une vaste plaine qu'on croit avoir été autrefois occupée par la mer, qui y serait entrée par Dixmude et aurait poussé ses eaux jusqu'à Calais, par Bergues et Watten. On peut croire qu'à force de travaux on serait parvenu à dessécher cette plaine, dont le terrain en plusieurs endroits est encore plus bas que les eaux de la mer à marée haute. Le fort Louis et le fort Français, jetés sur le bord septentrional du canal, défendent les approches de Dunkerque et commandent la plaine.

N° CXX. [16 SEPTEMBRE 1821.]

DUNKERQUE.

> *Saria tyrannia,*
> *Se non fosse per tutti.*
> MÉTASTASIO.
>
> La loi serait tyrannique si elle n'était
> égale pour tous.

Dunkerque doit, dit-on, sa fondation à saint Éloi, qui, vers l'an 646, fut envoyé dans la contrée où cette ville est située pour y prêcher l'Évangile. L'évêque y fit bâtir une chapelle qu'il nomma *Duyne-Kerque*, église des dunes, et quelques pêcheurs épars sur la côte, attirés par les avantages que leur offrait le voisinage d'un havre sûr, vinrent bâtir un hameau à l'entour. Bauduin III, comte de Flandre, le ferma de murailles dans le dixième siècle ; déja la population s'était considérablement accrue. Dunkerque appartint successivement aux comtes de Flandre, de Hainaut, et de Bar. En 1529, Charles-Quint le reçut de la France comme partie de la rançon de François Ier. Il demeura aux Espagnols jusqu'à ce que la bataille des Dunes, que Turenne gagna sur les Anglais, l'eut mis au pouvoir de Louis XIV. Cette bataille fut livrée à une lieue environ à l'est de Dunkerque; le grand Condé, qui combattait alors dans les rangs espagnols contre la France, ayant deviné les savantes manœuvres de Turenne, fit quelques observations aux généraux espagnols, qui n'en tinrent compte; alors se retournant vers le duc de Glocester, il lui demanda s'il s'était jamais trouvé à une bataille perdue. Le duc lui répondit que non. « Eh bien! répliqua le vainqueur de Rocroi, vous en verrez perdre une d'ici à une demi-heure. » En effet, Turenne remporta une victoire complète, et, huit jours après, Dunkerque tomba au pouvoir des Français; mais, en vertu d'un traité passé entre Louis XIV et Cromwell, le même soir, le roi le remit aux Anglais; en sorte que cette place passa en un seul jour sous la domination des trois puissances les plus considérables de l'Europe. Louis XIV, que des circonstances impérieuses avaient contraint à céder cette place importante, l'un des boulevarts de son royaume, saisit l'occasion de la détresse dans laquelle se trouvait Charles II, lorsqu'il remonta sur le trône d'Angleterre, et lui racheta Dunkerque moyennant cinq millions de florins : ce traité est l'un des plus honteux qu'ait signé l'Angleterre. Cependant Louis profita de sa conquête; il l'agrandit, l'embellit, la fortifia, et fit de Dunkerque une des plus fortes places de guerre de l'Europe; mais les malheurs qui vinrent accabler la France pendant la longue vieillesse de ce monarque entraînèrent la perte de Dunkerque. Depuis long-temps, les Anglais rougissaient du traité par lequel on avait cédé cette place importante; ils en enviaient la possession ainsi que les Hollandais, sur-tout depuis les travaux immenses que le roi de France y avait fait exécuter; aussi l'article 9 du traité d'Utrecht porta-t-il que *les fortifications de la ville de Dunkerque seraient rasées, que le port serait comblé, que les écluses seraient ruinées, que lesdites fortifications, port et écluses ne pourraient jamais être rétablis.* Ce traité fut exécuté avec toute la rigueur possible, et ce magnifique port, qui pouvait renfermer trente vaisseaux de guerre dans l'un des plus beaux et des plus sûrs bassins de l'Europe, qui voyait des vaisseaux de soixante-quatre canons traverser ses eaux, fut fermé, même aux frêles embarcations des pêcheurs. Cependant des tentatives furent souvent faites pour éluder ou rendre nulles quelques obligations du traité; c'est ainsi que sous le prétexte, très raisonnable d'ailleurs, que les eaux n'avaient plus d'écoulement et menaçaient d'inonder le pays, ou par leur stagnation d'y répandre des maladies pestilentielles, on rouvrit le port de Mardyck, à une petite lieue à l'ouest de Dunkerque, et que bientôt le canal qui conduit de cette ville à Mardyck, par la chasse continuelle des eaux, fut creusé assez profondément pour recevoir de gros vaisseaux; une frégate de trente-quatre canons y entra. Des réclamations du gouvernement d'Angleterre furent faites et écoutées; on interrompit souvent les travaux commencés; mais la mer, sans égard à la politique des souverains, rompit un jour le bâtardeau qui fermait le chenal de Dunkerque, et les Dunkerquois recommencèrent à naviguer. Malgré les entraves du traité d'Utrecht, malgré les guerres successives, le commerce reprit une grande faveur; il était dans un état très prospère, lorsque, en 1795, la suppression de la franchise des ports de Marseille, de Dunkerque et de Bayonne lui porta un coup dont les blessures, depuis trente ans toujours saignantes, deviennent chaque jour plus douloureuses. Ce port, si heureusement situé vis-à-vis l'embouchure de la Tamise, que tous les bâtiments qui sortent de cette rivière doivent en être aperçus; qui, placé près de la mer du Nord et de la Baltique, faisait autrefois en grand la pêche de la morue, du hareng et de la baleine; qui approvisionnait par sa navigation toute la Flandre, l'Artois, le Hainaut et partie de la Picardie en denrées coloniales, en vins et en bois de construction; ce port, dis-je, se trouve aujourd'hui réduit au cabotage et à la commission; aussi la population, qui était de trente mille ames avant la révolution, n'est-elle plus aujourd'hui que de vingt à vingt-cinq mille.

Je suis descendu, à Dunkerque, rue d'Angoulême, à l'hôtel de Flandre, tenu par M. Daudruit; il faut s'approcher de la Flandre pour avoir une idée de l'élégance, de la commodité, et de la propreté de ces établissements consacrés aux voyageurs; le service dans cette maison se fait avec un ordre et une exactitude admirables.

J'ai demandé quelqu'un pour me guider dans une ville que je n'avais pas vue depuis plus de six lustres: on m'a conduit chez un vieux marin de l'ancienne garde, que ses blessures et ses infirmités privent des moyens de suppléer par le travail à la modicité de son traitement. « *Pince-ris!* — Présent. — Voici un monsieur qui desire un guide pour visiter Dunkerque. — De quel pays est-il? demanda le marin en sortant de la cave qu'il habite? — C'est un Français. — Monsieur, je vous suis. — Pourquoi, lui dis-je en cheminant, avant de m'accompagner, avez-vous demandé de quel pays j'étais? — *Tremblement!* parceque, si vous aviez été Anglais, j'aurais refusé de vous servir. — Votre antipathie pour nos voisins d'outre-mer est donc bien grande? — Si grande que je changerais de religion, s'ils professaient la mienne. — Puis-je savoir en quoi ils vous ont si gravement offensé?—*Tremblement!* je fus fait prisonnier au malheureux combat de Trafalgar, où leur vieux chien d'amiral rendit enfin l'ame; j'étais blessé, on me jeta à fond de cale avec mes compagnons; j'y trouvai mon frère, qui avait eu la cuisse emportée pendant le combat. Les chiens nous laissèrent sans pansement et sans nourriture pendant près de deux jours: en arrivant dans la Tamise, mon frère mourut entre mes bras. *Tremblement!* quoique nous fussions à portée de la terre, notre mère commune, on ne lui rendit pas les restes de mon frère, que l'on enterra sous trente brasses d'eau comme si nous avions été au large... (Une larme tomba sur la joue de mon guide; il l'essuya bien vite, en passant sa manche sur son visage.) Les chiens me mirent au ponton, je ne tardai pas à m'échapper; j'étais prêt à me sauver avec un smogleur qui partait pour Gravelines; *tremblement!* les infâmes me reprirent, et me firent, pendant dix ans, endurer des tourments qui m'ont plus vieilli que mes campagnes et mes blessures. Une nuit, désespéré de mener une vie aussi triste, je résolus d'en finir; aussitôt les écoutilles ouvertes, je sors de notre prison empestée, et je m'élance dans la Tamise pour m'y noyer. La marée descendait rapidement, un brouillard épais couvrait les eaux; je reste au fond assez long-temps; ma bouche demeure fermée malgré moi; je ne pouvais mourir. Je reparus à la surface de l'eau, on me tira des coups de fusil, une balle me blessa légèrement à l'épaule, et j'eus la faiblesse de vouloir échapper à celles que l'on tirait derrière moi; favorisé par la rapidité du courant, je me mis à nager avec une grande vitesse. Un bâtiment hambourgeois, qui vint à passer, descendant le fleuve, me recueillit quand mes forces commençaient à défaillir; le capitaine me prit en pitié, me fit donner des habits de matelot, me mit à la manœuvre; j'échappai à la meute; mais, Dieu me damne, si jamais je leur pardonne......

« *Tremblement!*...... Nous voici devant l'église Saint-Éloi dont l'origine se perd dans la nuit des temps: cette église menaçait ruine, lorque, en 1785, on songea à la réparer. »

Je m'arrêtai devant le péristyle, qui est d'une élégance et d'une simplicité tout antique. Dix colonnes soutiennent l'entablement et le fronton qui les surmontent. Cinq portes sont dessinées dans le portique, trois seulement sont ouvertes; dans l'intervalle qui les sépare, se trouvent pratiquées des niches. Je ne crois pas qu'il y ait dans le nord de la France un monument d'architecture comparable à ce portique, qui, dit-on, a coûté huit cent mille livres. L'intérieur de l'église ne répond pas à la beauté de son péristyle. J'y ai vu deux tableaux remarquables, l'un de François Porbus, et l'autre de Jean Reyn.

En sortant de l'église, mes yeux se portèrent sur l'énorme tour de Dunkerque, au haut de laquelle se trouvait jadis le fameux carillon. Cette tour est bâtie en briques jaunâtres. On ignore l'époque de sa construction. On sait seulement qu'elle existait en 1440, époque à laquelle l'église paroissiale, dont elle formait la principale entrée, a été consumée. Son élévation est de cent cinquante-cinq pieds; et quoique ses fondations ne soient que de cinq pieds, elle est d'une étonnante solidité et brave depuis long-temps les vents les plus impétueux; dans les tempêtes, elle s'écarte de six pouces de son centre de gravité. Le guetteur, qui réside au haut, est un nommé Garcia, d'origine espagnole: de père en fils, depuis 1440, ses aïeux ont exercé les fonctions de guetteur; son père a vécu cent vingt-cinq ans, et a exercé ces fonctions pendant cent un ans; jusqu'à la fin de sa vie, il montait tous les jours les deux cent soixante-quatre marches qui conduisent au haut de la tour.

Pince-ris, mon guide, m'a fait parcourir les rues de Dunkerque: j'ai trouvé la ville bien percée, les rues alignées, mais aucun édifice remarquable; car je ne puis citer comme tels, l'Hôpital général, le pavillon des Chefs, et l'hôtel-de-ville, que vantent quelques géographes.

Au bout de l'esplanade, qui est grande, mais nue, je me suis arrêté devant la salle de spectacle, construction d'assez mauvais goût, et dont l'intérieur, m'a-t-on dit, n'est pas plus digne d'attention. « *Tremblement !* un fait assez singulier a eu lieu dans cette salle, dit Pince-ris : Bonaparte était ici en 1798 ; il voulut aller à la comédie ; on courut en foule pour le voir ; mais vêtu d'un habit bourgeois, il avait été se mêler à la foule dans le parterre ; un de ses voisins lui demanda si la personne qu'il voyait dans la loge des autorités n'était pas le général Bonaparte? « Je ne le crois pas, répondit celui-ci. » J'en suis pourtant bien sûr, reprit une autre personne ; je connais Bonaparte, c'est bien lui. — A la bonne heure, répondit ce dernier, puisque vous voulez le savoir mieux que moi. »

Nous nous arrêtâmes sur une jolie place, plantée de peupliers, de tilleuls, et de platanes. « Cette promenade, me dit mon guide, se nommait autrefois la place Dauphine, maintenant on l'appelle du nom d'un brave marin, dont vous devez avoir entendu parler, et qui n'aimait pas plus que moi ces chiens d'Anglais. *Tremblement !* continua-t-il en ôtant son chapeau, c'est la place Jean-Bart. Le jour où l'on inaugura son buste, que vous voyez-là, entouré de cette grille de fer, fut un beau jour de fête pour cette ville ; j'étais alors sur les pontons, et je n'ai pas pu jouir de ce spectacle, qui m'aurait procuré autant de plaisir qu'une bonne attaque à l'abordage contre les bouledogues de la Grande-Bretagne. Depuis que l'image de Bart est ici placée, cette promenade est la plus fréquentée de notre ville. »

Son buste, par Lemot, est digne de l'artiste et du héros; la figure est pleine d'expression et de noblesse; les cheveux sont artistement jetés et comme agités par une violente tempête ou par un mouvement impétueux; la rudesse, la franchise, la valeur intrépide de l'illustre chef d'escadre, sont rendues avec une vérité tout historique.

« *Tremblement!* il en valait bien d'autres, notre ours, comme on l'appelait, dit-on, à la cour. Laissez-moi vous conter, pendant que vous regardez sa figure de marbre, quelques traits de sa vie. Il sort, par une bonne marée, de Dunkerque, et passe avec trois frégates à travers les flottes ennemies qui nous bloquaient, et qui se composaient de trente-deux vaisseaux. Dès le lendemain, il happe quatre vaisseaux anglais, richement chargés pour la Russie; quelques jours après, il rencontre une flotte de la même nation, de quatre-vingt-six bâtiments; il lui enlève ses marchandises, coule tous les bâtiments, va descendre à Newcastel, y brûle cinq cents maisons, et rentre à Dunkerque avec cinq cent mille écus de prise. Regardez, le gaillard sourit....

« Une autre fois, il n'avait que six vaisseaux pour aller au devant d'une flotte française chargée de blé. (Ici il avait affaire aux Hollandais.) *Tremblement!* Hidde, qui était aussi un brave, à ce qu'ils disent, s'était déja emparé du convoi avec ses huit vaisseaux; Jean-Bart l'atteint à la hauteur du Texel. « Attends, » dit-il, et il tombe dessus, et malgré l'avantage du nombre, de l'artillerie, et de tous les diables, il fallut lâcher prise, filer le câble et laisser de l'arrière le contre-amiral et deux autres vaisseaux, qui rentrèrent avec lui et tout le convoi dans le port. Le roi le fit noble alors, mais la gloire avait pris les devants.

« Il savait bien ce qu'il valait, quand le roi l'ayant fait appeler, et lui ayant dit : « Jean-Bart, je viens de vous nommer chef d'escadre; » il répondit: « Vous avez bien fait, sire!... »

« La rue que nous traversons se nomme la Grande rue, et celle que vous voyez sur votre gauche, la rue de *Pierre*, parcequ'un empereur de Russie, qu'on appelait Pierre, et qu'on a surnommé *le Grand*, sans doute, comme on me l'a dit, parcequ'il fut un bon marin, y logea lorsqu'il vint à Dunkerque en 1717. »

Nous voilà sur le port; il est vaste, ses quais sont spacieux, son chenal est d'une belle largeur; mais les sables viennent constamment l'obstruer. J'admirai, en me dirigeant vers l'estacade, la belle écluse, nouvellement construite pour donner la chasse aux sables et aux vases d'alluvion, et pour décharger les eaux des moëres et celles du canal de Furnes. J'ai voulu pousser jusqu'au bout de l'estacade, qui s'avance à près d'un quart de lieue dans la mer. L'estacade est une espèce de pont en bois, élevé d'environ quinze à vingt pieds au-dessus des eaux de la mer, qui viennent battre les énormes solives qui le soutiennent. Cet ouvrage ferme le chenal à l'est; il sert à faciliter le hallage des vaisseaux dans le port, lorsqu'ils sont contrariés par les vents, et à contenir les eaux, afin d'avoir toujours un canal sûr pour arriver dans le port. « L'estacade, me dit mon vieux marin, est non seulement la promenade ordinaire des pilotes et des marins, mais aussi celles des armateurs, négociants ou commissionnaires. Il est bon nombre de ces messieurs qui, sans que nulle affaire les appelle ici, feraient une mauvaise digestion, s'ils ne venaient avant le dîner promener leur importance jusqu'au fanal que vous apercevez à l'extrémité de l'estacade. Tel qui n'a qu'une ou deux mauvaises barques occupées à faire le cabotage, vient chaque jour, d'un air affairé, savoir *si l'un de ses bâtiments n'est pas en vue du port.* »

À notre retour sur les quais, nous rencontrâmes les pêcheuses de grenades, qui sortaient de la mer et rapportaient leur petite pêche; elles avaient passé trois ou quatre heures au milieu des eaux, battues des vents, sur les bancs de sable où la mer ne présente qu'un à deux pieds de profondeur, leurs vêtements retroussés jusques au-dessus des genoux, et leurs manches relevées jusques au milieu des bras; elles ne paraissaient pas avoir souffert du froid et de la rigueur de la température. Gaies, agaçantes, pour la plupart jolies, dans un costume qui laisse à découvert des jambes fortes, mais bien tournées, ces nouvelles sirènes ne sont pas sans danger pour les voyageurs, et sur-tout pour les matelots étrangers qu'un charme secret entraîne souvent vers elles.

J'ai remarqué, dans l'établissement consacré à la marine militaire, le beau bassin construit sous Louis XIV, et qui maintenant est entièrement comblé par la vase; l'arsenal, la corderie, et les magasins qui occupent les trois côtés de ce bassin.

Après un excellent dîner fait chez M. Daudruit, où quinze ou vingt Anglais ne prononcèrent pas une phrase complète, tant un autre soin les occupait, un original, employé dans l'une des administrations à Dunkerque, qui seul avait parlé pendant le dîner, voulut absolument me conduire au *café du Bon-Goût*; je le suivis parcequ'il me parut connaître parfaitement la ville qu'il habite, et que j'espérais profiter de sa conversation. Lorsque le garçon nous eut servi le café, je lui demandai les journaux.

« Voulez-vous ceux de Dunkerque, du département

ou de Paris? — Ceux de Dunkerque. — Eh! que diable voulez-vous y voir? me dit mon original, que je nommerai *Karret*. Êtes-vous politique, vous n'y trouverez rien qui vous satisfasse. Nos journaux sont ici comme les hommes, sans couleur. Êtes-vous littérateur ou savant; les sciences, les arts, les lettres ne sont pas de leur domaine, car il ne faut pas parler aux gens de choses qu'ils n'entendent pas, et nos journalistes savent bien à qui ils s'adressent. Si vous êtes commerçant, prenez le *Messager du Nord* ou le *Journal de Dunkerque*, ou les *Affiches et Annonces*, et vous pourrez vous orner l'esprit en apprenant les mouvements du port, les noms des navires en charge et leur destination, les nouvelles maritimes, le prix courant des marchandises, le cours des denrées de notre sol, et une infinité de choses tout aussi divertissantes. — Est-il croyable qu'une ville comme celle-ci reste aussi étrangère que vous me le dites à la politique à laquelle se rattachent tous les intérêts, et principalement ceux du commerce et de l'industrie; aux sciences, aux arts, aux lettres, qui répandent tant de charme sur la vie?

« — Les Dunkerquois, continua M. Karret, ont en 1814 secoué un moment leur apathie flamande; ils ont montré, à la chute du gouvernement impérial, une effervescence de joie extraordinaire, mais cet effort a épuisé leurs forces: il y a eu, comme dit mon médecin, *prostration;* ils sont retombés dans un état plus triste encore que celui qui précéda la crise. Cet état insolite n'a duré qu'autant que l'espoir qui l'avait fait naître. Le port de Dunkerque jouissait de la franchise avant la révolution; le changement de gouvernement faisait espérer le rétablissement de certains priviléges, et entre autres de cette franchise. La Charte a paru, elle consacrait l'égalité des droits, et voilà ces brillants orateurs muets, ces voix sonores éteintes, ces mines si animées, si joyeuses, tristes et flétries comme les fleurs estivales de nos jardins, lorsque les vents du nord ou de l'ouest viennent gronder sur nos dunes, ébranler nos demeures, et bouleverser notre port.

« Pour les sciences, les lettres, les arts, j'aurai bientôt prouvé ce que je vous ai dit. Je ne connais dans cette ville, où je connais tant de monde, que quatre personnes qui s'en occupent, et je ne puis vous nommer que M. Victor Simon qui les cultive. Il a fondé un salon d'exposition, et il vient de publier une comédie en un acte, sous le titre: *les Présents du dey d'Alger.*

« Ceux des morts dont les noms méritent d'être conservés ne font pas foule aux enfers; ce sont Vander-Kerckhove, qui donna une pâle traduction latine de l'histoire de Guichardin; Pierre Faulconnier, auteur d'une description historique de Dunkerque, incomplète et d'un style fort incorrect;

enfin le peintre Jean de Reyn, dont l'un des ouvrages décore notre église paroissiale de Saint-Éloi, et que l'on cite pour le fini et la sagesse de ses compositions.

« Au premier étage de ce café se réunit une société qui s'intitule *littéraire*, parcequ'elle reçoit quelques journaux et qu'elle lit quelques brochures; à l'hôtel-de-ville siège la *société d'agriculture* de l'arrondissement, dont je ne vous dirai rien parceque jamais elle ne fait parler d'elle.

« — Mais le commerce, repris-je, est au moins dans un état brillant à Dunkerque ? — Jamais il ne s'est trouvé dans une situation plus déplorable, pas même à l'époque de l'exécution rigoureuse du traité d'Utrecht qui ordonna la destruction de ce port; pas même pendant le blocus continental, où du moins nous armions quelques corsaires.

« Pour balancer la perte de sa franchise, on a donné à cette ville un entrepôt. A peine s'aperçoit-on qu'il existe. Les armateurs de Dunkerque ne sont aujourd'hui que des *caboteurs*, et nos négociants *des commissionnaires;* il ne se conçoit, il ne s'exécute ici aucune opération considérable, depuis quelques années. Nos commerçants commencent à s'éloigner d'une place où les affaires sont rares et difficiles, et vont ailleurs tenter la fortune. — Cependant Dunkerque possède encore quelques maisons importantes et estimables ? — Oui;

je vous citerai, entre les plus recommandables, celles de MM. Boudin et fils, Bray, Degravier aîné, Dupouy veuve et fils, Hubert, Monnier, Thélu-Vandalle, Gaspard, Vandepers.

« La géniévrerie, dite de Pondichéry, exploitée par M. Vasseur, est l'une des plus considérables du pays; on y engraisse annuellement quatre cents bœufs.

« Une entreprise grande et utile pour cette contrée est celle qu'ont formée quelques propriétaires de Dunkerque ou des environs, pour le dessèchement des *moëres*, situées à l'est de cette ville, vers Furnes. Les moëres étaient deux grands lacs qu'un ouragan terrible forma dans des temps reculés. La mer furieuse pénétra alors par Wulpen, entre Furnes et Nieuport, et vint inonder un vaste espace de terrain. La grande moëre couvrait environ huit cents arpents, et la petite, qui n'en était distante que d'un quart de lieue, en couvrait trois cents. Dans le seizième siècle, un certain baron de Kœbergen, par une convention faite avec le prince Albert et la princesse Isabelle, se chargea du dessèchement de ces lacs. Il l'effectua en trois années; la quatrième, il ensemença la terre de colza de navette, et le succès de sa tentative surpassa toute espérance. Pour peupler le pays qu'il avait arraché aux eaux, le baron y appela avec *franchise* tous les individus qui avaient mal fait leurs affaires; cette terre fut bientôt couverte d'habitants. Tous ceux qui y résidaient, soumis à une police sévère, étaient d'ailleurs dans l'aisance, exempts de dîmes, de tailles, de capitation, de vingtièmes, de droits sur les boissons, et de logement des gens de guerre. On leur demandait, pour toute contribution, une faible rétribution destinée à l'édification d'une église. Tout prospérait dans cette heureuse colonie; l'église était construite, un gros bourg y avait été élevé comme métropole : déja on y tenait un marché chaque semaine, lorsqu'en 1646 le marquis de Lede, qui commandait dans Dunkerque pour le roi d'Espagne, craignant l'approche de l'armée française, commandée par le duc d'Orléans, fit, avec le sang-froid le plus féroce, ouvrir tout-à-coup les écluses, et bientôt la mer se ressaisit avec impétuosité du terrain qu'on lui avait arraché par tant de travaux et de sueurs. Tout le pays fut submergé en une nuit, et presque tous les habitants furent impitoyablement noyés. Les droits de la guerre ont-ils jamais autorisé un aussi affreux oubli du droit des gens? Si, comme je n'en doute point, les philanthropes qui ont entrepris le nouveau desséchement voient leur projet réussir, leur premier acte, avant que la charrue n'ouvre le sein de la terre, doit être d'élever un poteau infamant, et d'y inscrire le nom de l'abominable marquis de Lede, pour que sa mémoire reste à jamais vouée à l'exécration des siécles.

« Tout périt aux moëres: les édifices s'écroulèrent bientôt; l'église seule, bâtie plus solidement, était restée debout. Une aventure, du genre tout-à-fait romantique, et qui peut-être vous intéressera, arriva dans le clocher de l'église des moëres, après leur immersion. Huit malfaiteurs avaient choisi ce clocher pour leur repaire; ils s'y retiraient le jour, et, à l'aide d'une barque, descendaient à terre la nuit et venaient exercer, dans les villages environnants, des brigandages et d'horribles excès. Un pauvre pêcheur, qui les vit un jour, fut tellement épouvanté des menaces qu'ils lui firent, qu'il n'osa pas les dénoncer à la justice. Cependant le gouverneur, informé de la terreur qu'ils répandaient dans les campagnes, fit faire des patrouilles. Cachés dans les roseaux, ils surprirent l'une de ces patrouilles, massacrèrent les soldats, s'emparèrent de leurs armes, et n'en devinrent que plus audacieux. Il y avait trois ans qu'ils commettaient impunément toutes sortes de crimes, sans qu'on pût découvrir leur retraite, lorsqu'un coup de vent rompit la corde qui attachait leur barque aux murs de l'église; cette barque prit le large, et, lorsqu'ils s'aperçurent de cet accident, il était trop tard pour chercher à la ramener. Les vivres leur manquèrent en peu de temps : ils tirèrent des coups de fusil pour donner le signal de leur détresse, mais personne ne vint; le feu cessa bientôt.... Quelques jours après, le pêcheur qui les avait découverts, rencontrant leur barque abandonnée aux flots, soupçonna une partie de la vérité. Accompagné de quelques uns de ses voisins, il s'approcha timidement de l'église; aucun bruit n'y décelait la présence des hommes: il entra dans le clocher où il trouva les huit brigands étendus sans vie. Les circonstances qui ont marqué la fin de ces misérables, sans doute aussi terribles que celles que Dante nous rapporte à la mort d'Ugolin et de ses fils, et devaient avoir quelque chose de plus hideux, de plus propre à inspirer une grande terreur. Le poète comme le peintre pourraient y trouver le sujet d'un terrible et peut-être d'un sublime tableau. Des scélérats expirant lentement, et face à face, comme frappés de la malédiction du ciel; lisant leur mort prochaine dans les yeux de leurs complices; dévorés de remords, de craintes, de terreurs, sans espoir de secours et de consolation; se reprochant réciproquement leurs crimes; roulant l'horrible idée de se nourrir de la chair de leurs misérables compagnons pour prolonger leur affreuse existence; dans les accès d'une fièvre terrible, les dévorant des yeux; grinçant des dents; courbant convulsivement leurs ongles comme pour saisir leur proie...... Voilà l'idée du tableau. —Mais le plan, la disposition, la couleur?— Un jour le génie les trouvera peut-être.

« Si la politique est nulle ici, si les sciences et les lettres, si les arts, la musique exceptée, n'y sont point honorés, et n'ont pas contribué à l'illustration de la cité; si notre commerce maritime est anéanti, quel intérêt, me demanderez-vous, cette ville peut-elle inspirer? quel intérêt? la gloire militaire de ses enfants.

« Les fastes des exploits maritimes consacrent ceux de JeanBart, et ceux de son fils aîné le vice-amiral Bart, qui sut soutenir la gloire d'un nom célèbre, qui accompagna son père dans presque tous ses combats, se trouva à tous ses abordages, et mourut huit ans après lui, réputé l'un des plus braves et des plus habiles marins de France. Le nom de l'amiral Vanstable peut figurer avec honneur auprès de ceux des deux Bart.

« Dunkerque a vu naître aussi le lieutenant-général Guilleminot, aujourd'hui ambassadeur à Constantinople; les faits de sa vie militaire sont trop connus pour qu'il soit besoin de les rappeler.

« Le comte Bisson, mort lieutenant-général à Mantoue en 1811 : Marengo, le Mincio, la Russie, la Pologne, parlent encore de sa valeur et de son intrépidité; il fut successivement gouverneur-général de Brunswick, de la Navarre, du Frioul, et du comté de Goritia;

« Le savant général d'artillerie Saint-Laurent, qui commanda en chef l'artillerie de l'armée d'Italie, et le brave général Thévenet qui combattit si vaillamment à La Ferté champenoise en 1814, où il fut grièvement blessé, sont aussi de Dunkerque.

« Un fait remarquable, sous le rapport de l'économie politique, c'est qu'avant l'introduction de la vaccine, dans l'arrondissement de Dunkerque, les décès surpassaient chaque année les naissances, et que depuis cette époque il y a un excédant de plus d'un cinquième. C'est à un brave quaker, animé d'un véritable esprit de charité, que l'on doit cette heureuse révolution. Quoique peu favorisé des dons de la fortune, il se transportait dans tous les villages, y vaccinait ceux qui se livraient à ses conseils, et leur distribuait des secours. Dans certaines années il a vacciné plus de deux mille individus. De nos jours, un homme qui ne serait pas catholique, apostolique et romain, s'il parcourait ainsi les campagnes, même pour y faire le bien, donnerait lieu à beaucoup de soupçons et de recherches, et pourrait être contrarié dans ses vues bienfaisantes. Loin que les allées et venues de notre quaker aient alarmé le gouvernement d'alors, elles lui ont, au contraire, attiré sa protection. Où sont ces jours où l'on ne faisait acception ni de castes ni de religions, et où l'on encourageait tout ce qui était honnête, généreux, utile.....? »

Tout-à-coup M. Karret perdit la parole; il parut préoccupé, s'excusa de me quitter aussi brusquement, et disparut. Je sortis presque aussitôt que lui, et je le vis arrêté avec une jeune femme couverte d'une *faille* verte[1], doublée de rouge, dont le capuchon lui couvrait la tête. La jeune personne avait déjà passé deux ou trois fois devant le café du Bon-Goût; je l'avais remarquée, et mon complaisant compagnon ne l'avait sans doute aperçue que lorsqu'elle avait repassé pour la dernière fois. Le couple suivit son chemin, tourna la rue du Sud; je priai l'Amour de le couvrir de ses ailes.

Rentré à l'hôtel, un cabriolet s'offrait en retour pour Gravelines; je saisis l'occasion, et me voilà sur la route sablonneuse qui y conduit. A peine avais-je quitté les bords du canal de Mardick, qui longe la route pendant une demi-lieue, qu'un terrible ouragan vint nous assaillir et nous mit souvent en grand péril, jusqu'aux portes de Gravelines, où nous ne pénétrâmes qu'avec beaucoup de peine et de fatigues. Toute la ville était dans l'anxiété sur le sort des malheureux marins sortis pour la pêche, ou qui naviguaient sur le canal de la Manche. La nuit fut af-

---

[1] Manteau de femme.

freuse, tous les éléments semblaient déchaînés; la violence des vents était telle que l'hôtel de madame Lezur, où j'étais descendu, semblait comme agité par des oscillations souterraines. Le temps s'éclaircit, le vent tomba, et le matin j'appris que le gigantesque bâtiment nommé le *baron de Renfrew*, qui était venu de la Nouvelle-Orléans, chargé de bois de construction destinés pour l'Angleterre, avait échoué la nuit sur la côte de Gravelines, et qu'il couvrait toute la plage de ses immenses débris.

J'espérais rencontrer à Gravelines M. Baude, négociant estimable; il était absent de son domicile.

Je suivis le chenal du port de Gravelines, et j'arrivai au bord de la mer où Napoléon avait fait construire une ville nouvelle nommée Fort-Philippe; ville destinée à recevoir les hardis contrebandiers appelés smogleurs.

Je visitai les propriétés de MM. Baude et Hua, de Paris, qui ont su rendre fertiles des sables blancs, et faire croître, à cent mètres des eaux de la mer, des céréales, des plantes et des arbres de toute espèce. Je vis, avec un étonnement bien naturel, un grand orme qui s'est développé dans cette pure couche de sable, et dont la végétation me parut vigoureuse, comme celle de tous les autres arbres qui croissent sur le même terrain.

Je m'approchai de la plage; elle était couverte d'énormes solives de sapin de diverses dimensions, que l'on s'empressait d'arracher à la mer. La carcasse du géant navigateur était gisante aux bords des vagues qui semblaient n'avoir pas encore assouvi sur lui toute leur fureur; cependant aucun marin n'avait péri dans le naufrage, et plus de la moitié de la valeur du bâtiment était assurée.

N° CXXI. [24 NOVEMBRE 1821.]

EUSTACHE DE SAINT-PIERRE,

ET LE FAUTEUIL DU ROI DAGOBERT.

Invia virtuti nulla est via.
Ovid., *Met.*

Rien d'impossible au courage et à la vertu.

L'automne touchait à sa fin, et, résolu à ne plus voyager dans la mauvaise saison, j'avais l'intention d'aller passer l'hiver à Lille, et d'en partir au printemps pour achever mon tour de France par la Normandie et la Bretagne. Cependant je ne voulais pas quitter les provinces du Nord où je me trouvais, sans avoir jeté un coup d'œil sur les villes de Calais et de Boulogne : je me déterminai donc à faire une brusque excursion dans le département du Pas-de-Calais, sans même en prévenir Hippolyte, qui m'avait quitté depuis quelques jours, et que je devais rejoindre la semaine suivante dans le chef-lieu du département du Nord.

Je partis de Dunkerque à dix heures du matin;

j'arrivai pour dîner à Calais: les dix lieues qui séparent ces deux villes me parurent d'autant moins longues que j'eus pour compagnon de route un original à qui je ne parvins pas à faire entendre que Calais était le terme de mon voyage, et que je n'allais pas en Angleterre. Sans tenir jamais compte de la réponse négative que je lui faisais, il m'invitait à prendre mon passage sur le joli paquebot de son gendre. En vain je me lassais à lui répéter : « Mais, monsieur, je n'ai pas l'intention de passer le détroit. — J'entends bien, mais vous ne serez pas plus tôt à Calais, que vous voudrez aller à Douvres; c'est moi qui vous le dis. — Eh bien ! repris-je pour en finir, je vous promets, si cette envie-là me vient, de passer sur le joli paquebot de M. votre gendre. »

L'hôtel *Quillac*, où je descendis, est depuis si long-temps connu de l'Europe entière, sous le nom *Dessain*, qu'à la place du propriétaire j'aurais voulu le lui conserver à tout prix. Cette magnifique auberge, où l'on ne voit cependant plus réunis, comme autrefois, tous les avantages, tous les agréments d'une ville entière, même la salle de spectacle, qui se trouvait jadis dans son enceinte, est encore l'établissement de ce genre le plus vaste et le plus complet que je connaisse.

Il faut avouer que les circonstances me servirent à souhait; au moment où je vins m'asseoir à la table d'hôte où figuraient déja une vingtaine de convives, je trouvai la discussion ouverte sur l'antiquité de la ville de Calais.' « C'est une prétention absurde, disait un des interlocuteurs; le *Portus Iccius* de César se trouvait à trois ou quatre lieues plus loin, et c'est tout au plus si je vous accorde que la fondation de Calais remonte au règne de Philippe-Auguste, c'est-à-dire au commencement du treizième siècle : antérieurement à cette époque, ce n'était qu'un village de très peu d'importance, qui fut réuni au comté de Boulogne en 1214, et, treize ans après, au domaine de la couronne. Calais prit dès-lors un accroissement rapide, et Philippe-le-Bel, en l'élevant à l'état de ville, l'entoura de fortes murailles. En 1303, elle entra dans la fameuse ligue des villes anséatiques, que l'on nomma d'abord *Hanse teutonique*. Cette ligue, avait pour but de défendre les intérêts du commerce maritime que les souverains n'étaient pas en état de protéger eux-mêmes, contre la harpie féodale, qui salissait tout ce qu'elle ne dévorait pas. Calais resta fidèle à la ligue, lors même qu'elle eut changé de maître, et ne s'en sépara que sous le règne de Henri II, vers 1557. »

La suite de cette conversation et l'espèce de controverse qu'elle établit et à laquelle je ne pus m'empêcher de prendre part me procurèrent sur cette ville toutes les notions dont j'avais besoin, et rafraîchirent mes souvenirs. Édouard III l'avait prise en 1347; Guise ne la reprit qu'en 1558; l'archiduc Albert s'en rendit maître en 1596: rendue à la France en 1598, les alliés la bombardèrent en vain en 1696. C'est principalement sur son héroïque défense contre Édouard que se fonde la célébrité de cette ville. Je ne chicane point quand il est question de gloire nationale, et, loin de prendre parti pour les historiens anglais qui cherchent à affaiblir le mérite du dévouement des six nobles bourgeois de Calais, en prouvant à leur manière que le prince anglais n'avait point résolu leur mort, je reste convaincu qu'Eustache de Saint-Pierre et les cinq héros qui l'accompagnèrent croyaient marcher au supplice en remplissant leur mission généreuse, et qu'ils ne durent la vie qu'aux supplications de la reine d'Angleterre. Le féroce Édouard, décidé à ne jamais rendre Calais à la France, prit le meilleur parti pour la conserver. Il en chassa tous les habitants, et les remplaça par des familles anglaises. « Le roi « Philippe VI, pour récompenser en quelque sorte « la fidélité généreuse de ces bourgeois, les répartit « dans les bonnes villes de son royaume, leur assi- « gna quelques fonds pour vivre, et ordonna que « tous les offices qui viendraient à vaquer dans ses « terres leur seraient donnés et non à d'autres, jus- « qu'à ce qu'ils fussent pourvus. » Ainsi s'exprime Mézerai, qui me fournit ce dernier paragraphe.

Ce fut à Guines, auprès de Calais, que le roi Charles VI et Richard II eurent leur entrevue, qui fut suivie du mariage d'Isabeau de France avec le monarque anglais, en 1396. A-peu-près au même endroit, entre Ardres et Guines, eut lieu, en 1520, cette fameuse conférence entre François Ier et Henri VIII. Les deux princes y firent assaut de magnificence; et la somptuosité que leurs courtisans y déployèrent fut telle qu'on nomma cette entrevue le *champ du Drap-d'Or*. Elle resta sans résultat pour la paix; elle coûta des sommes énormes et ne satisfit que la vanité des souverains. Mézerai, presque toujours bon à consulter, prétend que, dans cette circonstance, « François Ier dépensa plus que ne fit l'empereur Charles V à son avènement, et incommoda fort sa noblesse, qui imite toujours son prince, mais plus facilement dans les excès que dans la sagesse. » Les Anglais, quand le duc de Guise vint les assiéger, se croyaient invincibles; ils furent chassés à leur tour. La loi du talion reçut son exécution, et des Français repeuplèrent la ville. Cet événement fut célébré par tous les beaux esprits de la France, et parmi ceux qui composèrent des pièces de vers sur ce sujet, on cite Dauvat, le fameux Michel L'Hôpital, qui, quoique grave magistrat, ne craignit pas de cultiver les lettres, et Joachim Dubelloy.

Les Calésiens se distinguèrent toujours par la loyauté de leurs sentiments. Messieurs de la congrégation apprendront sans doute avec peine qu'ils ne voulurent point partager l'opinion des ligueurs; ils ne reconnurent pas l'excommunication lancée contre le roi de Navarre, et, lorsqu'un poignard béni eut ôté la vie à Henri III, Calais s'empressa de reconnaître Henri IV, sans attendre la permission du pape. Ce fut sans doute un péché, dans lequel ne tomberaient pas les excellences catholiques de notre époque.

Sous le règne de Louis XIII, en 1628, un jeune homme, nommé Dupéry, après avoir enlevé et violé une fille dont il était vivement épris, fut arrêté et enfermé dans la citadelle de Calais. Du fond de sa prison il ourdit une trame avec nos ennemis, et s'occupa du moyen de livrer la ville aux Anglais; on surprit les agents qu'il employait, et l'horrible supplice de la roue termina sa coupable vie.

C'est à Calais qu'a débarqué Louis XVIII en 1814. J'ai été voir le monument d'assez mauvais goût que l'on a élevé sur la jetée, à l'endroit même où ce prince mit pied à terre après trente-quatre ans d'absence.

J'ai vu, à l'hôtel-de-ville, la nacelle volante, au moyen de laquelle l'aéronaute Blanchard traversa le Pas-de-Calais en quelques minutes.

On divise cette cité en deux parties, la ville basse et la ville proprement dite. Cette dernière a deux portes, la *porte Royale*, et la *porte du Havre*: la porte Royale s'ouvre sur la ville basse, qui n'est, à vrai dire, qu'un faubourg de l'autre; la porte du Havre donne sur le port; les rues sont droites, bien percées, ornées de maisons bâties à la moderne, parmi lesquelles, toutefois, on distingue l'ancien hôtel du duc de Guise, édifice du genre arabe, que l'on est convenu d'appeler gothique.

Dans la ville basse, on me montra l'église paroissiale dédiée au prince des apôtres; elle a été élevée par les Anglais, et présente un aspect assez pittoresque. Je vis, dans la chapelle particulièrement dédiée à saint Pierre, la tête de ce chef de la papauté, et celle de saint Paul, dues l'une et l'autre au pinceau de Rubens, à ce qu'on assure à Calais. J'admets très facilement ces sortes de prétentions, et je me garde de disputer avec des sacristains, sorte de gens très irascibles et fort dangereux dans leurs citadelles, c'est-à-dire dans leurs églises.

J'ai négligé de vérifier si, dans la chapelle du saint Sépulcre, l'une des dépendances du même édifice, on a, pendant la révolution, respecté la pierre sépulcrale du fameux Giraut de Mauléon, sire de Gourdan; elle portait cette fière épitaphe:

Moi, Gourdan, que jadis sept grands rois ont aimé,
Qui des fiers ai glacé l'audace à terre, à l'onde,
Mort je vis: Dieu, l'Église, et Calais et le monde
Ont mon ame, mon corps et mon loz renfermé.

Un autre monument a disparu: c'était la colonne en granit que le marquis de Saint-Chamon, commandant de Calais, éleva à ses frais, au milieu de la place d'armes, en 1632, au terrible Richelieu.

Si la colonne de Richelieu a été renversée en 1790, l'orage révolutionnaire a respecté la simple pyramide érigée par les citoyens à de simples matelots. Une urne la surmonte; un vaisseau naufragé est sculpté sur le piédestal, et les inscriptions suivantes ornent le monument libéral:

A GAYET ET MARÉCHAL,
CITOYENS DE CALAIS;
PAR LES AMIS DE LA CONSTITUTION.
M. DCC. XCI.

Ils ont été ensevelis dans les flots en sauvant des naufragés, le 18 novembre 1791. DEVOSSE *et* LEGROS *les accompagnaient.*

Avec plus de bonheur, le même jour vingt-un matelots, près d'être submergés, durent la vie à quatre autres citoyens de Calais, Mascot, Louis Valle, Louis Desorbier et Marc Noël.

Plus heureux en 1784, et non moins intrépide, GAYET *arracha à la mort un matelot resté seul d'un équipage naufragé.*

Je me fis montrer la tour de l'hôtel-de-ville; je vis son campanille construit dans un goût très bizarre; j'y jetai un coup d'œil; et de là je passai dans la rue

Pedrowe, où je voulais voir la maison construite sur l'emplacement de celle d'Eustache de Saint-Pierre. Je regrettai qu'on n'eût point conservé l'ancienne, dût-on la réparer aussi souvent que les Athéniens réparèrent le vaisseau de Thésée.

Après avoir parlé des héros patriotes, je crois pouvoir me dispenser de rappeler à la douleur publique le trépas de quatorze capucins de Calais, lesquels périrent, en 1624, après avoir bu un tonneau de vin. Ce fait fort peu intéressant a néanmoins paru digne d'être conservé; un prêtre, Lassebure, annaliste de cette ville, le rapporte dans son histoire en deux volumes in-4°, publiée en 1761.

Calais a produit le père Dutertre, dominicain, auteur de l'*Histoire générale des Antilles*, en quatre volumes in-4°; Maréchal, fameux chirurgien de Louis XIV et de Louis XV, homme habile, mais passablement brutal, et qui fut le grand-père du marquis de Bièvre, plus connu par ses calembourgs que par sa comédie du *Séducteur*; Laplace, auteur de plusieurs romans larmoyants, d'un recueil assez curieux en huit volumes, intitulé *Pièces intéressantes*, et de quelques tragédies aujourd'hui oubliées, je n'en excepte pas *Venise sauvée*. Ce poëte eut la singulière idée de publier un gros recueil d'épitaphes en trois volumes. Un grand nombre de ces épitaphes étaient de sa composition; il en faisait pour tout le monde, et poussa cette manie jusqu'à gratifier de la leur presque tous ses amis vivants.

Il paraît que, du temps de Laplace, il n'était pas aisé à un auteur sans intrigue de se faire jouer au Théâtre-Français, car, dans un madrigal qu'il adressa au maréchal duc de Richelieu, il finit par lui dire :

Tu pris Mahon et fis jouer Adèle.

(*Adèle de Ponthieu*, tragédie de Laplace). La mise en scène de cette pièce paraissait alors une action aussi héroïque que la conquête d'une île fortifiée. Je ne sais si de nos jours cette épigramme n'aurait pas encore plus de sel.

Le maître des requêtes Allent, porté sur la liste du conseil d'état, et plus connu par son *Précis de l'histoire des arts et des institutions militaires en France depuis les Romains*, et par son histoire du *Corps du Génie*, est né dans les murs de Calais; c'est encore là que naquit l'ingénieux et spirituel Pigault-Lebrun, le plus fécond de nos romanciers modernes.

Après avoir visité le pont si fastueusement surnommé *Sans-Pareil*, par la seule raison qu'il est placé sur le point central de deux canaux qui se croisent à angle droit, je pris la route de Boulogne. Je ne m'arrêtai pas à Guînes, ville sur laquelle j'ai tout dit, en parlant plus haut du *champ du Drap-d'Or*, et j'arrivai dans la capitale du Boulonnais où vingt-deux ans auparavant un autre César avait réuni toutes les forces maritimes du grand empire, et se préparait à lancer ses aigles sur l'Angleterre : des circonstances dont le développement m'entraînerait bien au-delà des limites que je dois me prescrire, firent échouer cette grande entreprise, sur l'issue de laquelle les Anglais affectaient une sécurité qu'ils étaient loin d'avoir.

Les Boulonnais ont la prétention de descendre des Morins, l'un des peuples les plus puissants des Gaules. Leur cité s'appelait, dans les temps reculés, *Gesoriacum*. Les Morins étaient braves, et disputèrent pied à pied leur territoire contre César. Ce grand capitaine, doué du coup d'œil de l'aigle, vit, au premier aspect, tout le parti qu'on pouvait tirer de la position de Boulogne, et ce fut dans son port qu'il prépara la première expédition contre l'Angleterre l'an 35 avant notre ère. On sait quel en fut le glorieux résultat. Caligula vint sur le même rivage pour y parodier les exploits de César; il conduisit une armée nombreuse sur les bords de la mer, fit sonner les trompettes comme s'il se fût agi de donner le signal du combat, puis ordonna tout-à-coup à ses troupes de ramasser les coquillages qui couvraient la grève. Il les envoya à Rome, et on les déposa dans le temple de Jupiter en trophée de la victoire de cet empereur sur l'Océan. Caligula fit néanmoins quelque chose d'utile; il ordonna la construction d'un phare. C'était une tour octogone dont le circuit n'avait pas moins de deux cents pieds; elle avait douze étages qui allaient en diminuant. Cet édifice, extrêmement élevé, fut réparé par Charlemagne en 810. Les Anglais le fortifièrent en 1545; mais, en 1644, le 29 juillet, à l'heure de midi, cette masse antique, nommée la *tour d'Ordre*, s'écroula entièrement; depuis on ne l'a pas relevée.

Tous les empereurs romains qui allèrent en Angleterre ou qui en revinrent, choisirent le port de Boulogne pour le lieu de leur embarquement ou de leur retour. Ce fut là que, long-temps après, Louis-d'Outremer, arrière-neveu du puissant Charlemagne, descendit avec sa mère, lorsqu'une révolution le ramena dans son royaume, dont les seigneurs, et non le peuple, l'avaient chassé. Le premier comte de Boulogne se nommait Atton; le dernier était de l'illustre maison de Latour-d'Auvergne, éteinte de nos jours dans la personne du dernier duc de Bouillon, et dans celle du fameux Latour-d'Auvergne, premier grenadier de France. Louis XI à qui le comté de Boulogne tomba en partage, voulut en faire hommage à la vierge Marie; il déclara tenir d'elle cet état, se reconnut son vassal, et, depuis lui, ses successeurs, à leur avènement à la couronne, faisaient don, en signe de vasselage, d'un cœur d'or massif de la valeur de deux mille écus d'or. Cette singulière suzeraineté ne tourmentait guère l'homme-lige; elle eût pu l'embarrasser, si les papes eussent repris leur ancienne puissance.

Le port de Boulogne, avant la révolution, était d'un mouillage difficile; les nouveaux travaux entrepris ont changé la face des choses; mais il reste encore beaucoup à faire pour amener les améliorations au point où il faudrait qu'elles fussent. Le premier consul, qui avait formé le même projet que César, adopta les mêmes moyens d'exécution; et Boulogne lui parut le lieu le plus propre à combiner les éléments de l'attaque qu'il méditait contre l'Angleterre. Décidé à frapper cette ennemie dans son centre, il forma le dessein de suppléer à des vaisseaux de haut bord par des bateaux plats faciles à manœuvrer, et que soutiendraient des chaloupes canonnières. Ces bâtiments devaient être construits à Boulogne, sur le rivage où s'assemblerait une armée nombreuse. Le premier consul voulut par lui-même juger de la position qu'il choisissait; il arriva incognito le 11 février 1800 (le jour où il créa la Banque de France), visita les points qu'il fallait fortifier, et ordonna les travaux nécessaires : on ne perdit pas de temps, car le 1er mai les ouvriers commencèrent leur ouvrage, et l'on creusa le port en même temps que la flotille fut construite.

Les Anglais feignirent d'abord de mépriser cette entreprise : on se souvient peut-être d'une caricature qu'on fit à ce sujet; les dames de Londres, assises sur le bord de la mer, éloignaient avec leurs éventails nos soldats montés sur des coquilles de noix. Cependant les lords de l'amirauté crurent le péril plus pressant; ils donnèrent à Nelson des ordres, en conséquence desquels ce marin célèbre vint, le 16 août, attaquer la flottille, à peine lancée à la la mer; nos marins affrontèrent un ennemi supérieur en force. Le commandant *Devrieux* se couvrit de gloire dans cette mémorable journée, qui se termina à la confusion des Anglais. Les préliminaires de la paix d'Amiens suspendirent les hostilités : néanmoins le premier consul n'abandonna pas Boulogne; il fit continuer les travaux, qui reprirent une nouvelle activité au commencement de 1803, lorsque la guerre maritime eut été de nouveau déclarée. Bonaparte alors s'attacha plus vivement à la pensée d'un débarquement; il revint à Boulogne le 30 juin de cette année; il avait donné de nouveaux ordres, et voulut s'assurer par ses yeux si on les avait exécutés. Le 3 novembre, il était à Boulogne. Le lendemain les Anglais, comme s'ils eussent connu son arrivée, s'avancèrent en ordre de bataille pour nous attaquer. Le chef du gouvernement assistait au combat, et la science de l'artilleur lui ayant fait découvrir une batterie qui ne profitait pas de son avantage pour foudroyer l'ennemi, il ne put commander à son impatience et s'y porta de sa personne, pointa lui-même les canons, et les dirigea de telle manière que leur feu meurtrier, faisant beaucoup de mal aux Anglais, les contraignit à prendre le large et à discontinuer leur attaque. On trouve trop rarement de tels faits dans la vie des monarques, pour qu'on puisse se dispenser d'en faire mention.

Ce jour même, et au milieu de la chaleur du combat, un pilote nommé Fournier, voyant onze militaires attachés au mât d'un navire, et qui allaient périr, ne balança pas à diriger sa chaloupe sous le feu de l'ennemi, pour sauver, s'il lui était possible, ces malheureux soldats; il eut le bonheur d'y réussir. Parvenu au rivage, l'amiral Bruix voulut lui offrir deux cents francs, et Napoléon cinq cents; mais le brave marin les refusant avec une modeste assurance, se contenta de dire : « Ce n'est pas par intérêt que je me suis exposé avec mes matelots; mais si le premier consul veut m'accorder la liberté de mon frère, conduit à Brest par la gendarmerie, il me fera plaisir. »

Sa prière fut exaucée; il eut de plus un brevet d'honneur, que plus tard il échangea contre la croix de la Légion.

Bonaparte fit encore plusieurs autres voyages à Boulogne. L'un des plus mémorables fut celui pendant lequel, après avoir été reconnu empereur, il fit, aux troupes assemblées dans le camp du débarquement, la distribution des insignes de la Légion-d'Honneur. Le 16 août 1804, on éleva, dans un vallon, non loin de la Falaise couverte des débris de la tour d'Ordre, un dais sous lequel on plaça *le fauteuil en bronze du roi Dagobert*, conservé de nos jours au cabinet des médailles de la bibliothèque royale. Ce vieux monument de la première race de nos rois, posé au milieu des restes d'une construction romaine, et occupé par le chef d'un nouvel empire, offrait à l'observateur la matière d'un bizarre rapprochement. Napoléon aimait qu'on en fît dans ce genre; il tenait sur-tout à ce qu'on crût à une chaîne mystérieuse, qui rattachait sa souveraineté à celle du passé, et l'empire des Césars à celui de Charlemagne. Cette nouvelle solennité, où l'on déploya une pompe inusitée du temps de la république, fut encore troublée par l'approche de la flottille anglaise, que nos chaloupes canonnières repoussèrent avec vigueur. Les ennemis se représentèrent le 2 octobre suivant, dirigeant cette fois des machines infernales au moyen desquelles ils espéraient détruire nos constructions nautiques; mais la fortune ne les seconda pas, les vaisseaux incendiaires ne firent presque pas de mal aux travaux de Boulogne, et cette tentative fut encore infructueuse.

Le 17 novembre, l'armée voulant laisser dans ce lieu un témoignage durable de son séjour, décida d'élever une colonne que surmonterait la statue de l'empereur; elle est aujourd'hui terminée; mais la fortune a passé par-là, et ce n'est pas Napoléon qui figure sur ce monument tout empreint néanmoins de son immortel souvenir. La déclaration de guerre de l'Autriche à la France, en 1805, éloigna l'armée de débarquement des côtes de Boulogne, et depuis lors la flottille détruite cessa de menacer les rivages de l'Angleterre.

Avant la révolution, Boulogne possédait un évêché distrait de celui de Therouanne et que le dernier concordat n'a pas rétabli. Peut-être le ministère français ne l'a-t-il pas demandé, peut-être le saint-père a-t-il voulu punir, par cette privation, la résistance des Boulonnais à l'anathème lancé par un de ses prédécesseurs contre Henri IV ; anathème si complet au dire des jésuites du temps, dont je rapporte les propres paroles, que le *roi de France était excommunié de telle sorte que Dieu ne pouvait le convertir, que le pape même ne pouvait l'absoudre et le rétablir dans son royaume sans lui-même être excommunié*. A-t-on jamais poussé plus loin la démence du fanatisme?

Boulogne est divisée en ville haute et ville basse. Celle-ci est habitée principalement par les commerçants, l'autre possède de belles fontaines et quelques édifices qui valent la peine d'être vus en passant.

Cette ville a produit plusieurs hommes célèbres. Le premier en date est Gauthier Silens ou Silenticus, auteur d'un roman intitulé *le Silence*, dont nos biographies modernes ne parlent pas. Gauthier Silens florissait vers l'an 1080.

Jacques Le Fevre, savant du premier ordre; Bayle, qui s'y connaissait, a dit de lui: « C'était un petit bout d'homme et de fort basse naissance, mais un bon esprit soutenu de beaucoup d'érudition. » Marguerite de Navarre, sœur de Henri IV, n'a pas dédaigné de faire elle-même l'épitaphe de ce personnage littéraire; la voici telle qu'on me l'a donnée à Boulogne :

Corpus humo, mentemque Deo, bona cuncta relinquo
Pauperibus, Faber dum moreretur ait.

Gérard Le Roux, évêque d'Oleron, pieux ecclésiastique, mais soupçonné de pencher pour les erreurs nouvelles. Un de ses adversaires, Arnaud de Martic, autre prélat, voulant se défaire de son antagoniste, fit scier les appuis de la chaire dans laquelle l'évêque d'Oleron devait prêcher, et, lorsque celui-ci y fut monté, la chaire tomba, et Gérard Le Roux se cassa la tête. Tout moyen est bon quand il s'agit de perdre un hérétique.

Nous citerons encore Arnould Daudrehen, maréchal de France en 1351; Hue de Kernel, amiral de France, mort vers la même époque de ses blessures. Beaurain, géographe estimable; Michel Lequien, moine jacobin, savant orientaliste, et mort en 1731.

EUSTACHE DE SAINT-PIERRE.   351

Le capitaine Turot, tué dans un combat contre les Anglais, près de Karick-Fergues, en Irlande, le 28 février 1760.

Fas est et ab hoste doceri : Dans la première édition de cet ouvrage, j'avais oublié plusieurs noms célèbres; les injures que cet oubli m'a valu de la part d'un journaliste du pays, ne doit pas m'empêcher de réparer ma faute; j'ajouterai donc que le Boulonais a vu naître Godefroy de Bouillon, Molinet, précurseur et maître de Marot; le célèbre chirurgien Désoteux, l'illustre compositeur Monsigny, Leuliette, qui succéda à La Harpe dans la chaire de l'Athénée, mais qui ne le remplaça pas; le baron de Courset, créateur de magnifiques jardins à quatre lieues de Boulogne, et d'un excellent ouvrage sur la botanique : la même province s'honore d'avoir vu naître MM. Daunou et Yvart, tous deux membres de l'Institut.

L'esprit et le cœur remplis des réflexions que m'avait inspirées mon excursion dans le département du Pas-de-Calais, je m'étais remis en route pour retourner à Lille, et, tout en rêvant au grand homme sur qui reposèrent pendant quinze ans les glorieuses destinées de la France, je remontais sans m'en apercevoir le torrent des âges : j'assistais par la pensée à la naissance des sociétés; je voyais la puissance, une fois reconnue, abuser graduellement des concessions qui lui avaient été faites, étendre ses droits hors de toutes limites et réduire enfin les peuples à la soumission la plus absolue. Je me demandais combien de siècles de cruauté, d'injustice, et d'avanies étaient nécessaires pour épuiser la patience d'une nation façonnée au joug, et j'en venais à penser, comme Rousseau, que « l'état naturel de l'homme civilisé pourrait bien être l'esclavage : » ils se sont appelés *pasteurs*; vous avez accepté le nom de *troupeaux*; broutez, mes frères les humains, broutez en paix, sous la houlette sanglante, à l'ombre des mosquées et des pagodes; et bien fou qui chercherait à vous éclairer sur vos propres droits, en vous prouvant que vous les tenez directement et plus sûrement qu'eux de la Divinité et de la nature : trop d'exemples nous ont appris, depuis quelques dizaines de siècles, l'usage que vous faites des moments de liberté que le hasard vous présente, et comment vous récompensez ceux qui se dévouent à votre cause : broutez donc, mes chers amis, puisque tel est votre bon plaisir; et soit à jamais honni, bafoué, lapidé, brûlé même quiconque ferait autre chose que des vœux pour votre bonheur.

N° CXXII. [16 avril 1822.]

CHANGEMENT DE DIRECTION.

Les beaux jours renaissaient, j'avais pris congé de mes amis du département du Nord, j'avais embrassé mon jeune et savant Hippolyte, et je me disposais à partir pour la Normandie, lorsqu'une lettre de l'intendant de la marine à Brest vint encore une fois changer mon itinéraire; il me mandait que mon fidèle Zaméo[1] avait obtenu, du gouverneur de Cayenne, son passage en qualité de matelot volontaire, sur la flûte l'Éméraude, que l'on attendait à Brest dans les premiers jours du mois suivant: cet avis me décida à me rendre par mer en Bretagne, et à visiter les départements dont se compose cette province avant d'entrer en Normandie, où je comptais faire un plus long séjour.

J'entre dans le département d'Ille-et-Vilaine. Me voilà sur ce coin de terre où se fit entendre, en 1788, le premier cri de liberté, devenu le signal de notre régénération politique; là je trouverai des hommes qui, à toutes les époques de notre histoire, ont ré-

[1] Voir le premier volume de l'Ermite en province.

sisté à l'oppression ministérielle, et qui, jusque dans leurs erreurs mêmes, ont manifesté cet esprit d'indépendance, cette fermeté de caractère où l'on retrouve du moins quelque trace de la dignité humaine.

En traversant une plaine étendue qui se prolonge presque jusqu'à la mer, je voyais devant moi le *mont Dol*, situé entre la ville de ce nom et l'Océan. Là, comme sur le mont Saint-Michel, les druides avaient élevé des autels à *Teutatès;* là aussi le chef de la milice céleste est venu se reposer, et a laissé sur le roc l'empreinte d'un de ses pieds, comme une preuve incontestable de son apparition.

Au sommet de ce rocher, sur l'emplacement où fut jadis un collège des druides, on trouva une *pierre percée* qui servait à leurs sacrifices; la religion chrétienne s'en empara en la sanctifiant; elle fut placée sur un autel élevé au vrai Dieu; depuis la révolution, cette pierre druidique a été transportée à Rennes, où je la retrouverai probablement dans le Musée de cette ville.

La vue dont on jouit de la galerie du télégraphe, établie sur le mont Dol, offre un vaste panorama qui s'étend sur la Normandie, les environs de Rennes, la ville de Dol, et dont les lointains vont se perdre dans l'immense étendue de l'Océan.

Je m'arrêtai pour déjeuner à Dol, où je descendis, je ne sais à quelle auberge: je me souviens seulement que mon hôtesse était fraîche et jolie, et mon hôte vieux et bourru : je tire peu de vanité de l'accueil obligeant qu'il me fit, et j'aurais, je crois, préféré les brusqueries dont il accablait un pauvre jeune capitaine de carabiniers, arrêté depuis quelques jours dans cette hôtellerie, où il attendait des recrues qui n'arrivaient pas.

Après avoir pris possession de ma chambre où m'avait conduit la jeune hôtesse, je m'informai d'elle où je pourrais trouver quelqu'un qui voulût bien me servir de cicérone pour parcourir la ville : « Vous êtes servi à souhait, me dit-elle; je viens de voir entrer l'abbé*** dans la salle basse; il sera trop heureux de vous accompagner. » Je me hâtai de descendre, et, enhardi par l'air plus que modeste, par la soutane jadis noire et les souliers ferrés du petit homme à tonsure que je trouvai dans la salle des voyageurs, je lui proposai de m'accompagner dans ma course. « Volontiers, me dit-il, si vous voulez me permettre de manger un morceau avant de nous mettre en course. —J'allais vous faire la même prière, lui répondis-je; mon déjeuner est servi, et vous me ferez le plaisir de le partager avec moi.—Nous ne perdrons pas notre temps, continua-t-il en se mettant à table sans plus de cérémonie; tout *en cassant la croûte,* je vous ferai en peu de mots l'histoire de notre petite ville, dont la décadence n'est pas moins grande que la mienne;

car il est bon que vous sachiez que j'étais jadis chanoine de la cathédrale de Dol; si je ne suis plus qu'un simple habitué de paroisse, à qui la faute? A la révolution, allez-vous me répondre; non, vraiment, je m'étais arrangé avec elle, et je me trouvais assez bien de l'espèce de transaction que nous avions faite ensemble : c'est la restauration qui m'a ruiné...; mais n'oublions pas que c'est de l'histoire de Dol qu'il s'agit et non pas de la mienne.

« Tout ce qu'on sait de l'origine de cette ville extrêmement ancienne, c'est qu'elle était située dans un territoire que César appelle celui des *Diablentes*, lequel nom, comme vous pouvez croire, a été depuis deux mille ans la source des plus impertinentes plaisanteries. L'étymologie du nom de Dol a été pour l'académie celtique l'occasion des plus profondes recherches, et de quelques douzaines de mémoires où chaque auteur, partant d'une règle également sûre, est arrivé à un résultat tout-à-fait opposé.

« Je ne sais trop pourquoi, vers l'an 515, Privatus, chef du pays, donna à saint Samson, archevêque d'York (lequel avait abordé sur cette partie de la côte de Bretagne), un terrain pour y établir un monastère : le fait est que cette fondation amena sur ce point plusieurs familles, auxquelles Dol fut redevable d'un accroissement rapide dans sa population.

« Cette ville fut prise et reprise dix ou douze fois par les Bretons et par les Normands; ceux-ci la brûlèrent en 944, après l'avoir pillée de fond en comble. Dol eut des souverains particuliers qui prirent le titre de *comte* : Rivalon, le premier que l'on connaisse, vivait en 1030, et son dernier descendant mâle fut Jean V, dont la fille épousa, en 1340, le sire de Château-Giron ; il est probable qu'elle ne lui apporta que de vains droits, puisque à cette même époque les évêques s'intitulaient déjà comtes de la cité de Dol.

« Dès le commencement du douzième siècle, les évêques de Dol, sous le titre d'*archevêques*, dont ils s'étaient emparés, s'arrogèrent la suprématie des siéges de la Bretagne que leur disputaient les archevêques de Tours ; après une lutte de plus d'un siècle, une sentence du pape Innocent III mit fin à cette prétention, en enlevant à Jean de la Mouche son titre d'archevêque. Les successeurs de ce prélat déchu furent obligés de se contenter du titre d'évêque : on crut les dédommager en leur accordant le pallium et quelques préséances dans les états de Bretagne : vaines concessions; notre église n'en fut pas moins déshonorée; la révolution l'a détruite entièrement, et, pour dernier outrage, la restauration ne l'a pas rétablie. »

Je me gardai bien de faire observer à l'ancien chanoine que le peu d'importance d'une ville ou plutôt d'un bourg où l'on compte à peine trois mille ames, qui n'est ni chef-lieu de département, ni même de sous-préfecture, ne méritait pas la faveur d'un siége épiscopal; je me contentai de gémir avec lui de cette décadence inévitable à laquelle les choses humaines sont sujettes, et j'espérais le consoler de la chute de Dol en lui rappelant les grandes catastrophes à la suite desquelles Ninive, Babylone, Memphis, Thèbes ont disparu; mais je ne touchais pas au but : à travers les ruines de tant de cités célèbres, le digne homme en revenait toujours à la suppression de l'évêché de Dol, c'est-à-dire à la suppression de son canonicat et de ses revenus capitulaires.

Après quelques moments donnés à de si justes regrets, l'abbé reprit le fil de sa narration, et se complut à me faire connaître le rôle important que cette petite ville a joué dans l'histoire de la province.

« Elle fut prise d'assaut, en 1587, par Gilbert, duc de Montpensier, pour le compte du roi de France, qui en garda la possession; elle fut assiégée plusieurs fois pendant les troubles de la ligue, et vaillamment défendue, à cette même époque, par son évêque Charles de l'Épinai, qui soutenait le parti royal.

« En 1757, les Anglais, descendus à Cancale, s'avancèrent jusqu'à Dol, où ils entrèrent sans éprouver de résistance; et notez bien qu'ils l'évacuèrent le lendemain sans y avoir causé le moindre dommage.

« Depuis ce moment la tranquillité de cette ville ne fut troublée que lors de la marche et de l'expédition malheureuse de l'armée vendéenne sur Granville : cette armée, à son retour, eut à soutenir un combat célèbre sous les murs de Dol. »

Je retrouverai trop souvent, en parcourant nos provinces de l'ouest, les tristes souvenirs de nos discordes civiles, pour m'en occuper en ce moment ; je sors de table avec mon érudit conducteur, et nous allons faire ensemble ce qu'il appelle *un tour de ville*.

Après m'avoir conduit dans la partie de Dol située sur la hauteur, l'abbé, qui s'aperçut du peu d'admiration que je témoignais pour le magnifique point de vue qu'il m'avait annoncé, voulut me prouver que la révolution avait changé jusqu'à l'aspect des lieux, et qu'en détruisant je ne sais combien de couvents et d'abbayes, on avait dénaturé le paysage : j'aurais pu lui demander si la révolution avait produit ces landes, ces marais au milieu desquels Dol est si désagréablement située ; j'ai mieux aimé redescendre vers la cathédrale, dont il m'avait parlé comme de l'une des sept merveilles du monde.

Réduisons l'éloge à sa juste valeur ; cette église est très vaste ; il y a de la légèreté, de la hardiesse dans l'ensemble de son architecture gothique, et quelques détails ne sont même pas dénués d'élégance. On y conserve encore un lit de parade fort curieux, construit en 1307, lors du décès de l'évêque Thomas James. Tels sont les renseignements que j'ai recueillis dans ma course avec le chanoine déchu, qui voulut bien accepter le dîner qui nous attendait au retour.

N° CXXIII. [24 AVRIL 1822.]

L'ANCIEN CHANOINE DE DOL.

> ..... *Hic vivimus ambitiosâ*
> *Paupertate.*
> JUV., sat. III.
> Pauvres et vains, c'est ainsi qu'ils vécurent.

En rentrant dans ma chambre, où ma jeune hôtesse était occupée à mettre le couvert, je m'aperçus que son attention était souvent distraite par les pas d'un cheval que l'on essayait dans la cour; je n'eus pas besoin du témoignage de mes yeux pour savoir à quoi m'en tenir sur ce petit manége; et pour me donner à moi-même une contenance qui ne gênât pas celle de la jolie hôtesse, je me mis à examiner quelques portraits des anciens ducs de Bretagne qui tapissaient la chambre où nous étions. Cet examen me conduisit beaucoup plus loin que je ne croyais, puisqu'il donna lieu à l'abbé de m'entreprendre sur l'histoire de Bretagne, et de m'ouvrir, à ce sujet, le trésor inépuisable de son érudition: j'ai essayé de réduire en quelques pages le volume qu'il me débita dans un entretien ou plutôt dans un monologue qui ne dura pas moins de quatre ou cinq heures.

RAPIDE APERÇU DE L'HISTOIRE DE BRETAGNE.

« Tout le monde sait en Bretagne, quoique personne ne l'ait encore écrit, que dans les temps primitifs Numéris régnait vers l'an 1247 avant J.-C., et que ce fut lui qui peupla les rives de la Basse-Loire. Le premier nom sous lequel les Gaulois y furent connus est celui de Celtes; leur religion était celle des druides. Avant César, l'histoire de la Gaule est incertaine; c'est lui qui fit connaître les Gaulois et les noms de leurs divers états. L'Armorique, nom auquel on a donné diverses étymologies toutes aussi claires, aussi respectables, les unes que les autres, occupait l'espèce de péninsule que forme la Bretagne. Plus tard les Bretons, ou chassés de leur île, ou accompagnant dans son expédition le tyran Maxime, en 383, s'arrêtèrent dans l'Armorique et lui donnèrent leur nom. On l'appela Petite-Bretagne, pour la distinguer de la grande, aujourd'hui l'Angleterre. Ses états divers étaient principalement désignés sous les noms de *Curiosolites*, d'*Ossismiens*, de *Diablentès*, de *Venetes*, etc. Peut-être ne rends-je pas exactement hommage ici à l'ordre chronologique, mais je laisse à messieurs de l'académie des inscriptions, et sur-tout aux savants rédacteurs du lycée armoricain, le soin de relever mes fautes, et de faire la part de ces temps anciens dont notre ingrate insouciance ne s'occupe pas assez.

« Dans les divisions que les Romains avaient faites des Gaules, la Bretagne ou l'Armorique était comprise avec l'Anjou, le Maine, et la Touraine, dans la troisième province lyonnaise, dont Tours était la métropole. Le pays demeura fidèle à ses maîtres jusqu'au temps de l'empereur Gratien. Celui-ci avait donné le gouvernement de l'Angleterre à Maxime, qui forma le projet de s'emparer des Gaules. Il quitta, en 383, la Grande-Bretagne, accompagné de Conan Mariadec, prince gallois; ils débarquèrent sur la côte de l'Armorique, au point le plus rapproché de Rennes, battirent complètement l'armée qu'on leur opposa, et s'emparèrent de Rennes, de Nantes, et de tout le pays environnant. Maxime, enflé par ce premier avantage, accorda une grande partie de l'Armorique à Conan Mariadec, à titre de royaume, lequel devait relever de l'empire. Maxime, poursuivant le cours de son entreprise, fut tué devant Aquilée en 391; Conan, en homme sage, reconnut d'abord Théodose pour son empereur, et plus tard se rendit indépendant sous le règne du faible Honorius. Conan choisit Nantes pour sa capitale; il régna en grand roi, étendit les limites de son royaume, donna des lois, des réglements de police; abdiqua, sur la fin de sa vie, en faveur de ses fils, et mourut plein de gloire en 421. Ses descendants lui succédèrent jusqu'à l'époque où Clovis s'empara d'une grande portion de la Bretagne, après avoir fait périr le roi Budic.

« Hoël-le-Grand, fils de ce dernier prince, rentra par sa valeur dans la libre possession de ses états; mais en mourant il fit la faute de les partager entre ses six enfants, dont les cinq derniers prirent le titre de comtes de Bretagne. L'ambition les divisa selon l'usage; le roi de France, Clotaire, en profita; il s'empara des comtés de Rennes, de Nantes, et de Vannes.

« Depuis cette époque jusqu'au commencement du neuvième siècle, l'histoire de Bretagne tombe dans une extrême confusion. Le pays, divisé en une foule de petites souverainetés, fut ravagé par les guerres civiles; enfin les seigneurs bretons, lassés de cette anarchie, appelèrent, par un accord général, au trône de la Bretagne, Morvan, issu des premiers comtes de Léon. La fortune trahit ce monarque; il fut battu et tué par l'empereur Louis-le-Débonnaire en 817. La Bretagne fut soumise aux Français, qui de nouveau la morcelèrent. Ses révoltes fréquentes obligèrent ses vainqueurs à la respecter. Louis, afin de gagner les Bretons, nomma pour son lieutenant-général, dans cette partie de la France, Nominoé, descendant d'un Judicael, prince fort aimé des Bretons. A la mort de Louis, Nominoé se déclara roi, et il battit à diverses reprises, les troupes de Charles-le-Chauve. Il voulut réformer le clergé, qui se livrait à une odieuse simonie, et fit accuser par un saint abbé, devant le pape, les évêques qui prenaient de l'argent pour les ordinations : les accusés se défendirent, leur culpabilité fut solennellement reconnue, et le saint père les renvoya chacun sur leur siége sans prononcer la déposition qu'ils méritaient si bien. Nominoé s'étant plaint de cette conduite, le pape lui répondit que si les évêques étaient vraiment criminels, il fallait procéder contre eux selon les saints canons. Le roi exécuta les conseils du pape; les prélats de Vienne, d'Aleth, de Quimper, de Saint-Pol-de-Léon furent déposés comme simoniaques; ils s'avouèrent coupables devant le concile assemblé; puis, ayant pris la fuite, se réfugièrent auprès de Charles-le-Chauve, qui reconnut leur innocence. Nominoé institua alors les évêchés de Tréguier, de Saint-Brieuc, et l'archevêché de Dol. Il se fit sacrer et couronner roi dans la cathédrale de cette dernière ville. Le règne de ce souverain fut marqué par une suite de succès; la mort le surprit, en 851, devant Chartres, dont il faisait le siége.

« Erispoé, son fils, lui succéda; il fut assassiné en 857, par Salomon, son cousin: celui-ci monta sur le trône, et, par de grandes vertus, fit oublier le crime qui l'y avait porté; mais la Providence n'était pas satisfaite : ses sujets se révoltèrent; il fut massacré par eux en 874. Cependant, après sa mort, le souvenir de ses bienfaits toucha les Bretons, qui finirent par le révérer comme un saint martyr. Voilà les portes du ciel ouvertes à un fratricide!

« Après la mort de Salomon II, le titre de roi fut éteint; des comtes de Nantes, des comtes de Rennes, se partagèrent l'Armorique. Alain, surnommé le Grand, prit le premier la qualité de duc de Bretagne. Il mourut en 907, laissant plusieurs fils, dont aucun ne régna après lui. On croit cependant que le célèbre Alain-Barbe-Torte, duc de Bretagne en 936, lui devait le jour; celui-ci, aidé des Anglais, chassa les Normands, qui s'étaient emparés de tout le duché, et se refusa depuis, dit-on, à reconnaître la suzeraineté du duc de Normandie, établie sur la Bretagne depuis que le roi de France avait cédé la Neustrie au célèbre Rollon. »

L'histoire des successeurs d'Alain-Barbe-Torte peut intéresser ses compatriotes; mais je craindrais que les détails que me donna le chanoine de Dol, ne fissent sur mes lecteurs l'effet bizarre qu'ils produisirent sur moi, en me jetant dans un état qui tenait à-la-fois de la veille et du sommeil; je les leur épargnerai donc, et, s'ils sont curieux de les connaître, ils peuvent les chercher dans les ouvrages de d'Argentré, de dom Lobinau, de Desfontaines, etc.

« La race des anciens ducs de Bretagne finit au

jeune Arthur, fils de Geoffroi d'Angleterre, et de Constance, fille unique de Conan, duc de Bretagne. Personne n'ignore la fin tragique de ce prince, légitime héritier de la couronne d'Angleterre, et qui périt barbarement assassiné par son oncle Jean-sans-Terre.

« A la nouvelle de cet attentat, Philippe-Auguste, roi de France, en sa qualité de suzerain de la victime et du meurtrier, cita Jean-sans-Terre au tribunal des pairs, où il fut condamné à mort. Il fallait qu'à cette époque on ne regardât pas la majesté royale comme à l'abri d'un châtiment public; car il nous semble qu'on eût difficilement distingué dans l'exécution de l'arrêt la personne du duc de Normandie de celle du monarque anglais. La cour des pairs confisqua en même temps, au profit du roi de France, les états possédés par leur justiciable, sur le continent; les Bretons, appuyés par Philippe-Auguste, se soulevèrent contre le coupable Jean-sans-Terre : ils étaient gouvernés par Guy Thomas, que les états avaient proclamé duc, comme tuteur d'Alix, sa fille, qu'il avait eue de Constance de Bretagne.

« La jeune Alix épousa, en 1213, Pierre de Dreux, arrière-petit-fils de Louis-le-Gros, roi de France : c'est à lui que quelques auteurs attribuent le choix de l'hermine, qui fut depuis le fond de l'écu de Bretagne, avec la devise : *« Potius mori quam fœdari. »*

« A cette époque, les seigneurs cessèrent de rendre eux-mêmes la justice à leurs vassaux, et le règne des gens de loi commença; leur foule inonda la Bretagne, et peut-être doit-on placer parmi les fléaux qui ont dévoré cette province cette multitude d'avocats, de procureurs, et de tous les suppôts de la chicane. L'ignorance avait fait, dès le quatorzième siècle, d'immenses progrès; Nicolas de Clémengis, qui vivait dans le siècle suivant, prétend que « les prêtres ne connaissaient pas plus le latin que l'arabe; que d'autres ne savaient pas lire; mais que comme ils payaient bien, on les ordonnait très canoniquement. »

« Le duc Pierre de Dreux rendit hommage lige de son duché de Bretagne à Philippe-Auguste, le 27 janvier 1214; il chercha ensuite à diminuer le pouvoir excessif du clergé et de la noblesse; le premier l'excommunia, la seconde courut aux armes. Le duc, en s'accommodant avec le pape, contint les ecclésiastiques, et sa bravoure triompha de la rébellion des gentilshommes, qui, dans tous les temps, n'ont été fidèles à leurs princes que lorsque ceux-ci ont pu les mettre dans l'impossibilité de se révolter contre eux. Les seigneurs bretons, qui avaient appelé les Normands à leur secours, furent entièrement battus par Pierre de Dreux, le 3 mars 1222. Mais le clergé ne resta pas long-temps tranquille; il intrigua de telle sorte, que le roi de France, saint

Louis, par un acte de suzeraineté sans exemple, rendit, en présence des pairs assemblés au camp d'Aunis, au mois de juin 1233, un arrêt par lequel le duc de Bretagne fut privé de l'exercice de son autorité, que le roi garda pour lui-même, et qu'il ne rendit qu'en 1237 à Jean, fils aîné de Pierre de Dreux, qui s'en démit alors en faveur de ce prince. Celui-ci ordonna, en 1240, un massacre général de tous les juifs qui habitaient son duché. Il mourut le 8 octobre 1286, après avoir passé la plus grande partie de son règne à lutter contre les prétentions du clergé et des seigneurs.

« Jean, comte de Richemont, l'aîné de ses fils, lui succéda. Il rendit de grands services à Philippe-le-Bel au siège de Courtray; le monarque, pour le récompenser, lui donna le titre de pair de France; et, par lettres patentes, datées de 1297, la Bretagne fut érigée en duché-pairie. Jean, étant allé à Lyon pour assister au couronnement de Bertrand de Goth, archevêque de Bordeaux, élu pape sous le nom de Clément V, périt sous les débris d'un échafaudage qui s'écroula lors de la cavalcade qui suivit la consécration du pontife, le 4 novembre 1306.

« Arthur II termina, peu après son avènement, la longue querelle qui divisait le duc de Bretagne et les ecclésiastiques; chacun abandonna une portion de ses droits, et le calme fut rétabli. N'eût-il pas mieux valu commencer par-là ! mais les hommes n'écoutent jamais la voix de la raison que lorsqu'ils ne sont plus assez forts pour la faire taire. Une autre amélioration, apportée par Arthur dans le gouvernement, fut l'appel du peuple aux états de Bretagne, en 1309. Jusque-là les deux ordres privilégiés en avaient seuls fait partie. C'était à-peu-près à la même époque que Philippe-le-Bel donnait aussi aux communes le droit de faire partie de l'assemblée générale de la nation. L'Europe déja recevait quelques rayons de ces lumières, qui, plus tard, devaient universellement se répandre; les rois commençaient à comprendre que leurs ennemis naturels étaient dans le clergé et la noblesse, et que leurs vrais alliés devaient par conséquent se trouver dans le tiers-état. Arthur mourut peu de temps après, en 1312, le 27 août. Les grands le peignirent comme l'oppresseur de leurs droits; mais le peuple le pleura, et ses regrets suffisent pour consacrer l'apothéose des souverains.

« Jean III, son fils aîné, recueillit sa succession; il eut le surnom de Bon. Quel plus beau titre pouvait-il obtenir? A cette époque on cultivait peu les lettres; aussi les livres étaient si rares en Bretagne, qu'une dame acheta, en 1314, un recueil d'homélies qui lui coûta la valeur d'un tonneau et demi de grains, deux cents brebis, et cent peaux de martre. Jean accompagna, à la tête de dix mille hommes, le roi de France, Philippe de Valois, dans son expédition de Flandre, en 1328. Il contribua puissamment au gain de la bataille de Montcassel, où sa bravoure l'ayant conduit au plus épais de la mêlée, le fit blesser assez grièvement. Il revint en Bretagne, et, toujours chéri de ses sujets, il termina ses jours le 3 avril 1341. Il est regardé comme le législateur des Bretons, car il rassembla en un corps de lois, qu'il compléta par de nouvelles ordonnances, celles de ses prédécesseurs; de cette compilation fut formée la *Coutume de Bretagne*, publiée en 1330, et qui plus tard reçut de nouvelles sanctions par les publications successives qui eurent lieu en 1539 et 1580.

« La mort de Jean-le-Bon devint funeste à la tranquillité de la Bretagne. Il ne laissait point d'enfant mâle, et appela à sa succession sa nièce, Jeanne, comtesse de Penthièvre, fille de Guy, son frère, et mariée à Charles de Blois, prince de la maison de France; mais à peine le duc eut-il rendu le dernier soupir, que Jean, comte de Montfort, son frère, sous prétexte que le duché était un fief mâle qui excluait les femmes, courut aux armes, s'empara de Rennes, de Nantes, et commença, par ces entreprises heureuses, une guerre qui dura vingt-deux ans, et qui ne cessa d'inonder la Bretagne du sang de ses habitants. Montfort s'allia avec les Anglais, s'empara des trésors du feu duc, convoqua les états pour assister à la cérémonie de son couronnement;

mais tous les membres, à l'exception d'un seul chevalier, manquèrent à son appel; bientôt même, mandé à Paris devant la cour des pairs, qui s'était saisie de la contestation qui s'élevait entre lui et Charles de Blois, il obéit, et vint se jeter aux pieds du roi vers la fin de 1341. S'étant aperçu que l'opinion du monarque était contraire à ses prétentions, il s'évada secrètement, revint en Bretagne, et là, attendit l'arrêt des pairs, lequel fut conforme aux craintes de Montfort. Les titres de Charles de Blois furent solennellement reconnus; le roi les appuya de toute sa puissance. Son fils, le duc de Normandie, entra en Bretagne, assiégea Nantes, dans laquelle Montfort s'était renfermé, et se rendit maître de la personne de ce prince par la trahison des Nantais, qui le lui livrèrent ainsi que leur ville. Le duc, fait prisonnier, fut amené à Paris et renfermé dans la grosse tour du Louvre.

« Charles de Blois se crut tranquille possesseur du duché; mais une héroïne restait à combattre, c'était Jeanne de Flandre, épouse de Jean de Montfort; elle ne désespéra pas de sa fortune, organisa une active résistance, brava les efforts de son ennemi dans les murailles d'Hennebon, où elle s'était renfermée, et que le comte de Blois assiégea sans succès. Il fut contraint de lever le siége de cette place. Le roi d'Angleterre arma, dans les intérêts de cette femme magnanime. La flotte anglaise commandée par un transfuge français, Robert, comte d'Artois, prince du sang royal de France, et révolté contre le monarque, son beau-père, attaqua celle du roi; le combat fut indécis : les Anglais, débarqués en 1343, sous le commandement de leur prince, vinrent assiéger Vannes; le duc de Normandie les chassa de ce lieu. Le roi d'Angleterre, placé dans une mauvaise position, demanda la paix; elle fut accordée pour trois ans, en forme de trêve, le 19 janvier 1343.

« La guerre recommença l'année suivante; enfin Jean de Montfort s'étant échappé de sa prison au commencement de 1345, passa en Angleterre, revint en Bretagne, combattit de nouveau, et mourut de fatigue à Hennebon le 26 septembre 1345. Charles de Blois se crut alors paisible possesseur de ses états; il l'eût été, sans doute, si la veuve de son compétiteur fût également descendue dans le tombeau; mais Jeanne de Flandre vivait; elle était infatigable, et elle défendit les droits de son fils, comme elle avait défendu ceux de son époux. Charles de Blois, battu à la Roche-Derrien, en 1347, fut fait prisonnier, et un an après transféré en Angleterre.

« Jeanne de Penthièvre, sa femme, resta seule aussi pour continuer la guerre; elle se fit dès-lors entre deux princesses également courageuses, que les héros ne pouvaient vaincre, et qui dans leurs défaites retrouvaient de nouvelles forces. Pendant cette lutte eut lieu le célèbre combat des trente, où un nombre égal de Bretons combattirent contre trente Anglais; ceux-ci furent vaincus. Je parlerai peut-être plus au long de cette action fameuse, espérant visiter le lieu consacré par son souvenir. Charles de Blois, rendu à la liberté, revint soutenir ses droits en 1351. Sa querelle ne tarda pas à être funeste à la France. On connaît l'issue de la bataille de Poitiers, dans laquelle le roi Jean, son fils, et une foule de seigneurs bretons et français furent faits prisonniers, par Édouard, prince de Galles, surnommé le prince Noir, à cause de la couleur de son armure.

« Cette grande catastrophe semblait devoir décider en Bretagne la querelle contre Charles de Blois; mais celui-ci, loin de céder au malheur, ne lutta qu'avec plus de vaillance. Vivement secondé par les efforts de Duguesclin, l'Achille français, le duc, malgré les accords qui eurent lieu entre les cours de France et d'Angleterre, se refusa à tout compromis qui eût pu exposer la validité de ses droits. Le jeune comte de Montfort également ne voulut pas abandonner les siens. Un traité par lequel le premier eût possédé le comté de Rennes, et le second, celui de Nantes, fut inutilement proposé. Les armes pouvaient seules décider cette grande querelle, durant laquelle le roi Jean mourut à

Londres, où sa bonne foi l'avait ramené, selon les uns ; où, selon les autres, il était revenu par amour pour la comtesse de Salisbury.

« Charles V, succédant à son père, prit comme lui avec chaleur la défense des droits de Charles de Blois. Il donna à Duguesclin une armée pour achever d'accabler Jean de Montfort ; mais la fortune se montra contraire aux intentions du monarque. Le comte de Blois, qui avait attaqué son rival devant Auray, perdit la vie dans cette bataille célèbre. Là se termina une lutte trop prolongée pour le bonheur de la Bretagne. La maison de Penthièvre, abandonnée par la France, ne conserva que de vains droits auxquels même elle se vit contrainte de renoncer par le traité de Guérande, conclu le 12 avril 1365.

« Jean de Montfort, surnommé le Conquérant, dut au gain de la bataille d'Auray la paisible possession du duché de Bretagne. Il fit hommage de ses états au roi de France en 1366. Plus tard, ayant par ses intrigues avec la cour d'Angleterre indisposé celle de Paris, il eut plusieurs fois à combattre les armées françaises commandées par Duguesclin, devenu le principal appui du trône de Charles V. Jean de Montfort, à diverses reprises, fut dépouillé de ses états ; il trouvait alors un asile à Londres ; puis il rentrait en Bretagne, soit les armes à la main, soit à la faveur d'un traité. Enfin, ses menées ayant achevé d'irriter son suzerain, celui-ci fit citer le duc Jean; et le procureur-général du parlement de Paris ayant conclu à la réunion du duché à la couronne, ses conclusions furent adoptées et Montfort fut déchu de ses droits.

« Il fallait mettre à exécution un pareil arrêt. Charles V, en 1379, s'y décida; mais il eut à combattre contre le patriotisme des Bretons. Ceux-ci, au moment de l'asservissement de leur pays, oublièrent les motifs de vengeance qu'ils pouvaient avoir contre leur duc, alors en Angleterre, où il s'était retiré par suite du mécontentement de toute la noblesse bretonne, et députèrent vers lui afin de l'engager à revenir se mettre à leur tête. Il arriva, et fut reçu avec enthousiasme, même par la comtesse de Penthièvre, femme du comte de Blois. La ferme contenance de la Bretagne arrêta l'armée française. Bientôt Charles V, revenu à de plus justes idées, se désista de ses prétentions; il allait traiter de la paix lorsque sa mort arriva en 1380; elle n'éloigna pas la paix, qui fut conclue peu après, malgré le secours d'un corps considérable d'Anglais qui espérait engager le duc à poursuivre la guerre. En 1382, le duc Jean institua l'ordre de l'Hermine pour récompenser les chevaliers qui, durant ses longues traverses, l'avaient servi avec tant de dévouement. Le reste de son règne fut à-peu-près tranquille, et la mort le termina le 2 novembre 1399. On soupçonna deux prêtres d'avoir empoisonné ce prince; l'un mourut en prison, l'autre fut relâché faute de preuves.

« Jean V n'avait que dix ans lorsqu'il fut proclamé duc de Bretagne. La régence appartint à la duchesse sa mère, laquelle épousa le roi d'Angleterre, Henri V, le 3 avril 1402. Elle partit pour aller habiter Londres, et la tutelle du jeune duc passa au duc de Bourgogne, comme un des plus proches parents. Jean V fut amené à Paris, où il demeura jusqu'à l'époque de sa majorité; elle eut lieu lorsque le prince eut atteint sa quinzième année. Il prêta hommage au roi en 1405; épousa Jeanne de France, et arriva à Nantes la même année. A cette époque, l'ambition divisa les chefs de la maison royale. Le royaume devint la proie des plus atroces factions. Le duc d'Orléans, frère du roi, fut assassiné par le duc de Bourgogne. Alors commencèrent les haines funestes qui, sous les livrées des Bourguignons et des Armagnacs, mirent la monarchie à deux doigts de sa perte. Les Anglais en profitèrent. Ils gagnèrent la bataille d'Azincourt, et la France fut ébranlée. Le comte de Richemont, frère du duc Jean, faillit perdre la vie dans cette fatale journée.

« En 1419, un complot de Marguerite de Clisson,

comtesse de Penthièvre, mit en danger les jours du prince breton; elle arrêta, aidée de ses enfants, le duc et Richard, frère de celui-ci; mais la Bretagne tout entière se leva pour punir cet attentat. Le duc fut délivré, et les Penthièvre mis en état de ne pouvoir plus nuire. Tandis que la France succombait sous les complots de la reine et du duc de Bourgogne, et qu'un roi d'Angleterre osait ceindre insolemment la couronne de Clovis, la Bretagne jouissait de la plus complète tranquillité. L'administration paternelle de Jean V lui mérita, comme à Jean III, le surnom de *Bon*. Il mourut, universellement regretté, le 29 août 1442.

« François Ier, son fils, essaya, dès son avénement, de rétablir la paix entre les monarques de France et d'Angleterre: ses efforts furent vains, mais Charles VII vit avec plaisir de pareilles intentions. Il reçut en 1445, à Chinon, l'hommage du duc; celui-ci rendit aux Penthièvre les biens confisqués sur eux. Plus tard, indigné contre la perfidie des Anglais, qui s'emparèrent, contre le droit des gens, de la ville de Fougères, il entra dans la Basse-Normandie, et aida les Français à les chasser entièrement de cette province. François Ier de Bretagne se couvrait de gloire, et cependant il était à la veille de se déshonorer par un grand crime. Poussé par quelques scélérats qui appartenaient aux premières familles du pays, il fit déclarer Giles, son frère, criminel d'état, comme entretenant des liaisons avec l'Angleterre. Ce malheureux prince, arrêté et conduit dans les souterrains du château de la Hardouinaye, mourut soit de faim, soit étouffé par les soldats chargés de sa garde. A la nouvelle de ce forfait l'indignation fut générale; bientôt même, le prêtre, qui avait assisté la victime à ses derniers moments, se présenta devant le duc de Bretagne, et le cita à comparaître, dans quarante jours, au jugement de Dieu, à la demande de Giles, son frère. Le duc, bourrelé par ses remords, ne traîna pas long-temps sa vie. Le terme fatal n'était pas expiré que déja il n'était plus; il mourut le 19 juillet 1450, sans laisser de postérité.

« Pierre II, son frère, lui succéda. Son premier soin fut de venger la mort de Giles sur les scélérats qui en avaient été les instigateurs et les instruments. Il promulgua de nouvelles lois, détermina la mesure de la lieue bretonne, rendit une ordonnance contre les blasphémateurs, et déclara que tout roturier était incapable d'acquérir un bien noble ou d'en jouir. Le règne du duc Pierre fut court et paisible; ce prince termina sa carrière le 22 septembre 1457, sans avoir eu d'enfants de sa femme Françoise d'Amboise, protestant, même à ses derniers instants, qu'il la laissait vierge. C'était sans doute un très grand sujet d'édification; peut-être eût-il mieux valu laisser des héritiers de la couronne ducale.

« Un héros la prit après lui. Arthur III, comte de Richemont, fils de Jean IV: ce grand homme, qui avait si vaillamment servi la France contre les Anglais, était alors connétable; il ne voulut point renoncer à cette dignité lorsqu'elle ne pouvait plus l'honorer, et, dans les cérémonies publiques, il fit porter devant lui deux épées nues: certes, il savait bien s'en servir, mais Arthur ne fit que passer sur le trône: il expira le 26 septembre 1458, non sans soupçon de poison. Il ne laissa point d'héritier direct.

« La Bretagne échut en partage à François II, fils de Richard, quatrième fils de Jean IV. Le nouveau duc eut à combattre contre les prétentions de Louis XI, qui lui défendait de battre monnaie, de lever des impôts, et de s'instituer duc par la grace de Dieu; il appuyait ses volontés de la présence d'une armée française. François chercha à gagner du temps; il engagea les autres princes, que le roi tourmentait également, à se réunir contre lui. Le duc de Berri, frère de Louis XI, le duc de Bourgogne, etc., formèrent ensemble la coalition qui prit le nom de *Ligue du bien public*; elle n'était en réalité destinée qu'à conserver les priviléges des grands, et non à défendre ceux du peuple. L'issue incertaine de la bataille de Montlhéry amena la paix. Le duc de Bretagne y gagna la renonciation du roi de France aux prétentions qu'il avait élevées.

« Quelque temps après, le duc de Normandie, frère du roi, vint se réfugier en Bretagne; cette démarche ralluma la guerre. Louis entra dans le duché, prit Ancenis; mais, craignant la coopération du duc de Bourgogne aux entreprises de son frère, il fit la paix, et les choses demeurèrent sur le même pied qu'auparavant. La bonne intelligence était loin d'être rétablie. Le duc, d'une part, cherchait à s'allier avec l'Angleterre; le roi, de l'autre, se préparait à le ruiner entièrement. La mort arrêta ce dernier dans ses projets, et François fut délivré d'un dangereux ennemi. La régence dévolue à madame de Beaujeu, après le trépas de son père, excita la jalousie de plusieurs grands seigneurs du royaume; elle voulut les faire arrêter; ils s'échappèrent, conduits par le duc d'Orléans, et se réfugièrent en Bretagne, où le duc François les accueillit. A la même époque, il assemblait ses états pour faire reconnaître Anne, l'aînée de ses filles, souveraine du duché après sa mort. Cependant l'armée française, sous les ordres du duc de La Trimouille, entra dans la Bretagne. Les princes rebelles lui livrèrent bataille, le 28 juillet 1488, à Saint-Aubin-du-Cormier;

ils furent vaincus, et le duc d'Orléans fut fait prisonnier dans la mêlée. Le vif chagrin que cette déroute occasiona à François II amena la mort de ce prince ; il mourut le 8 ou le 9 septembre de la même année, laissant à la jeune duchesse Anne un état ébranlé jusqu'en ses fondements.

« Malgré le danger que courait la princesse, les époux se présentèrent en foule. Les principaux étaient Maximilien, duc d'Autriche et roi des Romains ; le duc d'Orléans, et Alain, sire d'Albret. Anne épousa par procuration le premier de ces concurrents. C'en était fait de la Bretagne ; et la France perdait une belle province. Dans cette conjoncture, le roi Charles VIII, rompant le projet d'union qui existait entre lui et la fille de Maximilien, envoya le duc d'Orléans, auquel il rendit la liberté (celui-ci était prisonnier depuis la journée de Saint-Aubin), demander en son nom la main de la duchesse de Bretagne : cette mission était d'autant plus pénible à remplir pour le prince, que lui-même, durant le temps qu'il était resté à la cour de François II, n'avait pu voir Anne sans l'aimer, et peut-être était-il payé de retour. Néanmoins il ne balança pas à faire son devoir ; et l'amitié que lui portaient les seigneurs bretons l'aida à surmonter les répugnances de la duchesse ; elle épousa Charles VIII en 1491.

« Par ce mariage, le roi fut reconnu duc de Bretagne. Il créa, quelque temps après, un parlement *des grands jours;* ce fut d'abord son titre, et il l'institua le 31 mai 1496. Tandis que Maximilien, pour se venger du double affront qu'il venait de recevoir, faisait la guerre à la France; lorsque Charles VIII se couvrait de gloire par la conquête rapide du royaume de Naples, le duché de Bretagne jouissait d'une heureuse paix qui ne fut troublée que par la nouvelle de la mort du monarque français, au château d'Amboise, le 7 avril 1498. Il ne laissait point d'enfants; ainsi paraissait rompu le nœud qui unissait la Bretagne à la France. Mais le duc d'Orléans, appelé au trône par le droit d'hérédité, se souvint de l'ancien amour qu'il portait à Anne; et, après avoir fait rompre son mariage avec Jeanne, fille de Louis X, il épousa la veuve de son prédécesseur le 8 janvier 1499.

« En 1512, les Anglais, faisant la guerre à la France, parurent sur les côtes de Bretagne, vers Saint-Mahé, avec quarante vaisseaux; les Français n'en avaient que vingt à leur opposer. Cette infériorité dans le nombre ne les arrêta pas. Primauquet, gentilhomme breton, un de leurs capitaines, qui commandait un vaisseau de douze cents hommes d'équipage, se trouva seul enfermé entre douze vaisseaux anglais, au nombre desquels était l'amiral :

il ne balança pas à les attaquer, et périt au moment où il allait prendre l'amiral. Les Français restèrent maîtres du champ de bataille.

« La reine Anne était jeune encore, et pouvait se promettre de longs jours lorsqu'elle mourut à Blois le 9 janvier 1514, laissant au roi Louis XII deux filles; l'aînée, nommée Claude, était mariée à François, comte d'Angoulême, la cadette au duc d'Est. Le 27 octobre de la même année, le roi donna le duché de Bretagne à son gendre. Celui-ci, à son début dans le gouvernement, ordonna que le parlement de la province serait stable à Vannes. Il ne tarda pas à réunir à la couronne ducale celle du royaume de France après le décès de Louis XII, qui mourut le 1er janvier 1515.

« François 1er vint se montrer aux Bretons avec la reine Claude, leur princesse légitime, en 1518. Celle-ci mourut en 1524, le 20 juillet, laissant la propriété du duché à son fils aîné, dauphin de France, et l'usufruit au roi son époux. Lors de la captivité de ce monarque, après la bataille de Pavie, les états de Bretagne s'empressèrent de fournir généreusement les sommes qu'ils purent donner pour aider à payer la rançon du roi.

« En 1532, les états assemblés à Vannes reconnurent solennellement le dauphin en qualité de duc de Bretagne. Ce prince fit son entrée à Rennes, fut couronné, et prit le nom de François III. Cette cérémonie consacra la réunion irrévocable de la province à la couronne, acte qui eut lieu par lettres-patentes enregistrées le 8 décembre de la même année. Après la mort du dauphin François, en 1536, son frère Henri prit le titre de duc de Bretagne. Le roi de France expira lui-même le 31 mars 1547. Il polça le duché, donna plusieurs ordonnances et réglements très utiles qui ont été en vigueur jusqu'à l'époque de la révolution.

« La Bretagne partagea le sort général du royaume pendant le règne de Henri II, mort le 10 juillet 1560, et sous celui de son fils François II, qui régna peu de temps : durant celui de Charles IX, frère de ce dernier, elle fut agitée par les querelles de factions et les ambitions particulières; mais le protestantisme fit peu de progrès dans cette province. Henri III monta sur un trône ébranlé de toutes parts, et plus qu'à moitié envahi par les princes de la maison de Lorraine. Ces sujets rebelles, sous prétexte de défendre la pureté de la religion catholique, formèrent une ligue dont les ramifications s'étendirent dans tout le royaume, et qui était moins dirigée contre les calvinistes que contre la maison royale.

« La Bretagne aussi déclara en 1585 la guerre aux religionnaires. Les états ordonnèrent qu'on les poursuivrait dans toute l'étendue de la province. Elle fut encore plus agitée après le meurtre des Guises, commandé par Henri III lors de la tenue des états généraux du royaume dans la ville de Blois à la fin de 1588. Le duc de Mercœur, prince lorrain, frère de la reine de France et gouverneur de la Bretagne, crut, au milieu de la confusion universelle, avoir trouvé le moment favorable de faire revivre sur le duché les prétentions de la maison de Penthièvre, recueillies par sa femme, Marie de Luxembourg; il leva l'étendard de la révolte, mit des garnisons dans les places principales du duché, et s'empara de Nantes, où il établit sa résidence. La mort de Henri III, assassiné à Saint-Cloud par Jacques Clément, le 1er août 1589, ne changea pas ses dispositions : il ne put toutefois empêcher le parlement de Bretagne de prêter serment de fidélité, le 12 octobre de la même année, à Henri IV, légitime héritier de la couronne. Le duc de Mercœur opposa à cette solennelle reconnaissance celle d'un fantôme de parlement qu'il avait créé. Il reçut avec vénération la coupable sentence d'excommunication lancée, sans droit aucun, contre le roi de France par le pape Grégoire IV, le 1er mars 1591. Le duc prolongea sa résistance séditieuse jusqu'en 1596; mais alors, voyant la paix rétablie dans tout le royaume, il s'humilia, vint trouver Henri IV, obtint son pardon, et perdit le gouvernement de Bretagne, qui fut donné au duc de Vendôme.

« Le roi en 1598 visita la province, et, selon son usage, conquit tous les cœurs. La vue des campagnes ruinées par la guerre civile lui inspira un profond chagrin. Il s'écria : *Où les pauvres Bretons prendront-ils l'argent qu'ils m'ont promis ?*

« Nous passerons rapidement sur les époques qui suivirent ce voyage, sur celles du règne de Louis XIII, pendant lesquelles la Bretagne jouit du repos, ainsi que pendant celui de Louis XIV. La paix de la province ne fut troublée dans le cours du règne de ce prince que par des révoltes partielles, fruit malheureux de la misère des temps. Louis XV laissa pareillement la Bretagne en paix ; à peine fut-elle émue par la descente des Anglais en 1755, expédition qui tourna à leur honte, sans rien ajouter à la gloire du duc d'Aiguillon, gouverneur de la province à cette époque. Les côtes de la Bretagne furent les témoins du célèbre combat que se livrèrent à la hauteur d'Ouessant en 1778 les flottes anglaise et française, et où celle-ci resta maîtresse du champ de bataille.

« On sait que la résistance des Bretons aux demandes inconsidérées des ministres de l'infortuné Louis XVI fit jaillir la première étincelle de la révolution. Depuis ce temps, l'histoire de la Bretagne présente un immense intérêt, qu'elle doit principalement à la funeste guerre de la Vendée. Mais ce sont là de ces choses que vous savez mieux que moi sans doute, et dont vous ne manquerez pas d'instruire vos lecteurs à mesure que vous parcourrez les lieux qui furent le théâtre de ces calamités. »

N° CXXIV. [1ᵉʳ mai 1822.]

ROUTE DE DOL A CANCALE,

ET ENTRÉE A SAINT-MALO.

> ..... *Fortuna humana fingit quæque ut lubet.*
> PLAUTE.
> Le destin tourne comme il lui plaît les affaires de ce monde.

Je n'avais plus rien à voir ni à faire à Dol.

Les repas que je prenais dans mon auberge se ressentaient de la mauvaise humeur de mon hôte : sa femme était toujours plus distraite ; le capitaine de carabiniers ne parlait point de partir ; l'abbé n'avait plus rien à m'apprendre : toutes ces circonstances me décidèrent à effectuer ma retraite le jour suivant au lever du soleil.

Je parcourus les marais de Dol qui me parurent une conquête de l'homme sur l'Océan. On les a rendus fertiles par de larges fossés, par les canaux qu'on y a creusés, et par de nombreuses plantations : l'air a été assaini, et ces espaces, jadis abandonnés, sont maintenant en plein rapport. On trouve dans ces marais une quantité immense d'arbres renversés et ensevelis sous quelques pieds de terre ; le bois en est mou tant qu'il est dérobé aux impressions de l'air extérieur ; mais à peine en a-t-il été frappé, qu'il devient compacte et acquiert une extrême dureté.

A quelque distance de Dol, sur la route de Rennes, on voit un monument gaulois ou celtique plus élevé que ceux qu'on rencontre assez fréquemment en Bretagne. C'est une immense pierre pyramidale qui s'élève à une hauteur d'environ quarante pieds au-dessus du sol, et qui peut avoir trente pieds de circuit à sa base. On prétend que des curieux ont fait creuser à plus de six toises de profondeur dans la terre, sans être parvenus à découvrir la base de cet obélisque. Le nom de *Champ-Dolent*, que porte la place où il s'élève, est encore un sujet de dispute dans lequel je me garderai bien de prendre parti.

Sur les bords de la mer, on voit les restes du château *Richers*, qui fut une des propriétés du connétable Duguesclin. Ce fort, dont il reste à peine quelques ruines, me rappela aussitôt le souvenir de *ce garçon mal élevé,* comme le nommait sa mère, qui devint presque tout-à-coup le plus grand homme de guerre que la France eût encore produit. Il se déclara l'ennemi juré des Anglais, et eut l'honneur de parvenir à les chasser entièrement du royaume. Je me plaisais, sur les ruines du fort qu'il avait habité, à me le représenter, dans son jeune âge, *toujours battant ou battu, les mains et le visage déchirés*, préludant, par ses démêlés avec les petits garçons, aux grands combats qui ont rendu sa vie immortelle. Il naquit en 1314 au château de la Motte-Broon. Son éducation fut négligée, comme l'était en général celle des gentilshommes de cette époque. On remarque aujourd'hui qu'il ne savait ni lire ni écrire; alors personne ne s'en étonnait. Il n'était pas beau; aussi avait-il coutume de dire: « Je me résigne à ne pas plaire aux dames, pourvu que je me rende redoutable aux ennemis de la France. » A dix-sept ans, il remporta le prix d'un tournoi à Rennes, monté sur un cheval et couvert d'armes d'emprunt. Son père, qui ne le reconnoissait pas, partit pour l'attaquer. Le jeune héros éleva le fer de sa lance, témoignant par son geste son refus de lutter. Quelle fut la joie de l'auteur de ses jours lorsque les hérauts proclamèrent le nom du jeune homme!

Le reste de sa vie fut une longue suite d'exploits: j'aurai plus d'une autre occasion de parler de Duguesclin, dont le nom est encore ici dans toutes les bouches, et qui porta la gloire de son épée et de ses vertus au-delà des Pyrénées.

De la plate-forme du château Richers on jouit d'une vue admirable. L'Océan, la baie de Cancale, le Mont-Saint-Michel, la côte de Normandie, les fertiles marais de Dol, forment les diverses parties de ce superbe tableau. C'est au lieu où je m'étais arrêté que commence la digue, dite de Dol. Elle a été construite par les soins des commerçants de Saint-Malo; elle fut destinée à protéger le pays contre les invasions des flots qui ont accumulé contre elle des dunes qui seront bientôt les meilleurs remparts à opposer à la turbulence des vagues. On remarque sur la digue deux beaux ponts; l'un s'appelle le pont de *Blancessai*, l'autre porte le nom d'*Angoulême*. Ce dernier fut achevé en 1817. L'habile ingénieur qui les a construits a placé sous ces ponts des portes qui s'ouvrent ou se ferment avec un admirable artifice par le seul effet des eaux. La marée en arrivant les pousse l'une contre l'autre, et par conséquent s'interdit la facilité de les franchir, tandis que, lorsqu'elle s'est retirée, la pression des eaux douces les écartant en sens contraire suffit pour les ouvrir. Je regrette de n'avoir pas appris le nom de l'auteur de cette invention si simple et si utile.

Cancale, vers laquelle je dirigeais ma course, est située sur une hauteur. A ses pieds est un village nommé *la Hoalle*, qui paraît faire partie de la ville même, puisqu'il lui sert de port. Les pêcheurs l'habitent en grand nombre. Cette position est délicieuse. Au milieu des eaux on découvre le fort des *Romains*, destiné à protéger la côte.

Cancale n'a rien de propre à fixer long-temps la curiosité. Après qu'on a mangé les huîtres excellentes qui naissent sur les rochers de ses côtes, après qu'on a vu son église bâtie par saint Méhan, jeté un coup d'œil sur son pont, et écouté le récit de la descente des Bretons au dixième siècle, et celle des Anglais en 1758; après avoir également écouté le récit de la prise du vaisseau *l'Océan*, commandé par le comte de Grasse et construit par un charpentier cancalais, on n'a rien de mieux à faire que de continuer sa route. Le modéle du vaisseau *l'Océan* est suspendu à la voûte de l'église paroissiale. Le bon curé du lieu me le montra avec un patriotisme bien rare parmi les hommes de sa robe, qui, ayant par le fait deux patries, ne peuvent s'intéresser bien vivement ni à l'une ni à l'autre.

Sur les deux côtés du chemin qui conduit à Saint-Malo, comme aussi sur ceux que j'avais parcourus depuis mon départ de Dol, je vis une grande quantité de châteaux entretenus avec soin, et de jolies maisons de campagne élégamment bâties. On me fit remarquer sur la droite une ancienne habitation des Templiers, appelée encore *le Temple* ou *la Merveille*. Ce nom lui fut sans doute donné à cause de la somptuosité de l'édifice, dont les ruines attestent encore la magnificence primitive. Ces chevaliers oublièrent bientôt, dit-on, leur triple vœu de pauvreté, de chasteté et d'obéissance : devaient-ils pour cela périr du supplice horrible qui flétrira dans la dernière postérité la mémoire du roi de France qui l'ordonna et du pape qui le permit! Aujourd'hui *la Merveille* ne présente plus que des débris: on y voit quelques tours à demi renversées; plusieurs parties de l'abbaye subsistent encore: des arbres d'une grosseur colossale s'élèvent sur ce qui était autrefois le parc; sous leur ombre furent agitées les plus hautes questions d'ambition et de politique: maintenant ces bois n'entendent plus que les soupirs de l'amour ou le son monotone du flageolet, avec lequel le pâtre charme l'ennui de sa longue journée.

A une lieue de *la Merveille*, on me conduisit dans un château (*la Fosse-Lugaut*) célèbre dans les fastes de l'histoire moderne. Il appartenait avant la révolution au père du jeune Desille qui, dans la ville de Nanci, paya de sa vie son admirable dévouement. Ce fut là que s'ourdit la conspiration de La Rouarié, lorsqu'il voulut défendre la cause de la monarchie contre celle de la république. On déposa, après la mort de cet intrépide Breton, les papiers utiles à son entreprise dans un bocal de verre qui fut enterré dans un coin du jardin. Des dénonciateurs firent connaître le lieu. Les autorités s'emparèrent de ces documents; mais ils n'en tirèrent pas le parti qu'ils en espéraient. La Vendée ne se souleva pas moins, et la guerre civile n'éclata qu'avec plus de fureur.

En approchant de *Châteauneuf*, je remarque une

magnifique habitation, et j'apprends qu'elle appartient à M. le comte de La Vieuville, ancien seigneur du lieu, ancien préfet, ancien chambellan de Napoléon, et maintenant membre de la chambre des députés. Le paysan que je questionne, tout en m'assurant que M. de La Vieuville n'a conservé aucune forme féodale, qu'il est aimé et estimé de ses voisins, ajoute qu'il cultive en grand le tournesol, dans un très beau parc, au milieu duquel son château est situé. De la part d'un homme de la ville, j'aurais pu voir quelque malignité dans cette dernière remarque.

J'ai laissé sur ma droite, en montant la côte, le fort de Châteauneuf, situé à l'extrémité sud de l'isthme, appelé *le Clos-Poullet*. Ce point de vue charmant développe à mes yeux une riche campagne parsemée de maisons de plaisance, et je découvre par échappée la belle rivière de Rance. Toute la route de là à Saint-Servan est d'un effet magique.

Le chemin passe non loin de Saint-Télier, demeure de M. Magon, frère du brave amiral, tué à Trafalgar. On aperçoit d'une hauteur, à quelques pas de la route, un château qui domine la rivière et couronne ses bords. Cette superbe habitation appartient à M. Lefer de Bonabru, chef d'une des branches de cette nombreuse famille Lefer, l'une des premières du pays.

Je ne suis plus qu'à une lieue de Saint-Malo; je

traverse Saint-Jouan, un des plus jolis villages de France, où je suis frappé de la beauté du sang, de l'air d'aisance et de propreté qui règnent dans la moindre chaumière.

La culture du tabac, jointe à la fertilité naturelle du sol, en augmente la richesse : tout est animé sur cette route ; la gaieté, la santé, suites naturelles du travail et de l'industrie, brillent ici de toutes parts : l'air vif que l'on commence à sentir annonce l'approche d'un port de mer.

Une des plus agréables surprises que j'aie éprouvée de ma vie m'attendait au sortir de Saint-Jouan ; M. E. B., que j'avais rencontré plusieurs fois à Paris dans la société de madame de Lorys, arrêta en riant ma chaise de poste, vint s'y asseoir près de moi, et, avant de répondre à mes questions, donna l'ordre au postillon de nous conduire à *la Brillantais :* ce nom, en me rappelant celui de M. Perrier d'Hauterive, créole, et jadis habitant de l'île de Bourbon, m'expliqua suffisamment l'intention de mon aimable conducteur.

Après vingt minutes d'une marche assez lente dans un chemin de traverse de l'aspect le plus varié, nous arrivâmes à la Brillantais sur les bords de la Rance ; il faudrait épuiser toutes les hyperboles de nos romantiques pour donner une idée de ce délicieux séjour.

M. d'Hauterive, propriétaire de cette maison,

est venu en France il y a quatorze ans, amenant avec lui une belle et nombreuse famille : dans un espace de quelques années, il a perdu trois filles charmantes, toutes trois mères de famille ; une seule lui reste (c'est la femme du contre-amiral Bouvet), et elle est aveugle. Par un dernier coup du sort, ce père infortuné a récemment perdu son fils aîné à l'âge de trente-quatre ans ; peu d'hommes laissent après eux de plus vifs et de plus justes regrets.

Combien j'ai été sensible à l'accueil plein de bonté que m'a fait cet homme respectable, que je revoyais après une séparation de plus de quarante années ! Nous nous sommes assis devant la maison, dans une galerie ouverte en forme de varangue, et je me suis cru un moment transporté aux Indes orientales.

Une heure de jour nous restait encore ; nous l'avons employée à visiter cette belle campagne. La Brillantais forme une pointe avancée à la distance d'un quart de lieue de la tour de Solidor. Dans ce riant séjour, des allées couvertes sont ménagées de manière à offrir en perspective, et comme encadrés, des points de vue d'un effet magique ; on aperçoit tour-à-tour le port, la rade, Saint-Servan, Saint-Malo, la mer, et des vaisseaux se dirigeant vers différents points. De l'esplanade appelée *le Balcon*, l'on découvre sur la rive opposée l'habitation du *Mont-Marin*, et la jolie campagne de *Carnaval*, qui appartient au célèbre M. Godfroy. Cette admirable position domine toute la contrée.

Je suis parti le lendemain matin pour Saint-Malo, et j'ai été me loger à l'hôtel du Commerce.

Sous Louis XIV, les Malouins firent un prêt de quatorze millions à l'état. Ils bâtirent, avec leurs propres fonds, les fortifications et les remparts qui forment l'enceinte de la ville, dans les années 1708, 1714 et 1721. Pour entreprendre d'aussi vastes travaux, ils avaient les produits de leurs voyages au Mexique et au Pérou, contrées qu'ils ont été les premiers à explorer. Les résultats qu'ils ont obtenus ont fondé les principales fortunes de Saint-Malo. Ses armateurs expédient pour l'Inde et pour les colonies; mais les opérations principales sont dirigées vers la pêche de la morue à Terre-Neuve, et aux îles de Saint-Pierre et de Miquelon. Les deux villes de Saint-Malo et Saint-Servan expédient à cette pêche, chaque année, de soixante-quinze à quatre-vingts bâtiments de toutes grandeurs, lesquels sont montés par plusieurs milliers de jeunes marins, qui, exercés aux fatigues et aux habitudes de la mer, offrent successivement à la marine de l'état des matelots dont les capitaines de tous les ports savent apprécier le mérite. Saint-Malo faisait avec l'Espagne un commerce immense par ses envois annuels de toiles de Bretagne; mais la révolution a détruit cette branche de commerce, et il est à craindre qu'elle ne puisse se relever.

Le Malouin est d'un caractère sérieux, austère, rangé, économe. La jeunesse de Saint-Malo, brave jusqu'à la témérité, aime les entreprises hardies et aventureuses. Les corsaires de cette ville qui ont pris Rio-Janeiro sous le commandement de Duguay-Trouin ont dans tous les temps désolé le commerce anglais : avant et depuis ce grand homme, l'Angleterre avait raison de redouter les armements de Saint-Malo, qui ont, à toutes les époques et sur toutes les mers, soutenu dignement l'honneur du pavillon français.

Le Malouin aime peu à sortir de sa presqu'île, si ce n'est pour aller passer la belle saison à sa maison de campagne, qui est ordinairement située à une ou deux lieues dans les environs. Ces campagnes, pour la plupart très petites, pourraient être comparées à quelques égards aux bastides qui environnent Marseille.

Ce qui compose la première classe de la ville est divisé en plusieurs sociétés, dont les nuances sont remarquables, sur-tout depuis la restauration. La noblesse *se dit elle-même* la première société, comme si dans une ville maritime la première notabilité ne se composait pas par le fait des principaux armateurs. Une autre société, qui *se dit* aussi la première, est celle des hommes en place : ceux-ci, à quelques exceptions près, ne se voient qu'entre eux. Les négociants sont les seuls qui n'assignent aucun rang à leur société. Il est bon d'observer que la plupart des nobles de Saint-Malo descendent d'anciennes maisons de commerce, et que plusieurs d'entre eux s'honorent encore d'être négociants. En général leurs parchemins ne sont point vermoulus.

Une grande probité et beaucoup d'exactitude et de sévérité dans les affaires commerciales de ce pays distinguent les négociants; on y voit très peu de faillites, et l'on ne pourrait pas y citer une seule banqueroute frauduleuse.

M. Blaise, doyen des négociants, venait de recevoir la croix de la Légion-d'Honneur. Il était l'artisan de sa grande fortune: il est mort quelques mois après, à l'âge de quatre-vingt-neuf ans. Il laisse une famille respectable, et un nom commercial qui à lui seul est un bel héritage.

M. R. Surcouf, armateur. Ce célèbre capitaine a trouvé la gloire sur le chemin de la fortune; toutes les relations maritimes, toutes les biographies, parlent de ses hauts faits dans l'Inde, et n'en parlent peut-être pas assez. Enlever des vaisseaux de la compagnie anglaise avec un frêle corsaire, renouveler plusieurs fois ces actes étonnants, sont des faits qui occupent une place glorieuse dans l'histoire de notre marine.

M. Godfroy, armateur, tient un rang distingué

dans le commerce de Saint-Malo. Il remplit depuis vingt-cinq ans des fonctions publiques et gratuites. Il est aujourd'hui premier juge au tribunal de commerce, vice-président de la chambre de commerce, et vice-président de la commission de santé. Ses principes sont libéraux. La sûreté et la modération de ses opinions étaient tellement appréciées, que ses nombreux amis l'ayant porté à la députation, en mai 1815, tous les partis applaudirent à ce choix. Dans cette chambre, celle des cent jours, M. Godfroy remplit tous ses devoirs dans le sens du mandat qu'il avait accepté. Littérateur éclairé, doué d'un goût passionné pour les beaux-arts, il sait charmer ainsi les instants qu'il peut dérober à des occupations plus sérieuses.

Les maisons Gautier jeune, Dupêcher, La Vieuville, Dupuisfromy, Kerloguen et un grand nombre d'autres, honorent le commerce de la ville par leur caractère et la régularité de leurs opérations. Entre elles on distingue la maison Fontan qui, en armant par ses seuls moyens, de trente à quarante bâtiments, répand autour d'elle un mouvement industriel qui assure l'existence d'un très grand nombre de familles. M. Thomas, négociant riche et distingué, a été long-temps maire de Saint-Malo. Son administration sage et régulière a laissé les souvenirs les plus honorables.

M. D. Bizier, maire actuel, par son administration juste et douce, a mérité la confiance des habitants, quelle que soit la nuance de leurs opinions.

M. Garnier Dufougerais est le député de la ville depuis 1815. Après avoir long-temps siégé à l'extrême droite, il est descendu au centre avec ses amis, composant le ministère actuel. La ville et beaucoup de particuliers lui ont des obligations.

Le contre-amiral Magon, officier de marine d'une réputation brillante, est mort glorieusement à Trafalgar.

Le contre-amiral en retraite, P. Bouvet, né à Bourbon, habite Saint-Servan depuis son enfance, et, après une absence qui a duré presque toute la guerre, il s'y repose maintenant de ses glorieux travaux. Le capitaine de vaisseau, P. Bouvet, père du précédent, qui se distingua d'une manière si brillante au combat de *la Belle-Poule*, en 1778, et dans les campagnes de Suffren, est aussi de cette dernière ville.

M. Malo Le Nouvel, capitaine de navire, a été trop tôt enlevé à sa famille et à ses amis. Il était chargé de la direction d'un transport qui conduisait cent soixante hommes de l'Ile-de-France à Nantes. Les passagers se révoltent, les vivres sont dispersés, toute autorité est méconnue; il y a certitude que l'équipage périra de faim si le désordre continue. Le capitaine Le Nouvel prend ses armes : il avance seul au milieu des furieux qui veulent se perdre, donne la mort au plus mutin; ses complices restent interdits, et cent cinquante-neuf malheureux sont sauvés. En 1811, commandant le corsaire *l'Amélie*, il est approché par une frégate anglaise. Elle expédie sept péniches armées de cent vingt-cinq hommes d'élite. Le corsaire est entouré et n'a qu'un faible équipage à opposer à l'attaque. Le courage du capitaine Le Nouvel et son exemple électrisent ses braves marins; deux péniches sont coulées, soixante anglais sont tués ou blessés, et le corsaire reste victorieux; mais l'intrépide capitaine avait reçu un coup de feu au travers du corps. Il mourut dix-huit mois après des suites de cette blessure.

M. Dubois du Mont-Marin est né à Saint-Servan. Le port qu'il a formé sur la rivière de Rance était une œuvre colossale pour un particulier. Il fut le créateur de sa grande fortune. Entreprenant et obligeant par caractère, il créa ce port du Mont-Marin, non seulement pour ses nombreux armements, mais encore pour répandre la prospérité autour de lui. Quinze cents ouvriers étaient employés, logés, et nourris par lui; sa mémoire est bénie et honorée dans le pays qu'il habitait, et c'est toujours en pleurant que les enfants rappellent les bienfaits dont il a comblé leurs pères.

La ville de Saint-Servan, très rapprochée de Saint-Malo, anciennement faubourg de cette dernière, a toujours conservé, quoi qu'en disent ses habitants, une certaine dépendance de la métropole, même à part celle qui existe de fait, puisque les autorités, les tribunaux, les administrations (hormis le chef maritime et ses bureaux), résident à Saint-Malo.

Dans la manière d'exister, dans les habitudes de la vie, les *Servanais* se surprennent à chaque instant, et non sans un certain dépit, donnant à Saint-Malo toute la supériorité qu'il a sur son ancien faubourg : supériorité toute naturelle par le nombre et l'importance des fortunes, par le nom de ces anciennes maisons, qui ont en quelque sorte conservé leur clientelle par tradition. Un habitant de Saint-Servan qui s'observe ne donne point le nom de *bourg* à son église, devant un Malouin. C'est pourtant la désignation que l'incommode et impérieux usage a conservée au quartier de l'église paroissiale. Dans les réunions de société, dans les cérémonies religieuses et civiles, il y a toujours à Saint-Servan quelque chose qui rappelle le faubourg. De là aussi plus d'urbanité envers les étrangers, plus de cette simplicité dans les mœurs, plus de *laisser aller*, moins de cette cérémonie gênante dont la dignité malouine a continué de s'affubler : l'empreinte de la pièce de monnaie, qui, suivant Sterne, perd son caractère à force de circuler, s'est moins effacée à Saint-Malo que par-tout ailleurs. Les sociétés de Saint-Servan se voient toutes entre elles. La ville, à-peu-près aussi peuplée que celle de Saint-Malo, étant beaucoup plus étendue, le seul éloignement des quartiers a causé la séparation des sociétés, qui, dans certaines circonstances se rassemblent avec plaisir. Quelques légères nuances d'opinions s'y remarquent à peine. Le peu de noblesse qu'on y voit ne fait point bande à part : aussi a-t-elle moins de prétentions que par-tout ailleurs.

Une partie assez notable de la population se compose de Canadiens, de Français des îles de Saint-Pierre et de Miquelon. Habiles marins, corsaires intrépides, bien loin d'être à charge au pays, ils contribuent à sa prospérité; leur franchise et leur loyauté ne peuvent être égalées que par leur passion pour le plaisir du moment et leur indifférence pour le lendemain.

Depuis la paix, le séjour d'un grand nombre d'Anglais à Saint-Servan, où ils se plaisent beaucoup plus qu'à Saint-Malo, a singulièrement contribué à vivifier et à embellir la première de ces deux villes.

M. Guibert, principal négociant de Saint-Servan et maire de la ville, a été enlevé à ses amis vers la fin de l'année dernière; il a emporté tous les regrets des habitants. Il faisait beaucoup de bien, et les malheureux ont perdu en lui un soutien. Le conseil de la ville a rendu hommage à sa mémoire, en votant un monument pour décorer son tombeau aux frais de la ville. Sa nombreuse famille jouit d'une grande considération dans ce pays; son fils a été nommé maire, et cette survivance a été acceptée avec plaisir.

M. Lissillour, capitaine de vaisseau en retraite, est premier adjoint de Saint-Servan. Cet homme d'un mérite distingué, après d'honorables services dans la marine, continue encore d'être utile à son pays en se chargeant du détail d'une administration gratuite.

Chacune des deux villes possède un collége. Ces deux établissements jouissaient naguère d'une réputation bien méritée : alors ils étaient dirigés, celui de Saint-Malo, par M. Quéray, *laïque* et père de famille (qui vient d'être nommé professeur de mathématiques transcendantes à Montpellier), et celui de Saint-Servan par M. Raffray, homme d'un mérite distingué, également *laïque* et père de famille. Ce dernier est mort il y a deux ans. Tous deux ont été remplacés par des *ecclésiastiques*. L'influence de Mont-Rouge se fait sentir jusqu'ici. Ces deux colléges tombent chaque jour, et, s'ils n'étaient soutenus aux frais de leur ville respective, on pourrait craindre qu'avant deux ans on ne fût obligé d'en fermer les portes. Tout a été dit sur ce système envahissant qui met désormais l'éducation de la jeunesse entre les mains des prêtres. Les collèges de Saint-Servan et de Saint-Malo, qui, par l'air qu'on respire en ce pays, étaient deux établissements d'une importance notable pour le département, sont devenus à-peu-près nuls, dirigés par des hommes qui ne sont plus de ce siècle...

N° CXXV. [8 MAI 1822.]

DUGUAY-TROUIN

ET L'ABBÉ TRUBLET.

> Il n'y a de grands hommes que ceux qui sont universellement reconnus pour tels.
> Il est des hommes que l'on cesse de décrier par lassitude.
>
> M.

Saint-Malo, malgré son amour presque exclusif pour le commerce, a produit des hommes remarquables en plusieurs genres : les sciences, la littérature, et sur-tout la marine, en réclament plusieurs.

La plus ancienne illustration de la marine malouine est Jacques Cartier, qui, en 1554, découvrit le Canada : il visita les côtes et l'intérieur de ce pays, qu'il décrivit exactement ; il donna, il est vrai, dans les rêveries d'une crédulité excessive, mais il répara par son courage et ses entreprises le tort que pouvait lui faire son ignorance. On doit à

Beauchêne-Bouin la connaissance du canal de Horn pour pénétrer dans la mer du Sud.

DUGUAY-TROUIN, que Voltaire qualifie avec tant de raison d'*homme unique en son genre*, naquit à Saint-Malo, le 10 juin 1673, d'un père riche et négociant. A dix-huit ans le jeune héros, commandant un navire qui appartenait à sa famille, s'empara sur la côte d'Irlande d'un château défendu par une force militaire assez considérable, et brûla deux vaisseaux. Après plusieurs succès, la fortune trahit sa bravoure : il tomba dans les fers de l'Angleterre; l'amour le délivra : il sut plaire à une jeune Écossaise qui brisa ses fers, et rendit un héros à la France. Duguay-Trouin continua le cours de ses victoires, devint la terreur des puissances ennemies, et mourut à Paris le 27 septembre 1736, laissant une mémoire immortelle, et son noble exemple à suivre par ceux qui ont embrassé la même carrière.

Louis XIV, dont le plus grand mérite fut de savoir apprécier les grands hommes qui semblaient s'être donné rendez-vous sous son règne, faisait un cas particulier du marin breton. Un jour que celui-ci lui racontait un combat où il commandait une escadre dont un vaisseau nommé *la Gloire* faisait partie : «*J'ordonnai*, dit-il, *à la Gloire de me suivre.* — *Et elle vous fut fidèle*, reprit le monarque avec grace.» Duguay-Trouin ne portait pas dans la société la vivacité d'un esprit frivole; il était mélancolique, parlait peu, et ne pouvait souffrir les futilités qui amusent le monde. Souvent, après lui avoir long-temps parlé, on s'apercevait qu'il n'avait ni écouté, ni entendu; mais à l'heure du combat ce n'était plus le même homme: son regard étincelait, toute sa personne prenait une expression admirable, et sa prudence habile paraissait alors de la témérité. Il était généreux comme presque tous les héros: on l'a vu refuser une pension nouvelle que le gouvernement voulait lui accorder, et demander qu'elle fût distribuée aux officiers qui avaient servi sous ses ordres.

Dans la guerre de 1744, plusieurs Malouins se distinguèrent par des actions d'éclat; on désigne dans ce nombre Mathieu Loison de la Rondinière, Pierre Guyomarck, etc. Nous citerons encore Yves-Marie Roche, capitaine de vaisseau, infatigable dans le combat, hardi dans les entreprises et prudent dans l'exécution; il sauva l'Île-de-France de la famine, et ne fut pas récompensé des actes héroïques qu'il multiplia dans l'intérêt de la patrie: c'est qu'alors, comme aujourd'hui, on accordait aux portiers des ministères ce qu'on refusait à l'homme de mérite qui ne savait pas intriguer. Chenard de la Giraudière, compagnon de Bougainville dans son voyage autour du monde; Jacques-Pierre Meslé de Grand-Clos, négociant et armateur; MM. de Laville, Brun, Landais, de Clos-Guyet, Sebire, et Bouvet (les deux derniers, officiers sur la frégate *la Belle-Poule*, commandée par M. de la Clochetterie), termineront cette liste.

Celle des gens de lettres est également remarquable. Je ne parlerai pas du père Daniel, religieux de l'ordre des carmes, qui a écrit sur le mystère de la Trinité un gros livre que je n'ai pas lu; mais je dirai un mot de La Bigorre Julien Offray de La Mettrie, né à Saint-Malo le 25 décembre 1709, et mort à Berlin d'indigestion en 1751. Il avait étudié la médecine en Hollande, et, après l'avoir professée long-temps avec succès, il finit par ne plus y croire lui-même. Heureux s'il eût borné là son incrédulité; mais il la porta sur de plus graves objets. Ses opinions lui firent de nombreux ennemis, et soulevèrent contre sa personne tous ceux qui ont quelque peine à voir dans l'homme une brute un peu mieux organisée que celles qui marchent, volent, nagent, ou rampent avec nous sur la terre. La Mettrie débuta par écrire l'*Histoire de l'Ame*, c'est-à-dire par essayer de prouver que l'ame n'existe pas. Cet ouvrage et la *Politique des médecins*, contre laquelle toute la faculté se souleva, le contraignirent à sortir de France et à se réfugier à Leyde. C'est là qu'en 1748 il mit au monde son *Homme machine*, production désordonnée, où le matérialisme était professé avec tant d'impudence, qu'il anima contre lui toutes les communions chrétiennes qui peuplent la Hollande; elles étaient au moment de faire un mauvais parti à l'extravagant La Mettrie, qui, pour éviter le bûcher ou tout au moins la réclusion perpétuelle, se sauva en Prusse auprès de Frédéric-le-Grand. Ce roi, qui ne cherchait dans les hommes que de l'esprit ou des connaissances utiles, sans s'inquiéter de leurs opinions religieuses, accueillit La Mettrie et en fit son médecin. Sa conversation enjouée charmait le prince, qui n'en jouit pas longtemps, car La Mettrie mourut trois ans après son arrivée à Berlin. On assure qu'à ses derniers moments, désabusé de ses erreurs, il essaya d'apaiser la céleste justice en faveur de son ame, dont alors seulement il reconnut l'existence.

La Mettrie rencontra à Berlin un savant plus digne que lui de la réputation dont ils jouissaient tous deux dans cette ville: c'était Pierre-Louis Moreau de Maupertuis, géomètre célèbre, né à Saint-Malo le 17 juin 1688 d'une famille noble. Il suivit d'abord la carrière des armes, parvint au grade de capitaine; mais, entraîné par l'amour des sciences, il donna sa démission, se livra à l'étude avec tant de succès, qu'il fut reçu membre de l'académie des sciences de Paris en 1723: sa réputation était dans tout son éclat, lorsqu'il partit en 1736 à la tête des académiciens envoyés par Louis XV, pour aller déterminer dans le nord la figure de la terre. Ce voyage, exécuté au milieu des plus grands périls, fut couronné d'un plein succès, et Maupertuis put, avec juste raison, s'attribuer une bonne part dans la réussite de cette entreprise, qui fut terminée dans l'espace d'un an, et que toute l'Europe savante admira.

La renommée, qui en fut la récompense pour Maupertuis, engagea Frédéric II à nommer ce savant Malouin président de l'académie qu'il venait de fonder à Berlin. Cet établissement, dans lequel étaient réunies les diverses branches des sciences et de la littérature, a servi de modèle à la formation de l'Institut français. Ici se termina le bonheur qui jusqu'alors avait accompagné Maupertuis. Une trop haute opinion de son propre mérite ne lui permit pas de rendre justice à celui des autres : il ne pouvait supporter une gloire qui n'était point la sienne. Il porta, dans ses fonctions de président de l'académie, un esprit de despotisme, et des formes tyranniques, toujours détestés dans la république des lettres. Jaloux à l'excès de Voltaire, dont il avait d'abord été l'ami, il provoqua la colère du géant de la littérature et de la philosophie : dès ce moment Maupertuis fut perdu.

Il quitta Berlin en 1756, vint en France, et, en 1759, mourut à Bâle, où il s'était rendu pour voir les frères Bernouilli. L'académie française, comme celle des sciences, lui avait ouvert ses portes. Il a composé plusieurs ouvrages, parmi lesquels ceux qui ont pour objet les sciences mathématiques sont les plus estimés.

Duport Dutertre, auteur de *la France littéraire*, d'un *Abrégé de l'histoire d'Angleterre*, et de plusieurs autres ouvrages, était né à Saint-Servan.

Nous savons tous par cœur les vers du *Pauvre Diable* sur l'abbé Trublet,

Qui compilait, compilait, compilait.

Cet abbé, si tristement célèbre, était né à Saint-Malo en 1697; il fut compté au nombre des membres de l'académie française et de ceux de l'académie de Berlin. Archidiacre et chânoine du chapitre de Saint-Malo, il fut l'ami de La Motte-Houdart et de Fontenelle; madame Geoffrin disait de lui : « C'est un sot frotté d'esprit. » Il publia quelques ouvrages, aujourd'hui tout-à-fait oubliés, et dut à ses querelles avec Voltaire l'espèce d'immortalité dont il jouit encore.

Le célèbre La Chalotais n'est pas né dans les murs de Saint-Malo; mais cette victime du plus odieux despotisme ministériel fut enfermée dans les prisons du château de cette ville, et je ne veux point perdre l'occasion de rendre hommage à la mémoire de ce courageux magistrat breton, qui s'immortalisa dans l'affaire de l'expulsion des jésuites. Son *Compte rendu de leurs institutions* (deux volumes in-12, 1762) sera long-temps cité pour la force, l'énergie du style, la profondeur des vues, la clarté du raisonnement et l'art avec lequel il présenta tout ce qu'avaient de dangereux pour l'état les règles de cette odieuse compagnie. La Chalotais contribua beaucoup à son expulsion du royaume : aussi ne le lui pardonna-t-elle jamais. Ce furent les jésuites qui, du fond de leur exil, le poursuivirent sous le nom du duc d'Aiguillon.

Ce seigneur, gouverneur de la province de Bretagne, avait tenté de détruire, pour obéir aux ordres de la cour, quelques uns des privilèges dont étaient si fiers les modernes Armoricains. La Chalotais s'opposa avec véhémence et fermeté aux empiétements du pouvoir : le duc le rencontra par-tout où il voulait se montrer oppresseur, et cette généreuse résistance l'indigna; un nouveau sentiment de haine vint achever d'aigrir son ame. Lors de la descente des Anglais à Saint-Cast, le duc d'Aiguillon ne s'était pas signalé par sa bravoure; on parlait même d'un moulin dans lequel il s'était prudemment réfugié : un de ces flatteurs subalternes qu'on trouve par-tout, même en Bretagne, s'avisa de dire que le gouverneur, en cette circonstance, s'était couvert de gloire.—*Non*, répliqua vivement le procureur-général, *mais de farine*. Cette sanglante repartie ne fut pas perdue. Des gens qui avaient leur cour à faire rapportèrent l'épigramme à celui qu'elle offensait; d'Aiguillon jura de se venger. Il peignit à Louis XV La Chalotais ainsi que le président de Caradeuc, fils de ce dernier, comme deux factieux qu'il fallait punir : l'ordre fut donné de les arrêter. Comme la magistrature eût répugné à sanctionner, par un jugement solennel, une injustice aussi éclatante, le soin de juger, c'est-à-dire de condamner le procureur-général du parlement de Bretagne, fut confié à une commission présidée par M. de Calonne : l'arrêt qui survint fut un arrêt de mort; Louis XV, écho de madame Dubarry, en commanda l'exécution; mais le duc de Choiseul, ce grand ministre, tant calomnié par les enfants d'Ignace, parvint à dessiller les yeux du monarque, et lui arracha un contre-ordre qui fut remis à un courrier assez heureux pour devancer le porteur de la signature fatale[1].

La Chalotais avait été transféré au château de Saint-Malo; de la chambre qu'il occupait, il entendait le bruit que faisaient les ouvriers chargés de dresser l'échafaud sur lequel il devait périr. Cette

---

[1] On trouvera des détails inconnus et véridiques sur la délivrance de ce citoyen dans le tome III du roman des *Beaumanoir ou la Tour d'Elvin*, par M. Kératry.

circonstance n'ébranla point son courage; durant sa captivité, privé de tous les moyens d'écrire, il suppléa, par un mélange d'eau, de suie, de vinaigre et de sucre, à l'encre qui lui manquait; remplaça le papier dont il avait besoin, par des enveloppes de chocolat; enfin un cure-dent lui tint lieu de plume; il se servit de ces matériaux pour écrire ses Mémoires, sous le titre d'*Exposé justificatif de ma conduite*; ouvrage étincelant de toutes les beautés de l'éloquence, et qui fit dire à Voltaire, juge suprême en tout ce qui tient au sentiment du beau : « *Malheur à toute âme sensible qui ne sent pas le frémissement de la fièvre en le lisant !.. Son cure-dent grave pour l'immortalité.* » La Chalotais fut exilé à Saintes; Louis XVI lui rendit sa place, en lui donnant le titre de marquis et 100,000 francs de dédommagement.

Je n'ai d'opinion bien arrêtée que sur les morts; aussi ne porterai-je pas sur l'auteur du *Génie du Christianisme* un jugement définitif; cette renommée est encore en fusion, si j'ose parler ainsi; la postérité, dont je ne veux pas me rendre l'interprète, prononcera sur le mérite de la statue en métal de Corinthe, que ses amis et ses ennemis travaillent à lui ériger.

Il est un point cependant sur lequel les uns et les autres se réuniront sans doute, à ne juger M. de Châteaubriand que sur ses productions purement littéraires, on pourra lui reprocher d'avoir fondé, par la séduction d'un talent où dominent l'imagination et le paradoxe, cette école déplorable d'emphase et de galimatias germanique, qui compte aujourd'hui tant d'élèves; mais en même temps on sera forcé de reconnaître que ses ouvrages politiques ne se distinguent pas moins par la justesse de la pensée, par la force du raisonnement, que par la correction et la clarté du style.

N° CXXVI. [16 MAI 1822.]

UN ARMATEUR DE SAINT-MALO.

> *Luctantem Icariis fluctibus Africum*
> *Mercator metuens, otium et oppidi*
> *Laudat rura sui; mox reficit rates*
> *Quassas. . . . . .*
> HORAT.; liv. I, od. 1.
>
> Le commerçant, effrayé du combat que se livrent les vents et les flots, regrette ses champs et sa paisible demeure; mais le calme renaît; il répare son navire et se remet en mer.

Le lendemain j'allai faire ma visite à un négociant de Saint-Malo auquel j'étais recommandé. Je cherchais à me frayer un chemin jusqu'à l'appartement du maître, à travers un magasin immense, encombré de caisses et de ballots de marchandises; je remarquais avec surprise le bizarre assemblage de tant d'objets divers; ici des armes de guerre, là des piles de livres, des cartons de modes, des cotons du Levant, des sucres des îles, des bois de teinture, des caisses d'indigo, des balles de café, etc.; quand je vis venir à moi un petit homme gros et rond, à la mine

27.

joviale, à l'œil vif et pénétrant ; il avait pour robe de chambre une veste bleue, tachée de goudron ; sa tête chauve était nue, et l'on voyait que depuis longues années elle avait appris à braver l'inclémence des airs ; c'était M. L***. Il me demanda d'un ton poli, mais avec une voix accoutumée au commandement, qui j'étais, et en quoi il pouvait m'être utile. Je me fis connaître en lui remettant la lettre de recommandation dont j'étais porteur ; après l'avoir lue et sans autre cérémonie, M. L*** me prenant par la main, me conduisit dans une salle basse où le couvert était mis. Un domestique nègre, me voyant entrer avec son maître, ne se fit pas dire de placer un second couvert. Après un déjeuner, dont quelques tranches de bœuf de Hambourg, des œufs frais, du thé et un verre de rhum firent tous les frais, j'amenai adroitement la conversation sur le commerce de Saint-Malo, dans ses rapports avec l'histoire de cette ville. J'avais placé mon homme sur son terrain ; je n'avais plus qu'à le laisser parler.

« L'histoire de Saint-Malo, me dit-il, comme celle de toutes les villes de ce royaume, ne nous présente guère, pendant une dizaine de siècles, que le spectacle d'une population luttant sans cesse contre les prétentions du clergé, de la noblesse, des ducs de Bretagne, et des rois de France.

« Nos pères, chassés de la terre-ferme par les incursions des Normands, cherchèrent, comme les Lombards en Italie, un asile sur quelques rochers. Ils voulaient être libres, et crurent l'être lorsqu'ils ne dépendirent plus que de la mer et d'eux-mêmes.

« Les Malouins, toujours armés pour repousser les attaques, soit du côté de la mer, soit du côté du continent, contractèrent de bonne heure des habitudes hardies et téméraires, qui les portèrent à entreprendre des courses lointaines et nombreuses. Ils se distinguèrent en tout temps par des sentiments généreux.

« En 1477 le comte de Richemond, fuyant les princes de la maison d'Yorck, alors rois d'Angleterre, s'était réfugié en Bretagne. Le monarque anglais essaya de l'enlever de cet asile sous le spécieux prétexte de lui faire épouser sa fille. Déjà le comte de Richemond était monté sur un navire anglais qui était venu le chercher à Saint-Malo. Des avis prudents lui firent connaître le péril auquel il s'exposait en courant se livrer aux ennemis naturels de sa famille. Il trouva le moyen de sortir du vaisseau et de rentrer dans la ville. L'agent des Anglais le réclama vainement. Les Malouins répondirent que l'asile de Saint-Malo était inviolable, et que nul suppliant n'en serait arraché. Les menaces n'effrayèrent pas les citoyens; le comte de Richemond fut sauvé; et plus tard, comme vous le savez, il réussit à placer sur sa tête la couronne de la Grande-Bretagne.

« Pendant le règne du roi de France Charles V, le connétable Duguesclin s'empara de Saint-Malo. En 1376, le duc de Lancastre et une flotte anglaise vinrent assiéger cette ville. Elle fut défendue par ses braves habitants commandés par l'intrépide Jean Morte. Les efforts de nos ennemis furent vains. Il leur fallut lever le siége après plusieurs attaques qui coûtèrent aux Anglais quelques milliers de soldats.

En 1384, grande querelle pour savoir, qui nous tondrait de plus près, de notre évêque ou de notre duc. Le premier, levant le masque, refusa de reconnaître le second en qualité de son souverain : on courut aux armes. L'évêque excommunia le prince ; le prince s'empara des revenus de l'évêque, de ceux du chapitre, et fit beaucoup de mal au commerce de Saint-Malo. Force fut alors de lui céder : et l'église, vaincue, se montra soumise contre son usage. Le duc fut reconnu souverain seigneur.

« Cette lutte continua pendant une portion du quinzième siècle ; elle ne put être entièrement terminée que lorsque les rois de France s'emparèrent, sans retour, de notre cité, en 1488. Elle fut visitée, en différentes occasions, par ses nouveaux maîtres ; François Ier y vint, pendant son voyage en Bretagne avec la reine Claude, sa femme, héritière naturelle du duché. Charles IX y entra le 24 mai 1570.

« A l'époque de la ligue, les Malouins ne voulurent d'abord admettre dans leur enceinte aucune troupe à la solde des partis divers qui désolaient la France. Ils finirent par ne plus vouloir de maître, jusqu'au jour où les états-généraux du royaume, légalement assemblés, auraient choisi un roi catholique; ils étaient gênés par le comte de Fontaine qui commandait le château, et, pour le chasser, ils tentèrent une audacieuse entreprise. Cinquante-cinq jeunes gens, ayant à leur tête Jean Pepin de La Blinais et Michel Fortet de La Bardelière, escaladèrent nuitamment le château, au moyen d'une échelle de corde attachée à une couleuvrine qui débordait le rempart élevé de plus de cent pieds. L'attaque réussit, le château fut pris. Dès ce moment les Malouins se gouvernèrent en pleine indépendance; ce ne fut qu'en 1594 qu'ils se décidèrent à reconnaître l'autorité de Henri IV ; ils le servirent avec fidélité, et marchèrent au nombre de huit cents hommes, contre la ville de Dinan, place d'armes de la ligue, dont ils se rendirent maîtres.

« Un habitant de Saint-Malo partit aussitôt pour aller annoncer au roi cette grande nouvelle; il se présenta devant lui, et, ignorant les formes de l'étiquette : *Sire*, dit-il avec son accent malouin, *nous aivons pris Dinan.* Le maréchal de Biron s'écria que la chose n'était pas possible; le député levant les épaules, et s'adressant au monarque, lui dit d'un ton railleur: *Vai, il le sçaura mieux que moi qui y étas!* Il rapporta ensuite plusieurs circonstances de l'attaque, et puis demanda familièrement à boire et à manger. Le roi, pour le récompenser, lui offrit des lettres de noblesse; mais le malouin, à qui la légèreté de Biron avait peut-être donné une assez médiocre idée de sa caste, les refusa, préférant, pour tout prix de son zèle, un cheval de l'écurie du roi.

« Nos corsaires, à toutes les époques, ont causé de grands dommages au commerce de l'Angleterre, notamment lors de la ligue d'Augsbourg contre Louis XIV; aussi les Anglais formèrent-ils, en 1693, le projet de détruire Saint-Malo; ils parurent devant ses murailles, au mois de novembre de cette année, avec une flotte nombreuse, et commencèrent un bombardement terrible qui néanmoins ne produisit pas tout l'effet qu'ils en espéraient. Une machine infernale, qui, placée dans un vaisseau, arrivait à pleines voiles sur la ville, fut détournée par un coup de vent, et jetée sur un rocher, où elle échoua: son explosion fit périr celui qui l'avait inventée, ainsi que quarante hommes dont il était accompagné; elle ébranla la ville; un grand nombre de maisons perdirent leurs vitres et leurs toitures; mais là se borna l'effet de l'infernale machine, et les Anglais n'ont recueilli pour fruit de cette entreprise qu'un mépris mêlé d'horreur.

« Cette attaque infructueuse fut renouvelée en 1695 : un bombardement mieux dirigé fit beaucoup de mal à la ville; cependant les Anglais, aidés alors des Hollandais, ne parvinrent pas à la réduire. Ils recommencèrent leur tentative avec de plus faibles moyens vers le milieu du dernier siècle, et toujours ils se retirèrent avec la honte qui accompagne tout projet de ce genre qui ne réussit pas. Je n'en sais pas plus long sur notre histoire, continua M. L***, et je vous ai récité tout ce que m'en apprit dans ma jeunesse un de mes oncles, qui ne se piquait pas à cet égard d'une grande érudition. »

Je me permis ensuite de faire à M. L*** quelques questions sur les relations commerciales de cette ville maritime; il y répondit avec une extrême complaisance.

« Notre commerce a eu ses âges d'éclat et de décadence, suivant que la mer a été plus ou moins libre, et que le gouvernement a pu le protéger d'une manière plus ou moins efficace. Nous avons toujours eu des relations très étendues avec l'Angleterre, la Hollande, nos colonies d'Amérique et l'Espagne. Ce dernier royaume était pour nous la poule aux œufs d'or; on l'a récemment égorgée, et aujourd'hui nous portons la peine de l'impéritie des hommes parvenus au pouvoir sans posséder les talents qui font les habiles ministres. Nous donnions à la péninsule des toiles presque toutes fabriquées en Bretagne, des étoffes d'or et d'argent, des satins de Lyon et de Tours, en échange d'argent monnayé ou de lingots et de matières précieuses dont la vente était toujours assurée. Nos envois transportés à Cadix se répandaient en Espagne et dans ses colonies des deux Indes : le bénéfice passait alors quinze millions. Aujourd'hui..... »

L'armateur s'interrompit brusquement, et me parla des avantages que Saint-Malo trouvait à trafiquer avec la Hollande, et des rapports commerciaux établis successivement avec l'Angleterre, et sur-tout avec les îles de Jersey et de Guernesey, qui envoient tous les ans un nombre considérable de navires à Saint-Malo.

Une autre branche d'industrie très productive était celle qui se faisait jadis pour l'odieuse traite des nègres, et qui n'est encore abolie que sur le papier.

Près de cent navires malouins vont chaque année à la pêche de la morue sur le grand banc de Terre-Neuve. Cette navigation est une pépinière de bons matelots et d'excellents marins.

« Cette activité commerciale, continua-t-il, a produit parmi nous cette abondance, cette richesse dont vous avez les preuves sous les yeux. Nos maisons, principalement celles qui bordent les remparts, peuvent passer pour des hôtels somptueux. Vous voyez avec quel soin nous décorons nos églises, nos édifices publics. Avez-vous examiné les citernes et la pompe communale qui, par le moyen d'aqueducs souterrains, amène l'eau douce des fontaines éloignées de plus d'un quart de lieue de la ville, et traverse un bras de mer? La salle de spectacle n'est pas à dédaigner. Nous avons perdu l'évêché et le chapitre : c'est sans doute un grand malheur, mais avec de la fermeté, on supporte de telles catastrophes, sur-tout lorsque l'on songe que notre port nous reste, et que l'Océan est toujours là. »

M. L*** n'oublia pas de me parler des quatorze millions donnés par le commerce malouin à Louis XIV en 1711 : trait de patriotisme qui compense suffisamment le petit ridicule de ces intrépides *loups de mer*, répondant sur l'Océan à ceux qui les hèlent qu'ils sont Malouins au lieu de se dire Français.

Le temps ne me paraissait pas long; M. L*** ne songeait pas lui-même qu'il pourrait l'employer plus utilement, lorsqu'on vint lui annoncer que l'on signalait un de ses navires qui revenait de Cadix. Il me quitta brusquement, et nous nous séparâmes.

Le lendemain l'aubergiste me proposa de donner une place dans ma voiture à un ancien conseiller au parlement de Rennes, qui allait dans cette ville où je me rendais moi-même. Je n'eus garde de refuser, bien convaincu que, dussions-nous ne pas nous entendre avec l'ex-magistrat sur les événements et les hommes de l'époque actuelle, il pourrait toujours me donner sur les temps passés des renseignements précieux.

N° CXXVII. [23 mai 1822.]

VILLE DE DINAN.

LA BOURDONNAYE, DUCLOS, etc.

> Il est une ingratitude aussi flatteuse pour l'amour-propre que la reconnaissance la plus signalée.
>
> M.

Lors même que je n'eusse pas su à quelle classe appartenait mon compagnon de voyage, il m'eût été impossible de ne pas le reconnaître aussitôt que l'on nous eut mis en présence. On devinait, en le voyant, l'ancien magistrat d'une cour souveraine. Le temps et la révolution opérée dans les choses n'avaient rien changé à ses premières habitudes ; sa tête droite, sa contenance solennelle, son attitude, et son langage, révélaient à l'œil le moins observateur la ferme croyance où il était que le parlement de Rennes pouvait bien avoir été suspendu, mais qu'il n'était pas détruit, et qu'au premier jour il se présenterait au pied du trône pour y faire ses très humbles remontrances : sans chercher à détruire une erreur où il paraissait se complaire, je me contentai de décliner mon nom, qu'il me demanda avec toutes les précautions oratoires que lui dictait sa politesse parlementaire. Au nom du chevalier de Pageville, que je me gardai bien d'accompagner du titre d'*Ermite de la Chaussée-d'Antin*, sa figure s'épanouit, et dès-lors je fus assuré que l'entretien ne languirait pas. Comme je donnai l'ordre au postillon de prendre la route de Dinan, mon compagnon, que j'appellerai M. de Saint-Nestier, du nom d'une terre qu'il possède en Auvergne, me fit observer que ce chemin était le plus long, et que celui qui passe à Châteauneuf nous conduirait plus directement au but de notre voyage.

« Dinan n'offre rien de remarquable, me dit-il, et si la seule curiosité vous y attire, chemin faisant je vous ferai l'histoire de cette ville, où j'ai passé deux années à l'époque déplorable de la destruction de la monarchie et de la suppression des parlements. » J'acceptai sa proposition, et à peine étions-nous montés en voiture que je le priai de remplir sa promesse.

« La ville de Dinan, me dit-il, appartient au département des Côtes-du-Nord; elle est aujourd'hui le chef-lieu d'une sous-préfecture et d'un tribunal de commerce : sa population actuelle doit approcher de cinq mille ames : sans doute elle augmente ici comme dans tout le reste de la France. Avant la révolution, elle était le siège d'un gouvernement militaire, d'une subdélégation, et d'une foule d'établissements pieux, civils, et de juridiction magistrale. L'époque de sa fondation est inconnue. Son nom viendrait, si l'on en croit des auteurs qui ont inventé ce qu'ils n'ont pu découvrir, de Diane, qui aurait eu en ce lieu un autel placé dans l'épaisseur d'une forêt sacrée. On pense avec plus de raison, qu'elle est la cité nommée dans la table de Peutinger *Nadionum*, qui fut peut-être la capitale des *Diablentes* ou *Diaulites*.

« Sa position sur une hauteur, au pied de laquelle coule la Rance, lui a toujours donné de l'importance. Ses murs, autrefois très forts, étaient si larges, que l'on aurait pu sur leur couronnement faire rouler une voiture à quatre roues. Le château était susceptible d'une longue défense, et dans son enceinte on a renfermé, en temps de guerre, jusqu'à trois mille prisonniers. La vue que l'on découvre du haut des remparts est admirable. La Rance forme à ses pieds un demi-cercle, dans une vallée qu'elle remplit de ses eaux et qu'elle rend inaccessible : au loin s'étendent de vertes campagnes, véritable Éden où la nature est d'autant plus belle, que l'art ne s'est pas encore chargé de régulariser son majestueux désordre.

« Les promenades de Dinan sont vastes; celle

appelée le *Champ* est immense, et pourrait contenir huit mille hommes rangés en bataille. La place dite du *Champ-Jacquet* est aussi très spacieuse, et forme un beau carré long. A un quart de lieue de la ville est située la fontaine des eaux minérales, entre deux montagnes. Elle n'était autrefois accessible que par un chemin étroit, raboteux, et très fatigant pour les malades. Les états de Bretagne firent construire une fort belle route; le terrain fut aplani; la pente, auparavant si rapide, devint presque insensible, et l'on embellit les abords de la fontaine.

« Le commerce de Dinan est actif; il consiste en denrées du pays, et les jours de certaines foires, il s'y fait pour plusieurs millions d'affaires. »

Ici je pris la parole, et je hasardai quelques réflexions qui tendaient à faire convenir M. de Saint-Nestier que la révolution, tout en faisant beaucoup de mal aux individus, avait produit de grands biens pour la masse. Mon compagnon qui, à part ses préjugés, raisonnait fort juste, vit tout d'un coup où je voulais en venir; mais comme, pour tomber d'accord avec moi, il eût fallu donner une sorte d'approbation à la suppression sacrilége des parlements, il ramena brusquement la conversation sur Dinan.

« Cette ville avait eu très long-temps ses seigneurs particuliers, et selon les historiens bretons l'immortel Duguesclin, dont le nom en Bretagne est dans toutes les bouches, tirait son origine d'une branche cadette de la maison de Dinan. » Je sus aussi combien de fois cette ville avait été assiégée, prise et reprise. Les guerres de la famille de Montfort et de celle des Penthièvre ne furent pas oubliées, non plus que celles de la ligue.

La partie historique et statistique épuisée, M. de Saint-Nestier passa à la biographie des personnages remarquables que Dinan avait fournis à l'illustration de la patrie. Il m'en cita plusieurs, très dignes peut-être de vivre dans la mémoire de leurs concitoyens, mais dont la réputation n'a guère dépassé les limites de la Bretagne. Deux fixèrent plus particulièrement mon attention.

Duclos, le premier, est né à Dinan vers la fin de 1704; son esprit fin et observateur lui procura dans le monde un rang et une considération que le mérite finit toujours par obtenir. Duclos devait le jour à un chapelier. Il illustra sa famille, non par les lettres de noblesse qui lui furent données en 1755, mais par ses écrits. Sa conversation était vive et enjouée; les vérités neuves et intéressantes lui échappaient comme des saillies. Il pensait fortement, et s'exprimait de même. La pureté de son goût lui faisait porter des jugements sévères sur les auteurs médiocres, et il revêtait sa critique d'une enveloppe pittoresque qui la rendait plus piquante. *Un tel*, disait-il dans une circonstance, *est un sot*;

c'est moi qui le dis, et c'est lui qui le prouve. Son austère probité, sa bienfaisance et ses autres vertus lui acquirent l'estime publique. Il savait, chose assez rare, servir courageusement ses amis. Son esprit juste ne tarda pas à lui faire sentir les dangers d'un scepticisme outré. Il disait, à propos des attaques maladroites et peu philosophiques de quelques esprits forts de son temps : *Ils en feront tant, qu'ils me feront aller à confesse.* Il tonnait contre les productions licencieuses qui déshonorent ceux qui les composent et pervertissent ceux qui les lisent : « Le funeste effet qu'elles produisent sur les lecteurs est d'en faire dans la jeunesse de mauvais citoyens, et des malheureux dans la vieillesse. »

Duclos redoutait les excès qui tourmentent la vie ; il tenait avec fermeté la balance entre les divers partis. Aussi Rousseau, qui fut pendant un temps très lié avec lui, le définissait un homme droit et adroit. Cependant il savait dans l'occasion faire grand bruit en faveur des gens de bien persécutés. La véhémence qu'il mit à défendre La Chalotais lui attira la disgrace du ministère. On n'osa pas le mettre à la Bastille, tant était grande la considération dont il jouissait ; mais on l'exila en Italie : c'est du moins la cause qui fut généralement donnée au voyage qu'il fit par-delà les Alpes, en 1767 et 1768.

L'académie française et celle des inscriptions

l'admirent dans leur sein; la première le choisit pour son secrétaire perpétuel : il en remplit les fonctions de la manière la plus distinguée. La liste de ses ouvrages est longue: on signale parmi les plus remarquables les *Confessions du comte de* ***, l'*Histoire de Louis XI*, les *Considérations sur les mœurs du siècle*, livre écrit par un profond observateur de la société, et où, parmi une foule de pensées ingénieuses, je citerai celle-ci : « Les hypocrites de la « cour et de la ville craignent et haïssent les philo- « sophes comme les voleurs de nuit haïssent les « réverbères. »

Duclos, que sa ville natale nomma maire en 1744, mourut à Paris en 1772, emportant avec lui les regrets universels. Ce n'a donc pas été sans un extrême mécontentement que, lors de la publication des scandaleux Mémoires de madame d'Épinay, on y a trouvé de graves accusations contre le caractère d'un homme de lettres aussi recommandable. On a expliqué d'où elles provenaient, en observant que madame d'Épinay avait écrit sous la dictée de Grimm, et que celui-ci ne pouvait souffrir Duclos, qui l'avait démasqué dans plusieurs circonstances.

J'avais écouté avec un extrême plaisir l'éloge de Duclos, bien que le magistrat des anciens jours ne m'apprît rien que je ne connusse; mais, lorsqu'il en vint à Labourdonnaye, je ne lui cachai pas que le long séjour que j'avais fait dans l'Inde m'avait mis à

portée de connaître l'histoire de cet homme célèbre.
« Dans ce cas, me dit-il, je vous cède la parole : c'est à vous de me donner, sur le compte de mon illustre compatriote, des renseignements que vous avez puisés à leur source.

« — Mahé de Labourdonnaye était à peine âgé de dix ans lorsqu'il commença son cours de navigation dans les mers de l'Inde; à vingt ans il s'était fait une réputation qui le plaça à la tête des affaires de la compagnie des Indes, et qui lui fit donner ensuite le gouvernement général des îles de France et de Bourbon à l'époque de la guerre de 1741. En peu de temps le commerce français fleurit, l'administration prit sous lui une marche ferme et régulière ; il rendit florissants les pays où il commandait. Bientôt, lassé des déprédations que les Anglais commettaient autour de lui, il arme une flotte, embarque des troupes, va mettre le siége devant Madras, en 1746, force la ville à capituler, et, lorsqu'il l'a prise, il l'oblige à se racheter pour la somme de neuf millions.

« Labourdonnaye ne pouvait garder cette conquête ; il avait des ordres de la cour de France qui lui enjoignaient de ne rien conserver des terres ou des villes qu'il prendrait sur le continent. Il traita, comme je viens de le dire, du rachat de Madras.

« Ce fut néanmoins le motif dont ses ennemis se servirent pour le perdre. La compagnie des Indes se mit à la tête de ceux-ci; on porta contre Labourdonnaye des plaintes dans lesquelles on le représenta comme concussionnaire et comme ayant rendu Madras à des conditions beaucoup moins avantageuses que celles qu'il aurait pu obtenir. Il eut ordre de se rendre en France pour se justifier; la Bastille reçut le héros : le procès qu'on lui intenta dura trois années; il se défendit avec talent. Ses Mémoires, qui parurent en 1754, changèrent à son égard les dispositions du public, qui, devançant le jugement du commissaire du conseil, proclama son innocence; il fut, par un arrêt solennel, déchargé de toute accusation; mais le coup porté par la haine et l'ingratitude avait frappé droit au cœur. Il mourut en 1754, quelques mois après sa sortie de prison. Pendant son procès, les Anglais eux-mêmes, qui avaient tant à se plaindre de ses entreprises, se plurent à lui rendre justice; Labourdonnaye avait autant d'esprit que de bravoure et de talents. D'un seul regard, il embrassait l'affaire la plus compliquée. Son humanité, sa générosité, vivront longtemps dans le cœur des Indiens; il avait la repartie prompte, un seul trait le prouvera. Un directeur de la compagnie des Indes lui demandant un jour comment il s'y était pris pour mieux faire ses propres affaires que celles de la compagnie : « C'est, répondit-il, parceque j'ai suivi vos instructions dans tout ce qui vous regardait, et que je n'ai consulté que moi-même dans ce qui concernait mes propres intérêts. »

« Après sa mort, sa veuve obtint de la cour une faible pension de deux mille quatre cents livres, en mémoire de son *époux, mort sans avoir reçu aucune récompense ni aucun dédommagement pour tant de persécutions et tant de services.* Ce sont là les propres termes du brevet. »

L'ingratitude dont Labourdonnaye fut victime amena, entre mon compagnon de voyage et moi, une discussion animée sur cet acharnement des hommes à poursuivre ceux qui leur rendent les plus grands services. Je citai tous les héros persécutés dans l'histoire ancienne ou moderne, les législateurs, les gens de lettres, les savants : la liste en était longue. M. de Saint-Nestier, de temps en temps, la renforçait de celle de tous les magistrats de sa connaissance; enfin, pour compléter le tableau, il essaya de me prouver que la destruction en masse des parlements avait été à leur égard l'acte le plus injuste que le peuple français ait commis.

Nous commencions à ne plus être d'accord, et j'avais à faire valoir contre les anciens parlements certaines objections auxquelles il eût été, je crois, fort embarrassé de répondre : nous traversâmes *Tinteniac*, M. de N*** en prit occasion de me rappeler le fameux combat des trente, dans lequel un chevalier Tinteniac, combattant avec Beaumanoir, qui se plaignait d'être dévoré par une soif brûlante, lui criait : *Eh bien, bois ton sang.*

Cette petite ville, de deux mille cinq cents ames, a des foires assez fréquentes. Avant la révolution, le roi avait accordé un octroi de trente tonneaux de vin à celui qui abattrait le papegai avec l'arbutre (l'arbalète), et vingt à celui qui se servirait de l'arquebuse. M. de Saint-Nestier ne m'a pas dit si ces jeux militaires étaient encore en usage parmi la belliqueuse jeunesse du pays.

Occupé d'entreprises commerciales et industrielles, M. Besley pendant plusieurs années a été porté aux chambres législatives par une confiance qu'il n'a cessé de justifier. M. Carré, l'un de ses collègues, est également à la tête d'un établissement considérable de forges. Tous les deux habitent aux environs de Dinan. Tous les deux y jouissent d'une grande estime. Ainsi, comme le quinzième siècle, le dix-neuvième a ses notabilités. Le clerc qui savait lire à l'autel, et le gentilhomme qui frappait d'estoc et de taille, en champ clos ou dans la mêlée, exerçaient jadis une suprématie de science ou de force: maintenant que tout le monde à-peu-près sait lire, et qu'il n'est pas un bras qui, au besoin, ne pût s'armer pour la défense du pays, les rangs sont autrement distribués. La société ne consent point à une admiration stérile: il faut la protéger, l'instruire, l'intéresser, ou accroître la somme de ses jouissances. Sa considération est à ce prix. Cela est fâcheux pour quelques uns; mais il faudra bien finir par s'y soumettre.

Le département des Côtes-du-Nord, parmi ses notabilités du moment présent, est en droit de revendiquer M. Rupérou, son ancien député, comme celui d'Ille-et-Vilaine, M. Gandon. Ces deux magistrats, qui siégent dans la cour suprême de France, appartiennent aux premiers moments de sa formation. Leurs lumières et leur rigoureuse impartialité en indiquent la pensée créatrice; ainsi de nobles débris restent debout et survivent aux outrages des révolutions, pour attester la grandeur du temple dont ils soutiennent le faîte.

Je ne quitterai pas le département des Côtes-du-Nord sans rappeler à mes lecteurs qu'il se félicite d'avoir donné un pasteur au premier siége épiscopal de France; car, malgré les prétentions de l'archevêque de Lyon, primat des Gaules, Paris possède la première église métropolitaine du royaume. Né aux environs de Guingamp, d'une famille noble, M. de Quelen est Bas-Breton, ainsi que le prouvent son nom d'origine celtique, et sa devise qui y fait allusion [1]; et, ce qui est encore mieux, il

---

[1] *Quelen* signifie *le houx*, en langue celtique. Cet arbrisseau, dont les feuilles sont épineuses, conserve sa verdure en hiver. C'est à cette permanence que se rapporte la devise de M. de Quelen, tout-à-fait celtique elle-même.

peut ajouter à ce nom des qualités personnelles. Je ne discuterai pas ici les titres de mon confrère à l'académie; mais je n'aurai garde de révoquer en doute ceux qu'il s'est acquis à l'estime et au respect de ses ouailles, par l'indépendance généreuse de ses votes à la chambre des pairs. Pour montrer qu'il n'est aucun bien que l'on n'attende de lui, nous dirons franchement que nous ne le croyons ni jésuite, ni congréganiste.

N° CXXVIII. [1ᵉʳ JUIN 1822.]

ENTRÉE A RENNES.

> En matière de préjugés, la nourrice commence, le précepteur continue, le prêtre achève.
> ANONYME.

Avant d'entrer à Rennes, je savais déjà que l'origine de cette ville se perd dans les premières obscurités de l'histoire; je n'ignorais pas que son premier nom fut celui de *Condate Redhonum*, que postérieurement elle ne fut désignée que sous celui des peuples (les Redhones) dont elle était la capitale, et qu'ayant perdu son nom primitif, elle s'appelle aujourd'hui Rennes. On m'avait dit aussi que Crassus, lieutenant de César, la soumit lors de la conquête de la Gaule, et qu'il en fut le premier gouverneur. On affirmait, avant la révolution, que ses lois municipales et ses coutumes administratives remontaient, sans interruption, à C. Crassus, qui, si la chose était vraie, pourrait compter parmi les législateurs dont les volontés ont été le mieux et le plus long-temps exécutées.

Rennes, sujette des empereurs, jouit à l'ombre de leur autorité d'une paix qui se prolongea durant plusieurs siècles; elle ne fut troublée que lors de l'invasion de l'usurpateur Maxime et du prince gallois Conan Mériadec, vers l'an 383; alors elle commença à connaître les maux de la guerre; et, depuis lors, la tranquillité de ses habitants fut mise à de cruelles épreuves. Suivrai-je dans ses diverses époques l'histoire de Rennes? Je n'en ai guère envie. N'est-ce pas se répéter que de rapporter des faits toujours chargés des mêmes circonstances? L'âge présent et sur-tout l'âge à venir seront-ils curieux de savoir combien de fois Rennes a été assiégée, saccagée, brûlée ou soumise à des maîtres différents? Qu'un Rennois attache à ces calamités une grande importance, nous le concevons, ses aïeux se trouvaient au nombre des battants ou des battus; mais qu'importe tout cela au reste des Français?

Ce ne sera donc qu'en courant que je parlerai des événements particuliers dont Rennes a été le théâtre. Je dirai qu'après la mort du roi Salomon, en 874, Survanz, l'un des meurtriers de ce prince, trouvant dans son crime un titre au souverain pouvoir, se créa lui-même comte de Rennes. Ce titre fut confondu, dans la suite, avec celui de duc de Bretagne; et la ville de Rennes conserva presque toujours le titre de capitale de tout le duché que Nantes lui contesta long-temps: je me garderai bien de donner à présent mon opinion sur cette importante querelle: je suis à Rennes et je veux aller à Nantes. Il est prudent, à mon âge, de ne pas se faire de querelles avec les Bretons; ils ont la tête si chaude et si dure!

Pendant la guerre de la succession entre les maisons de Montfort et de Penthièvre, Rennes changea plusieurs fois de maîtres: sans doute, ceux qui l'occupèrent furent toujours salués du titre de légitimes seigneurs. Jean de Montfort s'en étant emparé, en donna le commandement à un Guillaume Cadoudal. Celui-ci serait-il parent de ce Georges Cadoudal qui, de nos jours, a acquis quelque célébrité par la tentative d'assassinat dirigée contre la personne du premier consul Bonaparte? c'est une simple question que je fais. Les Rennois ayant fait prisonnier un chevalier anglais très brave, nommé le baron de la Poole (Poule, par la prononciation), disaient en plaisantant que l'aigle bretonne avait plumé la poule anglaise.

Ce fut au mois d'octobre 1356 que le duc de Lancastre vint assiéger Rennes. Le célèbre Duguesclin entreprit la défense de la ville, dans laquelle il entra de vive force, conduisant avec lui deux cents chariots chargés de farines et de viandes qu'il venait d'enlever à un convoi anglais. Ses exploits le rendaient si redoutable que ses ennemis souhaitèrent de le voir ailleurs que sur le champ de bataille. Le duc de Lancastre le fit inviter, par un héraut, à une entrevue; le brave Bertrand l'accepta; il sortit sur la parole donnée, et reçut du prince l'accueil qu'il méritait; on le sollicita de reconnaître Jean de Montfort pour son duc; mais Duguesclin répliqua toujours: « Ma foi est engagée, elle n'est plus à moi; Charles de Blois est mon souverain, et je me déshonorerais en l'abandonnant. »

Un chevalier anglais, Guillaume Dembro, profita de la circonstance pour défier le héros breton, qui lui répondit: « Je n'ai jamais refusé personne, et de grand cœur je vous accorde votre demande. » Ils combattirent et Dembro fut vaincu.

Les attaques générales recommencèrent, Duguesclin brûla des tours que les Anglais avaient élevées pour battre les remparts; il défit à diverses reprises les troupes envoyées contre lui. Le duc de Lancastre lui-même fut battu: ces divers échecs le découragèrent, et il consentit à lever le siège; mais une difficulté l'arrêtait: il avait fait le serment de ne point sortir de devant Rennes sans avoir auparavant planté sa bannière sur les murailles de la ville; les Bretons trouvèrent facilement le moyen de relever le duc de son vœu. Ils le laissèrent entrer dans la cité, le régalèrent avec magnificence, et consentirent à ce qu'il plantât son étendard au-dessus d'une des portes; mais le drapeau n'y resta pas long-temps; quelques bourgeois l'arrachèrent du lieu où il était et le jetèrent au bas du rempart à l'instant même où le duc de Lancastre sortait de la ville. Charles de Blois récompensa, par des marques d'affection et par le don de la seigneurie de la Roche-de-Rieu, l'inconcevable vaillance de messire Bertrand Duguesclin, qui, en janvier 1373, épousa à Rennes Jeanne de Laval.

En 1488, les Français, après le gain de la bataille de Saint-Aubin-du-Cormier, se présentèrent devant Rennes, et sommèrent les habitants d'ouvrir leurs portes. Ceux-ci ne se laissèrent pas intimider; ils prirent les armes, et, par leur bonne contenance, décidèrent l'armée ennemie à se retirer.

Pendant la ligue, cette ville, soumise d'abord au parti royal, embrassa bientôt après celui des perturbateurs du repos public; les officiers du roi furent chassés, et l'on appela le duc de Mercœur, qui, comme je l'ai dit ailleurs, avait la chimère de se faire duc de Bretagne; mais il ne resta pas longtemps dans Rennes: le gouverneur du château, qui commandait au nom du roi, reprit son pouvoir. Le parlement, lors de l'assassinat de Henri III par Jacques Clément, fit pendre le sénéchal de Fougères, qui vint lui en apporter la nouvelle, sous prétexte qu'un malveillant pouvait seul, par mauvaise intention, répandre des bruits aussi alarmants.

Quand la paix fut rendue à la France, Henri IV vint visiter la Bretagne; il entra dans Rennes le 6 mai

1398; les magistrats lui présentèrent, selon l'usage, les clés de la ville: ce grand prince les prit, les baisa, puis il dit avec un gracieux sourire: « *Voilà de belles clés; mais j'aime encore mieux les clés des cœurs des habitants.* » Plusieurs gentilshommes ligueurs, qui, pendant les troubles, affectaient l'indépendance et se donnaient dans leurs terres des airs de souverains, vinrent à Rennes en cette circonstance faire oublier, par leurs bassesses présentes, leurs présomptueuses espérances passées. Le roi les reçut à merveille, se contentant de dire à un des gentilshommes de sa suite devant eux: « *Sourdeac, la fête des rois est passée.* » On raconte que le 15 mai, comme Henri sortait de la messe, un fou nommé Gravelle se présenta devant lui, et lui dit: « Je suis duc de Bretagne, et je vous fais mon prisonnier. »

De plus fortes chaînes arrêtèrent le prince; il devint amoureux tout-à-coup (sorte de maladie à laquelle il était d'ailleurs très sujet) de la fille d'un avocat nommé Jean Yger de Launai. Une nuit, dit-on, fut accordée; qu'en résulta-t-il? ce sont lettres closes; ce qu'il y a de certain, c'est que la jeune beauté se maria peu de temps après; que son époux, le capitaine Desfossés, fut nommé *sergent d'armes de Calais*, et qu'après la mort de Gabrielle d'Estrées, la belle Rennoise vint à la cour.

Des révoltes partielles troublèrent la paix de Rennes sous les règnes des successeurs du premier des

Bourbons. On ne doit pas oublier celle qui précéda la révolution, et dont M. Bertrand de Molleville, contre qui elle était en partie dirigée, a donné l'histoire dans ses Mémoires; elle fut causée par les imprudences de la cour, par les attaques les plus injustes faites aux priviléges de la province froissée dans ses intérêts. On ne pouvait digérer le mot d'un ministre à un gentilhomme breton, qui, lui faisant craindre les conséquences d'une exaspération générale, se contenta de lui répondre : *«Eh bien! révoltez-vous, et nous vous conquerrons.»* On ne les conquit pas ces Bretons généreux; mais ils surent établir leur liberté sur une base plus large en amenant des difficultés qui furent une des causes principales de la convocation des états-généraux.

Mon compagnon de voyage, instruit que je venais à Rennes pour la première fois, se crut obligé de m'apprendre que cette ville était le chef-lieu du département d'Ille-et-Vilaine, de la cour royale, et de la treizième division militaire; qu'elle possédait un évêché et tous les grands établissements d'une ville de premier ordre; il me montra les deux tours de l'église de Saint-Pierre, qui, de loin, me parurent fort belles. Il prétendit que je trouverais dans une petite maison nommée *la Cité* les restes d'un temple dédié à Thétis; il me dit que la tour de Saint-Georges, dont on ne voit plus que l'emplacement, avait été autrefois un temple d'Isis; que la tour, où la grosse horloge était placée avant le terrible incendie de 1720, fut un panthéon ouvert à plusieurs divinités, et que, si l'on n'eût pas démoli le couvent des Augustins, il m'eût été facile d'y reconnaître les débris d'une chapelle consacrée à Cérès.

Ces souvenirs des temps antiques m'intéressaient assez peu; j'étais plus curieux de saisir au passage quelques notions sur le caractère et les mœurs des habitants.

M. de Saint-Nestier m'offrit de la manière la plus aimable de me donner un appartement chez lui. Je n'eus besoin, pour rendre ses sollicitations moins pressantes et pour m'y soustraire tout-à-fait, que de dissiper l'erreur où il était sur mon compte en lui apprenant que, si je tenais par mon âge à l'époque des préjugés, j'appartenais par mes principes et par mes opinions à ce temps maudit qu'il avait en horreur. Nous nous séparâmes néanmoins avec des témoignages d'estime réciproque, et j'allai loger à l'auberge, où son fils eut la bonté de me conduire.

N° CXXIX. [8 JUIN 1822.]

PROMENADE DANS RENNES.

. . . Data sunt ipsis quoque fata sepulcris.
JUVÉNAL.
Les tombeaux même ont leur destinée.

Le lendemain de bonne heure je suis sorti de l'hôtel, dans l'intention de parcourir la ville. J'ai remarqué que la place du Palais et celle de l'Hôtel-de-Ville se joignaient, comme celles de Saint-Marc et du Broglio à Venise, par un de leurs angles. La place du Palais est assez régulière : une de ses faces est entièrement occupée par le temple des lois, qui présente onze croisées sur sa largeur; les autres côtés sont formés par des maisons particulières, soumises à un plan général et ornées de pilastres de l'ordre corinthien. Les vandales de 1793 renversèrent une statue en bronze de Louis XIV, ouvrage de Coysevox; on parlait de la rétablir. Le palais de justice, nouvellement restauré ou plutôt recrépi, n'offre de remarquable à l'intérieur que les peintures de Jouvenet qui décorent quelques unes des salles, et des arabesques dignes du pinceau de Raphaël, dont je ne me charge pas d'expliquer les allégories : il est probable que l'auteur lui-même ne les comprenait pas. La place de l'Hôtel-de-Ville est plantée à demi de beaux tilleuls qui procurent une ombre agréable; l'autre moitié, découverte, sert de place à la maison commune. La façade de ce monument est plus élégante que celle du palais; le milieu se creuse en fer à cheval, et les deux extrémités ressortent en avant : l'une, dans laquelle on entre par un vestibule orné de quatre colonnes de marbre, est principalement consacrée à la mairie; elle contient une assez belle salle destinée aux fêtes publiques. L'aile opposée du bâtiment renferme à-la-fois les tribunaux civil et de commerce, et la bibliothèque. Celle-ci est placée dans les mansardes de l'hôtel. Elle s'est enrichie, comme toutes les autres bibliothèques du royaume, à l'époque de la révolution, de la dépouille de celles des monastères et des cabinets de quelques particuliers. On y trouve de très belles éditions des temps modernes, les premiers ouvrages de l'imprimerie, une armure chevaleresque très bien conservée, et quelques manuscrits précieux. Cette collection de livres dépasse, dit-on, le nombre de trente mille volumes.

En poursuivant ma course, je jetai un regard sur les façades de l'ancienne intendance, de l'hôtel Blossac, et du palais épiscopal; car il n'est plus, le temps où; se conformant aux saints canons du concile de Carthage, les prélats se contentaient d'*un petit logis près de l'église, et dont les meubles devaient être de vil prix; car c'était par sa foi et sa bonne vie que l'évêque devait soutenir sa dignité.* Maintenant les pontifes, qui tonnent avec tant d'éloquence contre le luxe du siècle, exigent autre chose de leurs chers diocésains qu'*un petit logis et des meubles de vil prix.*

Je me suis arrêté devant l'ancienne porte *Mordelaise,* où j'ai lu l'inscription suivante, placée sens dessus dessous par quelque maçon ignorant. Elle prouve que, du temps d'un des empereurs Gordiens, Rennes était déja comptée au rang des cités de la Gaule. Je la transcris pour le contentement des érudits:

IMP. CÆS. ANTONIO
GORDIANO. PIO. FEL. AUG. P. M. T.
P. COS. Q. R. IE CIVITAS REDONIS.

J'aurais pu oublier le musée: il n'est pas riche en bons tableaux. Ce n'est pas que le livret qui sert à les faire reconnaître ne soit chargé des noms de plusieurs artistes célèbres; mais, en peinture comme en toute autre chose, pour moi le nom n'est rien, l'ouvrage est tout. Je vis des Paul Véronèse, des Vandick, des Guerchin, des Rubens même, que n'avoueraient pas les élèves que nous envoyons à

Rome. Je regardai avec plaisir une *Noce de Cana*, par Jean Cousin, ainsi qu'un tableau peint par le bon roi René, prince aimable, qui se consolait de la perte d'un royaume par la culture des beaux-arts. Je me rappelai les ouvrages du même artiste que j'avais précédemment rencontrés en Provence, et je m'assurai que celui de Rennes était sorti du même pinceau.

Je demandai à voir le musée d'histoire naturelle; on me répondit que depuis 1815, époque à laquelle le général commandant la ville l'avait chassé du local qu'il occupait pour s'en emparer, on n'avait pu trouver un lieu convenable pour le placer.

J'ai parcouru les allées du jardin botanique situé sur la promenade délicieuse du Mont-Thabor, formée aux dépens du couvent des Bénédictins, et qui, par un heureux mélange d'allées hautes et basses, présente l'aspect d'une vallée accompagnée de petits coteaux.

La cathédrale, sous l'invocation de saint Pierre, doit son existence aux ducs de Bretagne, qui y étaient couronnés et intronisés par le diadème et l'épée, après avoir passé toute une nuit en prières devant le maître-autel. Lors de la démolition qui en fut faite dans le dix-huitième siècle, parcequ'elle menaçait ruine, on trouva dans les fouilles plusieurs tombeaux, et, entre autres objets précieux, les restes du maréchal d'Aumont, blessé au siège de Comper, et mort à Rennes le 19 août 1595. Le corps était intact comme s'il ne fût expiré que de la veille. Sa longue barbe frisée parut sur-tout un prodige. Les bonnes gens imaginèrent qu'elle avait pris cet accroissement dans le cercueil. Je regrettai que la petite église du Calvaire, bâtie en forme de rotonde, fût abandonnée à un commissionnaire-chargeur. Son élégante construction lui méritait une autre destination. L'église Saint-Sauveur a bien aussi quelque mérite; si l'on y trouve de mauvais tableaux, on y voit de belles colonnes et une chaire en fer, singulier ouvrage de l'art.

Sur le mur de face d'un ancien couvent devenu caserne, j'observai que les clefs de fer qui sont attachées aux poutres forment en dehors par leurs têtes les noms et prénoms de la fondatrice du monastère, *Madeleine de La Fayette*. Je fus agréablement surpris qu'on n'eût pas fait disparaître cette singulière inscription, et qu'on exposât à la vénération publique un nom à jamais célèbre, et qui paraît cependant ne devoir être national qu'en Amérique.

Rennes est célèbre par ses promenades: les plus remarquables sont celle du *Mont-Thabor*, le *Champ-de-Mars*, le *Mail*, au bord de la Vilaine, et la promenade de *La Motte*, à l'extrémité du quai, en face de la préfecture. Au bout de cette dernière promenade s'élèvent les bâtiments de l'arsenal et la caserne d'artillerie.

J'ôtai respectueusement mon chapeau à l'aspect de la superbe croix de la mission, plantée en 1817, vis-à-vis la grille qui sert d'entrée au Mail. En voyant prosternés à ses pieds un grave magistrat[1] revêtu de sa toge, et un groupe nombreux de bonnes femmes dans les extases d'une oraison mentale, je me rappelai le chevalier de la Barre, et je passai vite.

Me voilà dans le quartier neuf, ainsi nommé parcequ'il fut reconstruit après le funeste incendie de 1720, qui commença dans la nuit du 21 au 22 décembre; huit cent cinquante maisons furent consumées. L'incendie dura sept jours; on ne parvint à l'éteindre que le 29. Ce quartier, situé au centre de la ville, et qui en formait le cinquième, était celui des gens de loi de toutes les classes. Là fut aussi perdue la plus grande partie des titres, des actes importants à la fortune de presque toute la Bretagne.

En rebâtissant cette partie de la ville, on s'astreignit à des plans plus réguliers. Les rues furent tracées plus larges, et les maisons plus solidement et plus élégamment construites. Ce quartier neuf prit le nom de *Ville-Haute*, en opposition à la Ville-Basse qui l'entoure, sans néanmoins que la différence du terrain et les légères ondulations du sol puissent légitimer, jusqu'à un certain point, cette

---

[1] M. L*** de B***.

distinction. Le climat de cette ville ne jouit pas d'une grande réputation de salubrité; il est constamment froid et humide; la Vilaine ne tire-t-elle pas son nom des brouillards fétides et malsains qui la couvrent habituellement? Les morts subites sont ici plus fréquentes que par-tout ailleurs; mais on remarque que les individus qui peuvent atteindre à la vieillesse parviennent souvent à l'âge le plus avancé.

N° CXXX. [16 juin 1822.]

MADAME DE SÉVIGNÉ,

ET QUELQUE CHOSE DU TEMPS PASSÉ.

> Il y a deux sortes d'affectation, l'une acquise et l'autre naturelle ; celle-ci est d'autant plus ridicule, qu'elle ressemble davantage à la première.
> NICOLE.

Tout vieux que je suis, je ne me fais aucune illusion sur le passé. Je crois David, Gros, Girodet, Gérard, de plus habiles peintres que Boucher, Vanloo, Greuse et Bounieu ; Talma me paraît de beaucoup supérieur à Le Kain, et mademoiselle Mars fort au-dessus de mademoiselle Doligny : je crois très fermement que dans les sciences nos érudits actuels ont surpassé ceux du siècle dernier ; je crois même nos évêques moins mondains que ceux d'autrefois : quant à la gloire des armes, il faut remonter jusqu'aux âges fabuleux pour trouver quelque chose à opposer aux prodiges dont nos guerriers nous ont rendus témoins.

Que si je vois ainsi le présent, je traite encore mieux l'avenir ; je prévois pour la France, dans des temps qui ne sont pas encore, un état de grandeur, de prospérité toujours croissant. Les lois régneront seules; les ministres des souverains ne feront pas marcher le gouvernement en sens inverse du siècle et de la nation; les tartufes religieux et politiques, complétement dévoilés, ne prendront plus l'inutile peine de cacher leurs vices sous un masque qui ne tromperait personne; les rangs seront fixés par les talents, par les services, et non par de vieux parchemins.

Je faisais ces réflexions en traversant en voiture le *faubourg de Paris*, pour me rendre à Vitré, où j'allais visiter le manoir de madame de Sévigné. Je passe la Vilaine auprès du village de Cesson. Avant d'arriver à Nogent, je remarque sur la route une carrière d'ardoises exploitée à ciel ouvert, et profonde de plus de cent pieds. A Châteaubourg je retrouve la Vilaine que je traverse une troisième fois depuis ma sortie de Rennes.

La vieille tour du château, le clocher de la principale église annoncent aux voyageurs la ville de Vitré, dont la population peut être d'environ dix mille ames. C'est le chef-lieu d'une des sous-préfectures du département d'Ille-et-Vilaine, et certes un triste chef-lieu. La plupart des maisons ressemblent à des chaumières; celles dont l'aspect est plus élégant font mieux ressortir la misère des autres. Je ne dirai rien de la saleté des rues. Qui n'a pas été en Bretagne ne peut la concevoir. Je ne donnerais pas six mois de vie à une famille hollandaise du village de Brook, par exemple, qui serait obligée de vivre dans un de ces cloaques appelés ville, village, bourg ou hameau dans la vieille Armorique.

C'est sous ce misérable aspect que se présente Vitré : le commerce de fils et de toiles à voiles y suffit à peine aux premiers besoins des habitants, dont quelques uns sont encore grossièrement vêtus de toisons de chèvres, comme je l'avais remarqué avec surprise et dégoût dans les villages que je venais de traverser. Cette ville n'a de remarquable que ses murailles, flanquées de deux tours, où l'on retrouve dans la construction primitive le travail des Romains, et dans les ornements gothiques qui les surchargent le mauvais goût des temps de la chevalerie.

L'impression fâcheuse que Vitré faisait sur moi forçait en quelque sorte mon imagination à se réfugier dans ses souvenirs, et me représentait cette hideuse petite ville, à l'époque où l'habitait madame de Sévigné pendant la tenue des états de Bretagne. Une foule nombreuse encombrait ses rues étroites, sur lesquelles avance une portion des logis, soutenue par d'énormes piliers de bois, en manière de portiques, qui ne ressemblent pas à ceux des rues de Rivoli et de Castiglione. De beaux équipages, de riches livrées, toute la pompe d'un luxe extravagant, faisaient, pour quelques jours, disparaître la permanente pauvreté du peuple *vitréen*. Je croyais voir arriver le beau duc Maria, danseur par excellence, le brillant marquis de Sévigné, qui était propre à tout, et qui ne put réussir à rien; celui dont la célèbre Ninon disait : *C'est un cœur de citrouille fricassé dans de la neige.* Je perçais avec peine la foule de ces gentilshommes, qui, malgré leur fierté originelle, faisaient leur cour au comte de Lavardin. Je reconnaissais dans leurs rangs ce fou de marquis de Pomenars, qui se regardait pendre en effigie, et qui, après avoir soupé le même soir avec le magistrat qui l'avait condamné le matin par contumace au dernier supplice, ne se faisait raser le surlendemain que la moitié du visage, l'arrêt qu'il venait d'obtenir ne l'ayant lavé que d'une moitié des griefs qui lui étaient imputés.

Je croyais entendre le son des trompettes, et je voyais passer devant moi, à la suite d'un brillant cortége de gardes, de pages, un carrosse à six chevaux, où se trouvait *la bonne princesse de Tarente;* je faisais partie de ce peuple qui, selon l'expression pittoresque de la dame des Rochers, *se mourait d'envie de crier quelque chose.*

On me montra la maison jadis occupée par madame de Sévigné; c'est sans contredit la plus belle de Vitré : elle est située entre les deux tours dont j'ai parlé; ses jardins s'étendent dans les fossés du rempart. Cette maison appartient aujourd'hui à la famille de M. de Nétumières.

De là j'allai visiter l'église de Notre-Dame; j'observai en dehors une chaire en pierre qui servait aux prédications faites au peuple rassemblé dans le parvis: ce monument curieux des usages du moyen âge est, je crois, le seul en France de son espèce.

Vitré est dédommagé des horreurs de son intérieur par les beautés du paysage qui l'entoure. Des fenêtres de quelques unes de ses masures, décorées du nom de maisons, on découvre les plus riantes perspectives; celle dont on jouit principalement de l'ancien et noir couvent des ex-Bénédictins, devenu aujourd'hui le siège de la sous-préfecture, du tribunal civil, et de la mairie, est la plus remarquable. Cette ville a fourni quelques hommes célèbres en plusieurs genres. Citons d'abord Pierre Landais, garçon tailleur, devenu par un jeu de la fortune le favori de François II, duc de Bretagne, qui, comme certain parvenu de nos jours, fit faire tant de sottises à son maître, mais qui du moins fut pendu malgré celui-ci; car les états de Bretagne avaient aussi leur souveraineté.

Bernard d'Argentré, historien de la Bretagne, homme de mérite et de cœur. Cet excellent patriote expira de douleur en voyant les maux que la ligue versait sur la France: honneur à la mémoire de Bernard d'Argentré!

Daniel de Laroque, auteur, d'abord protestant, puis catholique, qui au fond n'était ni l'un ni l'autre. Il avait assez de talent pour qu'un de ses ouvrages (*Avis aux protestants réfugiés*) fût d'abord attribué à Bayle. Laroque finit ses jours en 1731.

Desportes, médecin voyageur; Courvaisier, littérateur assez ordinaire, viennent ensuite selon la chronologie des temps : enfin, en dernière ligne, se présente Nicolas Savary, voyageur et antiquaire. Il fit avec distinction ses études au collége de Rennes, et, bien jeune encore, partit en 1776 pour l'Égypte, où il séjourna trois ans, qu'il employa à l'étude de la langue arabe, à la recherche des monuments antiques, et à l'examen des mœurs modernes du pays; il parcourut ensuite l'Archipel. Savary peignit l'Égypte comme une terre enchantée, et la poésie de ses descriptions nuisit peut-être à la confiance qu'on eût accordée à la partie scientifique de son ouvrage. Combattu assez vivement par Volney, qui le suivit pas à pas dans son voyage en Égypte, Savary mourut à la fleur de son âge, le 4 février 1788, au moment où il préparait l'édition de son *Voyage en Grèce*. On a de lui plusieurs ouvrages estimés, une *traduction du Coran*, la *Morale de Mahomet*, et les *Lettres sur l'Égypte*, le premier de ses titres à la gloire littéraire.

J'étais pressé de sortir de Vitré; je me donnai à peine le temps de déjeuner à l'auberge de la poste, et, revenant presque sur mes pas en me dirigeant vers le sud, je parvins après une heure de marche au château des Rochers.

En ma qualité de fidèle narrateur, je commencerai par dire, si on l'ignore, que le marquis de Sévigné, après avoir épousé une demoiselle de Basse-Bretagne, prit possession de cette antique demeure de ses aïeux, depuis lors rarement visitée par sa mère. Soit miracle, soit désœuvrement, l'amant un peu tiède de la célèbre Ninon y devint un dévot plein de ferveur, et ne tarda pas à laisser à sa veuve la jouissance de la terre des Rochers, comprise dans son douaire et devant faire réversion à la famille des Grignan. Ce fut Pauline, depuis marquise de Simiane, à laquelle échut cette propriété, qui la première eut le courage de la mettre en vente; comme offrant le plus haut denier, ce fut aussi le bisaïeul du possesseur actuel qui en resta adjudicataire.

Je remarquerai en passant que le siècle présent a au moins un avantage sur le grand siècle, puisque aujourd'hui ni un Grignan, ni un Simiane, supposé qu'un tel bien leur parvînt par voie d'héritage ou autre, ne consentiraient sans une rigoureuse nécessité à s'en dessaisir, et que cette aliénation paraît avoir bien peu coûté à la petite-fille de madame de Sévigné, à la charmante Pauline, si vivement célébrée dans les dernières lettres de cette femme spirituelle.

Il n'est pas moins certain qu'après quatre générations de jouissance dans sa famille, M. de Nétumières tient beaucoup à la propriété des Rochers, et qu'il vient de soutenir à Rennes un procès contre des cohéritiers pour la possession d'une douzaine de vieux portraits qu'il s'imaginait lui avoir été légués avec le château dont ils faisaient l'ornement. Il a fort judicieusement prétendu qu'aux Rochers les portraits de madame de Sévigné et de ses enfants ne pouvaient être considérés que comme immeubles, et que par le seul fait de leur attache aux murs ils devaient suivre le don de la terre, résultant du testament du père commun. Ces portraits, s'ils ne sont originaux, ainsi qu'il ne me répugne pas de le supposer, me semblent au moins de très bonnes copies commandées et exécutées, d'après Mignard, à une époque en rapport avec l'acte de cession. Ils ont paru à Rennes devant des magistrats chargés de prononcer sur leur sort, et ils n'eussent plus figuré dans leur ancien séjour, si M. Isidore de Nétumières n'avait transigé avec sa partie adverse, car le jugement ne lui a pas été favorable. Je tiens ces détails de sa propre bouche.

Persuadé que, si l'on veut réveiller puissamment en soi le souvenir d'un personnage illustre, c'est principalement aux murailles entre lesquelles s'est écoulée une partie de sa vie qu'il faut s'adresser, et croyant qu'elles retiennent pour ainsi dire quelque chose de sa présence, je dirigeai d'abord mes pas vers ce que l'on nomme les fabriques en style de paysage.

Je pris, je l'avoue, le bâtiment des écuries pour le château même, tant je fus frappé de la somptuosité avec laquelle on l'avait bâti; je ne tardai pas à être désabusé, à la vue du corps de logis principal, encore empreint de sa vieille magnificence, malgré la couche de blanc dont on a jugé convenable de le recouvrir. Une partie a été démolie; ce qui reste forme un bel et noble aspect entre la grande cour qui le précéde et le jardin qui l'entoure. M. de Nétumières, possesseur du château des Rochers, comme il l'est de la maison de Vitré, a bien voulu me servir de cicérone; sous ses auspices, j'ai parcouru au rez-de-chaussée des appartements vastes, lambrissés et plafonnés dans le goût moderne, mais sans changement dans leur ancienne distribution. Ce sont les mêmes énormes poutres qui traversent les plafonds; ce sont les mêmes murs de quatre pieds d'épaisseur, et construits en granit de Bretagne, qui les supportent. Je m'arrêtai quelques instants dans le cabinet *vert*, aujourd'hui sorte d'office, où madame de Sévigné se tenait habituellement, et d'où, assise dans la large embrasure d'une fenêtre qui donne sur le jardin, elle vaquait aux soins de son ménage. Je fus fâché de ne pas retrouver la couleur verte sur les murs plus d'une fois blanchis. Ce que ce changement me faisait perdre en illusion me fut bientôt rendu, et avec bénéfice, lorsque M. de Nétumières eut placé sous mes yeux un régistre de dépense plus d'une fois arrêté par madame de Sévigné pendant son séjour aux Rochers, sur-tout en 1671; plus un cahier de leçons de grammaire et de rhétorique qui me parurent des études assez fortes de sa première jeunesse; car je les suppose sans peine écrites par elle-même. En effet, dans les pages dues à la main peu assurée de la jeune personne, il m'a semblé voir l'indication des caractères plus fermes de la femme mariée. Cependant il faudrait les confronter aussi avec les autographes de madame de Grignan; dans tous les cas ce manuscrit doit être précieux.

Rebâtie depuis plusieurs années sur un plan peut-être nouveau, la chapelle, de forme heptagone, est spacieuse pour une chapelle domestique. L'escalier en colimaçon n'est pas indigne de sa renommée. Construit en larges dalles de granit, qui ont huit pieds de longueur, et qui partent d'un noyau commun autour duquel tournent les degrés, il va s'appuyer à une muraille circulaire, et conduit jusqu'au sommet de l'édifice. Parvenu au premier étage, j'ai eu quelques marches à descendre sur ma droite pour me voir dans l'ancienne chambre de madame de Sévigné, chambre qui possède encore une partie des meubles à l'usage de la prude cousine du courtisan Bussy-Rabutin, entre autres, son bois de lit et son fauteuil de toilette. Il faut avouer que l'étoffe en a été plus d'une fois renouvelée. La supposât-on fort belle dans les jours primitifs, il y aurait encore quelque différence entre cet ameublement et celui de madame de Nétumières, épouse du propriétaire actuel, qui passe pour l'une des femmes les plus belles et les plus aimables de la province, mais que j'ai eu le regret de trouver absente. Or, pour le dire en passant, le luxe du moment présent me semble de meilleur goût, dans sa noble et élégante richesse, que celui des temps anciens. Il est vrai que j'ai pu être surpris de rencontrer aux Rochers ce qu'en ce genre on trouve de mieux à Paris.

De nouveaux venus ayant appelé l'attention de mon guide, j'ai profité de ma solitude pour me glisser dans le très étroit cabinet de toilette, pratiqué aux dépens de l'épaisseur de la muraille. Là, je me suis assis sans façon sur le fauteuil plus que séculaire de la marquise, en face d'une glace du même âge, qui probablement a réfléchi ses traits, jusqu'ici copiés très imparfaitement dans nos estampes, si j'en juge par le tableau en pied du grand salon. M. de Nétumières a placé, fort à propos, sur la tablette de la fenêtre de ce petit réduit la dernière édition des *Lettres de madame de Sévigné*: comme je n'avais rien de mieux à faire, je me suis emparé au hasard de l'un des volumes qui étaient sous ma main, avec le desir toutefois d'y rencontrer quelques unes des pages datées des Rochers. Par malheur je suis tombé sur celle où il est dit que *le bon duc de Chaulnes allait pendillant les pauvres paysans bas-bretons,* lesquels étaient assez mal avisés pour ne pas vouloir de la gabelle. Puis mes yeux ont parcouru une épître pleine de longs soupirs élancés vers un cordon bleu qui mettait en émoi tous les Grignan du monde; ma foi, l'humeur m'a gagné et je me suis mis à réfléchir sur le hasard des réputations, dont la postérité elle-même finit souvent par être dupe. Madame de Sévigné dut être à cet égard le premier objet de mes méditations.

Les contemporains nous ont laissé de cette femme célèbre deux portraits tout-à-fait différents. Bussy-Rabutin, son parent, la représente comme une femme coquette, vaine et frivole, cherchant à allier la retraite avec le monde, le plaisir avec la vertu; fière comme une parvenue, médisante comme une dévote, et toujours occupée de produire de l'effet à la cour, où l'enivre un seul regard du monarque, au point de lui faire perdre l'esprit. Rabutin aurait pu citer en preuve plusieurs passages de ses lettres, et particulièrement le compte si niais qu'elle rend à sa fille du succès qu'elle obtint à Saint-Cyr, où le roi lui a dit, après une représentation d'Esther: « *Madame, je suis assuré que vous avez été contente.* Ce à quoi elle a répondu: *Sire, je suis charmée; ce que je sens est au-dessus des paroles. — N'est-il pas vrai que Racine a bien de l'esprit? — Sire, il en a beaucoup; mais ces jeunes personnes en ont beaucoup aussi.* M. le prince, madame de Maintenon, lui vinrent dire un mot. *Je répondis à tout*, ajoute-t-elle, *car, ce jour-là, j'étais en fortune.* Quelle fortune!

Madame de La Fayette nous montre en elle une femme dont l'esprit embellissait encore la figure; elle lui donne une grande ame, un noble caractère, et la loue généreusement de toutes les qualités du cœur. Pourquoi balancerais-je à dire que le portrait qu'en fait le comte de Bussy me semble plus près de la vérité que celui qu'a tracé madame de La Fayette? On peut porter plus loin qu'ils ne l'ont fait l'un et l'autre l'éloge de l'esprit de madame de Sévigné. Sans doute cette dame excellait à raconter des riens; elle n'a point d'égal pour le commérage de cour. Je conviens que ses traits sont en général fins, délicats, spirituels, et qu'une fois (dans son admirable lettre sur la mort de Turenne) elle a atteint le sublime du genre épistolaire; mais c'est là que doit s'arrêter l'éloge. Ceux qui tiendront à se faire une opinion sur cette femme célèbre, au lieu de la recevoir toute faite, seront surpris de trouver souvent de la recherche et quelquefois du mauvais goût dans un style que l'on paraît être convenu de regarder comme un modèle irréprochable de naturel et de délicatesse. Ce qui les frappera sur-tout dans ses lettres c'est la fausseté des jugements, le peu d'élévation dans les idées, et le défaut total de sensibilité. C'est principalement dans les passages où elle tourmente ses expressions jusqu'au ridicule pour peindre à sa fille l'attachement qu'elle lui porte, qu'on se convaincra que cet enthousiasme maternel a plus souvent sa source dans son esprit que dans son cœur. Sans doute on se révoltera contre un reproche de tout point contraire à l'opinion reçue; mais du moins je fais preuve de bonne foi, en promettant de changer d'avis si l'on me montre, dans les huit volumes des lettres de madame de Sévigné, un seul passage évidemment empreint de cette sensibilité vraie, de cet amour de l'humanité qui nous fait compatir aux maux des autres.

Le retour de M. de Nétumières mit fin à ces réflexions peut-être un peu sévères, dont je m'abstins de lui faire part, et que j'aurais pu toutefois lui communiquer, car son goût éclairé pour ce que renferment d'aimable les écrits de madame de Sévigné ne va pas jusqu'à l'engouement. Laissant à chaque siècle ce qui lui appartient, il fût convenu avec moi du peu de philosophie qu'attestent ses lettres, dont la légèreté est quelquefois excessive; et moi de mon côté je me fusse réuni à lui pour rendre hommage à une fraîcheur et à une grace de style, à un art d'embellir et de raconter les petites choses, qui n'ont point encore vieilli.

En parcourant avec mon guide le parc où cette charmante conteuse s'oubliait si souvent, les *Essais* de Nicole et les *Croisades* du père Maimbourg à la main (car ses lectures étaient plus sérieuses que ses lettres), et où, suivant une expression qu'elle affectionne, elle aimait à se promener *entre chien et loup*, je m'affligeai de ne rencontrer aucun de ces arbres qu'elle plantait, il y a déja cent cinquante ans, avec son jardinier Pillois; mais au moins je puis dire avoir marché sur ses traces et foulé le sol qui servit à ses excursions, toutes les distributions de l'ancien parc ayant été maintenues par le père du propriétaire actuel qui l'a rétabli. Ainsi l'allée *de ma fille*, où sans doute elle a tenu plus d'une fois le bras de madame de Grignan; l'allée *de l'Infini*, où probablement elle lisait Descartes et Mallebranche; l'allée *des Soupirs*, où peut-être quelque gentilhomme de Vitré a promené ses tendres rêveries, dont la noble dame était l'objet, ont conservé leurs noms et leur emplacement primitif.

Le jardin, dont les lignes anciennes ont, je crois, été respectées, offre une particularité assez remarquable, et qui fait bruit dans le pays : c'est un écho si singulièrement ménagé par l'art ou par la nature, que de deux personnes placées à huit ou dix pas de distance au milieu de la grande allée, vers l'endroit le plus voisin de la grille du parc, l'une entend très distinctement répéter derrière elle, et dans le tuyau de son oreille, les paroles que l'autre a prononcées! Cet effet d'acoustique ne peut qu'être le résultat d'une ellipse souterraine aux deux foyers de laquelle se placent les deux interlocuteurs. Tel est le jugement que j'en portai, et M. de Nétumières m'apprit que c'était aussi celui de M. de Montalivet, ancien ministre de l'intérieur, dont il avait reçu la visite il y a déja bien des années. Madame de Sévigné a ignoré l'existence de cet écho découvert par son fils, et sur lequel elle se tait dans ses lettres : c'est dommage; il y a tout à parier que sous sa plume il eût fourni plus d'une fois matière à d'ingénieuses allusions.

Je quittai les Rochers aux approches du soir, après avoir remercié le noble possesseur de cette terre de l'asile qu'elle m'a offert pendant la moitié d'un jour, et de la douce hospitalité que j'y ai trouvée.

N° CXXXI. [23 juin 1822.]

QUELQUES HOMMES.

―――

> . . *Dum loquimur, fugerit invida ætas.*
> Hor.
> Tandis que nous parlons, le temps jaloux s'enfuit.

En jugeant à ma manière madame de Sévigné, je vis se retracer dans ma mémoire quelques noms anciens et modernes dont s'honore la Bretagne, et particulièrement la ville de Rennes. Le premier qui se présenta à mon esprit fut celui du grand connétable, de ce Bertrand Duguesclin, vrai modèle d'un genre d'héroisme dont l'antiquité n'offre pas d'exemple, et dont j'aurai occasion de parler plus en détail en passant dans quelques jours à Broons, où ce héros naquit en 1326.

Parmi les hommes de lettres bretons, on compte Abailard, né auprès de Nantes, plus célèbre encore par ses malheurs et par la passion dont il enivra la femme la plus aimable de son siècle, que par ses travaux théologiques. Le bénédictin don Lobineau, auteur de plusieurs ouvrages, qui termina l'*Histoire de*

Paris, par Felibien, et composa une énorme *Histoire de Bretagne* en plusieurs volumes in-folio : il mourut en 1727; le père Tournemine, que Voltaire paraissait aimer; Poulain Duparc, jurisconsulte; Poulain Saint-Foix, son frère, aussi connu par ses duels que par ses *Essais sur Paris*; l'abbé de La Bletterie, auteur de la *Vie de Julien*, et l'un des traducteurs de Tacite; Robinet, auteur inconnu du fameux *Système de la nature*, attribué au baron d'Holbach; les célèbres avocats Gerbier et Chapellier, celui-ci l'une des victimes les plus illustres de la révolution; Louis Ginguené, qui, par son *Histoire littéraire de l'Italie*, s'est acquis une réputation durable; Néricault Destouches, placé dans l'art de la comédie à une si grande distance de Molière, et pourtant celui de nos écrivains qui s'en approche le plus après Lesage, Regnard, et Beaumarchais; Lesage lui-même, né à Ruis, que l'on citerait pour la seule pièce de *Turcaret*, si on ne lui devait le plus vrai et le plus original des romans de notre langue; Desforges, dont les écrits nombreux ont moins manqué de verve que de décence, du moins si on en juge par les *Mémoires d'un Poete*, l'une de ses dernières productions; enfin Descartes, le grand Descartes, que Vannes peut réclamer comme son bien propre, puisque c'est presque fortuitement qu'il est né en Touraine, son père étant conseiller au parlement de Bretagne, et ayant son domicile de droit et de fait dans la capitale de cette province. Si la vieille Armorique a donné l'un de ses principaux docteurs à la scolastique, qui fut à-peu-près toute la philosophie possible du moyen âge, à plus juste titre doit-elle se glorifier d'avoir vu sortir de son sein le père de la philosophie moderne, telle que celle-ci est maintenant professée par les écoles les plus savantes de l'Europe.

Sans vouloir assigner de rang à des réputations contemporaines, je me contente de répéter, à mesure qu'ils se présentent à mon esprit, les noms de quelques hommes de mérite, vivants, auxquels la ville de Rennes s'honore d'avoir donné naissance. De ce nombre sont MM. Alexandre et Amaury Duval, tous deux membres de l'institut; le premier, connu comme auteur dramatique par ses nombreux succès au théâtre, et l'autre par ses ouvrages d'archéologie, auxquels il a prêté le charme d'un style élégant et correct; M. Kératry, qui s'est acquis la double célébrité d'un orateur patriote à la chambre des députés, et d'un écrivain philosophe, recommandable par la pureté de ses vues, la hardiesse et l'originalité de ses conceptions; M. Lanjuinais, homme juste et persévérant, qu'on retrouve à toutes les tribunes publiques, pendant trente-cinq ans de révolution, armé des mêmes principes, et luttant contre toutes les tyrannies.

Dussé-je être accusé de faire un singulier rapprochement, je dirai que M. Duplessis-Grenedan appartient à la ville de Rennes, où il avait sa résidence en 1789, bien que sa famille soit originaire de Vannes. Ses variations politiques lui ont acquis une célébrité qui doit laisser dans l'avenir des traces que nous nous garderons bien d'effacer. Conseiller au parlement de Bretagne, quand les états généraux, bientôt convertis en assemblée nationale, ouvrirent leur mémorable session, M. Duplessis partagea l'enthousiasme qu'inspirèrent leurs premiers travaux. L'abolition des priviléges et des titres de noblesse obtint si complétement son adhésion, qu'il fut le premier, et peut-être le seul dans sa province, à livrer aux flammes ses lettres de noblesse, en présence du peuple assemblé sur la place publique, et qui l'en récompensa en le promenant dans les rues de Rennes, le front ceint d'une couronne de chêne. Ce noble apôtre de l'égalité fut un des premiers Bretons inscrits au livre des patriotes français. L'odieux régime de Robespierre pesa sur la nation et surprit M. Duplessis dans les fonctions de maire, dont il s'acquittait en vrai républicain : l'estime des bons citoyens le dédommageait alors de la haine des nobles qu'il avait encourue dans cette magistrature populaire. Ceux-ci ne le virent pas sans une sorte de jouissance en butte à la persécution qui s'attachait au parti des fédéralistes, qu'il avait embrassé. Réfugié, sous le costume d'une servante de campagne, chez un honnête bourgeois de Rennes, dont il épousa la fille, M. Duplessis-Grenedan, échappé à la hache révolutionnaire, garda rancune à la liberté, qu'il eut, comme tant d'autres, le malheur de confondre avec la licence; il devint l'ennemi de l'une dès qu'il n'eut plus rien à craindre de l'autre. Sa destinée fut de prouver que dans tous les changements de régimes, quelque salutaires qu'en puissent être les résultats, il apparaîtra toujours des hommes faits pour en troubler l'économie par leur exaltation; extrêmes dans le bien comme dans le mal, saluant la liberté à son aurore, l'outrageant à son déclin; toujours esclaves du pouvoir, quelque bannière qu'il arbore, et demandant tour-à-tour pour les mêmes hommes des couronnes et des supplices, suivant qu'ils seront puissants ou misérables.

Rennes s'honore en ce moment de la présence de deux jurisconsultes également célèbres, MM. Toullier et Carré; ils font autorité dans le barreau de Bretagne, et même dans celui de Paris. Leurs travaux sur le code civil et la procédure semblent être devenus partie intégrante de la loi. Notre célèbre Dupin, de Paris, a nommé publiquement M. Toullier le *Pothier breton*.

M. Legraverend, maître des requêtes honoraire, a droit également à la reconnaissance publique pour ses travaux sur la législation criminelle.

Je craindrais d'être injuste envers la ville de

Rennes, si je ne m'efforçais de dérober à l'oubli la mémoire de deux autres de ses citoyens, également recommandables dans une carrière moins brillante, mais non moins utile; je veux parler de MM. Lemarchant et Germé, professeurs de philosophie et de rhétorique, lesquels ont succédé immédiatement aux jésuites dans l'enseignement de cette ancienne capitale de la Bretagne. Tous deux amis de l'illustre La Chalotais, ils ne sont restés étrangers ni à la gloire ni aux périls de ce courageux magistrat. M. Lemarchant n'a fait qu'entrevoir la révolution qu'il hâtait de tous ses vœux; M. Germé l'a parcourue tout entière avec autant d'honneur que de courage, et ses principes inébranlables n'ont point fléchi dans les cachots du fort Saint-Michel, où l'avaient jeté les agents de la terreur. J'ai vu cet homme vénérable; les glaces de l'âge n'ont point refroidi son cœur: on en jugera par le fait suivant, raconté devant moi, et qui n'a pas manqué de témoins. L'un de ses anciens élèves, l'honorable M. Kératry, à son dernier passage à Rennes, était bien résolu de ne pas voir M. Germé, de peur de causer par sa visite quelque inquiétude au vieillard, recteur honoraire de l'académie et pensionnaire du gouvernement. A cette époque (sous l'influence de laquelle nous vivons encore), il était rare que la visite d'un député patriote n'entraînât pas des suites funestes pour l'homme en place qui avait le courage ou le malheur de la recevoir. M. Germé, dont le cœur avait deviné celui de son élève, s'empressa de faire des avances, et en montant en voiture, dans la cour même des diligences, M. Kératry eut à-la-fois le plaisir et la crainte de se sentir pressé dans les bras du vénérable octogénaire. Combien cette circonstance si simple, et pourtant si honorable pour tous deux, accusait l'autorité soupçonneuse qui, par ses rigueurs, donnait aux témoignages naturels de l'affection du maître tout le mérite d'un sacrifice déjà consommé!

De beaux talents oratoires, qui ne peuvent désormais se trouver qu'avec de beaux caractères, continuent l'ancienne illustration du barreau de Rennes: c'est là, ne l'oublions jamais, que l'infortuné général Travot a trouvé d'intrépides défenseurs; c'est là qu'à la voix de quelques hommes sans armes, sans pouvoir légal, les bras meurtriers d'une commission militaire sont restés suspendus. M. Coatpont était l'avocat en titre de l'accusé: quel plus beau titre pouvait-il s'acquérir pour lui-même!

M. Gohier, ancien membre du directoire de la république française, n'est pas né à Rennes; mais la réputation qu'il acquit au barreau de cette ville, où il exerça pendant vingt ans la profession d'avocat, la part qu'il eut aux travaux de la commission intermédiaire de Bretagne, dont il rédigea les fameuses protestations, le classent naturellement parmi les hommes célèbres de cette province. M. Gohier figura successivement dans les plus hautes fonctions du gouvernement républicain, dont il était un des cinq chefs, lorsque Bonaparte, sous le nom de consul, s'empara du pouvoir. Dans une longue carrière, qui a dépassé quatre-vingts ans, M. Gohier n'a point démenti le grand caractère d'ami de la liberté légale, dont il avait fait preuve en Bretagne aux premiers jours de la révolution.

Les amateurs de l'art dramatique et des distractions aimables qu'il procure n'auront point à me reprocher d'avoir oublié de citer M. Elleviou parmi les hommes de talent qui ont illustré cette ville.

N° CXXXII. [1ᵉʳ JUILLET 1822.]

MOEURS BRETONNES,

>Là régnèrent les mœurs à la place des lois.

Les Bretons, comme les Basques, conservent une physionomie native : dans toutes les autres provinces du royaume, le temps a effacé ou modifié les mœurs antiques; les paysans bretons et les Basques semblent avoir échappé seuls à cette loi générale. Je vais essayer d'esquisser quelques traits de leur caractère, et je commencerai par les cérémonies étranges qui accompagnent le mariage; elles sont différentes dans divers cantons.

Lorsqu'un jeune homme a choisi pour son épouse une jeune fille du pays, c'est un tailleur que l'on charge des premières propositions [1]. Le tailleur ne

---

[1] Il est bon que le lecteur sache que les hommes de cette profession forment en ce pays, comme en Angleterre, une caste à part, qui ne jouit d'aucune considération même parmi les artisans. Le préjugé pèse tellement sur eux, qu'on croit dans plus d'une commune que leur témoignage ne peut être admis en justice.

mange jamais à la table des maîtres de la maison : son couvert est mis à part; mais il n'en fait pas moins bonne chère : les femmes lui portent les meilleurs morceaux en cachette. Si le tailleur a été favorablement accueilli, les parents du jeune homme envoient un second messager. C'est ordinairement un homme entre deux âges, gai, bon compagnon, et sachant parler en rimes. Il trouve à la porte de la chaumière de l'accordée un autre improvisateur chargé de lui répondre dans le langage cadencé dont il a fait usage. Le troubadour chargé de la demande salue les maîtres de la maison en leur souhaitant les fruits de la terre et les bénédictions du ciel; il vante les prêtres, qu'il représente comme les souverains du monde, et les gentilshommes comme les défenseurs de Dieu, du roi, et des malheureux; et, après avoir fait sur lui-même un retour plein de modestie, il s'acquitte enfin de l'ambassade dont il est chargé. L'autre troubadour lui répond aussitôt « que son éloquence a charmé les vieillards et les jeunes gens; que l'on voudrait lui accorder sa demande, mais que la jeune fille a voué à Dieu sa virginité, et qu'elle ne peut souffrir la méchanceté des hommes. » Le demandeur réplique par un éloge pompeux de celui qui l'envoie : l'autre vante la pudeur et les vertus de la jeune fille; et, après de nouvelles instances et de nouveaux refus, on annonce enfin au messager du futur qu'il peut entrer dans la chaumière pour y chercher la jeune vierge. On lui présente successivement une femme, une veuve et une enfant de dix ans : il leur fait à chacune un compliment; mais il déclare n'avoir pas trouvé en elles ce qu'il cherche : on lui présente alors la jeune fille en lui disant : « Voilà celle que vous cherchez, parée de toile de Hollande, d'écarlate, de rubans, d'or et d'argent; allez appeler celui qui l'aime, et nous les placerons ensemble à table au bout du banc. Puissent-ils être heureux et mériter la bénédiction du prêtre et de leurs parents! Allez; la promptitude de votre retour nous prouvera l'amitié que vous nous avez annoncée. — Touchez là, mon ami; je prendrai place auprès de vous, et le cidre et le vin nous rappelleront nos anciennes chansons. » Ce dialogue retrace toute la simplicité des temps antiques. Dans certains cantons, lorsque la mariée sort de l'église, on lui présente une grosse branche de laurier chargée de pommes et de rubans, à l'extrémité de laquelle est attaché un oiseau auquel elle doit rendre la liberté. On la prévient des devoirs qu'elle s'impose, en lui présentant une quenouille dont elle fait un moment usage.

Le jour de la noce, le garçon d'honneur, le dos tourné à l'assemblée, tient une chandelle allumée qu'il ne doit jeter que lorsque la flamme est sur le point d'atteindre ses doigts; devant les deux époux brûlent deux cierges; et celui qui s'éteint le premier annonce celui des deux époux qui doit précéder l'autre au tombeau. La veille, ou la surveille de la cérémonie, les amis de la fiancée vont, avec une charrette attelée de deux bœufs, enlever l'armoire de la fiancée, que les parents de celle-ci leur disputent pendant quelque temps avec une feinte colère, et non sans que de rudes coups ne soient souvent donnés et rendus; le soir des noces, les jeunes filles cachent la nouvelle mariée, et ne la rendent à son époux qu'après un combat quelquefois sanglant entre les amis du jeune homme, et les garçons, les parents et amis de la famille de la mariée. Cette coutume, toute barbare qu'elle paraît être, n'a pu encore être abolie: la première nuit des noces appartient de droit à Dieu, la seconde à la Vierge, la troisième au patron du marié, la quatrième enfin est réservée au mari. Souvent le garçon et la fille d'honneur de la noce passent la nuit dans le même lit, *et honni soit qui mal y pense,* disent les matrones de la Basse-Bretagne.

Des coutumes non moins bizarres accompagnent ici la naissance et la mort: les moindres circonstances servent de présages et causent de grandes joies ou de grandes douleurs; les terreurs superstitieuses ont surtout un grand empire sur les paysans bas-bretons: entourés de mers et de landes arides, ils vivent isolés, et se créent un monde qu'ils peuplent d'êtres fantastiques. Aux environs de Morlaix, ils redoutent des génies nommés *Teurst,* et se figurent que *Teursapouliet*, l'un d'entre eux, apparaît toujours sous la forme d'un animal domestiqué. Ils disent que *le cariquet un nankou* (la brouette de la mort) est couvert d'un drap blanc, que des squelettes le conduisent, et qu'on entend le bruit de la roue près de la maison où un malade est près de rendre le dernier soupir. On croit ici qu'il existe sous le château de Morlaix des petits hommes d'un pied de haut, vivant dans les profondeurs de la terre, marchant et frappant sur des bassins. Ces pygmées sont les gardiens de trésors qu'ils apportent souvent à la surface du sol: ils permettent que l'homme qui voit ces richesses en prenne autant que ses mains en peuvent contenir; mais celui qui voudrait en remplir ses poches, non seulement les verrait à l'instant disparaître, mais son avidité serait punie par une grêle de soufflets qui tomberait à l'instant sur ses joues.

Les Bas-Bretons redoutent encore d'autres démons qui remplissent divers emplois. *Sant yan y tad* (Jean et son père) est une espèce de follet qui porte la nuit cinq chandelles sur ses cinq doigts, et qui les fait tourner avec la rapidité d'un dévidoir; d'autres lutins enlèvent la crème du lait: ils ont aussi *aël fal* (le mauvais vent). A Tresmalaouen, au milieu des ruines, on rencontre les *courils*, sorciers nains d'un caractère malicieux et grands amateurs de la danse; c'est au milieu des pierres druidiques qu'ils tiennent leurs assemblées nocturnes : là ils forment des danses et frappent l'herbe en cadence. Malheur au berger qu'ils surprendraient! il se verrait forcé de faire partie de leur rond, et de danser jusqu'au premier chant du coq. Plusieurs sont morts des suites de cette ronde nocturne. Malheur aussi aux jeunes filles qui la nuit se laissent approcher par quelque couril! neuf mois ne se passent guère sans que la famille n'ait à gémir sur la naissance d'un petit sorcier, auquel ces malins génies donnent la ressemblance de quelque garçon de l'endroit, tant est grande la malice des farfadets! Quelques mauvaises fées, connues sous le nom de *laveuses de nuit* (*eur cannerez noz*), apparaissent au bord des fontaines, où elles vous invitent à tordre avec elles le linge des trépassés ; si vous refusez ou si vous leur rendez ce service de mauvaise grace, elles vous noient ou vous cassent les bras. Dans d'autres endroits on n'ose balayer une maison après le coucher du soleil, de peur de blesser les morts qui s'y promènent; des calamités de toute espèce les vengeraient de cette offense. Le jour de la Toussaint, ils sont persuadés que leur demeure contient plus de revenants que les flots n'apportent de sable sur le rivage. Lorsqu'on veut découvrir le corps d'un noyé, l'on met un cierge allumé sur un pain que l'on abandonne au cours de l'eau, et l'on trouve toujours le cadavre à l'endroit où le pain s'arrête.

Quel est le pêcheur qui n'a pas vu la sirène au milieu des vagues? quelques uns même dont la rame l'ont frappée involontairement ont vu s'élever à l'instant une horrible tempête, qui les aurait submergés sans le secours tout-puissant du saint leur patron.

En vain a-t-on voulu guérir les Armoricains de leur superstition; la révolution, qui changea tant de choses, ne put parvenir à détruire un seul de leurs préjugés: ils continuent à demander au chant des oiseaux l'époque de leur mariage et le nombre des années qu'ils ont à vivre encore; à croire que le chant du coq avant minuit, en nombre impair, annonce le trépas d'un homme, et en nombre pair, celui d'une femme; à s'imaginer que dans la nuit de Noël aucun des animaux ruminants ne peut dormir, qu'ils s'entretiennent souvent ensemble de ce qui arrivera aux maîtres du logis, soit en bien, soit en mal, et qu'il faut leur donner double ration; à voir dans les hurlements d'un chien, la nuit, le présage d'une mort prochaine; dans les rugissements des tempêtes, la voix des morts qui demandent des sépultures, ou qui se plaignent de leurs éternelles souffrances. Malgré les représentations de l'autorité, le nom de *pardon* resta attaché aux fontaines, aux chapelles qu'on croyait avoir servi d'asile à quelque saint, ou avoir été témoin de quelque miracle; et même aux fêtes patronales des villages de toute la Basse-Bretagne : on y continue ces actes d'une ignorante superstition, comme si nous étions encore au treizième siècle. On voit s'y perpétuer des cérémonies superstitieuses qui doivent rendre aux malades la santé et procurer d'heureuses couches aux femmes enceintes. Il est encore d'usage de tremper sa chemise dans l'eau bénite, de veiller autour des tombes pour empêcher les esprits d'enlever les cadavres; de faire des pèlerinages à la chapelle de Notre-Dame-des-Portes, qui, vêtue d'une robe étincelante de clarté, dont le frottement se fait entendre au loin, promet des jours exempts d'orages, et d'abondantes moissons. Les prêtres conservent ici un pouvoir sans bornes; les paysans bretons se sont consolés beaucoup plus vite de la chute du trône que de la perte de leurs pasteurs. Leur joie approcha du délire lorsqu'on les leur rendit.

Un auteur a dit, et je répéterai après lui, car l'expérience m'a convaincu qu'il disait vrai : « De tout temps la religion guida l'homme dans ces contrées avec plus d'influence encore que sur le reste de la terre; le gouvernement théocratique des druides, les milliers de génies dont ils peuplèrent les éléments, la puissance des sages sur la nature, tous les rêves de la féerie, le culte des arbres, des fontaines, ne furent point détruits par les apôtres du catholicisme. On attribua aux nouveaux saints les miracles des saints du temps passé : on ne voit dans leurs légendes que solitaires chastes, sobres, vertueux, vivant dans les forêts, bravant l'inclémence des mers; ils apaisent les tempêtes, fendent les flots de l'Océan, et passent la mer à pied sec. Les fontaines naissent sous leurs pas, les maladies se guérissent, l'air s'embaume sur leur passage, les morts ressuscitent, et l'univers est soumis à leurs lois. Les efforts d'une religion jalouse, les lumières répandues dans l'Europe, le temps, qui détruit tout, n'a pu changer les rêveries des laboureurs de ces contrées; pendant qu'ils se meuvent, et agissent dans un monde réel, leur imagination ne cesse d'errer dans un monde de chimères et de fantômes. »

Sans m'excuser de m'être trop étendu sur les coutumes superstitieuses d'un peuple qui se distingue de tous les autres, je ramènerai le lecteur au milieu des récréations et des habitudes sociales des Bas-Bretons. J'ai déjà parlé de leur hideux vêtement, qui se compose de peaux de bêtes qu'ils portent dans toutes les saisons jusqu'aux derniers lambeaux, et des immenses culottes plissées qui embarrassent leurs mouvements, et semblent à chaque instant près de tomber de leurs reins; je n'ai pas oublié le bâton quelquefois ferré, mais plus ordinairement terminé par une masse piriforme que l'on ménage au bout de la branche détachée de la souche d'un houx ou d'un chêne. Plusieurs paysans s'en servent avec une habileté extrême. Les experts dans ce genre d'escrime passent pour être à l'épreuve du sabre, qu'ils font voler de la main d'un gendarme. Aussi tiennent-ils tellement à leur bâton, nommé *pennbas*, que souvent ils ne le quittent que pour entrer au lit.

Les Bretons aiment passionnément la danse; mais ils dédaignent la monotonie des contre-danses, et forment des espèces de ballets, où l'on décrit cent figures différentes. Le *colimaçon*, le *grand-père*, la *boulangère*, la *mariée*, le *curé*, sont fort en vogue dans la Bretagne. Ils jouissent de ce plaisir avec un air de gravité qui ferait croire qu'ils remplissent un important devoir en se livrant à cet exercice. Leur musique, comme celle des Provençaux, est vive et légère, et ne semble pas en harmonie avec la démarche grave des danseurs; leur oreille est si exercée à la cadence, qu'ils ne manquent jamais la mesure. Leurs orchestres se composent ordinairement de la cornemuse, du hautbois, de la clarinette et du joyeux tambourin.

L'adresse des Bretons aux exercices du corps est extraordinaire. Dans leurs rixes fréquentes avec les soldats, qu'ils ne voient jamais qu'avec un sentiment d'aversion, ils ont presque toujours l'avantage. Ils aiment beaucoup la lutte, et c'est le plus grand divertissement qu'ils puissent ajouter à une fête solennelle. Lorsqu'un riche fermier voulait autrefois fouler une aire, il invitait tout le voisinage, qui s'y rendait dans l'ordre suivant. D'abord le hautbois et la musette annonçaient le cortége; puis arrivaient le maître du lieu et ses amis qui portaient les présents destinés à payer les frais occasionés par la fête; les femmes conduisaient des moutons, ou tenaient dans leurs mains des vases remplis de beurre, de lait, de fromage, qu'elles remettaient entre les mains de celui qui présidait aux divertissements. Celui-ci faisait préparer un grand festin servi par les jeunes gens et leurs fiancées, parées de rubans; de là on se rendait sur l'aire, où, par mille danses et en appuyant fortement les pieds, on répondait au but principal de la réunion.

Au moment de la lutte, les principaux habitants, armés de fouets, parvenaient à former une enceinte dans laquelle on promenait un jeune taureau; celui qui voulait lutter avec lui le touchait légèrement à l'épaule, et le combat commençait entre les deux adversaires. Ces coutumes, qui subsistent encore dans plusieurs parties de la péninsule, sont vivement regrettées, et le peuple les verrait renaître avec un extrême plaisir.

N° CXXXIII. [8 juillet 1822.]

UN GENTILHOMME BRETON.

Pour être un gentilhomme, il se croit quelque chose.

Lorsque j'arrivai à Saint-Brieux, je ne demandai que deux choses, mon souper et un lit : en attendant le premier, je présidais à l'arrangement du second, lorsque je vis entrer dans ma chambre un homme sur la figure duquel régnait un tel mélange de franchise et d'orgueil, acquis par la supériorité que lui accordaient ceux dont il vivait entouré, que je devinai sur-le-champ que j'avais devant moi un ancien gentilhomme breton. Persuadé de l'honneur qu'il me faisait en venant me voir, il ne me laissa point le temps de lui parler, et, s'avançant vers moi tenant d'une main sa canne, et de l'autre une lettre à demi déployée : « Monsieur, me dit-il, si mes connaissances en physionomie ne me trompent point, vous êtes certainement le chevalier de Pageville, voyageur connu en Europe sous le nom de *l'Ermite de la Guiane*, et vous venez chez nous étudier les mœurs de la Bretagne. Grâce à moi, le bruit de votre arrivée dans cette ville est déjà répandu ; nos pieuses dames sont dans le ravissement, et tout me porte à croire que notre évêque vous invitera demain à dîner avec le préfet, le général commandant le département, et le supérieur du séminaire. »

Je me mis à rire lorsque je m'aperçus de l'erreur dans laquelle mon sobriquet d'*Ermite* avait fait tomber ce bon gentilhomme que je ne jugeai cependant pas à propos de dissuader brusquement; je lui demandai à mon tour à qui j'avais l'honneur de parler. « Je me nomme le vicomte de Kessernandec de Villaguéric de Couëlleribourné, me dit-il en ôtant son chapeau qu'il avait remis sur sa tête. Peut-être, ajouta-t-il, accoutumé comme vous l'êtes à vos noms étriqués des bords de la Seine, trouverez-vous le mien un peu long; mais le voilà tel que mes ancêtres me l'ont laissé et tel que j'espère bien le laisser à mes enfants, si madame la vicomtesse de Kessernandec de Villaguéric de Couëlleribourné se décide un jour à me rendre père. » Je lui répondis que j'étais depuis long-temps familiarisé avec les noms prolixes de la Basse-Bretagne, attendu que j'avais l'honneur d'être l'ami de M. le baron de Kerguinis de Kerbaralouédec de Kéranboutoucoat, propriétaire des sept îles Glénans. « Je le connais, reprit-il, et c'est un gentilhomme dont je fais grand cas; mais c'est de moi qu'il est question. Vous saurez donc que mes aïeux débarquèrent avec Conan Mériadec sur les côtes de la Bretagne, où ils bâtirent un manoir que je possède encore, mais qui, ayant été brûlé et reconstruit une douzaine de fois, de forteresse qu'il était, n'est plus qu'une modeste chartreuse. » Je l'interrompis en l'invitant à se mettre à table avec moi. « Je suis fâché, me dit-il, que ma vieille habitude de souper à six heures, comme mes ancêtres, m'empêche de vous tenir compagnie : mais j'assisterai à votre repas, et, tandis que vous satisferez au besoin qui vous presse, je vous donnerai sur notre ville des renseignements que seul je puis vous procurer. » J'acceptai sa proposition avec empressement, et, aussitôt que nous fûmes à table, il entra ainsi en matière :

« L'on a donné tour-à-tour pour ancêtres aux habitants de Saint-Brieux, les Diducassé, les Caléti, les Curiosolites. Cependant nous croyons qu'un saint du même nom est le fondateur véritable de cette ville, qui renferme environ huit mille âmes, et qui a l'honneur d'être le chef-lieu du département des Côtes-du-Nord. Elle est éloignée d'environ trois quarts de lieue de la mer, et cependant elle étend assez loin ses relations commerciales, qui consistent dans la vente des toiles d'été de Bretagne; dans celle des blés, lorsque l'exportation est permise; dans celle des fers de forge de Vaublanc, dont il se fait un grand débit pour les armements de la marine. Le plomb de la mine de Châteaulaudrin était également de quelque valeur autrefois, ainsi que le fil, dont on faisait une exportation très considérable; notre ville envoyait un certain nombre de vaisseaux à la pêche de la morue sur le banc de Terre-Neuve. » M'apercevant que M. le vicomte me donnait ces détails d'un air passablement dédaigneux, je lui demandai en souriant si lui ou les siens avaient jamais fait le commerce. « Je vous prie de croire, reprit-il vivement, que la race du vicomte de Kessernandec de Villaguëric n'a jamais eu besoin de profiter de cette coutume bretonne qui permettait chez nous à un gentilhomme ruiné à la guerre, de déposer son épée sur le bureau de la salle des états assemblés, et de venir la réclamer ainsi que ses droits lorsqu'il avait refait sa fortune. » J'admirai avec quelle adresse les nobles bretons avaient su concilier leur vanité avec leur intérêt; mais, dans la suite de la conversation, j'eus bientôt occasion de connaître à quel point de folie avait été poussé parmi eux le mépris de la classe roturière. Ce qui indignait sur-tout M. de Kessernandec, c'était le luxe ignoble des petites gens.

« Notre cathédrale est un assez beau monument gothique; l'hôtel-de-ville est au-dessous du médiocre. Si vous passez ici quelques heures, je vous ferai voir l'hôtel de M. le marquis de Maillé, dont les jardins, avant la révolution, faisaient l'unique promenade des habitants de Saint-Brieux. Ce gentilhomme était seigneur d'un quart de la ville, et l'évêque était maître des trois autres quarts, possession à laquelle étaient attachés des droits honorifiques. Il était dû au prélat, sur une maison, sise rue de l'Allée *Menault*, une rente féodale de douze deniers. Le jour de la fête de saint Jean-Baptiste, le propriétaire de la maison, à l'heure des vêpres, était obligé de sortir un bâton blanc à la main, et de frapper deux fois l'eau qui passe devant sa maison en criant : *Paix, grenouilles, monseigneur dort;* et enfin une troisième fois : *Taisez-vous, grenouilles, laissez dormir monseigneur;* d'où vous ne manquerez pas de conclure, ajouta en riant M. de Kessernandec, que monseigneur restait à dormir pendant l'office.

« Cette ville fut plusieurs fois assiégée et prise : la cathédrale était anciennement une forteresse où l'on pouvait soutenir un siége pendant plusieurs semaines; ce fut probablement au commencement du quatorzième siècle que l'on construisit la tour de *Cesson*. Elle s'élève sur une langue de terre à l'entrée du port de Saint-Brieux, et elle est entourée de deux fossés circulaires creusés dans le roc, qui en rendent l'entrée difficile; cette tour a servi plusieurs fois de prison à de grands personnages. Le fameux ligueur Saint-Laurent, en 1588, avait juré solennellement de pénétrer en vainqueur dans la tour de Cesson; il y entra en captif. »

N° CXXXIV. [16 juillet 1822.]

MORLAIX.

>Riches du peu qu'il leur faut.
>**Voltaire.**

Suffisamment instruit sur la ville de Saint-Brieux par l'entretien que j'avais eu avec M. de Kessernandec, je me remis en route pour Morlaix le lendemain matin à la pointe du jour. Je m'arrêtai une heure à Guingamp; cette ville renferme environ cinq mille habitants. Chef-lieu d'une sous-préfecture, elle est située dans un bas-fond sur les bords de la rivière de Trieu. Il s'y tient tous les ans une foire importante nommée *an-avalou* (foire des pommes). Les aubergistes du lieu présentaient autrefois, par une concession féodale, un énorme pâté à je ne sais quel seigneur. Ce que j'ai appris de cette ville n'offrant d'ailleurs aucun intérêt, je me hâte d'arriver à Morlaix en sautant à pieds joints sur une quantité de bourgs, de villages tellement bretons par leur malpropreté, que je ne puis prendre sur moi de m'y arrêter un moment.

Morlaix, nommé *Montourlès* dans la langue du pays, s'élève sur les flancs de deux montagnes, et est arrosé par deux rivières, celle de Jardelau et celle de Kerlent. Elles se réunissent dans une espèce d'aqueduc qui passe sous une partie de la ville; après l'avoir traversée, elles vont se jeter dans la mer. Le port et les quais de Morlaix sont assez beaux. Le grand port s'étend du sud au nord sur un espace de près de trois lieues, embelli par les plus charmants aspects. On y admire tour-à-tour de belles fabriques, les jolis jardins anglais plantés par M. Pénanech, les bâtiments de l'ancienne abbaye du *Relec*, et la manufacture royale de tabac.

Morlaix porta d'abord le nom de *Julier*: suivant un archevêque de Salisbury, Drinalus, disciple de Joseph d'Arimathie, porta dans ce pays les premières clartés de l'Évangile. Après de longs débats entre les ducs de Bretagne et le prince de Léon, la ville de Morlaix resta en propriété aux premiers. En 1522 un traître, nommé Latviel, livra la ville aux Anglais, qui la ravagèrent; huit cents d'entre eux furent taillés en pièces par le seigneur de Laval, et leur sang ayant rougi une fontaine située dans le bois de *Stissel*, elle prit depuis le nom de *feunteun ar-zoz* (fontaine des Anglais). L'écusson de la ville est d'azur : on y voit un navire d'argent, les voiles déployées et mouchetées d'hermine, ayant pour devise : *S'ils mordent, mords-les*. Cette devise en jeu de mots annonce du moins que les habitants sont décidés à repousser la force par la force, et à ne supporter aucune insulte sans en tirer aussitôt vengeance.

Depuis Saint-Brieux, j'avais pour compagnon de voyage M. Jules de Kessernandec, que son père m'avait confié pour le conduire à Brest, où il venait d'être nommé aspirant de seconde classe. A en juger par le plaisir que parut éprouver ce jeune homme en apprenant que nous ne partirions de Morlaix que le lendemain, j'ai tout lieu de croire qu'il avait de tendres adieux à faire à quelque beauté du lieu; aussi ne l'invitai-je pas à m'accompagner dans ma promenade *intrà muros*. Je place ici sans ordre le résultat de mes rapides observations.

J'avais suivi au hasard la première rue qui s'était offerte devant moi; elle me conduisit à l'hôtel-de-ville, bâtiment assez beau, élevé sous le règne de Henri IV, et dont une partie est consacrée à une bibliothéque publique, décorée avec beaucoup d'habileté par un architecte nommé Loriot. Je visitai deux églises, dont l'une, Saint-Mathieu, est remarquable par la hauteur de son clocher, et l'autre,

Saint-Martin, par l'élégance moderne du style. Les quais me surprirent; ils sont tous en granit, et datent de 1771. Ils s'étendent à une lieue de distance, et doivent, d'après le plan arrêté, rejoindre la rade. Une rampe de fer leur sert de garde-fou; des culées bien ménagées y facilitent les embarquements. Le fond en est vaseux. La marée y monte par jour de douze à vingt brasses, et ferait de grands ravages si l'on n'entretenait avec soin les anciens travaux.

Le commerce de Morlaix est très actif; il consiste en objets d'exportation, grains, bœufs, porcs, moutons, chevaux, lins, chanvres, beurre, miel, cire, suif, graisses, et en toiles, dont une grande partie passe en Portugal. On importe, en retour, des laines, de l'étain, du charbon de terre, de l'or monnayé, et du tabac. On compte dans cette ville un bon nombre de riches maisons qui ne doivent leur prospérité qu'à une vie active et honorable. Morlaix, à part quelques quartiers, sur-tout celui du quai, est construit à la bretonne, c'est-à-dire que ses rues sont malpropres, sans alignement, formées par des cahutes, plutôt que par des maisons propres et bien bâties. On nous montra quelques prétendus débris d'antiquités, dans lesquels je ne retrouvai que des ruines sans intérêt, des pans de murailles et de vieilles portes, bâties dans les siècles qui ont précédé la renaissance des arts : en revanche, je trouvai le marché de la ville dans un état de prospérité qui me prouva que les habitants ne sont pas insensibles aux attraits de *la science de la gueule*, suivant la pittoresque expression de Michel Montaigne. Morlaix manque de fontaines publiques, c'est le reproche général que l'on peut adresser à presque toutes les villes de France; nous sommes sur ce point fort en arrière des Italiens. Les lavoirs de Morlaix sont superbes et construits avec cette solide magnificence qu'on devrait toujours employer dans les monuments publics. On a le projet de les continuer dans la partie de la rivière appelée le *Dorsen*. Le grand hôpital est beau et bien entretenu; j'y ai prolongé ma visite, et là, comme par-tout ailleurs, j'admirai la patience, les vertus des saintes filles qui le desservent; jamais le cœur de l'homme ne pourra leur adresser trop d'actions de graces. Il serait injuste d'oublier que M. Beaumont, ancien sous-préfet de Morlaix, et qui, depuis plusieurs années, y remplit les fonctions gratuites de maire, doit au moins partager ce tribut de la reconnaissance publique. Son zèle dans cette première de toutes les magistratures et son active surveillance laissent à deviner s'il mérite davantage le titre de père des malheureux qu'il soulage et occupe par un travail utile, que celui d'ami de ses concitoyens, dont il sait à propos défendre les droits.

Morlaix manque de beaucoup d'établissements que lui procurerait sans doute une sage extension du régime communal; mais qui lui donnera celle-ci? A quelle heureuse époque verrons-nous le gouvernement rendre enfin à chaque mairie cette indépendance si nécessaire et si desirée? Jusqu'à quand la surveillance oppressive de la bureaucratie parisienne mettra-t-elle obstacle à tout ce que des citoyens zélés et intelligents pourraient entreprendre et accomplir pour le bien de leur pays?

Les Morlaisiens me paraissent avoir les qualités qui distinguent les Bretons, sans en avoir les défauts; ils sont francs, hospitaliers et braves: leur taille est haute, mais ils me semblent moins robustes que le reste de la population de cette province. Les femmes en général sont remarquables par la grace de leur figure et par celle de leur esprit.

Je remarquai qu'à Morlaix, comme à Saint-Malo, l'étude des sciences est une occupation secondaire. Il est sans doute quelques exceptions à cette remarque, mais ce qui semble la confirmer, c'est que je ne pus recueillir le nom d'aucun Morlaisien qui se fût distingué dans quelque art ou dans quelque science que ce soit. En revanche on me nomma plus de cent armateurs qui ont fait une fortune considérable par leur honorable industrie. Je me rappelai alors une phrase de Beaumarchais : « Mon dieu, que les gens d'esprit sont bêtes! » et je compris qu'on devait avoir beaucoup d'esprit à Morlaix, comme dans presque toutes les villes de commerce où toute l'activité de l'intelligence se dirige vers une acquisition et un accroissement de capitaux.

Cependant une des plus grandes notabilités modernes a surgi tout-à-coup du sein des murailles de cette ville. Elle a donné naissance à un général long-temps l'objet du respect de l'étranger et de l'admiration de la France. La forte épée de ce guerrier citoyen protégea les premiers jours de notre république; son caractère noble et magnanime obtint l'estime des ennemis qui en assaillaient le berceau; sa générosité consola la douleur de ses compatriotes malheureux ou égarés; dans toute la longueur du cours de l'Oder et du Rhin, ses victoires imprimèrent la terreur de nos armes, et ses retraites, après des revers qui ne furent pas son ouvrage, eurent encore l'éclat des victoires. Mais un crêpe de deuil est venu couvrir à jamais les lauriers du vainqueur d'Hohenlinden! Forcés d'avouer, en gémissant, que le général Moreau est mort sous la bannière de l'étranger, nous dirons qu'à quelques lieues de là, dans le même département du Finistère, le premier grenadier français, le célèbre Corret de Latour d'Auvergne, a reçu la naissance, et nous nous hâterons d'ajouter que, sans autre ambition que celle de combattre et de mourir pour sa patrie, sa grande ame s'est échappée avec son sang sous le drapeau national. Ce héros était originaire de la petite ville de Carhaix, dans laquelle ma narration me conduira prochainement.

N° CXXXV. [24 juillet 1822.]

BREST

ET LA MARINE ROYALE.

Le trident de Neptune est le sceptre du monde.
LEMIÈRE.

Je quitte Morlaix, impatient que je suis d'arriver à Brest. Notre première halte est à *Landivisiau*. Cette petite ville, peuplée d'environ quinze cents habitants, florissait autrefois par le commerce des toiles. Dans les troubles de la révolution, elle a eu sa part du mouvement d'activité qui anima la France nouvelle.

A l'auberge modeste où nous descendons, on nous prend, je ne sais à quel propos, pour des maquignons en tournée, car on vient nous proposer un achat de chevaux. Nous repoussons poliment ces offres, et nous poursuivons notre chemin à travers un riant vallon placé entre deux collines, au milieu desquelles coule la rivière d'Elhorne, que nous suivons jusqu'à Landernau.

Landernau, autrefois capitale de la baronnie de Léon, est aujourd'hui chef-lieu de canton, et n'en est pas plus fière. Ses habitants, au nombre d'environ quatre mille, se souviennent que, à diverses époques, leur ville fut prise et saccagée. Landernau est dans une charmante position; elle est bâtie sur une colline environnée de deux côteaux élevés, auxquels on accorde le nom de montagnes.

Le barbier que je fis appeler en arrivant à l'auberge où je suis descendu doit avoir servi de modèle à M. Duval dans sa jolie comédie des *Héritiers*. Ce malin de *l'endroit* me mit en un moment au fait des aventures de la ville et du caractère des principaux habitants. « Il ne pouvait s'accoutumer au défaut d'éducation de ses concitoyens, tout-à-fait étrangers aux arts, aux sciences et à la belle littérature. » Il me conta que quelques années auparavant on n'aurait pas rencontré un seul instituteur dans la commune; qu'un maître de danse y mourut de faim, et un maître de musique de soif; mais en revanche il m'apprit, pour me réconcilier sans doute avec le bon esprit des habitants, qu'en l'an 7 on ne comptait dans Landernau qu'un officier de santé, et qu'au moment où il me parlait le juge de paix, dans cette vilaine petite ville, terminait presque tous les procès. « Je n'eus garde de refuser l'offre que me fit le frater de m'accompagner dans ma tournée habituelle. C'était l'homme qu'il me fallait.

Après avoir parcouru les quais et la promenade publique, où l'on jouit de la vue délicieuse du cours de la rivière, animée par les navires et les barques qui la sillonnent, je m'arrêtai un moment en face de l'église, dédiée à saint Houardon : le bâtiment me frappa par la singularité de son architecture gothique, si bien appropriée aux cérémonies religieuses du culte chrétien. Le barbier médisant me proposa d'aller à un quart de lieue de la ville voir une chapelle, ancienne propriété des Templiers, et bâtie au pied de la *Fontaine blanche;* je m'y laissai conduire, et je fus bien dédommagé de la fatigue de cette course, par la vue du plus bisarre morceau de sculpture que le mauvais goût ait jamais exécuté. C'est un bas-relief taillé dans un bloc de granit : il a environ quatre pieds de large sur deux d'élévation. La vierge, couchée sur un lit, est en travail d'enfant; le père éternel placé auprès d'elle, fait les fonctions d'accoucheur, et tire par la jambe son fils Jésus, à moitié sorti du sein de la Vierge, laquelle tient le Saint-Esprit par la queue. Saint Joseph assiste dévotement à l'opération miraculeuse dans la compagnie du bœuf et de l'âne, tous deux occupés à manger leur avoine dans un ratelier placé devant eux. Voilà pourtant ce que l'on osait offrir à la piété aveugle de nos pères, et de pareils monuments profanent encore la sainteté de nos temples! L'art peut en réclamer la conservation ; mais il me semble que c'est dans un musée qu'ils pourraient sans profanation trouver aujourd'hui leur place.

Le hasard me fit assister en ce lieu à un enterrement, et j'eus occasion d'y faire la remarque que les hommes y portent le deuil en bleu : les femmes se contentent en pareil cas de couvrir leur tête d'un petit capuchon, accompagné d'une mantille noire qui ne descend qu'à la hauteur des coudes.

Je n'omettrai pas que Landernau s'est beaucoup embelli depuis quelques années. Cette jolie petite ville a vu successivement son négoce s'accroître par l'activité industrieuse de ses habitants. La maison Radiguet y jouit à juste titre d'une grande confiance. MM. Goury et Poisson y ont monté une grande manufacture de toiles grises et à carreaux recherchées par nos marins et dans les colonies. Cet établissement donne du travail à un grand nombre de familles autrefois plongées dans la misère. J'y ai vu près de deux cents enfants, femmes et vieillards occupés à divers tissus, non compris les chanvres et les lins filés dans la campagne pour la même destination.

Un ton d'urbanité se fait remarquer dans l'intérieur des familles ; les maisons sont meublées avec goût, et les mœurs, sans être exemptes du caquetage qui a exercé les pinceaux de M. Duval, n'y manquent pas de douceur et de politesse. Bref, c'est une des villes de province à citer en témoignage des progrès du siècle. Admirable effet de l'industrie, qui naturellement amène l'aisance à sa suite! Celle-ci provoque à son tour les lumières, par lesquelles la dignité humaine se manifeste; aussi serait-il superflu de remarquer qu'il y a du patriotisme à Landernau, et que ce patriotisme n'y a pas encore perdu son indépendance. Dans les dernières élections du chef-lieu, malgré les manœuvres des agents ministériels, sur quarante-deux électeurs de cette commune, trente-neuf ont voté pour le candidat libéral.

On se rappelle dans le pays que la ville de Landernau, placée aux confins des deux évêchés de Quimper et de Saint-Pol-de-Léon, était jadis soumise, par moitié, à une double juridiction épiscopale; d'où il arrivait que, selon les ordres souvent contradictoires qui arrivaient des deux secrétaireries, à certains jours, l'on psalmodiait ou l'on s'enivrait assez tristement d'un côté de la ville, tandis que très gaiement l'on dansait de l'autre. Je ne vois pas que cette bizarrerie soit fort regrettable. Néanmoins, je prie les dames de Landernau de ne pas croire que je veuille les empêcher de danser quand elles en auront la fantaisie; je les y engagerais même, si je pouvais oublier ce qu'il en a coûté au spirituel et infortuné Paul-Louis Courrier, vigneron, pour avoir dit librement son avis à ce sujet.

J'arrive à Brest : quel majestueux tableau présente aux yeux du voyageur cette ville, assise sur le bord de la mer, enceinte de fortifications inexpugnables, où tonnent, au besoin, mille bouches à feu; son port, sa rade, où peuvent mouiller trois cents vaisseaux de ligne; ses environs où l'on découvre des caps, des golfes; l'embouchure vaporeuse de l'Elhorne, un rideau de montagnes lointaines, des forêts éparses, cent pavillons flottants dans les airs, les cris des matelots mêlés au bruit du canon de la citadelle qui répond au salut des vaisseaux; ces chaloupes énormes à cinquante avirons, où rament une centaine de forçats; telles sont les diverses parties dont se compose le magnifique spectacle que j'ai sous les yeux. J'ai vu des ports plus vastes, mieux ordonnés, mais aucun d'un aspect aussi imposant. C'est le plus grand théâtre que je connaisse de la force et de la puissance maritime d'un grand peuple.

Brest est-il le *Bravatès portus* d'Ossininus? je ne l'affirmerai pas; on trouve, m'a-t-on dit, dans une vieille carte romaine (celle de Peutinger, peut-être), son château, désigné sous le nom de *Gos asgribáta*. A quelle époque le nom de Brest a-t-il prévalu? Tout ce que l'on sait c'est que ce dernier était déjà établi lors de la conquête de la Bretagne, par Maxime et Conan Mériadec. La position de cette ville en fit à toutes les époques une place importante. Les ducs de Bretagne, en 1289, l'acquirent d'Hervé de Léon; elle tomba au pouvoir de Jean de Montfort pendant la guerre civile entre cette maison et celle de Penthièvre; en 1373, les Anglais occupaient Brest; ils le conservèrent jusqu'en 1395, qu'ils en firent la remise aux ducs, après avoir résisté à quatre siéges consécutifs.

César, dit-on, avait apprécié les avantages de cette rade; il y fit construire une tour qui porte son nom. Après tant de siècles, ce grand homme est encore présent dans toute la France; l'admiration des peuples aime à se reposer sur lui, et à lui attribuer les ponts, les châteaux, les forteresses, les fossés antiques, qui ont été construits dans un but d'utilité. Le cardinal de Richelieu fit construire un grand nombre de magasins à Brest. Cette ville, à cette époque, n'était encore qu'une bourgade: on n'y voyait ni notaires, ni gens de loi, ni communauté de ville.

Dans le dictionnaire de Bretagne, on assure que la rade pourrait contenir cinq cents vaisseaux de guerre: ce nombre est, je crois, exagéré. L'entrée du port est défendue par le château et par les ouvrages faits à *Recouvrance,* gros bourg que le port sépare de la ville proprement dite, quoiqu'il en fasse partie, par les batteries de la pointe et par celles qui commandent toute la rade dans l'intérieur du bassin. La machine à mâter, réparée et réformée dans plusieurs de ses pièces par le célèbre mécanicien Petit, est le premier objet qui attire les regards : elle est placée au bas du château.

Après avoir examiné rapidement les objets dont nous étions entourés, Jules alla prendre les ordres du contre-amiral auquel il était adressé, et je me rendis chez un vieil officier de la marine bleue pour lequel j'avais une lettre de recommandation.

Ce brave homme, âgé de quatre-vingts ans, a le cœur et la tête jeunes encore. Il apprit avec plaisir que j'avais, comme lui, fait plusieurs fois le tour du monde, et il me fut aisé de m'apercevoir que cela ne me nuisait pas dans son esprit. « Allons, allons, me dit-il, en prenant sa canne, déployons la voile, et cinglons au milieu des récifs; vous voulez courir des bordées au travers de Brest, je ne m'y oppose pas, je veux même vous conduire, bien entendu que, si je me trouve trop fatigué, je jetterai l'ancre, et vous laisserai filer à votre aise autant de nœuds que vous pourrez. » Ce discours assaisonné de termes du métier me rappela les belles années de ma jeunesse : pour ce doux souvenir, j'en aimai mieux ce vieillard respectable, et ce fut presque avec un sentiment d'amitié que je me mis en route avec lui. Il nous mena vers le château, et me fit remarquer la belle vue dont on jouit dans ce lieu, les magasins particuliers des vaisseaux, l'arsenal, les forges, etc., etc. Je n'essaierai pas de décrire ces constructions si multipliées, si utiles, si imposantes; mes lecteurs trouveront dans les œuvres de notre célèbre Charles Dupin les détails classiques qui n'appartiennent pas à mon sujet. Je dois pourtant observer que, si l'ensemble de Brest m'avait plu, ses diverses parties me satisfirent beaucoup moins: je trouvai que les ingénieurs, chargés des travaux primitifs, et ceux qui les ont continués, ont exécuté mesquinement de grandes idées; les mesures de prudence les plus ordinaires n'y sont point adoptées; par exemple, en cas d'incendie, les navires, serrés l'un contre l'autre, ne pourraient être déplacés sans des dispositions qui demandent un travail excessif; dans le temps des grands armements, toutes les passes sont obstruées; il règne dans le port un embarras, une malpropreté que les orages et les pluies augmentent encore.

L'aspect des habitants de Brest donne l'idée d'une population active et laborieuse; leur physionomie exprime une vivacité, une agitation, qui finit par fatiguer l'observateur. Ils ne marchent point, ils courent; on crie, on se heurte, la foule s'entasse en d'étroits passages, et l'on y semble, pour ainsi dire, pressé de vivre.

« Vous avez raison, me dit M. Paulin (c'est le nom de l'officier qui m'accompagnait), nous croyons employer le temps, lorsque nous nous sommes donné beaucoup de mouvement; ici on ne comprend rien au précepte du sage: *hâte-toi lentement;* cette vivacité naturelle ne justifie pas les excès commis autrefois par la marine royale; c'était alors le corps le plus intolérant, le plus livré aux préjugés qui fût au monde; il eût à lui seul dégoûté de l'ancien régime; insultants envers les citoyens, indisciplinés envers leurs chefs, jaloux de tous ceux qui pouvaient s'élever par leur mérite, les gardes-marine ont plus d'une fois négligé ou compromis l'honneur de la patrie par un esprit de corps pernicieux et coupable. Je voulus citer le nom de plusieurs hommes estimables, qui faisaient la gloire du corps qu'il attaquait, il ajouta lui-même aux éloges que j'en faisais; mais il en revint toujours à maudire les corps privilégiés, dont les portes s'ouvrent à des conditions qui ne peuvent être remplies que par un certain nombre d'individus. Ces faveurs ne sont bonnes qu'à encourager un orgueil nuisible à l'état comme à la société.

M. Paulin, après avoir donné cours à son vieux courroux, continua à nous entretenir des mœurs et des coutumes de Brest. Il nous apprit qu'autrefois chaque garçon, le jour de son mariage, était obligé de se jeter à l'eau. Tous les trois ans, on élisait un maire; et, le même jour, on donnait la liberté à trois oiseaux.

On a pratiqué, dans la partie de Brest située sur le penchant de la montagne, des escaliers qui descendent à pic : il y en a un assez beau ; mais les autres sont si roides, qu'on ne peut les fréquenter, sans un péril imminent, dans le temps de dégel et de neige : c'est quelquefois au quatrième étage d'une maison qu'on trouve le jardin. Les nouveaux quartiers près de la place d'armes sont bien bâtis, et contrastent avec les autres. La population, dans la classe inférieure, est laide et malsaine; elle doit une partie de ces désavantages physiques aux excès en tout genre auxquels se livrent les hommes de peine, et au défaut d'air. Les habitants de Douric et de Recouvrance, séparés seulement par une rivière, sont d'un aspect plus agréable; leurs formes sont moins disgracieuses, et leurs vêtements ne portent pas l'empreinte de la misère; cependant les habitants de Brest les traitent avec une comique supériorité, que rien ne me parut autoriser.

Je n'en rendrai pas moins à cette ville la justice qui lui est due : les mœurs s'y ressentent d'une civilisation très avancée. On y a des cercles, on y cause, on y mange, on y est vêtu et meublé comme à Paris. Si la vie privée y est moins murée qu'à Landernau, le patriotisme n'y est pas moins ardent. Il n'est plus permis d'en douter, après la magnifique réception, faite en 1820, à M. Guilhem, quand il revint dans

33.

ses foyers, après les civiques, mais inutiles efforts des députés du Finistère en faveur de l'ancienne loi des élections. Les électeurs du même arrondissement ont prouvé qu'ils n'avaient pas dégénéré de ce zèle, en persistant avec énergie à vouloir leur candidat, et à repousser celui des ministres, jusqu'à la nomination de M. Bergevin, qui ne fut pas leur ouvrage; dans l'année précédente, ils récompensèrent encore les vertus du magistrat qui les avait protégés, en décernant une coupe d'or à M. Kerros, leur maire, victime d'une destitution.

Brest est peut-être de toutes les villes de France celle où les vieilles mœurs ont le plus perdu, et où le gouvernement constitutionnel a jeté les racines les plus profondes. Long-temps victime des abus qui semblaient se transmettre par voie d'héritage, on veut ici le règne des lois; on y déteste celui des favoris, des ministres, et des maîtresses. On sait comment la jeunesse brestoise a reçu les agents de Mont-Rouge qui se présentèrent sous le titre de *missionnaires*, et qui étaient loin d'apporter dans leurs murs cet esprit de paix et de désintéressement auquel on doit reconnaître des ministres de l'évangile. On est Français, bien Français à Brest. Un officier de la marine royale sait aujourd'hui que le bourgeois, devenu citoyen, ne supporterait pas une véritable offense, et que tous les rangs étant devenus égaux, la lice de l'honneur n'est fermée pour personne.

Quoique le service du port et de la marine jouisse à Brest d'une prépondérance naturelle dans une place de mer, le commerce n'y forme pas moins une société qui, par l'esprit, la fortune, et la manière d'en faire usage, n'est nullement inférieure à l'autre; les femmes n'y sont pas moins aimables, et le bon goût y préside à leur toilette.

N° CXXXVI. [1ᵉʳ AOUT 1822.]

LE BEAU CÔTÉ DE LA MÉDAILLE.

> La réputation est une sorte d'existence aux lieux où l'on n'est pas et sur la terre où l'on n'est plus.
>
> M

Rappelons à ceux qui oublient facilement les services rendus à la patrie plusieurs noms de citoyens, dignes de la reconnaissance publique. Le comte de Lamothe-Picquet, né à Rennes en 1720, contribua pendant cinquante ans à la gloire maritime de la France; nommé commandant du vaisseau *l'Invincible*, il justifia ce nom tant qu'il le commanda.

On mit au bas de son portrait le quatrain suivant:

> Marin dès ta première aurore,
> Guerrier cher même à tes rivaux,
> La France sait ce que tu vaux,
> Et l'Angleterre mieux encore.

Lamothe-Picquet, comme Duguesclin, n'était

pas beau, mais comme Duguesclin aussi il s'embellissait de sa gloire. Ce grand homme termina sa glorieuse carrière en 1791.

Le capitaine Ducoëdic se présente de lui-même à notre admiration. Son dévouement et son courage indomptable sont à jamais immortalisés par le fameux combat naval, dans lequel il coula la frégate anglaise *le Québec*, dont il recueillit l'équipage à bord de *la Surveillante*, ramenée par lui à Brest sans voiles, sans mâture, sans gouvernail, et nue comme un ponton. Couvert de blessures, il n'eut pas le temps de jouir de sa gloire, et les justes récompenses du monarque, organe de la France, ne trouvèrent qu'un cadavre épuisé de sang, mais digne encore des respects d'une nation.

Nous ne pûmes refuser un souvenir au capitaine Kerguélen, marin expérimenté qui, avec beaucoup d'esprit, eut la maladresse de se faire des ennemis puissants dans le corps de la marine royale, dont il révéla les nombreux abus, non sans y participer plus d'une fois lui-même. Ses voyages aux terres australes ont eu quelque célébrité, et le capitaine Cook a conservé honorablement le nom d'île *Kerguélen* à l'une de ses découvertes. C'était lui qui, sortant d'une audience royale où il avait usé amplement du droit de conteur, sous le règne de madame Dubari, disait au ministre: « Eh! parbleu! monsieur, ne faut-il pas amuser le bon-homme? »

Le comte Duchaffault, connu par le combat d'Ouessant et par plusieurs autres actions d'éclat, reçut aussi notre tribut d'éloges. Nous parlâmes de l'ingénieur Choquet, né à Brest en 1715, qui dirigea, durant un demi-siècle, les grands ouvrages par lesquels le port de sa ville natale a été mis au premier rang parmi ceux du royaume. Il publia le résultat de ses utiles travaux sous ce titre : *Description des trois formes du port de Brest*, bâti, dessiné et gravé en 1757 ; il mourut au lieu de sa naissance, le 8 octobre 1790. Demarguerie, marin et géomètre du premier ordre ; d'Olivier, officier de port, chez qui une imagination trop ardent earrêta les élans du génie ; Lebègue, chef d'escadre et savant distingué tout à-la-fois ; Verdier de Lagrène, qui s'attira de si justes éloges par la rédaction de ses voyages ; Laprévalais, grand marin et excellent observateur ; Frederot-Legerce, capitaine de vaisseau ; Billard et Duret, habiles chirurgiens ; Sabattier, médecin recommandable ; le chimiste Janvier, le botaniste Laurent, le mécanicien Mercier, dont les ouvrages avaient acquis, par leur perfection, une si haute renommée ; le graveur Ledault, le peintre-décorateur Sartory, le poete Guillemar, le machiniste Rochon, le coutelier Morier, l'horloger Prosper Ozanne, le dessinateur-ingénieur Vial, qui travailla pour l'*Encyclopédie*, n'épuisent pas en tous les genres une liste si honorable pour le département du Finistère.

L'émigration des principaux officiers de la marine française, en 1790, suivie de la catastrophe de Quiberon, avait singulièrement appauvri chez nous cette arme trop peu favorisée; aussi a-t-elle eu des revers; mais ceux-ci ont été presque toujours sans honte, et quelquefois ils se sont transformés en titres d'honneur; plus d'un brillant exploit sur mer a même relevé l'éclat de notre pavillon.

La ville de Brest vient de célébrer avec douleur les obsèques de l'un des hommes par lesquels elle a été le plus honorée. Le contre-amiral Cosmao, né à Châteaulin, était entré dès son enfance dans la marine, et y devint ce que les Anglais nomment un *loup de mer*; lieutenant de frégate en 1781, pour sa belle conduite à bord du brick *l'Hirondelle*; pendant la campagne de la Guiane, et, de grade en grade, il parvint, avant la révolution, au commandement d'un brick; éducation pénible, mais nécessaire; les officiers de marine ne s'improvisent pas.

L'intrépide Breton planta successivement son pavillon sur la frégate *la Sincère*, et sur plusieurs vaisseaux de ligne. Il visait moins à obtenir des succès d'éclat qu'à se rendre utile à son pays. Ainsi, depuis ventose an 3, où, sur *le Tonnant*, il soutint en quatrième l'attaque d'une escadre entière, pendant les trois heures du calme qui retint les autres navires comme enchaînés, jusqu'en l'an 13, où il eut *le Pluton* sous ses pieds, tour-à-tour il protége notre commerce, désole celui de l'ennemi, et cherche même des périls obscurs lorsque le bien du souverain l'exige.

Emporter d'assaut le rocher *le Diamant*, regardé comme une forteresse inexpugnable dans la mer des Antilles; à quelques mois d'intervalle, couvrir, l'un après l'autre, deux vaisseaux espagnols désemparés dans le combat de thermidor an 13, devant le cap Finistère; consoler l'honneur français compromis à Trafalgar, en arrachant au vainqueur trois des vaisseaux qu'il emmenait à la remorque le lendemain de cette malheureuse affaire; ravitailler Barcelone en 1809, en y faisant entrer un convoi de cinquante voiles, malgré le blocus étroit de Toulon dont il fallait sortir; dégager seul, dans la même campagne, trois vaisseaux de haut-bord, tombés sous le canon de l'ennemi en force, tels sont les titres qui lui valurent l'estime publique et le suffrage d'un homme qui se connaissait en mérite militaire. Je tiens en effet du général Foy, que, lui présent, Napoléon parla du contre-amiral Cosmao comme d'un des premiers marins qu'il eût à son service; le lieutenant-général Brayer l'attesterait également.

Le trait caractéristique du génie de ce célèbre

contre-amiral c'est son habileté à se rendre tellement maître du vent, qu'il pouvait se porter à volonté sur tous les points d'une et même de deux lignes; grace à cette promptitude de mouvement l'ennemi se trouvait toujours en travers du vaisseau dont il se croyait prêt à faire sa proie.

Son parent et son ami, le vice-amiral Leisségues, né également aux environs de Châteaulin, n'a pas moins de droits à la reconnaissance de sa patrie. Ses titres, il les tient de sa vie entière illustrée par différents succès, dans le détail desquels je n'entrerai pas, puisque nous avons le bonheur de le posséder encore parmi nous. Cependant il me coûterait de passer sous silence la mémorable affaire de Santo-Domingo, où, avec cinq vaisseaux de ligne, il ne craignit pas d'en attaquer neuf, audace peut-être trop téméraire, mais que, dans la pensée du brave Breton, commandait sans doute l'honneur national en souffrance à ses yeux depuis *Trafalgar!*

Pourquoi l'escadre sous les ordres du vice-amiral n'a-t-elle pas répondu à la manœuvre brillante et hardie qui, malgré l'inégalité des forces, devait lui assurer la victoire! Trahi dans ses combinaisons, il communique son énergie au seul vaisseau qui lui soit resté fidéle; pendant trois mortelles heures il soutient seul le feu terrible de six vaisseaux réunis pour le foudroyer, et qui s'étaient proposé de couper notre ligne. Le péril s'accroît; plutôt que de se rendre, prêt à s'ensevelir sous les flots avec les débris de *l'Impérial* destiné à remplacer *le Vengeur* et à hériter de sa gloire, le brave marin se fait échouer; mettant le feu à son bord de sa propre main, il veille à l'embarquement des honorables restes de son équipage, et se retire le dernier, emportant, avec l'estime de ses ennemis, son aigle et son pavillon si héroïquement défendus!

Les capitaines Lucas et Lejoille, nés tous deux à Brest, ont encore bien mérité de leur patrie, l'un pour avoir soutenu à Trafalgar, et sans y être obligé par son poste, le feu de toute une ligne où Nelson commandait en personne. C'est du bord de ce vaillant capitaine qu'est parti le coup qui a mis fin à la carrière de l'amiral anglais; de son côté M. Lejoille a eu l'honneur d'offrir, en l'an 2, le spectacle presque oublié d'une frégate française emmenant dans nos ports un vaisseau de ligne ennemi. Il commandait la frégate *l'Alceste*, et il s'empara du *Berwick*, vaisseau de soixante-quatorze canons.

La pluie ne cessa pas de tomber pendant les cinq derniers jours que je restai à Brest; je les employai à visiter les magnifiques magasins de la marine, le château, l'arsenal, et l'hôpital de la marine si parfaitement administré.

Quelques extraits de ma correspondance donnent des détails curieux sur les villes de Tréguier et de

Saint-Pol-de-Léon, que je ne pus aller visiter moi-même.

Tréguier, le.....

« Que je vous écrive au moins, mon cher Ermite, si je ne puis vous voir, et que dans l'intérêt de ma ville natale je vous la fasse connaître; elle le mérite bien.

« Son origine remonte au sixième siècle; elle doit l'existence à un saint. Jules-César dit que notre canton était habité par un peuple nommé les Ossimiens. Au neuvième siècle, les Romains le ruinèrent, ainsi que tant d'autres parties de la Gaule. Lugdical, fils de Noël, roi de Bretagne, dégoûté des grandeurs du monde, ayant obtenu la propriété de la petite péninsule où nous sommes, embrassa l'état ecclésiastique, et y fonda un monastère, autour duquel s'éleva un amas de maisons, et Tréguier prit naissance. Long-temps cette ville eut un diocèse très étendu, ne relevant que des ducs de Bourgogne. La révolution détruisit l'évêché, au grand regret de mes concitoyens, qui ont perdu plusieurs avantages par la supression de tout ce qui tenait à l'ordre ecclésiastique. Tréguier est bâtie dans une presqu'île; elle a un port qui sert à notre commerce, elle compte trois mille ames. Nous avons parmi nous un personnage canonisé, saint Yves, patron des avocats et des avoués. Ce fut à Tréguier qu'en 1386 le connétable de France Olivier de Clisson, originaire de Bretagne lui-même, fit construire cette fameuse ville tout en bois, de pièces rapportées, qui se démontait, et qui devait servir en Angleterre de place d'armes aussitôt que l'on aurait effectué la descente projetée.

« En 1516, l'official de l'évêque rendit une sentence qui ordonnait aux chenilles, sous peine d'excommunication, de sortir en six jours du diocèse de Tréguier. En 1592, le 17 novembre, les Espagnols entrèrent dans la ville, la pillèrent, la brûlèrent, et enlevèrent avec soin un bras de saint Lugdical et une dent de saint Yves, qui, en sa qualité de patron des gens de loi, ne devait pas en manquer. On voit le tombeau de ce dernier dans la cathédrale ; non loin de lui repose Jean V.

« Nous avons peu de bâtiments remarquables ; une vieille tour porte le nom de *tour de Hasting*, du nom du chef normand qui la fit construire ; nos rues sont étroites, sales, mais notre promenade principale est fort jolie. »

Je dois la seconde lettre à une femme très aimable, et à laquelle m'unit toute l'amitié qui peut exister entre deux individus lorsque l'un compte à peine ses vingt-cinq ans et que l'autre achève son quinzième lustre.

Saint-Pol-de-Léon, le 24 juillet 1822.

« Vous n'êtes pas le chevalier de Pageville, le fait est incontestable; un Français d'autrefois eût montré plus de galanterie, en ne passant pas auprès des tourelles de mon noble manoir sans y venir demander l'hospitalité. Je vous attendais, le nain était sur le donjon; les pages, les filles d'honneur se préparaient à vous recevoir. Vains projets! le chevalier disparaît, et l'on nous apprend qu'un ermite couvert de bure a traversé, à peu de distance de nous, la grande route, et qu'il se rend à Brest sans passer par Saint-Pol-de-Léon. Pour vous punir de cette indifférence, je vais essayer de vous donner des regrets en vous faisant la description du lieu que vous avez dédaigné. Vous auriez peut-être accusé l'aridité des terres qui nous environnent; c'eût été une prévention injuste; notre terre est fertile, mais les hommes y sont paresseux; ils ne tirent aucun parti des richesses qu'elle pourrait produire. Notre ville est fort jolie; nous avons perdu un évêché, mais nous avons un port situé à Roscoff, à trois quarts de lieue d'ici, et en face des côtes de la Grande-Bretagne. Les petits paysans de trois ans y parlent trois langues, l'anglais, le français, et le celtique. Je n'ai pas besoin d'annoter qu'ils ne se servent d'aucune aussi purement que Pope, Voltaire, et notre grammairien Le Brigand. Ce dernier écrivain, le plus célébre des Bretons bretonisants, a publié avant la révolution, un ouvrage qui fit du bruit, et auquel on a prétendu que Diderot avait mis la main. C'est un examen comparatif de l'ancienne langue armoricaine, mise en rapport avec celles qui sont, ou qui ont été parlées chez les différents peuples de la terre, d'où il résulterait que notre idiome celtique, tant dédaigné, aurait été le premier moyen de communication orale entre les hommes : au moins est-il démontré par l'auteur celte qu'on y trouve les racines des mots principaux admis dans les autres langues. A cet égard, je suis loin de vous imposer ma doctrine comme un article de foi. Cependant, mon cher ermite, ne fût-ce que par esprit de nationalité, il me plairait assez de croire que les premières confidences d'Ève et d'Adam auraient eu lieu en bas-breton.

« Les savants ne s'accordent pas trop sur l'origine de notre ville; je ne puis par conséquent vous en parler. Nous eûmes au cinquième siècle un premier évêque, nommé saint Paul; il abandonne l'Angleterre sa patrie, aborde sur notre côte, fait miracle sur miracle, et délivre le pays d'un dragon qui se nourrissait de chair humaine; il est nommé évêque, et meurt dans l'île de Bath, n'en faisant pas moins des miracles après sa mort. Vous trouverez les preuves de cette histoire dans des auteurs très estimables, Pierre de Natalis, Vincent de Beauvais, l'abbé Thritème. Croyez et adorez. Nous avons eu aussi notre beau temps de chevalerie; un Tristan le Léonais et un jeune prince dont les aventures merveilleuses vous donneraient une idée brillante de l'imagination de nos compatriotes. On nous fait des descriptions charmantes de la manière dont on vivait ici il y a trente-cinq ans, les gentilshommes du produit de leurs terres, les bourgeois du commerce, et l'église aux dépens de tous; le fait est qu'on s'amusait beaucoup. A présent on fait de la politique, des finances, et les jeunes gens...... Tristan le Léonais aurait grand'peine à reconnaître ses descendants...... Un de mes cousins, qui vient de lire la lettre que je vous écris, veut absolument que je vous dise qu'il existe dans le Bas-Léonais une race d'excellents chevaux qui ne sont pas de beaucoup inférieurs aux chevaux arabes; cette branche de commerce est considérable : il se vend beaucoup de ces chevaux à la fameuse foire de la Martyre. Mais n'ai-je pas trop causé avec un homme auquel je tiens rancune? Adieu, méchant ermite.....

N° CXXXVII. [8 JUILLET 1822.]

L'ILE DE SEIN.

Nescio quâ natale solum dulcedine cunctos Ducit.

OVID.

Le pays natal a je ne sais quel charme qui nous captive.

Après avoir parcouru Brest, il me fallut dire adieu à mon respectable guide, M. Paulin. Cet adieu, si triste à dire entre des hommes de notre âge, nous coûta beaucoup. Nous avions si peu d'espoir de nous rencontrer jamais!

Je m'embarquai dans la rade de Brest pour aller rejoindre, par Port-Launay, le grand chemin de Quimper. Rien de plus magnifique que le tableau qui, sous plus d'un aspect, s'offrait à mes regards: c'était la nature dans tout son luxe; la mer, le ciel, la terre, s'unissaient en quelque sorte pour étonner et charmer par leurs beautés.

Le dos tourné au goulet, c'est-à-dire à l'entrée de la rade, et porté par la marée, j'avançais, en longeant de jolies habitations, vers Châteaulin, l'un des chefs-lieux de sous-préfecture du Finistère, situé sur la rivière d'Aulne. Cette ville, patrie du P. André, avantageusement connu dans les lettres par un *Essai sur le Beau*, et un *Traité de l'Homme*, tire son origine d'un château que fit bâtir en ce lieu Alain Rabré (le grand), petit-fils, par les femmes, de Salomon, roi de Bretagne, lequel mourut en 907 : il n'en reste plus qu'une partie transformée en hôpital.

L'Aulne embellit, de ses eaux toujours pures, des prairies plantées d'ormes, au-dessus desquels s'élèvent à pic des montagnes schisteuses, d'un effet assez pittoresque. La mer monte et s'abaisse successivement dans ce canal, susceptible de recevoir des navires d'une assez forte dimension, qui s'arrêtent aujourd'hui à Port-Launay, petite ville naissante, à une demi-lieue de son chef-lieu, sur lequel elle ne tardera pas à obtenir une sorte de suprématie, comme entrepôt du commerce de Quimper et de Brest par la rade. Un tel point de communication est d'autant plus précieux qu'en temps de guerre maritime, il offre les moyens les plus prompts et les plus sûrs d'approvisionner le premier port de la France.

Châteaulin est situé dans un vallon entouré de montagnes et de landes immenses, dont l'industrie pourrait néanmoins tirer un parti très avantageux au moyen de défrichements et de plantations d'arbres verts. L'aspect de cette petite ville est d'un effet agréable, mais elle est dans un état complet de ruines; elle me rappela Vitré; et je me souviendrai long-temps du pont où je faillis à perdre la vie. Il vient d'être rétabli avec des dimensions et une solidité qui assurent la libre communication des deux rives.

Nous rencontrâmes là un Toulousain, grand amateur d'antiquités celtiques et gauloises, auquel nous cachâmes avec soin le peu d'importance que nous attachions aux trésors qu'il venait examiner. Il nous interrogea sur l'île de Sein : lorsqu'il sut que nous ne l'avions point visitée, il nous proposa de nous donner l'analyse d'un mémoire qu'il venait de rédiger sur cette île si célèbre dans les temps antiques. Nous l'écoutâmes avec une grande attention.

« L'île de Sein s'élève au milieu des flots, à l'extrémité du promontoire breton, où le poète Claudien dit que les anciens plaçaient leur enfer. Couverte d'épaisses vapeurs, battue sans cesse par les vagues du vieil Océan, elle semblait offrir à l'imagination tout ce qui peut la frapper et la confondre. A toutes les époques, ce coin isolé du monde fut un séjour de merveilles. Aux ombres de leurs pères, qui d'ailleurs n'en ont jamais été complétement bannies, si l'on en croit les récits des habitants, succédèrent les nymphes, les fées, les magiciens : là se donnèrent les sabbats et la fête de l'ancien bouc, le Pan moderne, dont le culte remonte à la plus haute antiquité. Les druides se gardèrent bien de négliger une terre consacrée depuis long-temps aux actes mystérieux et sacrés ; ils en firent un de leurs principaux colléges. Des prêtresses, au nombre de neuf, y séjournaient habituellement. Pomponius Méla a dit, dans son troisième livre de *Situ orbis*: « Sur la côte des Ossimiens est l'île de Sein, particulièrement distinguée par un oracle célèbre. Les prêtresses du dieu qu'on y adore sont au nombre de neuf, et gardent une virginité perpétuelle. Le peuple gaulois les vénère, et les distingue sous le nom de Cènes : il est persuadé qu'elles ont tout pouvoir sur les éléments. »

« Après l'établissement du culte romain, les derniers druides vinrent chercher un asile dans l'île de Sein ; plusieurs y furent égorgés : le christianisme abolit entièrement leur culte. Forcadel, jurisconsulte, dans l'histoire de la Gaule, *de Gallo imperio*, prétend que Merlin, cet enchanteur si célèbre dans les romans de chevalerie, est né dans l'île de Sein. Cette terre de merveilles est habitée maintenant par quelques malheureux pêcheurs, dont la misère ne peut être comparée qu'à leur ignorance. Les femmes y cultivent la terre, la partagent, la mesurent avec leurs tabliers, sans qu'il s'élève jamais la moindre discussion. Les habitants ne ferment leurs portes que lorsqu'ils craignent les tempêtes; des feux follets, des sifflements les annoncent : alors les anciens de l'endroit élèvent la voix, et crient : « Fermez les portes, écoutez les *crieriens,* le tourbillon les suit. » Les *crieriens* sont les ombres des naufragés qui demandent la sépulture.

« Rien ne peut être comparé à la pureté des mœurs de ce pays. Rien ne s'y perd; l'objet égaré se retrouve presque toujours, suspendu à la corde de la cloche dans l'église. Malheur à la fille dont la ceinture serait dénouée avant le mariage; elle serait lapidée par ses compagnes indignées. On voudrait plus de bonheur à cette petite population, chez laquelle semblent s'être réfugiées toutes les vertus sociales. La révolution n'a rien changé à l'existence morale de ces malheureux habitants; leur pasteur resta toujours parmi eux, ne prêta point de serments, et ils ne ressentirent pas même la secousse de ce grand événement. Leurs fêtes, leurs noces se font sans cérémonies; on danse aux chansons; car on n'y connaît aucun instrument, pas même le *biniou,* espèce de musette en usage dans tout le reste de la Bretagne.

« Les hommes ont de grandes culottes; les femmes mettent sur leurs coiffes de méchants chapeaux pour porter du goémon; un justaucorps, un jupon de toile, des bas et des sabots forment toute leur toilette. M. de Cambry, dans son curieux ouvrage sur le Finistère, ajoute: « Les habitants de l'île de Sein n'aiment point que les étrangers viennent s'établir parmi eux; ils sont d'ailleurs hospitaliers, vous reçoivent à bras ouverts, se disputent la possession de ceux qui viennent les visiter; tous volent au secours des naufragés. A quelque heure de la nuit que le canon donne le signal d'alarme, les pilotes sont à bord, bravant le vent, la grêle, le froid, la tempête, et la mort; tout le monde est sur la grève; le malheureux qui parvient à se sauver est recueilli dans le meilleur lit du ménage; il est soigné, chauffé, nourri, ses effets ne sont point volés; on les respecte avec un sentiment inconnu sur les côtes de la grande terre. C'est ainsi qu'ils sauvèrent le magnifique vaisseau de soixante-quatorze de l'escadre de Dorvilliers.... Touché de leur état et de leur misère, le duc d'Aiguillon leur offrit une habitation commode sur le continent, tous les secours, toutes les avances dont ils auraient besoin pour s'y fixer. Ce fut en vain: l'idée de quitter leurs rochers leur fit verser des larmes; ils demandèrent à genoux qu'on ne les arrachât pas aux sables qui les avaient vus naître.... » L'ancien gouvernement a fait gratuitement, à différentes époques, des envois de vivres aux habitants de l'île de Sein.

« Le passage de l'île à la terre ferme est très dangereux, ce qui fait dire aux matelots: *nul n'a passé le raz sans mal ou sans terreur*. Le raz est la pointe du promontoire qui touche à la Bretagne. Dans cette île on ne voit ni fruits, ni fleurs, ni verdure; les tempêtes en éloignent les oiseaux, et elle est presque toujours couverte de nuages. Dans sa partie occidentale s'élève une chapelle en l'honneur de saint Corentin; à côté est un ermitage que personne n'ose habiter. »

Nous partîmes avec l'antiquaire, homme aimable quoique savant; il allait à Vannes par Quimper: nous suivions la même route.

De nos communications réciproques, jointes aux renseignements que nous prîmes sur les lieux, il résulte que l'arrondissement de Châteaulin est un des plus peuplés et le plus misérable du Finistère. Il abonde pourtant en prairies, en gibier, en bétail, en fourrages, et en bois. Ses carrières d'ardoises sont de la meilleure qualité; l'exploitation en est facile. Le chanvre et le lin s'accommodent d'un sol généralement sans profondeur et d'une nature légère; aussi convient-il au seigle, qui y donne d'excellents produits. Que manque-t-il donc à la prospérité de ce canton de la France? de l'industrie, de l'instruction et des débouchés. C'est sur-tout la petite ville de *Carhaix;* ce sont les communes dont elle est entourée, qui réclament ces deux bienfaits de la civilisation. On est fondé à attendre l'un de l'exécution des canaux projetés; mais l'autre s'éloigne de plus en plus par la proscription de l'enseignement mu-

…uel. Séparé par ses usages, son costume, et son …liome, du reste de la France, ce pays est livré aux …lus honteuses superstitions. On ne croirait pas ce …ue je pourrais raconter de cette partie voisine des …iontagnes d'Aré, ou montagnes Noires. Je ne quit-…erai pas les bords de l'Aulne sans ajouter à ma nar-…ation que le vice-amiral Emériau est né à Carhaix, …t qu'il vit retiré dans le midi de la France, après …voir fourni dans son arme une carrière honorable.

N° CXXXVIII. [16 juillet 1822.]

QUIMPER-CORENTIN.

Quid verum atque decens curo et rogo....
HOR.

« Je ne cherche à approfondir que ce qui est vrai et beau.

Nous voici à Quimper, ville épiscopale, ayant neuf mille ames, une préfecture, un collége, un tribunal civil, un tribunal de commerce, et même un port sur la rivière d'*Odet*, qui porte des navires marchands, et donne quelquefois à cette ville une activité qu'on ne remarque que dans les endroits où le commerce prospère. La rivière d'Odet, suivant le récit qu'on m'a fait, descend de montagnes auxquelles on a donné le nom de *montagnes Noires*, et dont la chaîne occupe une étendue d'environ trente-cinq lieues.

Le Steir, ruisseau qui prend sa source à trois

trois communes rurales qu'il fertilise, et sur lesquelles il fait mouvoir quelques usines. Les pluies de l'automne le transforment en torrent impétueux. Comme toutes les villes des anciens âges, pour lesquelles on cherchait une défense naturelle, Quimper est bâti au confluent de l'Odet et du Steir. La pointe de terre que ceux-ci formaient était la cité; dans des temps postérieurs, mais encore reculés, en dehors du confluent, le long du canal de l'Odet, il s'est établi un faubourg connu sous le nom de *Terre-au-Duc*. Ce quartier, particulièrement affecté au négoce, a choisi pour son patron saint Matthieu, dont le nom sert aussi à le désigner; c'est la portion la plus saine et la plus habitable de la ville. Il y a lieu de croire qu'autrefois les officiers de justice des ducs de Bretagne, et par conséquent le tribunal et la prison, étaient compris dans la même enceinte, aujourd'hui coupée par des jardins bien cultivés. Notre savant Toulousain nous apprit longuement quelle était l'origine du chef-lieu actuel du Finistère : je vais tâcher de placer ici ce que son récit m'a offert de plus intéressant.

César désigne Quimper comme la capitale des Curiosolites, et lui donne le nom de *Curiosolitium:* on l'appela ensuite *Corisopitum;* et enfin le géographe Ptolémée l'appela *Vagoril*. Notre savant me fit aussi de grandes dissertations sur la position respective de l'antique ville d'*Is* et de Quimper; la première fut engloutie par les flots vers le cinquième siècle, et ses débris, que l'on prétend reconnaître dans les basses marées sur les côtes de *Penmarck*, occupent encore les archéologues armoricains.

Nous sommes entrés à Quimper par la rue *Obscure*. Que l'on se figure deux rangs de maisons parallèles, où le premier étage s'avance d'un ou deux pieds sur le rez-de-chaussée, et où l'étage suivant a la même saillie. Les édifices dont se compose la rue *Obscure* sont tellement surplombés, que les locataires, en face l'un de l'autre, pourraient se donner la main au troisième. Dispositions aussi favorables aux amours que nuisibles à la salubrité d'une ville.

Les quais de Quimper ne sont pas sans quelque grandeur; le canal, presque à sec après le reflux, est d'un charmant effet à la pleine marée; la belle promenade du *Pennity* l'accompagne dans toute sa longueur; trois rangs d'ormes l'ombragent et se réfléchissent dans l'Odet avec les mâts des navires marchands qui le remontent jusqu'au pont, par lequel le quartier Saint-Matthieu se joint à la ville.

La cathédrale mérite d'être visitée : c'est un grand bâtiment d'une structure très ancienne et très remarquable. Dans une galerie extérieure, au-dessus du portail d'entrée, se voyait encore, au commencement de la révolution, une grande statue équestre en pierre du fameux roi *Gralon*, qui joue un si grand rôle dans les anciennes chroniques de la Bretagne.

Je dois avouer que ce que j'ai vu de plus curieux, ou au moins de plus amusant dans cette ville, est une histoire de saint Corentin, qui me tomba sous la main dans l'auberge où nous étions descendus. L'épisode suivant m'intéressa beaucoup, et je veux essayer de faire partager ce plaisir à mes lecteurs.

Un jeune gentilhomme, fils d'une mère qui l'abhorre, se voit chassé par elle du toit paternel, et se réfugie dans une chapelle où l'on invoque la Vierge et saint Corentin; il les prie avec ferveur, et en sort consolé. Il rencontre une femme en pleurs; on refusait d'enterrer son époux; elle ne pouvait payer les frais d'inhumation : l'enfant lui remet le peu d'argent qu'on lui a donné en l'abandonnant, et va tomber épuisé de fatigue contre un arbre. Une autre femme vêtue de blanc, accompagnée d'un évêque, lui apparaît, et lui commande d'aller au manoir voisin y offrir ses services. Il s'excuse en vain sur sa naissance, qui lui défend de travailler pour vivre. Ses bienfaiteurs insistent; il leur obéit. Dans ce château était la fille du logis, qui ne savait point lire. Il devient son maître; et, nouvel Abeilard, parle bientôt au cœur d'une nouvelle Héloïse. Le père les marie; et le naïf historien dit que ce fut au bout de sept mois de mariage que leur union fut couronnée par la naissance d'un fils. Un oncle, peu satisfait de cette union, la trouble en jetant son neveu à la mer. La Vierge et saint Corentin le sauvent encore de ce danger; il est transporté dans l'île de *Flaminio*; il y passe cinq années à prier saint Corentin et à regretter sa femme et son enfant. Un étranger lui apparaît, lui offre de le rendre à sa famille, à condition qu'il lui donnera la moitié de son bien. Cet étranger, qui était l'ombre de l'homme auquel il avait fait donner la sépulture, lui demande alors la moitié de son enfant. Cette fois, la Vierge et saint Corentin ne trouvèrent d'autre moyen de le tirer de cette cruelle position qu'en le transportant au ciel avec son fils.

Le père Hardouin, célèbre par l'extravagance de ses idées, naquit en cette ville en 1646. Il ne reconnaissait d'originaux que les écrits de Cicéron parmi les ouvrages des anciens; il attribuait les autres à des auteurs du moyen âge. L'*Énéide* lui paraissait l'ouvrage d'un bénédictin du treizième siècle, qui avait voulu peindre allégoriquement le voyage de saint Pierre à Rome. Boileau disait à ce sujet: « Je ne sais pas ce qui en est de ce système; mais quoique je n'aime pas les moines, je n'aurais pas été fâché de vivre avec frère Horace et dom Virgile. » Hardouin niait aussi l'authenticité de presque toutes les médailles. Hardouin poussait le scepticisme si loin, qu'il regardait comme faux les actes des conciles tenus avant celui de Trente : il le dit, l'imprima, et ne fut point persécuté. De nos jours, aurait-on la même tolérance?....... Hardouin mourut en 1759. Le père Bougeant doit également le jour à la ville de Quimper. Auteur de l'excellente histoire du *Traité de Westphalie,* que la politique des temps modernes a bouleversé, il n'est pas moins connu par son *Amusement philosophique* sur l'ame des bêtes, ouvrage spirituel et prétentieux qui causa l'exil du père Bougeant : exilé à La Flèche par le corps auquel il appartenait depuis sa seizième année, il y finit prématurément une carrière qui n'a pas été sans estime dans les lettres françaises. Le savant Tournemine, de Rennes, fut son compatriote, son collègue, et son ami.

Ce fut aussi Quimper qui donna naissance au journaliste Fréron. Si Voltaire n'eût pas immortalisé ce critique en le poursuivant de ses sarcasmes, on ignorerait peut-être que l'ex-jésuite, auteur de l'*Année littéraire,* naquit en 1719, et mourut en 1779. Son beau-frère, M. Royou, qui, malgré des sentiments de royalisme exagéré, jouit d'une réputation d'honneur, parceque, exempte d'ambition personnelle, sa conduite a toujours été conséquente à ses principes, mérite peu commun chez les sectateurs trop ardents de la *légitimité*, a fourni à l'éducation plusieurs abrégés utiles de Crévier et de Rollin. Ce littérateur, d'ailleurs très estimable, osa braver le ridicule de refaire, après Voltaire, la belle tragédie de *la Mort de César*: on ne peut y voir qu'un tic de famille.

Les habitants de Quimper s'enorgueillissent de compter parmi leurs compatriotes le peintre Valentin, qui s'est servi, dans la révolution, de son épée, de son pinceau, et de sa plume. Les ouvrages de Valentin décorent le château des Ormes de M. Le Voyer d'Argenson, et une église de Saint-Brieux. On regrette que ce maître, élève de Vien, et qui pouvait se faire une réputation distinguée, ait renoncé à la palette au milieu des troubles de nos guerres civiles.

Les anciennes coutumes du peuple de Quimper montrent à quel point il poussait la superstition. Les femmes des marins imploraient un vent favorable au retour de leurs époux, en balayant les chapelles, et en jetant en l'air la poussière. Des cultivateurs croyaient préserver leurs troupeaux de la fureur des loups en plaçant dans leurs champs un trépied et un couteau fourchu. D'autres, aussitôt qu'ils venaient de fermer les yeux à un être qu'ils aimaient, se hâtaient de vider tous les vases de la maison, afin que l'ame du défunt ne pût s'y noyer.

A la Saint-Jean, ils plaçaient des chaises autour du feu de joie, pour que leurs parents morts pussent s'y chauffer. On permettait aux paysans de danser toute la nuit dans les églises, afin de réjouir la Vierge, les saints et les morts, qui erraient couverts de linceuls de laine blanche, que leur prêtaient les fées, *laveuses de nuit*: cérémonies qui datent évidemment des temps d'idolâtrie.

Le jour de Sainte-Cécile, on se rendait avec pompe près de la statue équestre du roi Gralon, si célèbre dans les chroniques de Cornouailles. Après avoir chanté des hymnes en son honneur, un des valets de ville montait en croupe sur le cheval, offrait à boire au roi, buvait en son intention, lui essuyait la bouche, et jetait le verre au peuple, qui se précipitait pour le recevoir. Celui qui l'aurait rapporté entier devait recevoir une gratification de cent écus: jamais elle ne fut gagnée. On terminait la cérémonie en mettant une belle branche de laurier dans le gantelet du roi Gralon.

On aime les lettres à Quimper; les mœurs de la classe aisée y sont pleines d'urbanité. La liberté et le droit commun, dès l'approche de notre crise politique, y ont trouvé des défenseurs intrépides. A la voix du député Kervélégan (homme énergique et désintéressé, qui vient, à la honte de son pays, de périr dans un état voisin de la misère), une force armée, composée de citoyens et de pères de famille, sortit deux fois de ce département pour aller assurer à Paris l'indépendance nationale. Moins heureuse dans sa dernière excursion que dans la précédente, cette armée ramena sur les bords de l'Odet les députés de la Gironde, qui auraient joui plus long-temps de cet asile, s'ils l'avaient voulu. La famille de la Hubaudière, également ferme aujourd'hui dans son patriotisme, exerça envers ces proscrits les devoirs d'une hospitalité qui devait leur manquer ailleurs. Le jeune Barbaroux, atteint d'une variole confluente, fut soigné dans cette ville avec l'intérêt dû à ses talents et à son malheur. C'est là qu'il écrivit une partie de ses Mémoires, sacrifiés ensuite à l'inflexible rigueur de l'époque.

Nous passâmes par *Concarneau* en allant à Quimperlé. Cette ville est située dans un îlot sur le bord de la mer; son étendue n'a guère que six cents pas de long sur cent vingt de large. Les fortifications, construites par la reine Anne, consistent en des murs épais, une redoute et un château. Elle occupe le milieu d'une anse qui a plus de trois cents toises en tous sens, et dans laquelle la mer entre à toutes les marées. Le mouillage du port est difficile pour les navigateurs qui ne connaissent point les rochers de *Pennros*. Ils ne sont couverts que de quatre ou cinq pieds d'eau dans la pleine mer; le plus élevé et le plus dangereux se nomme *la Roche plate.* Le port exige des réparations qui nécessiteront des travaux considérables. Nous vîmes dans le château une fort belle citerne, bâtie, comme on bâtissait autrefois, avec solidité, et une sorte de somptuosité gothique. Cette citerne est d'autant plus utile aux habitants, qu'il n'y a pas une seule fontaine dans cette ville, où l'on ne peut cependant creuser à quatre pieds de terre sans trouver l'eau. Je ne me lasse point de remarquer combien l'administration sur ce point est négligente. Concarneau, appelé autrefois *Conq*, est environné de bois, que l'on ne respecte pas plus que dans les autres parties de la France. Bientôt nous n'aurons plus que les arbres renfermés dans quelques parcs et dans quelques jardins.

Cette ville fut prise par Duguesclin en 1373, et par une poignée de protestants en 1576; huit mille catholiques la reprirent après un long combat: les protestants furent tous égorgés.

La population de Concarneau, ainsi que celle de Douarnenez, se livre presque exclusivement à la pêche de la sardine, à laquelle invite la beauté des baies situées sur la même plage du Finistère. Moins vains, moins téméraires, peut-être moins agiles que les matelots de Provence, ceux de Quimper résistent plus long-temps à la fatigue. Dans une raffale, où la rapidité de la manœuvre est d'une nécessité urgente, le marin provençal est préférable ; mais dans les tempêtes qui en méritent le nom, lorsqu'au milieu des vents et des torrents de pluie il faut tenir sur la vergue, le marin bas-breton a tout l'avantage. Son caractère naturellement opiniâtre se plaît à lutter contre les orages, avec lesquels il s'est familiarisé dès sa jeunesse. Lesté de quelques gouttes d'eau-de-vie, une feuille de tabac dans la bouche, il défie le génie déchaîné des autans, il en triomphe ou il meurt à la peine.

N° CXXXIX. [24 juillet 1822.]

LES CHOUANS.

> ..... La guerre civile est le règne du crime.
> CORNEILLE, *Sertorius*.

La position de Quimperlé est charmante, et ses habitants, par leur caractère, semblent être en harmonie avec la sérénité du ciel et les beautés du site. Deux rivières ont leur confluent à Quimperlé : l'une, l'Ellé, coule avec lenteur sur un lit de sable parmi des fleurs et des gazons toujours verts; l'autre, torrent rapide, gronde et roule parmi des rochers dont elle blanchit les cimes. On l'appelle *l'Isole*; ces deux noms harmonieux semblent empruntés de la langue d'Homère.

Le pont des Jacobins, la tour Carrée qui domine la grande route, la rue de l'Herbe, mal pavée; celle du château, beaucoup plus belle et beaucoup plus large; la prison, le tribunal civil, l'église de Saint-Colomban, et les bâtiments adjacents long-temps habités par une communauté de bénédictins, mais qui, sans excepter la gendarmerie, donnent aujourd'hui le couvert à toutes les autorités de l'arrondissement, sont les seuls objets dignes de quelque attention.

En tête des personnages célèbres dont cette ville a été le berceau ou le théâtre, je dois placer M. Morellet, neveu du célèbre abbé de ce nom. Né en Basse-Bretagne, appelé dès sa première jeunesse à Paris, par son oncle, à la recherche duquel il échappe par une suite d'aventures, au milieu desquelles heureusement la police intervient; envoyé à l'Ile-de-France avec une mission honorable; marié dans cette colonie, où il laisse femme et enfant qu'il se propose de rejoindre, après avoir conclu une affaire de quelques semaines à Lorient; arrêtant sa place dans chaque paquebot pour son retour; différant toujours son départ sans autre motif que des parties de plaisir, dont on n'avait garde de lui épargner le piége; surpris, dans ce port armoricain par la révolution française, qui lui impose des fonctions publiques; de journées en journées, conduit à l'époque du gouvernement impérial; nommé sous-préfet de sa ville natale; promu au corps législatif par le vœu de ses concitoyens; traitant, pour ne pas s'y rendre, avec M. le marquis de Prunelet, qui brûle du desir de figurer dans la session de 1815; parlant toujours de l'Ile-de-France, où il se croit attendu depuis trente ans; torturé par une goutte opiniâtre, qui ne l'empêche pas de réjouir ses amis d'une foule de bons mots dont le souvenir vit encore, M. Morellet s'est éteint presque en même temps que son oncle, dans un âge avancé, avec la réputation de l'un des hommes les plus instruits de son temps. Sa tête était forte, sa mémoire prodigieuse, son esprit pénétrant, sa logique pressante, et sa conversation épigrammatique; son visage très laid, mais d'une expression éminemment spirituelle, avait quelque chose de voltairien, comme celui de M. Labbey de Pompières, auquel lady Morgan confère, de son autorité privée, le titre de *respectable ecclésiastique*.

Ami intime de M. Morellet, et son compatriote, M. Cambry reconnaissait en lui son maître; aussi le consultait-il sur ses écrits, qui n'ont pu que gagner en passant par cette censure éclairée. Son *Voyage en Italie*, meilleur que son *Voyage en Suisse*, est écrit avec une élégance quelquefois *prétentieuse;* mais il se recommande par une appréciation assez juste des plus fameux morceaux de peinture et de sculpture. Son *Voyage dans le Finistère* abonde en faits curieux et en observation des mœurs celtiques, parmi lesquels j'ai dû néanmoins faire un choix, pour ne pas me jeter dans des assertions trop hasardées. On ne saurait lui refuser une vaste instruction. Successivement voyageur, administrateur de son district, président du directoire de son département, président de celui de Paris, préfet de l'Oise, il a été à-la-fois homme d'esprit et homme du monde. Son écrit *sur les sépultures publiques* annonce une plume exercée, mais peu faite à cette gravité avec laquelle on doit aborder de pareils sujets.

Cette ville me parut assez commerçante, et j'admirai l'activité de ses habitants stimulée par celle du port de Lorient. J'ai refusé d'aller visiter les ruines du célèbre château de Rastephan, dont je trouve la description suivante dans une lettre particulière : « Ce château dont la façade principale est détruite, offre un mélange singulier du goût romain et du genre gothique. C'est très certainement une architecture d'un âge dont il ne nous reste que de bien faibles débris ; les distributions intérieures, les cintres pleins, les ogives, les conduits, qui transportaient l'eau chaude dans les salles, la pièce principale, qui a quarante pieds de long sur vingt-quatre de large, et vingt de haut, les escaliers, dont les marches sont faites d'un seul morceau de granit, le stuc qui décore plusieurs chambres, annoncent la magnificence du seigneur qui en fit son séjour. Il appartint à Blanche de Castille, et depuis à un prince de Guémené. On croit, sans preuve, qu'il a été bâti par le fils d'un roi de Bretagne, nommé Étienne. »

J'étais pressé d'arriver à Vannes, et je voyageai toute la nuit ; aussi ne pourrai-je décrire à mes lecteurs le pays que j'ai parcouru, et je me vois forcé de les transporter avec moi dans un village, à peu de distance de Vannes. Nous y remarquâmes deux hommes de mauvaise figure : leurs habits tenaient du costume des paysans du Morbihan et de l'uniforme de nos guerriers; à leur chapeau se montrait une cocarde blanche au milieu de laquelle était un cœur enflammé. Ils avaient un sabre en bandoulière et une carabine à la main; l'un d'eux portait un ruban rouge à sa boutonnière. L'aubergiste, en les voyant s'éloigner, nous dit : « Il fut un temps où la rencontre de ces messieurs eût pu vous être funeste.... — Sont-ce des voleurs? s'écria Jules. — Non, monsieur, ce sont d'honnêtes gens pleins de piété. — Comment donc leur rencontre a-t-elle pu jamais être à craindre?

« — Ces gentilshommes ont été chouans : ils faisaient la guerre à mort aux ennemis du roi, quelquefois même, par méprise, à ses amis; lorsqu'ils s'en apercevaient, ils apaisaient l'ombre des victimes par des prières et des messes. — Et maintenant ces messieurs vivent en paix? demanda Jules. — Ils viennent de Vannes toucher leur pension, et ils retournent chez eux. » Cet aubergiste, qui jugea bientôt qu'il pouvait nous parler sans crainte, nous fit l'histoire de la chouannerie, dont je place ici quelques traits.

« Combattues par les préjugés et le respect accordé aux prêtres et aux nobles, les opinions révolutionnaires pénétrèrent difficilement dans la Bretagne.

Quatre frères contrebandiers, du nom de Cottereau, se réunirent aux environs de Laval, dans les bois de la forge du Port-Brillat : devenus chefs d'une petite troupe, armée en faveur de la cause royale, ils erraient la nuit dans les forêts, et se réunissaient en jetant des cris lugubres qui rappelaient celui du chat-huant; ce fut de là que leur vint le nom de *chouans*, sous lequel on les désigna. En 1793 les frères Cottereau avaient déjà répandu la terreur jusqu'aux environs de Vitré, et poussé leurs premières colonnes sur la route de Rennes; bientôt ils se jetèrent dans plusieurs parties des départements d'Ille-et-Vilaine, des Côtes-du-Nord, et sur-tout du Morbihan, dont les vastes forêts et les montagnes leur offraient des points de défense et de sûreté. Ils occupaient toute la péninsule, et leurs postes étaient répandus de l'une à l'autre rive. Aimé du Boisguy, Dermes de Villeneuve, Anai de La Rouarie, le chevalier de Boishardy, Pallierne, Magnan de Châtellier, Guyet et Péronne, furent ceux qui se distinguèrent d'abord dans cette insurrection. Ils eurent pour chefs trois gentilshommes bretons, le comte de Labourdonnaye de Schoctkendeur, le chevalier Sizels, et le comte de Balainvilliers : ils surent se maintenir en état de guerre contre le gouvernement établi jusqu'au jour où les Vendéens franchirent la Loire, et débouchèrent en Bretagne; ce mouvement eut lieu à la fin de 1793.

« A cette époque, on sentit le besoin de se réunir sous le commandement d'un seul chef, et l'on choisit le comte de Puysaie, né dans le Perche. Tour-à-tour abbé, officier de dragons, membre du côté gauche de l'assemblée constituante, chef en 1792 de la garde nationale d'Évreux, fédéraliste, il l'emporta sur ses nombreux concurrents, et commanda aux différents chefs qui avaient jusque-là combattu séparément. Sans entrer dans beaucoup de détails sur cette affreuse guerre, où le sang français ne cessa de couler, et dans laquelle on trouve des héros et des brigands, des grands hommes et des assassins, des modèles de loyauté et de désintéressement et des voleurs de diligence; je me trouve cependant obligé de m'étendre plus que je ne le voudrais sur ces temps désastreux, car ils tiennent une grande place dans l'histoire du Morbihan. Les troupes se lassèrent bientôt du joug imposé par Puysaie, et se séparèrent encore en différentes bandes : plusieurs des hommes qui avaient su se distinguer n'étaient plus; des vagabonds sans frein, sans discipline, se servirent du prétexte de la cause commune pour servir leurs haines ou leurs intérêts particuliers. Bientôt ils assassinèrent leurs ennemis au lieu de les combattre, attaquèrent les diligences, et profanèrent enfin, par des crimes, l'insurrection royale. Ils inspirèrent bientôt un effroi général; les campagnes, les routes étaient désertes, et rien ne peut rendre l'état affreux où se trouvait le Morbihan, lorsque la voix du général Bonaparte, qui venait de se saisir du pouvoir, vint effrayer à leur tour les malfaiteurs, qui rentrèrent dans l'ordre. Depuis cette époque, le Morbihan jouit d'une tranquillité qui n'a point été troublée par les nombreux événements, arrivés à des époques subséquentes. M. de Pansemont, autrefois curé de Saint-Sulpice de Paris, et promu à l'évêché de Vannes, immédiatement après le concordat signé avec le saint-père, contribua beaucoup à cette pacification. Il y survécut peu lui-même, ayant éprouvé un traitement infame, par suite des récriminations de quelques échappés de ce parti, qui, pendant plusieurs jours, disposèrent de sa liberté. L'assassinat de l'évêque de Quimper, Audrein, sur la route de Brest, n'avait précédé cet événement que de bien peu d'années. »

Notre hôte nous fournit ces détails sur les chouans avec une espèce de terreur, qui put nous donner une idée de celle qu'ils avaient inspirée dans le pays ; sa maison avait été pillée deux fois par eux en 1797, et il était naturel qu'il les traitât moins bien que ne le fait M. Alphonse de Beauchamp, dans la dernière édition de la guerre de la Vendée, qui ne ressemble pas tout-à-fait à la première, soit dit en passant.

On me proposa d'aller visiter Quiberon ; mais à

ce nom seul mon cœur frémit : c'est là que l'armée se montra si magnanime, et le gouvernement si coupable ; c'est là que l'Angleterre a scellé d'un cachet de sang la haine que doit lui porter tout citoyen français. Je vois une foule généreuse placée entre le feu des républicains et celui des vaisseaux anglais. Je me rappelle que, malgré la conduite du général Hoche dans cette sanglante journée, on ne put soustraire les Français débarqués à la fureur des agents de la Convention, et que ceux qui ne périrent point en combattant furent condamnés à mort. Cependant, du nombre des victimes encore trop considérable, il faut retrancher plusieurs émigrés sauvés par la courageuse commisération des habitants d'Aurai et de Vannes. Les soldats, chargés de surveiller les captifs pendant la route jusqu'à cette dernière ville, les invitaient eux-mêmes à fuir. Quelques gentilshommes refusèrent de se soustraire au sort qui les attendait, tant était grande leur infortune, depuis qu'ils traînaient leur indigence de ville en ville, et de royaume en royaume ! »

Nous partîmes après avoir dit adieu à notre hôte, qui, par le compte de notre dépense chez lui, nous prouva qu'il n'avait pas voulu attendrir notre cœur aux dépens de notre bourse. Les environs de Vannes offrent des mélanges de terres cultivées et de landes stériles. Cette ville avait jadis le titre de comté, et, plus anciennement sous le nom d'*Arioriquum*, elle fut la capitale des Vénètes, peuple belliqueux et voyageur, qui, vers 390 avant J.-C., fit partie de l'immense armée gauloise, conduite au-delà des Alpes par les rois Bellovèse et Sigovèse. Strabon prétend que les Vénètes s'établirent dans la haute Italie, autour de la mer Adriatique. Venise les reconnaissait pour ses aïeux; le fait me paraît fort contestable.

N° CXL. [1ᵉʳ AOUT 1822.]

VANNES

ET LES ANCIENS POETES BRETONS.

Sæpe oculi et aures vulgi sunt testes mali.
Sentence de Syrus.

« Les oreilles et les yeux du vulgaire sont souvent de mauvais témoins. »

Au fond du golfe de Morbihan, à l'embouchure d'un ruisseau sans nom, sur un terrain inégal et fangeux, rendu encore plus difficile par un pavé rocailleux et humide, en-deçà et au-delà d'un vieux mur dont il ne reste plus qu'une partie, apparaissent plusieurs amas d'édifices; ils sont divisés comme dans une ville égyptienne par des voies sombres, étroites, sinueuses, et par quelques places publiques plantées d'arbres, dont le naissant ombrage s'élève pour la génération future. On découvre en même temps des masures séculaires, des ruines et quelques fondations récentes, un port vaseux et des quais nouveaux. Enfin, dominant cette enceinte pittoresque, semblable à un immense rocher noirci par les siècles, et sillonné par la foudre, s'élève pesamment une cathédrale massive dont on a de la peine à trouver les portes, parceque de toutes parts sa base est encaissée par des rues aussi resserrées qu'obscures; c'est en ces termes qu'un Armoricain, rempli d'instruction et de goût, qui, comme Desforges Maillard, cache son nom sous celui d'une femme, peint l'aspect de la ville de Vannes, sa patrie : je ne balance pas à confirmer sa description dans toutes ses parties. Ce chef-lieu du département du Morbihan est peuplé d'environ onze mille ames : un évêché et une foule d'administrations très utiles coopèrent à sa prospérité. Éloignée d'une lieue de la mer, à laquelle elle communique par un canal, cette ville avait autrefois le titre de comté : c'était la capitale des Vénètes, peuple adonné aux voyages maritimes, ce qui, au temps des Gaulois et des Celtes, leurs aïeux, voulait dire simplement qu'ils faisaient le cabotage sur les côtes voisines; cependant ils osaient quelquefois entreprendre de conduire leurs frêles embarcations jusqu'aux rivages de l'Angleterre et de l'Irlande.

Ce fut dans la forêt de Vannes, au château de Coatlon, que se rassemblèrent les évêques et les barons bretons, à la voix de Nominoé, gouverneur de Bretagne, qui se fit reconnaître roi après la mort de Charles-le-Chauve. Cette ville fut ravagée en 865 par les Normands; et, lorsque les grands se révoltèrent contre le roi Salomon, l'évêque de Vannes fut l'un des premiers à prendre les armes contre son prince : Pasquiten, gendre de celui-ci et chef des révoltés, était, à cette époque, comte de Vannes; son frère Alain lui succéda, et conquit par ses exploits une autorité entière sur toute la péninsule, qu'il gouverna tour-à-tour sous le titre de roi et sous celui de duc.

Ce fut au château de l'*Hermine*, bâti en 1387 par le duc de Bretagne, Jean IV, que ce prince exerça une odieuse vengeance sur la personne du connétable de Clisson, qu'il haïssait. L'ayant engagé à venir visiter la forteresse qu'il venait de faire élever, il le fit saisir et charger de fers par ses soldats : en vain Laval, beau-frère de Clisson, et Beaumanoir, son ami, le supplièrent-ils de lui rendre la liberté; il ne voulut rien écouter, et menaça même le dernier d'un coup de dague s'il continuait ses instances. Bientôt il donna l'ordre à Jehan de Bazvalais, en qui il avait toute confiance, de tuer le connétable; celui-ci, bien convaincu que le duc de Bretagne n'était alors en état d'écouter aucune représentation, se retira en lui promettant d'exécuter ses ordres : plus calme, ce prince examina l'état où il se trouverait s'il accomplissait son funeste projet; il se représenta la colère du roi de France, la révolte des Bretons, le mépris et la haine dont ce meurtre le rendrait l'objet, et, vaincu par ses propres réflexions, il fit appeler Bazvalais dès la pointe du jour; celui-ci lui apprend qu'il avait exécuté ses ordres, et le prince de s'écrier : *Quoi, le duc de Clisson est mort! — Oui, monseigneur*, répliqua Bazvalais; *j'ai fait mettre son corps dans un jardin. — Ah!* dit le duc, *voici un piteux réveil; plût à Dieu, messire Jehan, que je vous eusse cru! je vois bien que je ne serai jamais sans détresse; retirez-vous, messire Jehan, que je ne vous revoie jamais*[1].

Bazvalais attendit encore d'autres preuves de la sincérité du repentir de Jean IV; mais, voyant que ce prince ne voulait écouter aucune consolation, il lui avoua qu'il n'avait point commis le crime qui lui avait été commandé, et que le connétable de Clisson vivait encore; le duc récompensa noblement ce gentilhomme, ne menaça plus la vie du connétable, mais exigea pour le prix de sa liberté une rançon considérable.

L'industrie n'exerce que peu d'influence aux lieux où l'on place le berceau de ces Vénitiens, qui couvrirent long-temps la Méditerranée de leurs flottes victorieuses. On m'a fait voir ici un objet en aussi grande vénération à Vannes, que l'est *Pepezuc* à

---

[1] Voltaire, en faisant usage de ce trait d'histoire dans la tragédie d'*Adélaïde Duguesclin*, a substitué les noms de Vendôme et de Coucy à ceux du duc Jean et de Bazvalais.

Béziers, *Jacquemort* à Cambesc, l'*Homme de la Roche* à Lyon, les *sept Jambes* à Nîmes, et la *dame Carcas* à Carcassonne : c'étaient deux grosses têtes en relief, sur lesquelles on débite les contes les plus absurdes.

Le cours de la *Garenne* offre une promenade très agréable; j'y ai fait la rencontre d'un homme dont les manières et la conversation m'ont plu singulièrement. Il est Auvergnat; il venait d'accompagner à Lorient un de ses neveux qui s'embarquait pour un long voyage. Je demandai à M. de Venissan (c'est le nom de ce gentilhomme auvergnat) quelques renseignements sur la ville de Lorient qu'il venait de quitter, et où je ne croyais pas pouvoir me rendre : il me promit, à notre retour à l'auberge, de me communiquer une lettre qu'il venait d'écrire à ce sujet à un de ses amis, et qu'il n'avait pas mise encore à la poste. M. de Venissan a bien voulu m'accompagner dans les courses qui me restaient à faire dans la ville de Vannes.

Je ne puis quitter Vannes sans répéter à mes lecteurs une partie des éloges que j'ai entendu donner à madame de Lamoignon : du fond de la retraite où cette dame est ensevelie, comme une autre providence, elle n'est occupée qu'à consoler toutes les douleurs, à soulager toutes les infortunes; sa bienfaisance inépuisable fait un véritable culte de l'amour qu'on lui porte.

Vannes a ses superstitions comme toutes les autres villes de la Bretagne; c'est à quelques lieues de son enceinte et dans la direction de Rennes, que se trouve la tour d'Helvin, ou mieux d'Elven, fameuse par plus d'une rébellion pendant le règne des ducs. Le passant s'effraie encore à son aspect. Ce n'est plus qu'une grande ruine; mais, à défaut de malfaiteurs, l'imagination du villageois crédule la peuple de farfadets, de lutins, et de revenants. M. Kératry, en la choisissant pour théâtre de son roman des *Beaumanoir*, a conservé à ce site sa teinte sauvage et locale.

Les bardes, les troubadours bretons, étaient en grande vénération dans l'Armorique. Les lois de Hoel-le-Bon, promulguées de 940 à 945, leur accordèrent de grands privilèges en les désignant sous le nom de *musici;* voici les articles qui les concernent dans cet édit: « Le *musicus domesticus* était à la cour le huitième des grands officiers du prince; lorsque la reine, dans son lit, voulait l'entendre, il devait chanter trois fois, mais d'une voix très douce, pour ne point étouffer la conversation, que ses chants n'interrompaient pas. A chacune des trois grandes fêtes de l'année, le roi était obligé de lui donner une harpe, et la reine un anneau d'or. Il avait droit à être placé à la table du prince; le préfet de la ville, dans toutes les cérémonies publiques, était obligé de lui présenter sa harpe. Les filles du *musi-*

cus domesticus avaient le même rang et jouissaient des mêmes honneurs que celles du médecin de la couronne. Le meurtrier qui aurait attenté à leur vie ne pouvait racheter la sienne qu'en payant cent vingt-six vaches, ce qui donne l'idée de la valeur intrinsèque d'un poëte lauréat, du temps de Hoel-le-Bon en Bretagne. » Ceux de notre temps ne sont pas aussi chers.

[N° CXLI. [8 AOUT 1822]]

LORIENT[1].

At nos in fraudem induimus, frustramur et ipsi.
Lucrèce, liv. IV.
L'erreur est notre propre ouvrage, et c'est nous-mêmes qui frustrons notre attente.

« Sorti de Vannes avec mon fils Adolphe, disait M. de Venissan dans la lettre qu'il m'a communiquée, nous fûmes frappés de la fertilité et de la beauté du pays que nous parcourûmes, jusqu'à une habitation nommée la lande *de Pleren*; mais, après l'avoir passée, nous nous trouvâmes dans un vrai désert, dont la stérilité fatiguait nos regards, et dont nous ne sortîmes qu'à *Aurai*, ville située sur une hauteur que nous gravîmes avec peine.

« J'y admirai la place, l'église, la promenade, située au centre de la ville, et sur un monticule d'où l'on jouit d'une très belle vue, et l'hôtel-de-ville; mais rien ne put me rappeler l'ancienne prospérité dont elle jouissait lorsque les Danois, les Norwégiens, les Suédois, venaient y chercher des grains,

---
[1] Copie de la lettre de M. de Venissan.

du miel, et du beurre : son ancien château est démoli; sa population n'est que de trois mille ames, et son commerce ne consiste presque plus qu'en cierges, achetés par les nombreux pèlerins bretons, qui vont chercher des *pardons* au monastère de Sainte-Anne, où s'opéraient, où s'opèrent encore de grands miracles. C'est à peu de distance de l'enceinte d'Aurai que se donna la célèbre bataille dans laquelle Charles de Blois périt, et qui décida la querelle entre les maisons de Penthièvre et de Montfort.

« En Bretagne, et même en France, il est bien peu de communes où, pendant quelques années, ou rencontrât moins de mendiants qu'à Aurai. Ce signe non équivoque de bonheur tenait à l'emploi bien dirigé d'une seule grande fortune. Animé d'un esprit de religion et de philanthropie, un homme vertueux, un célibataire, avait fondé un hospice pour les malades, un atelier pour les indigents sans travail, une école d'instruction pour leurs enfants, une autre pour les sourds et muets de ce quartier de l'Armorique. Il avait appelé auprès de lui, à ses frais, un instituteur formé par les soins de l'abbé Sicard. On ne saurait croire combien ces établissements avaient vivifié ce petit endroit. Hélas! déja la trace du bienfait commence à s'effacer; les mendiants reparaissent; la congrégation y règne, et l'homme bienfaisant n'est plus. (Que je m'en veux pour n'avoir pas retenu son nom! L'imprimant en lettres d'or sur cette page, je l'offrirais à l'adoration de mes lecteurs; j'ai dit l'adoration, et je ne me rétracte pas : qui annonce mieux la présence de la Divinité sur la terre que l'être bon et généreux qui en est la vivante image?)

« En quittant cette ville, nous parcourûmes un pays moins triste, et, à une demi-lieue d'Hennebon, je contemplai avec le respect que j'éprouve pour tous les débris de la puissance de nos ancêtres un *dolmen,* ou tombeau gaulois, conservé dans toute sa majesté.

« *Hennebon* s'élève sur deux coteaux, dont la base est baignée par le Blavet. Cette cité bien modeste est divisée en trois parties, qui prennent orgueilleusement le nom de villes, savoir: la *vieille,* la *murée,* la *neuve;* ces deux dernières sont séparées de l'autre par un pont dont les preuves respectables d'ancienneté deviennent tous les jours plus dangereuses et plus incontestables. La ville *murée,* qui doit son nom à de beaux remparts qu'elle a conservés en partie, est remarquable par un joli quai moderne et une grande place, dans un angle de laquelle s'élève l'église paroissiale et son clocher, monument gothique très imposant. Le riche paysage qui l'environne dédommage un peu le voyageur de l'aspect de l'intérieur de la ville, dont les rues en pente sont d'une saleté inconcevable.

« Hennebon fait un grand commerce de fer, de résine, de blés, et d'étoffes; sa foire attire toujours un grand nombre de marchands et de spéculateurs. Nous passâmes la nuit dans cette ville, et nous atteignîmes le lendemain Lorient, le terme de notre voyage.

« La route qui conduit à cette ville est encombrée de blocs énormes d'un superbe granit que renferment des carrières voisines, et que l'on avait destinés à la construction d'un pont dont on avait déja fait le plan; mais l'on s'aperçut à temps que ce projet ne pourrait être d'aucune utilité. La rivière du Scorff, qui donne son nom au bourg de *Pont Scorff*, distant de trois lieues, est immense à l'époque du flux; lorsque la mer se retire, la plage noyée ne présente plus qu'un marais infect.

« On voit sur la rive droite du Scorff le vieux château de *Trafaven*, jadis habité par un esprit follet, très connu des paysans, et sur le compte duquel la malice actuelle se permet d'étranges récits.

« Le beau faubourg de Lorient, du côté de Vannes, s'appelle *Kérantray*. Nous franchîmes quelques remparts sans pouvoir en apprécier l'importance, et nous nous trouvâmes sur la place Royale, bordée de deux rangs de tilleuls; les maisons, sans être belles, sont beaucoup mieux bâties que celles qui ont jusqu'ici frappé nos regards. Le quartier principal est sur le quai, dont toutes les constructions sont bâties sur un plan uniforme; quatre rangs d'ormeaux, plantés devant elles, procurent un ombrage délicieux, à l'abri duquel on peut jouir de la vue de la rade et du port Louis. Le temps n'est plus où les flottes étrangères venaient à Lorient apporter leurs trésors, en échange des produits de son industrie; maintenant l'apparition d'un navire marchand y fait presque époque, et n'y rappelle que de tristes souvenirs. La salle de spectacle est assez jolie, et j'y remarquai l'emphase de la légende du rideau d'avant-scène: *Ab Oriente refulget.*

« Après avoir visité l'intérieur de l'église paroissiale, je ne pouvais me rendre compte des bizarreries qui me frappaient dans son architecture, et ce ne fut pas sans étonnement que j'en entendis donner les motifs suivants: « Ce temple, dédié au Seigneur, devait l'emporter par son *grandiose* sur toutes les basiliques connues, et ce fut ainsi qu'on lui donna d'abord de très grandes proportions; mais depuis trente ans, désespérant de l'achever, on prit le singulier parti d'en démolir la moitié pour terminer l'autre: le résultat de cette belle opération a produit un édifice qui ressemble à tout, excepté à une église; on espère cependant lui en donner la physionomie, en ajustant à la nef le chœur qui a été oublié. » L'hôtel-de-ville est mal situé, mais distribué avec soin: la salle où l'on fait les mariages a une apparence de prétoire antique, qui m'a charmé;

j'admirai sur-tout une espèce d'autel, orné des attributs de l'hymen. Je remarquai encore dans cette jolie ville des boucheries d'une admirable propreté, un collége, des prisons, un hôpital entretenu avec soin et intelligence. Il me reste à vous parler du commerce de Lorient : il y a un siècle et demi tout au plus que la compagnie des Indes, instruite de la beauté du mouillage de l'endroit où est situé à présent Lorient, se fit céder quelques centaines de toises en circuit, et y fonda des établissements qui appelèrent en cet endroit une population tout industrielle. Cette grève, jusqu'alors déserte, vit s'élever une des plus jolies villes du royaume en 1708 : Lorient eut une paroisse en titre; en 1718 la compagnie des Indes s'y établit définitivement, et y entreprit les constructions des magasins, qui maintenant ne présentent que de vastes solitudes. Ce ne fut qu'alors qu'elle cessa de dépendre de la petite paroisse de Kaverot. Le 7 juin 1738, on constitua Lorient en corps de ville; on lui donna des magistrats municipaux, et enfin un édit daté du 15 août 1744 lui permit de s'entourer de murs propres à sa défense.

Les Anglais en 1746 débarquèrent sur la côte, dans la baie de Pouldu, éloignée de Lorient de deux lieues, dans l'intention de surprendre la ville : elle était sur le point de capituler, lorsqu'un gentilhomme du pays, le comte de Tinteniac, dont la famille s'est distinguée dans les combats à toutes les époques de notre histoire, leur amena un faible secours, déchira devant le parlementaire anglais le projet de capitulation, et inspira une telle crainte aux ennemis, qu'ils s'embarquèrent en abandonnant quatre canons et un mortier, dont le roi fit présent aux Lorientais, comme un témoignage de sa satisfaction. On voit encore aujourd'hui incrusté dans la façade de la chapelle des congréganistes, un boulet, que l'on garde soigneusement comme trophée de ce siége ridicule ; la sainte Vierge eut tous les honneurs du succès, sa statue en argent fut promenée tous les ans en procession, le premier dimanche d'octobre ; elle était alors décorée d'une croix de Saint-Louis, que le capitaine Murion avait acceptée des sauvages de la Nouvelle-Irlande, et dont, avec l'agrément du roi, il avait fait hommage à la Vierge. Quant à M. de Tinteniac, on ne dit pas ce que lui valut son généreux dévouement : il me semble qu'il aurait dû partager au moins les honneurs décernés à la vierge.

« La compagnie des Indes n'existant plus, le gouvernement prit possession de Lorient en 1770 ; mais, vu la franchise du port qu'on lui accordait, et l'encombrement des marchandises anglaises que les douanes retenaient dans ses murs, elle demanda qu'on lui retirât le bienfait qu'on lui avait accordé. Le ministre Calonne, à la recherche de spéculations qui pussent soutenir son crédit chancelant, imagina de créer en 1785 une nouvelle compagnie des Indes à Lorient. La ville alors, par suite de la banqueroute du prince de Guémené, se trouvait affranchie de sa suzeraineté, dont le roi avait acquis les droits au prix de onze millions. Le projet de Calonne ne fut couronné d'aucun succès: la France, ne possédant plus dans l'Inde que deux ou trois comptoirs d'une faible importance, ne put alimenter les besoins d'une entreprise qui languit jusqu'à la révolution, et mourut obscurément lors de la suppression de tous les priviléges. Cette tentative, quoique sans succès, ne nuisit point à la prospérité matérielle de Lorient: cette ville s'agrandit d'un cinquième à cette époque; mais le règne de la terreur et l'émigration y exercèrent un si terrible effet, que les revenus de la commune devinrent nuls. On prit alors une mesure qui allégea la pesanteur des charges municipales; on réunit plusieurs villages voisins à Lorient: ce moyen n'a rien changé à l'état de ce canton. Lorient, qui compte vingt-deux mille ames, attend avec impatience que le gouvernement par d'habiles mesures lui rende l'état florissant dont il a joui pendant un demi-siécle.

« Au défaut du commerce lointain, que la force des choses a enlevé aux Lorientais, plusieurs sont devenus agriculteurs; les terres qui environnent cette ville, dans un demi-cercle de trois lieues de rayon, se sont singulièrement améliorées. La culture du pommier, qui s'y plaît, est sur-tout en pleine vigueur. D'autres propriétaires ont tourné leurs vues vers des établissements de verreries ou des fourneaux de fontes métalliques. La terre, en leur offrant un excellent minerai à sa surface, semble les inviter à ce genre d'exploitation, favorisé déjà par d'immenses forêts sans consommateurs. M. Villemain qui, dans diverses sessions de la chambre des députés, a donné des preuves soutenues de patriotisme, a pensé qu'il servirait encore ses concitoyens en marchant devant eux dans cette nouvelle carrière industrielle, non moins honorable que l'autre. En effet, celui qui multiplie les produits du travail parviendra bientôt d'une manière indirecte à grossir, au profit de la société, la somme des idées saines et raisonnables. »

N° CXLII. [16 AOUT 1822.]

NANTES.

> L'esprit, le temps, l'argent, sont trois grands médecins.
> PIRON, *École des Pères*.

Descendu chez le beau-frère de Jules, M. de Mor...., je dus céder à de vives sollicitations et m'installer solennellement dans une grande chambre à coucher, où l'on me laissa après les premiers compliments. Je m'empressai d'ouvrir les croisées de mon appartement, et demeurai frappé du tableau vraiment magique qui se déroulait à mes yeux : j'avais en face le cours planté de plusieurs rangées d'arbres, la cathédrale dédiée à saint Pierre, bâtiment gothique, d'un riche effet ; à droite, la façade majestueuse de la préfecture, le quartier Feydeau ; à gauche, le cours se prolongeant jusqu'à la Loire, sur laquelle on voyait quantité de bateaux ; dans un coin, en arrière de la cathédrale, et comme pour faire ombre au tableau, s'élèvent les murailles noircies du vieux château de Nantes, si fameux dans l'histoire de la province, et qui, heureusement ou non, a pu échapper à tant de destruction. Je ne dois pas oublier que le coadjuteur, depuis cardinal de Retz, y fut renfermé par ordre de Mazarin, et qu'il s'en échappa sur un cheval que lui tenaient prêt ses amis; mais que, froissé violemment contre une des portes, il eut une épaule démise. Sans sa forte résolution, cet accident l'eût rendu au pouvoir de ses ennemis.

Je connaissais Nantes, mais je le revoyais avec le plaisir que l'on éprouve à retrouver un ancien ami. Cette ville, qui s'embellit chaque jour et que l'industrie de ses habitants a placée depuis soixante ans au premier rang parmi les cités commerçantes de l'Europe, a rempli la destination que semblent lui imposer les avantages de sa position.

Rennes et Nantes se sont toujours disputé le titre de capitale de la Bretagne; mais la république a mis fin à ces dissensions, en divisant la France en départements. Nantes est le chef-lieu du département de la Loire-Inférieure; elle a un évêché et un grand nombre d'importantes administrations. Son commerce, sa position, et ses quatre-vingt mille habitants, la placent au-dessus de Rennes. Quoique située à dix lieues de la mer, elle jouit de tous les avantages d'un port maritime : les vaisseaux marchands remontent la Loire, viennent mouiller sous ses murs, lui apportent les productions de tous les pays, et reçoivent en échange celles de la Bretagne et du reste de la France.

Nantes, qui signifie en celtique *eau courante et fleuve*, justifie cette étymologie par sa situation au bord de la Loire, et par les différentes petites rivières qui la divisent et qui ont nécessité la construction de quantité de ponts. Au rang des premières villes de la Gaule, à l'époque de la conquête, elle fut l'une des dernières à subir le joug de César; elle reprit son indépendance sous le tyran Maxime. La carte de Peutinger désigne cette ville sous le nom de *portus Nannetum*, qualification justifiée dans nos temps modernes par une inscription trouvée dans les ruines d'un mur d'enceinte, auprès de l'église Saint-Pierre.

Charlemagne, maître de la Bretagne comme de la plus grande partie de l'Europe, donna le comté de Nantes à Grey ou Widon. Sous Charles-le-Chauve, en 843, les Normands surprirent cette ville, la livrèrent aux flammes, et emportèrent de grands trésors; huit ans après, elle se relevait à peine de cette catastrophe, qu'elle fut attaquée de nouveau par les Normands; mais cette fois ils furent battus par Erispoé, fils de Nominoé, qui s'était déclaré roi de Bretagne. Vers la fin du neuvième siècle, cette malheureuse ville offrait le plus triste spectacle. Livrée tour-à-tour aux horreurs de la guerre, de la famine, et des maladies contagieuses, Alain-le-Grand, duc de Bretagne, essayait d'adoucir son sort, lorsqu'il eut à combattre les Normands, qu'il défit complétement. L'histoire de cette ville, jusqu'aux ducs de la maison de Dreux, n'offrant pas un grand intérêt, je passe, sans m'arrêter, à un temps qui fut pour elle celui d'une éclatante prospérité.

Le clergé, gorgé de biens, se livra à de grands excès, et s'arma contre ses princes avec le succès que lui donnait son influence. Pierre de Dreux lutta contre lui durant tout son règne, et son abdication fut regardée comme une dernière victoire remportée sur l'autorité temporelle. Jean Ier fut aussi contraint de plier sous le joug des excommunications. La querelle élevée entre le comte de Montfort et Charles de Blois, pour la succession au duché, en 1341, fut terminée par une perfidie des Nantais: ils se saisirent du comte de Montfort et le livrèrent à Charles de Blois, qui l'envoya à Paris, où il fut renfermé dans la grosse tour du Louvre. Il s'en échappa, et fut vainqueur à la bataille d'Aurai: ainsi se termina cette longue querelle.

Nantes suivit le sort de la Bretagne. En 1440, ce fut dans la salle du château de Nantes que fut rendue la sentence de mort contre Gilles de Laval, maréchal de France; le rang du coupable ne put le sauver d'une condamnation méritée par tant de forfaits. Cette exécution arrêta les excès auxquels se livraient alors presque tous les gentilshommes.

Lors de la réunion de la Bretagne à la France,

Nantes appartenait déja à ce royaume; Alain d'Albret l'avait livrée, en 1490, lors de la ligue. Les Nantais suivirent d'abord le parti royal; mais, après le meurtre des princes de Lorraine, le duc de Mercœur les décida à la révolte contre Henri III, en 1589. Ils y persistèrent après la mort de ce prince, et frappèrent même des médailles à l'effigie du prétendu roi de la ligue, Charles X (le cardinal de Bourbon). L'évêque de Nantes, Philippe-de-Bec, travailla efficacement à la conversion de Henri IV, et fut toujours opposé à la ligue. En 1598, le duc de Mercœur, ne pouvant maintenir la Bretagne dans un état permanent de rébellion, demanda la paix, que le monarque lui accorda. Henri, voulant visiter cette province, arriva à Nantes le 13 avril de la même année; sa présence lui conquit tous les cœurs. Il s'écria, en entrant dans le château : « Ventre-sangris, les ducs de Bretagne n'étaient pas de petits compagnons. » Ce fut dans cette ville, le 28 de ce mois, que ce grand roi rendit le fameux édit de Nantes, qui fixa les libertés et les priviléges accordés aux protestants. Louis XIV, en le révoquant, commit une faute, ou plutôt un crime, dont le contre-coup s'est fait sentir jusqu'à la révolution. Pendant les règnes de Louis XIII, Louis XIV, Louis XV, et Louis XVI, Nantes jouit d'un calme profond qui lui permit d'étendre son commerce sur la surface des deux Mondes.

Les fureurs de 1793 faillirent causer la ruine entière de cette ville importante. Je voudrais pouvoir passer sous silence les grandes calamités dont elle fut témoin et victime; mais elles font partie de son histoire, et je me vois obligé de rapporter ce que j'appris de M. de Mor...

« Ces affreuses journées, me dit-il, sont gravées en traits ineffaçables dans ma mémoire; j'étais bien jeune alors, mais je n'ai perdu aucun des souvenirs que vous interrogez. Je vois encore le désespoir des malheureux Nantais; j'entends encore le bruit du canon, les cris des blessés, la rage de la populace, les gémissements des victimes; et je vais essayer de vous faire le plus brièvement possible le récit de cette horrible époque. »

N° CXLIII. [24 août 1822.]

CHARETTE,

CARRIER, LES NOYADES.

Vis et nequitia quidquid oppugnant, ruit
PHÈDRE.

Tout succombe à la force jointe à la scélératesse.

« Tout le monde connaît l'origine de la Vendée, sol consacré par tant de malheurs, de crimes, et d'héroïsme. Les premiers succès des armes royales leur soumirent d'abord une grande étendue de pays, et le dévouement de quelques villes, telle que Saumur, encouragèrent les Vendéens à tenter de plus vastes entreprises. Leurs chefs, assemblés en conseil, procédèrent à la nomination d'un généralissime. Le choix auquel eussent pu prétendre les *Bonchamp*, les *Lescure*, et tant d'autres guerriers distingués également par leur naissance et leur bravoure, tomba sur un simple voiturier, le modeste et intrépide *Cathelineau*, dont les vertus et l'héroïsme lui méritèrent dans son parti le titre de *Saint-d'Anjou*. Le nouveau chef dirigea aussitôt une attaque sur Nantes, dans l'espoir, en cas de réussite, de voir la Bretagne tout entière s'insurger et suivre le sort de l'une de ses capitales. Son armée se présenta sous les murs de cette ville, à la fin de juin 1793, et deux parlementaires vinrent exiger la reddition de la place. *Mourir ou assurer le triomphe de la liberté* fut la réponse énergique que leur fit le maire Baco.

« L'armée de Cathelineau, forte de quarante mille hommes commandés par Bonchamp, d'Autichamp, Scépeaux, et Fleuriot, ne songea plus qu'à assaillir la ville. Cette conquête leur paraissait certaine; et déja les soldats se partageaient en idée les dépouilles des patriotes nantais. Mais ceux-ci, prévenus à temps de leur danger, avaient multiplié leurs moyens de défense: tous les points accessibles étaient garnis de palissades, de retranchements, et d'une forte artillerie.

« Le village de *Nort*, vaillamment défendu par une poignée de républicains, fut enlevé par d'Autichamp. Le général *Canclaux*, qui commandait le département, se décida alors à couvrir la ville, et se replia sur Nantes avec toutes ses troupes. Dans un conseil de guerre, tenu à son arrivée, le général d'artillerie Bonvoust déclara que la défense d'une place de deux lieues de circuit, et entièrement ouverte, était impossible; les conventionnels Merlin de Douai et Gilles furent de son avis. Nantes était perdu sans l'énergie et l'éloquence du brave Canclaux: ses discours et son intrépidité ranimèrent l'enthousiasme des assiégés, et chacun courut aux armes.

« Charette, avec sa véhémence ordinaire, attaqua au point du jour, secondé par Cathelineau et d'Elbée, qui occupaient les routes de Vannes et de Rennes. Une mêlée complète s'ensuivit, et peu de journées furent plus sanglantes : la bravoure fut souvent portée jusqu'à la barbarie. Enfin l'artillerie républicaine, mieux dirigée que celle des Vendéens, fit un ravage horrible dans les rangs de ces derniers. Cathelineau, dangereusement blessé d'un coup de feu, abandonna son entreprise, et la victoire resta aux généraux Canclaux, Beysson, et au brave Baco.

« On vit, en cette circonstance, ce que peuvent la discipline et l'habileté militaires contre l'aveugle impétuosité de masses mal organisées. L'armée royale, repoussée par-tout, perdit un grand nombre de ses officiers, entre autres Cathelineau, qui mourut des suites de ses blessures, tandis que les républicains n'eurent à regretter aucun de leurs chefs.

« Cette victoire devint funeste aux Nantais, car elle amena dans leurs murs le plus sanguinaire de tous les proconsuls. L'exécrable *Carrier* y fut envoyé par la Convention nationale : le meurtre, le pillage et tous les crimes l'accompagnèrent dans cette malheureuse cité, qu'il venait *purger*, disait-il.

«Son premier acte fut la confirmation de la compagnie révolutionnaire de *Marat*, troupe composée de brigands, auxquels il fit prêter ce serment qu'il leur dicta: « Je jure de poursuivre et de dénoncer « les ennemis du peuple; je jure mort aux royalistes « et aux modérés; je jure de ne jamais composer « avec la parenté ni avec aucune considération. »

« Ces assassins assermentés étaient au nombre de soixante; ils se joignirent aux membres du tribunal révolutionnaire, dignes acolytes de pareils monstres, aux pieds desquels ils traînèrent cent trente-deux Nantais républicains ou royalistes indistinctement, qu'ils avaient d'avance condamnés. Carrier voulut augmenter cette exécution de celles de tous les détenus pris les armes à la main; mais ces satellites reculèrent devant le nombre des victimes, et le projet de leur chef fut ajourné. Ce fut alors qu'il mit en usage le nouveau genre de supplice qui, par sa promptitude, répondait à son horrible impatience: il organisa les noyades. Quel Français ne frémit pas à ce nom? Des bateaux à soupapes furent construits et chargés de victimes, attachées deux à deux, que les bourreaux appelaient ironiquement des *mariages républicains*. La nuit couvrait de ses ombres ces horreurs révolutionnaires: à la douzième heure on ouvrait les barques placées au milieu du courant, et les malheureux qu'elles contenaient étaient engloutis. Des bourreaux subalternes garnissaient les rivages, et massacraient impitoyablement ceux de ces infortunés que de vains efforts ou la vague ensanglantée rapportaient vers la terre.

« Ce fut principalement pendant le mois de décembre 1793 que se passèrent ces scènes atroces.

« *Quel torrent révolutionnaire que la Loire!* écrivait à cette époque l'infame Carrier, dans une lettre qui annonçait à la Convention la noyade de cinquante-huit prêtres. Cependant nous n'étions encore qu'au commencement de ces massacres, et ils ne cessèrent que lorsque plusieurs milliers de victimes eurent disparu sous les eaux ou porté leurs têtes sur l'échafaud. Enfin Robespierre lui-même, soit par crainte, soit par envie, feignit d'être effrayé de tant de meurtres. Il rappela le tigre conventionnel, qui, bientôt après son retour dans la capitale, reçut le prix de ses forfaits, et fut lui-même décapité : fin trop douce pour le plus féroce des hommes. Philippe de Fronjoly, ancien procureur du roi au présidial de Rennes, fut un de ses plus énergiques accusateurs.

« Les souvenirs affreux de la mission de Carrier ne s'effaceront jamais de la mémoire des habitants de la Loire-Inférieure; mais enfin cette malheureuse contrée commença à respirer à la première pacification de la Vendée; ce fut alors que Charette traita avec la Convention. Il vint à Nantes, moins comme sujet de la république, que comme lieutenant de la royauté, et son entrée dans la ville, accompagné des chefs belliqueux de son armée, faillit exciter une nouvelle révolution. On vit le moment où les cris de *vive le Roi!* allaient prévaloir sur ceux de *vive la république!* L'adresse et la présence d'esprit du conventionnel *Bureau* arrêtèrent l'enthousiasme royaliste : il substitua à ces acclamations celle de *vive la paix!* qui fut répétée par la masse de la population. Tels sont les mouvements populaires : la moindre cause les excite ou les apaise.

« Cette paix si ardemment desirée, ou plutôt cette trêve, ne fut pas de longue durée : aucun des deux partis ne tint ses engagements, et des chefs vendéens même refusèrent de ratifier les conventions du traité. Bientôt des insultes on en vint aux voies de fait; on courut encore aux armes, et Charette lui-même quitta de nouveau ses foyers. Entraîné dans une nouvelle guerre, il fut pris par les républicains, et fusillé dans cette même ville où il avait été presque porté en triomphe quelques jours auparavant. »

Tels sont les détails que me donna M. de Mor....., témoin de tous ces faits. Je crus le distraire de tristes souvenirs en lui proposant une promenade qu'il accepta.

L'aspect de la cathédrale a de la majesté : sa façade principale est ornée de deux tours carrées d'une architecture pesante, quoique d'un style assez régulier. Les voûtes de l'intérieur sont remarquables par leur élévation et les ouvrages qui les décorent. Je me rappelai avec respect dans cette enceinte sacrée les vertus et la piété d'un des derniers évêques de Nantes, le sage Duvoisin. Ce prélat, dont la mémoire sera toujours en vénération sur les bords de la Loire, a su concilier dans des temps difficiles le respect qu'il devait au chef de l'Église et l'obéissance que Dieu lui prescrivait envers le gouvernement français.

« Notre église, quoique belle, me dit M. de Mor....., ne peut être comparée à celle qu'elle remplaça sur le même lieu, et qui fut construite en 555. La couverture était d'étain; au-dessus de la nef principale s'élevait une tour carrée, couronnée par un dôme, et soutenue de plusieurs arcades. Sa décoration intérieure était d'une magnificence rare. Sur les autels, formés de matières précieuses, brillaient des couronnes, des vases, et des candélabres d'or et d'argent. Au milieu de l'église, sur une colonne de marbre, était placé un Christ de grandeur humaine, en argent massif, ceint d'un vêtement d'or chargé de pierres précieuses, et attaché à la voûte par une chaîne d'argent. Tant de richesses devinrent la proie des Normands, et l'église elle-même finit par être détruite. »

Nous passâmes ensuite à l'hôtel de la préfecture, autrefois la cour des Comptes. Je donnai un coup d'œil à la colonne qui décore le cours, sur laquelle une statue royale remplace les insignes de la liberté. J'admirai de nouveau le superbe cours Saint-Pierre, borné d'un côté par la Loire, et de l'autre par l'Erdre.

Quatre rangs d'ormes et un quinconce de tilleuls y procurent une ombre agréable. On découvre de ce lieu une riche perspective, dans laquelle je remarquai le mouvement du port de Durbin, qui communique par une levée à la promenade.

Ce beau quartier est cependant moins magnifique que le quartier *La Fosse* ou *Graslain*. On ne peut se lasser de contempler ce vaste espace, planté de beaux arbres, et environné de maisons qu'on peut comparer à de riches palais : il s'étend depuis la Bourse, monument remarquable par son architecture, jusqu'à *Chésine*, sur une étendue de cinq cents toises.

Sans décrire longuement ce beau lieu, qu'embellit encore la Loire, couverte de charmantes petites îles et de vaisseaux qui sillonnent sa surface, je me bornerai à dire qu'on a souvent comparé ce point de vue à celui de Constantinople.

Nantes n'oubliera jamais de compter M. Graslain au nombre de ses bienfaiteurs. C'est à lui que cette première cité de la Bretagne doit ses principaux établissements. De l'aveu des contemporains, sa prospérité a été hâtée d'un demi-siècle par la présence de ce patriote, chez lequel les spéculations du capitaliste furent toujours profitables au bien public. Par ses manufactures il assurait du travail aux indigents; ses nombreuses constructions joignaient à cet avantage celui d'assainir la ville, d'ouvrir des débouchés sur les quais, de fonder des magasins à la portée du commerce, d'employer utilement des terrains délaissés, et de mettre en mouvement des capitaux oisifs. Les plus beaux édifices de Nantes, la Bourse, la salle de spectacle et les rues adjacentes furent son ouvrage. Ses mœurs avaient de la douceur, et sa conversation était celle d'un homme de génie. Ceux qui ont su quelles préventions il eut à vaincre, quels obstacles il eut à surmonter, ne lui contesteront aucune de ces qualités, car elles furent également nécessaires à son succès. De ses nombreux amis il ne reste guère au nombre des vivants que M. Français (de Nantes), un des plus beaux caractères de notre temps moderne; administrateur habile, financier sans cupidité, protecteur et ami des gens de lettres, qu'il accueillit dans ses bureaux, et auxquels, sans les faire rougir, il donna du pain, que tant d'autres cherchent à leur ravir. M. Français a fourni honorablement sa double carrière de directeur des contributions indirectes et de député du peuple. Il peut sortir de la vie à reculons, comme dit Montaigne, et reporter avec assurance ses regards sur la route qu'il a parcourue.

A la suite de ces noms honorables se place naturellement celui de M. de Saint-Aignan. Gentilhomme, il en abdiqua les préjugés; émigré, il en oublia non seulement les ressentiments, mais jusqu'aux espérances; maire de Nantes dans des temps difficiles, par sa bonne administration, il pourvut aux besoins d'un peuple affamé; préfet du département des Côtes-du-Nord, il s'en fit chérir, et cet amour valut un grand témoignage de confiance à un frère qui s'en montra digne; représentant des intérêts de sa ville natale à la chambre élective, quoique fonctionnaire, il se maintint dans toute la dignité de son indépendance; ami du ministre qui l'avait élevé à des fonctions publiques, il lui répondit : « Monseigneur, votre place est à vous, ma conscience est à moi. » Paroles mémorables que la reconnaissance de ses concitoyens a gravées sur un métal précieux, mais qui ont encore une plus belle place dans leurs cœurs.

Nantes est aussi la patrie du général Caillaux, qui s'est adonné à la recherche des antiquités égyptiennes. J'ai déja nommé et je nommerai bientôt encore plusieurs autres des notabilités de cette ville. Fière de pareils titres, elle peut oublier qu'elle a vu sortir de son sein un ministre plus rusé qu'habile, ayant plus d'audace que de courage, perfide envers tous les partis, et qui ne dut qu'à sa duplicité une réputation morte avec lui.

L'île *Feydeau* est le quartier le mieux bâti de la ville. Je visitai l'hôtel-de-ville, et quelques églises échappées à la fureur des derniers Vandales. Les faubourgs, au nombre de quatre, sont beaucoup plus étendus que Nantes proprement dite. Dans celui de *Morlaix*, je remarquai la place de *Viarmes*, où se tiennent les foires de bestiaux. En général la ville, comme toutes celles de la Bretagne, est fort mal bâtie, et, pour arriver au superbe quartier de La Fosse, il faut traverser plusieurs ruelles étroites, sales, et même dangereuses. Je trouve dans un auteur que j'ai appelé au secours de ma mémoire que sept grandes routes aboutissent à cette ville, qu'elle renferme douze mille toises de longueur, onze places publiques, trois halles, quatre pompes, un chantier pour les constructions de frégates et de vaisseaux marchands, un assez beau port, et des quais magnifiques.

A cette statistique physique il convient d'ajouter un examen moral que je dois en partie à mon conducteur, homme d'esprit, qui a beaucoup lu et avec fruit.

« La ville de Nantes, me dit-il, a payé grandement à la France un tribut d'hommes remarquables ; je vous les citerai dans l'ordre où ils se présenteront à ma mémoire. Jean Méchino, surnommé le Banni de Liesse ; il composa en vers français un ouvrage intitulé *les Lunettes d'un prince*, imprimé à Paris en 1534; Jean Morin de La Linorière, auteur de savantes recherches sur la Bretagne, qui obtinrent un grand succès; la dame de Martigue, épouse du duc de Mercœur; le père Bertrand, de l'Oratoire, qui publia un livre ayant pour titre *de Ará liber singularis;* Mathurin Veissières de La Crose, ami du célèbre Leibnitz; Catherine d'Ollo, religieuse carmélite; Gabriel Clément, médecin, auteur du traité sur le *Trépas de la peste;* Vic, marin célèbre qui, après avoir combattu pour sa patrie, passa ensuite au service de la république de Gênes: il fut tué à bord du vaisseau amiral vénitien pendant la guerre que termina la paix de Passarovitz; André Portail, architecte; Desforges Maillard, poète qui, sous le nom de mademoiselle Museret de La Vigne, rendit amoureux tous les littérateurs de son temps, sans en excepter leur immortel chef, Voltaire; Charles Érard, peintre de mérite; Pierre Abeilard, célèbre dans l'histoire ecclésiastique par son savoir et ses querelles avec saint Bernard, et plus connu dans le monde par son amour malheureux pour Héloise; il naquit au Palais, près de Nantes, en 1079, d'une famille considérable de la Bretagne. Son génie le rendit célèbre presque dès son enfance. Vous connaissez l'histoire de ce théologien, sa passion pour la nièce de Fulbert, le crime commis par celui-ci pour venger l'honneur d'Héloïse, le désespoir des deux époux, qui ne purent se perpétuer dans le fils auquel ils avaient donné le nom brillant d'Astrolab, et la résolution qu'ils prirent d'embrasser la vie religieuse. Il est peu d'histoires plus connues que celle de l'abbesse du Paraclet et de son époux, qui, suivant l'expression de saint Bernard, son antagoniste, eut *les chênes des forêts et le silence des déserts pour précepteurs et maîtres.*

« Vous avez entendu parler de Lanoue Bras-de-Fer; mais le mathématicien Pierre Bouguer, né au Croisic en 1698, vous est-il connu? — Je sais qu'il fut choisi avec La Condamine et Godin pour aller, en 1736, au Pérou déterminer la figure de la terre : ses travaux, ses découvertes, ses disputes avec ses compagnons, son extrême susceptibilité et la haute opinion qu'il avait de ses ouvrages, me sont connus. — Vous rappelez-vous aussi le marin Cassard, né dans nos murs en 1672? Sa vie fut une suite de combats et de succès; sa valeur égalait sa cruauté. Émule et ami de Duguay-Trouin, la terreur de nos ennemis, le protecteur de notre commerce, il mourut en 1740, sous Louis XV, emprisonné au château de Ham par l'ordre du ministère, qui trouva plus facile de l'y enfermer que de faire droit à ses justes réclamations. »

N° CXLIV. [1ᵉʳ SEPTEMBRE 1822.]

AMOUR ET FÉROCITÉ.

> *Hail! what an inexhaustible source of admiration and horror!*
>
> GEORGE WHEATE.
>
> Ciel ! quelle source inépuisable d'admiration et d'horreur !

On m'avait beaucoup parlé à Nantes, sous le nom de l'*homme sauvage*, d'un vieux médecin nommé Lormet, qui, depuis plusieurs années, vivait seul dans une enceinte de rochers, d'où il ne sortait que la nuit pour aller chercher sa nourriture de la semaine, dans un village voisin de sa retraite. Cet homme, échappé miraculeusement aux proscriptions de l'épouvantable Carrier, avait contracté un besoin de solitude absolue que l'on qualifiait avec raison de monomanie. Ce ne fut pas sans beaucoup de difficulté que je parvins jusqu'à lui ; quelque singulières que soient les ruses que je mis en usage pour y réussir, je ne perdrai pas à les raconter un temps que réclame un récit d'un plus grand intérêt.

« J'avais trente ans, me dit-il, et j'exerçais la profession de médecin dans cette partie de la Bretagne que l'on appelle aujourd'hui la Vendée, lorsque les troubles civils commencèrent à désoler cette malheureuse province. Les fonctions de mon ministère et l'amitié dont m'honoraient les maîtres des châteaux de Josselin et de Rochemaure m'appelaient fréquemment dans des lieux où le bonheur semblait avoir choisi son dernier asile. Ces deux familles, unies déjà par d'anciennes alliances, devaient l'être bientôt plus étroitement par le mariage projeté d'Isidor de Josselin avec Horténse de Rochemaure: la fin de l'année 1792, qui venait de commencer, époque à laquelle Hortense aurait atteint sa dix-septième année, avait été fixée pour l'union de deux amants que la nature avait pris plaisir à former l'un pour l'autre.

« A vingt-deux ans Isidor était déjà cité dans la province comme un de ces hommes prédestinés à la gloire, et pour lesquels on n'a d'autre vœu à adresser au ciel que de les laisser vivre. La beauté d'Hortense n'était point de celles que l'on définit, ni même que l'on imagine; c'était quelque chose de plus ravissant que la grace, de plus pur que la pudeur, de plus séduisant que la volupté. Hortense, dont le père était mort au camp de Jalès, était restée sous la garde de son grand-père, le marquis de Rochemaure, dont elle était l'idole. Isidor était l'aîné des trois fils de madame de Josselin, dont l'époux était sorti de France aux premiers jours de la révolution, et servait dans l'armée des princes.

« L'étendard de la guerre civile venait d'être levé à Machecoul, et Saint-André avait adressé une proclamation à tous les nobles bretons pour les engager à prendre parti dans l'insurrection.

« Dans cette terrible conjoncture, madame de Josselin se rendit avec ses fils auprès de M. de Rochemaure, pour le consulter sur la conduite qu'elle avait à tenir. J'étais au château au moment où ils arrivèrent : on me permit d'assister à cette conférence ; et je puis encore aujourd'hui répéter mot pour mot les dernières paroles de ce courageux et vénérable vieillard.

« Madame, dit-il, les Athéniens avaient une loi qui condamnait à mort tout citoyen qui n'adoptait pas un parti dans les troubles civils : cette loi était juste ; elle punissait d'avance ces lâches égoïstes qui attendent, pour déclarer où est leur devoir, de savoir où est leur intérêt. Nous sommes arrivés à ce moment décisif ; mais telle est la gravité des circonstances, et l'anxiété de notre position, que chacun doit se décider par lui-même, et ne prendre conseil que de sa propre conscience. Vos fils sont tous les trois en âge d'avoir un avis dans la grande question politique qui soulève en ce moment cette province, et qui, je le dis avec effroi, ne tardera pas à la couvrir de ruines. Je touche au terme de ma vie, et je n'ai plus à songer sur la terre qu'au bonheur d'une faible enfant dont je suis le dernier et le fragile appui; ma vieillesse ne me permet plus de porter les armes, et ma raison, qui pourrait, après tout, n'être aussi qu'un préjugé, me défend de chercher un asile sur la terre étrangère. c'est vous dire que mon intention est d'attendre ici l'issue des évènements, bien convaincu néanmoins qu'ils ne peuvent être que funestes : telle est ma résolution : mais songez bien qu'elle est fondée sur des motifs et sur des sentiments qui me sont tout-à-fait personnels, et qui ne peuvent avoir aucune influence sur votre détermination et sur celle de vos fils. »

« Sans entrer dans d'autres détails, je me bornerai à vous faire part du résultat de cette assemblée de famille. Quelques jours après cette conférence, madame de Josselin partit avec le plus jeune de ses fils pour rejoindre son époux à Coblentz; le second prit parti dans l'armée de Saint-André, et Isidor, nommé commandant d'un bataillon de volontaires de la Loire-Inférieure, se rendit à Mayence, où il ne tarda pas à se faire remarquer du général Kléber, qui l'attacha à son état-major. La fatalité qui commença dès ce jour à peser sur la tête de ce malheureux jeune homme voulut que la garnison de

Mayence, dont il faisait partie, fût envoyée dans la Vendée. Isidor vit d'un coup d'œil tout ce que sa nouvelle position avait d'affligeant pour lui. Dévoué au service de sa patrie, déterminé à vaincre ou à mourir pour elle en combattant contre ses ennemis étrangers, l'idée de la guerre civile, qui révoltait son ame, se présentait à lui, dans cette circonstance, sous les plus horribles couleurs. En quels lieux allait-il porter le fer et la flamme? dans la province même où il a vu le jour, aux lieux qu'habite Hortense, où l'attendent auprès d'elle l'amour et le bonheur! Quels ennemis l'envoie-t-on combattre? ses concitoyens, ses parents, son frère même qui a embrassé la cause des royalistes vendéens.

« Cependant il a suivi le général Kléber, et, au milieu des réflexions cruelles où il s'abandonne, il éprouve une joie secrète à se rapprocher de ce qu'il aime. Au moment de s'engager dans cette lutte parricide, ses terreurs renaissent avec plus de violence, et la nuit même qui précède la bataille de Torfou, il entre dans la tente du général Kléber, et le fait juge de la nécessité où il se trouve de quitter l'armée. Kléber l'écoute avec bonté, lui fait voir à quel malheur il s'expose en obéissant à un sentiment dont il ne peut blâmer la cause, mais sur le résultat duquel ses compagnons d'armes pourraient se méprendre en apprenant qu'il a quitté ses drapeaux la veille d'une affaire dont les chances sont loin d'être en faveur de l'armée républicaine. Cette circonstance d'un combat prochain, qu'il ignorait, ne lui permet pas d'insister. Le général le prévient que le bataillon qu'il commande fera partie du corps d'avantgarde dans la disposition qu'il a prise pour la bataille du lendemain. Isidor y fit preuve de la plus éclatante valeur, et arracha des mains de l'ennemi son illustre général qui avait reçu dans le combat une blessure profonde. Cette journée resserra les liens d'amitié qui unissaient le héros à son jeune élève, et pour concilier autant qu'il était possible les religieux scrupules d'Isidor avec ses devoirs, le général ne l'employait le plus souvent qu'à des missions de confiance, dont il espérait plus que de la force des armes pour arriver à la pacification de la Vendée. Kléber reçut l'ordre de se rendre à l'armée du Nord; il ne quitta pas son jeune ami sans lui donner l'assurance d'appeler avant un mois, à l'armée dont il allait prendre le commandement, le régiment dans lequel Isidor venait d'être promu au grade de chef de bataillon.

« Celui-ci, rassuré par la promesse que lui avait faite son illustre ami, se hâta de mettre à profit le peu de temps qu'il avait encore à passer en Bretagne pour avoir des nouvelles de son frère, et pour s'informer du sort de M. de Rochemaure et de sa fille. Il apprit que son frère avait été tué à Savenay, mais il ne put découvrir la retraite de M. de Rochemaure, que les événements de la guerre avaient forcé de quitter son château. Les revers qu'avait éprouvés récemment l'armée républicaine dans cette partie de la Vendée calmèrent un peu ses inquiétudes, et les renseignements indirects qu'il était parvenu à se procurer lui donnaient, du moins, l'assurance que les objets de ses plus tendres affections avaient échappé jusque-là aux désastres dont ils étaient environnés.

« Isidor venait de recevoir à Nantes l'ordre de partir avec son bataillon pour rejoindre l'armée du général Kléber, lorsque le représentant de l'enfer, l'exécrable Carrier, arriva dans cette malheureuse ville, et s'opposa au départ des troupes. Notre jeune chef de bataillon, qui prévit dès-lors à quels excès le monstre allait se porter, reçut comme une faveur l'ordre de sortir des murs de Nantes, et de marcher avec son régiment contre une division de l'armée de Charette, qui s'avançait de ce côté. Un succès brillant couronna cette sortie, et l'ennemi fut dispersé.

« Deux jours après ce combat, Isidor fut commandé pour aller de nuit s'emparer du château de Clisson, où l'on savait que plusieurs chefs de l'armée vendéenne devaient se réunir. Il s'y rend, fait cerner le château, et pénètre dans l'intérieur avec une vingtaine d'hommes d'élite sur la vaillance et l'honneur desquels il pouvait compter. Il trouve en effet réunis dans une salle basse cinq ou six officiers vendéens blessés, et qui ont à peine la force de se saisir de leurs armes. « Rendez-vous, leur dit Isidor, et je jure Dieu et l'honneur qu'il ne vous sera rien fait. » Toute la petite troupe d'Isidor répéta le même serment. « Vous promettez plus que vous ne pouvez tenir, répondit un vieux chef vendéen, qui portait son bras en écharpe; nous faire prisonniers c'est nous envoyer à l'échafaud; dès ce moment ce n'est plus à vous, c'est à Carrier que nous appartenons : laissez-nous fuir, et nous jurons à notre tour de ne plus porter les armes contre la république. » Isidor consulta ses compagnons, et n'eut pas de peine à les faire consentir à un acte de générosité qui malheureusement n'engageait pas leurs camarades, par lesquels étaient occupées toutes les avenues du château. « J'ai reçu votre parole, fuyez sans armes, reprit Isidor; mais songez que des ennemis moins généreux entourent le château; puissiez-vous échapper à leur surveillance. — Il me reste une prière à vous faire, dit le vieux chef en sortant le dernier, ne brûlez pas le château de Clisson : le berceau d'un brave est sacré. » Puis, s'approchant du jeune commandant qu'il avait reconnu, il lui dit un mot à l'oreille et disparut. La confidence que venait de recevoir Isidor l'avait jeté dans un trouble visible, dont il fut tiré par le bruit de quelques coups de fusil, qui annonçait que les malheureux Vendéens avaient été découverts dans leur fuite; au même moment toute la troupe se répandit dans le château, dont Isidor prit le parti d'ordonner la visite qu'il ne pouvait empêcher; lui-même monta seul de sa personne dans la tour des archives, et prenant soin d'en refermer sur lui la porte de fer, du haut d'une petite plate-forme, il feignit de présider à cette exécution. Quand elle fut terminée, la troupe, qui s'était reformée dans la cour à la voix de son chef, parla d'incendier le château en se retirant. Isidor, pour les détourner de ce funeste dessein, leur rappela que ce vieux manoir avait été bâti par ce patriote Olivier de Clisson, la terreur des Flamands et des Anglais, et que, d'ailleurs, on ne pouvait, sans un ordre exprès du général en chef, détruire un bâtiment qu'il pouvait avoir l'intention d'occuper comme un excellent poste militaire si la guerre se continuait dans cette partie de la France. La petite harangue d'Isidor eut tout le succès qu'il en attendait, le château fut évacué et le commandant alla rendre compte au général de son expédition nocturne, dont il me reste à vous raconter les épouvantables suites.

AMOUR ET FÉROCITÉ.

« Le vieux chef vendéen, en quittant Isidor, lui avait appris que M. de Rochemaure et sa fille, obligés de quitter leur domaine, devenu le théâtre de la guerre, s'étaient réfugiés au château de Clisson, et qu'ils occupaient la tour des archives. Il s'y était transporté comme je viens de vous le dire; il avait vu Hortense et son père, et, dès lors, il n'eut plus d'autre idée que de les arracher au péril dont ils étaient menacés, moins encore par les événements de la guerre que par l'arrivée de Carrier à Nantes. Il ne vit pas de moyen plus sûr pour y parvenir que de se faire donner l'ordre d'aller occuper le château de Clisson, et de le mettre en état de défense.

« Il y arriva le lendemain, escorté d'un simple piquet de cavalerie, qu'il logea, ainsi que lui, dans un bâtiment d'exploitation à l'extrémité du parc. Ses dispositions faites, il se rendit auprès de ses hôtes : je n'ai point le courage de vous retracer une scène d'amour et de bonheur que devait bientôt terminer la plus épouvantable catastrophe.

« Trois jours avaient été employés à préparer leur fuite; M. de Rochemaure, sous des habits de paysan, devait se rendre à Angers avec sa fille dans une espèce de patache militaire; un parent de M. de Rochemaure, juge au tribunal de cette ville, trouverait le moyen de les faire arriver à Paris, où Isidor, décidé à quitter le service militaire, les rejoindrait avant un mois.

« Tout était prêt pour partir le lendemain à la pointe du jour. Pendant la nuit le commandant du château de Clisson reçoit une dépêche du quartier-général, conçue en ces termes : « Par ordre des représentants du peuple, Carrier et Francastel, le chef de bataillon Josselin fera sur-le-champ arrêter et conduire à Nantes le nommé Rochemaure, qu'il trouvera caché dans les souterrains ou dans les environs du château qu'il occupe, et le fera conduire à Nantes sous bonne escorte, etc., etc. » Le malheureux jeune homme revole aussitôt à la tour, trouve le vieillard occupé à écrire, et, sans avoir la force d'articuler un mot, il lui remet le terrible message : « Je m'y attendais, dit avec le plus grand sang-froid M. de Rochemaure ; tu le vois, ajoute-t-il en lui montrant le papier qui se trouvait sur la table, mon ami, c'est mon testament : je ne pouvais l'achever plus à propos. »

« Hortense, qui avait entendu entrer quelqu'un dans le cabinet de son père, accourt toute tremblante, et frappée du mouvement d'Isidor, qui s'empresse de cacher la lettre que M. de Rochemaure tenait encore à la main : « Que se passe-t-il ; s'écria-t-elle, je veux le savoir?... » Isidor se trouble et consulte les yeux du vieillard, qui se détermine à rompre le silence. « De quoi servirait-il, mon enfant, de te faire un mystère d'une chose qu'il faut absolument que tu apprennes? Isidor a reçu l'ordre de m'arrêter. Le pauvre garçon n'en a pas du tout envie, comme tu le crois bien, et nous tenons conseil sur le parti qu'il faut prendre. » Hortense, qui s'était jetée dans les bras de son aïeul aux premiers mots qu'il avait prononcés, annonce la résolution irrévocable de partager son sort. « Il faut fuir à l'instant même, s'écrie Isidor: le parc se lie à une forêt dont je connais les issues, et qui nous conduira au hameau des Broussards, où nous passerons la soirée. — Ce parti est celui que j'allais proposer, interrompit M. de Rochemaure. Tu n'as pas d'autre moyen de sauver ton épouse....; oui, ton épouse, Isidor, car dès ce moment Hortense est à toi, et tu réponds d'elle devant Dieu et devant les hommes. » Les deux jeunes gens tombèrent aux pieds du patriarche, qui les couvrit de sa bénédiction. « Maintenant écoutez, mais sans m'interrompre. La fuite peut seule aujourd'hui vous dérober l'un et l'autre à la honte ou à la mort. Isidor, tu as fait pour ton pays tout ce que l'honneur exigeait; tu ne peux continuer à servir sous les bourreaux qui règnent sur la France. C'est à toi de me remplacer auprès d'Hortense, et tu n'as plus d'autre devoir à remplir que de cacher sa vie et la tienne dans quelque retraite profonde où vous puissiez attendre la fin des maux auxquels la patrie est livrée. — Vous ne parlez pas de vous, mon père, interrompit Hortense... » M. de Rochemaure essaya de lui prouver que leur séparation, dans ce moment terrible, était une loi nécessaire; ses infirmités ne lui permettraient pas de se traîner jusqu'au bout du parc. Il connaissait dans le château même un lieu où il pourrait échapper à toutes les recherches, et dans le cas où il tomberait aux mains de leurs ennemis, son âge trouverait grace devant eux; si voisin de la tombe, sa condamnation n'aurait pas même pour eux l'attrait d'un homicide.... Qu'arriverait-il, au contraire, s'il essayait de fuir avec ses enfants? Il suspendrait nécessairement leur marche, et rendrait certain pour tous les trois un péril qui ne menaçait encore que lui. A toutes ses raisons, à toutes ses prières, Hortense ne répondait que par ces mots: « Je ne vous quitte pas. » Cependant une heure s'était écoulée dans cette lutte des plus tendres sentiments, et chaque minute ajoutait à l'imminence du péril, car Isidor était prévenu qu'au point du jour une de ces hideuses compagnies de Marat, dont Carrier avait composé sa garde, devait envahir le château. M. de Rochemaure fait un dernier effort auprès de sa fille; elle reste inébranlable. Il se lève, l'embrasse. « Souviens-toi, Isidor, que tu n'as plus

d'autre devoir à remplir que de sauver ton épouse. »
Il entre dans sa chambre à coucher. Un moment
après, le bruit d'une arme à feu s'y fait entendre....
L'héroïque vieillard s'était brûlé la cervelle.

« Qu'est-il besoin de vous peindre le désespoir
d'Hortense et la situation de son amant? Je dois ménager mon courage et le vôtre pour le récit qui me
reste à vous faire : Isidor se rappelle les dernières
paroles de M. de Rochemaure : « Souviens-toi que
tu n'as plus d'autre devoir à remplir que de sauver
ton épouse. » Il rompt avec effort le lien qui l'attache
au corps sanglant qu'elle tient embrassé, l'enlève
dans ses bras et la porte évanouie jusque dans la forêt. Elle avait repris ses sens, et, après trois heures
d'une marche pénible, ils étaient parvenus aux
Broussards. Quelques hommes de la compagnie de
Marat, qui se trouvaient dans ce village, étaient
accourus au bord de la rivière au moment où ils allaient passer l'eau; ils veulent s'opposer à leur embarquement; Isidor se fait connaître pour le commandant du château de Clisson; ce titre même le
rend plus suspect à leurs yeux. La beauté de la jeune
personne qu'il accompagne éveille leurs féroces dé-
sirs : l'un d'eux la saisit par le bras : Isidor, qui ne se
connaît plus, tire son épée et la plonge tout entière
dans le corps de ce brigand; les autres prennent
lâchement la fuite en appelant leurs camarades à

leur secours. Il profite du moment, et porte Hortense dans la barque; mais les mariniers, effrayés de la scène dont ils viennent d'être témoins et dont ils craignent les suites, refusent d'ouvrir le cadenas de la chaîne qui retient la barque au rivage. Isidor redescend à terre : ils se sauvent, et les brigands revenus en force, armés de leurs fusils, menacent Isidor, s'il ne se rend, de faire feu sur sa compagne. Le malheureux jeune homme brise son épée, et trente misérables ont le courage de se saisir d'une jeune fille et d'un homme désarmé. On les conduit à Nantes, et ils sont déposés dans un vaste cachot de la prison du Bouffey, où j'avais moi-même été conduit la veille, et dans lequel plus de cent prisonniers se trouvaient entassés.

« Ces jeunes infortunés vinrent prendre place auprès de moi, sur un banc étroit qui régnait autour de nos quatre murailles; la lampe suspendue à la voûte ne me permettait pas de distinguer leurs traits, et c'est à un dialogue qui s'établit entre eux, et auquel je prêtais une oreille attentive, que je finis par les reconnaître.

« C'est maintenant à moi de montrer du courage; j'en ai besoin, mon ami, en songeant que c'est mon amour qui vous a perdu. — Que dites-vous, Hortense?...... Votre amour n'est-il pas ma vie? Et la mort est-elle autre chose pour moi que le moment

qui va nous séparer?.... — Nous ne nous quitterons pas, Isidor..... — Non! vous ne mourrez pas: tant de jeunesse, de beauté, d'innocence, trouveront grace devant ces monstres. — Si vous m'aimez, ne formez pas un pareil souhait.... Je viens de voir expirer mon père; les bourreaux attendent mon époux....; oui, mon époux, Isidor!.... Songez que vous l'êtes, et qu'aucune puissance sur la terre ne peut désormais m'empêcher de partager votre sort. Il est fixé; la mort vous attend, et notre dernier vœu doit être de la subir ensemble....; » et en disant ces mots, elle se jeta dans les bras du jeune homme, qui étouffa sur son sein le cri de l'amour et du désespoir.... Après un moment de silence : « Mon ami, lui dit-elle en parlant plus bas, n'est-il aucun moyen de disposer à notre gré d'un moment inévitable, et de mourir de notre propre main? — Les misérables, en nous enfermant ici, reprit Isidor, ont eu soin de nous priver de tout moyen de destruction...
—Eh bien! interrompit Hortense avec un sentiment qui tenait de la joie, nous pouvons exécuter notre projet; il nous manquait un lien, mes cheveux le fourniront; » et en disant ces mots elle laissa tomber sur ses épaules les flots de sa longue chevelure.... C'est alors que je m'approchai d'eux, et que je me nommai: Hortense et Isidor me témoignèrent le plus touchant intérêt, et parurent oublier

leurs dangers pour ne s'occuper que des miens. Je n'eus point de peine à les en distraire, et j'obtins d'Isidor le récit de leurs infortunes à-peu-près dans les mêmes mots où je viens de vous les raconter. « Je n'ai point de consolations à vous donner, leur dis-je, et je ne puis que vous encourager dans la résolution que vous avez prise. L'abominable Carrier, devant lequel vous serez traduits dès demain, vous prépare une mort affreuse, dont je dois vous épargner l'épouvantable tableau : il s'agit de lui dérober sa double proie : j'ai tout entendu ; pour y parvenir par le moyen que la courageuse Hortense a suggéré, il faudrait emprunter la main d'un tiers qui ne pourrait jamais se résoudre à vous rendre ce cruel service ; mais je puis venir à votre secours : depuis cinq ans, je vois arriver l'époque affreuse où nous voilà parvenus, et je porte toujours avec moi un remède contre le malheur de la vie. Prenez, leur dis-je en ouvrant le chaton d'une bague que je portais au doigt, prenez cette substance que j'ai préparée moi-même, et dans quelques minutes vous aurez cessé d'être. » Hortense et Isidor, dans les transports de leur reconnaissance, m'embrassèrent en me nommant leur sauveur ; je leur partageai le poison bienfaisant, qu'ils se hâtèrent de prendre en voyant le jour qui commençait à paraître. L'effet n'en fut ni aussi prompt ni aussi violent que je l'attendais : j'aurais dû calculer que la dose suffisante pour éteindre en un moment la vie d'une seule personne n'agirait sur deux qu'avec la moitié de sa force et de son intensité. Il ne se manifesta d'abord que par la perturbation complète de leurs idées. Perdant tout-à-coup le sentiment de leur position actuelle, ils se crurent transportés dans le temple où on célébrait leur hymen : tous leurs mouvements, toutes leurs paroles, avaient l'expression du bonheur dont ils paraissaient enivrés; un sommeil, en apparence plein de calme et de douceur, succéda, au bout d'une heure, à cette agitation convulsive. C'est dans cet état qu'un détachement de la bande de Marat, qui venait *nettoyer l'étable* (pour me servir de l'expression de ces bêtes féroces), trouva ces deux infortunés qui furent, ainsi que moi et tous leurs autres compagnons d'infortune, transportés sur la galiote à soupape destinée à précipiter dans les flots, à un signal donné dans la nuit, tous ceux qu'on y entassait pendant le jour. Je conservai assez de sang-froid, pendant les dix mortelles heures où je restai ainsi suspendu entre la vie et la mort, pour observer tout ce qui se passait autour de moi.

« La barque homicide était pavoisée comme pour un jour de fête, et l'on voyait sur le pont les apprêts d'un festin. J'avais remarqué que la figure de poupe, qui représentait une gorgone, était couronnée de fleurs d'orange; j'en faisais l'observation à l'un des satellites dont se composait notre escorte. « Comment! tu ne devines pas, me répondit-il, qu'on vous mène à la noce? » La suite me donna le mot de cette épouvantable énigme. Nous fûmes tous entassés pêle-mêle, hommes, femmes et enfants, au nombre de cent vingt-cinq, sur le devant de la barque, qui n'était point pontée dans cette partie. Hortense et Isidor, toujours endormis, avaient été placés comme objet de curiosité dans un hamac suspendu au-dessous de la hune. Vers trois heures une musique de sauvages qui faisait entendre l'air: *Où peut-on être mieux qu'au sein de sa famille?* annonça l'arrivée du représentant du peuple. Carrier harangua sa troupe, qu'il rangea la hache à la main autour des prisonniers, et fut prendre place, avec ses principaux satellites, à une table splendide, où nos gardiens furent admis tour-à-tour. C'est d'eux que j'appris les détails de cette exécrable fête, où l'ivresse des convives amena les scènes des plus infames prostitutions.

« C'est le moment que Carrier avait choisi pour renchérir sur les horreurs commises autrefois à Bayes par ordre de Tibère: il ordonna que les prisonniers défilassent devant lui, fit mettre à part tous les jeunes garçons et toutes les jeunes filles, les fit dépouiller entièrement, et lier l'un à l'autre, et ordonna qu'en cet état ils fussent précipités dans la Loire. Cet ordre exécuté avec tous les raffinements de la cruauté la plus ingénieuse, on amena devant le monstre Isidor et Hortense, chez lesquels la vie ne paraissait encore que suspendue; il ordonna qu'ils fussent, comme les autres, exposés nus à ses regards féroces. L'extrême beauté de cette créature céleste, qui semblait endormie du sommeil des anges, excita dans l'ame de ce scélérat des desirs dont il ne craignit pas de manifester l'horreur. Le cri d'indignation qui m'échappa fut répété par ses complices, et suspendit l'exécution du crime qu'il avait osé concevoir. « Vous avez raison, dit-il, il ne faut point désunir ces tendres époux. » En disant ces mots, il les lia lui-même avec l'écharpe dont il était décoré, et dans ce moment, par un instinct d'amour qui subsistait encore dans le cœur d'Hortense, elle ouvrit les bras, les enlaça autour du corps de son époux, et les flots de la Loire se refermèrent sur eux.

« Après un pareil récit, vous n'exigerez pas de moi que je vous dise par quel enchaînement de circonstances invraisemblables j'échappai à la mort, dont je subis toutes les angoisses, et vous n'essaierez pas, je l'espère, pour votre honneur, de me faire renoncer à la solitude profonde où j'ai fait vœu d'ensevelir mes derniers jours. »

POST-SCRIPTUM.

En parcourant rapidement la Bretagne, l'ermite n'a pu se flatter d'en saisir toutes les particularités locales et individuelles. Des sites dignes d'être reproduits sur la toile, des célébrités qui ne pâliraient à côté d'aucune autre, lui ont sans doute échappé.

Passant sous silence cette énorme masse granitaire que remuerait la main d'un enfant dans la commune de Trégune, il n'a parlé ni de cette *Torche de Penn-Marck*, voisine de la jolie petite ville de Pont-l'Abbé, antre de Charybde, où les flots de la mer s'engloutissent deux fois par jour avec un fracas que répercutent les échos dans une circonférence de dix lieues; ni de cette foule de monuments druidiques, ou agglomérés sur un espace étroit, ou dressés isolément vers le ciel, comme des géants chargés d'indiquer le passage d'une génération plus robuste.

Il n'a pas dit que la ville de Nantes vit naître ce général, de la bouche duquel l'histoire fait sortir le dernier cri d'une garde valeureuse, ce cri qui retentira des champs de Waterloo jusqu'à la postérité la plus reculée, parceque, n'étant pas la propriété d'un seul homme, il appartient à l'honneur de tout un pays.

Il aurait pu marquer chaque ville de cette vaste province par la présence d'un grand citoyen; dire qu'à Rennes, un artisan nommé Perdrit, élevé au poste de maire pendant le régime de la terreur, gouverna cette cité avec un sentiment de justice qui en assura le repos, et qu'il est mort, depuis peu de mois, dans un état de pauvreté qui a fait de sa mémoire un objet de respect.

Il s'accuse d'avoir oublié que le département du Finistère réclame le vice-amiral comte de Kersaint, avec lequel l'ermite a fait sa première campagne maritime à bord de la frégate *l'Iphigénie*, et dont les dernières paroles à la tribune de la Convention furent jugées dignes de l'échafaud sur lequel il porta si courageusement sa tête.

Il regrette de ne pas avoir placé, à côté du nom immortel de La Chalotais, le beau nom de M. de Kersalaün, son collègue, né à Quimper, doyen du parlement de Bretagne, juge des jésuites, persécuté, incarcéré même, pour s'être engagé dans la lutte qui faillit être si funeste au procureur-général de Rennes.

Il s'est reproché encore plus de n'avoir pas consacré une ligne aux vertus de cet abbé Lecoz, né au bourg de Loc-Ronan, dans le Finistère, successivement professeur, principal de collège, évêque à Rennes, archevêque à Besançon, lequel, animé d'un véritable esprit religieux, eut encore les qualités du citoyen, prêcha également l'Évangile de Jésus-Christ et l'amour de la patrie, exhorta ses ouailles à suivre les préceptes de l'un, et à défendre l'autre contre l'invasion étrangère, et s'éteignit dans le saint exercice de ce double apostolat[1].

Enfin il n'eût pas voulu omettre que, magistrat intègre, avant de se montrer administrateur habile, M. Rougeoux honore la ville de Brest, non loin de laquelle il reçut la naissance, en lui accordant les dernières années d'une carrière environnée d'estime.

Bretons, l'ermite n'a pu tout dire, et vous le lui pardonnez! En traversant les coteaux sauvages qui coupent votre territoire, il s'est attristé de l'ignorance et de la superstition dans lesquelles végète votre population villageoise : peut-être a-t-il cru s'en venger, en souriant quelquefois à la vue des prétentions de vos petites villes et des ridicules d'hommes qui, parmi vous, rêvent une autre noblesse

---

[1] M. Le Fébure, dans son *Résumé* de l'histoire de la Franche-Comté, déjà adopté par les habitants de cette province, donne des détails étendus sur ce prêtre, homme de bien. Ici nous déposons le regret de ne pouvoir placer sous les yeux de nos lecteurs plusieurs noms bretons, qui ont un égal droit à leur estime, tels que ceux de MM. Poitevin, président à la cour royale de Paris, Desfontaines, professeur de botanique au Jardin-des-Plantes; etc., etc.

que celle du mérite; vous le lui pardonnez encore, puisqu'il a constamment rendu justice à votre patriotisme, à votre loyauté, à votre courage, et à votre aptitude aux arts et aux sciences. Ainsi vous avez des commerçants pleins d'honneur; les lettres françaises n'ont cessé de s'enrichir des productions de votre génie; nos camps vous ont dû, à toutes les époques, de braves soldats, et nos vaisseaux de bons marins. Je l'atteste donc, dans ma bonne foi d'ermite, vous avez fourni largement votre tribut à cette masse de belles notabilités nationales dont il est permis à la commune patrie de s'enorgueillir, et qui font la plus éclatante richesse d'un peuple. Si la France tenait un compte ouvert avec chacune de ses provinces, toutes proportions gardées, je ne sais si elle ne serait point en reste avec la vôtre. Acceptez donc, sans y regarder de trop près, cet hommage, tel que je vous l'offre; il est libre et désintéressé comme votre caractère; et il est à craindre que mon humeur, aussi opiniâtre que la vôtre, ne me permette d'y apporter aucun changement.

FIN DU CINQUIÈME VOLUME.

N° CXXVIII. Entrée à Rennes............ Page 442
CXXIX. Promenade dans Rennes........... 450
CXXX. Madame de Sévigné, et quelque chose
 du temps passé................... 457
CXXXI. Quelques hommes................. 473
CXXXII. Mœurs bretonnes................ 481
CXXXIII. Un Gentilhomme breton.......... 492
CXXXIV. Morlaix....................... 497
CXXXV. Brest et la marine royale........... 505
CXXXVI. Le beau côté de la médaille........ 518
CXXXVII. L'île de Sein.................... 530
CXXXVIII. Quimper-Corentin.............. 538
CXXXIX. Les Chouans.................... 549
CXL. Vannes et les anciens poètes bretons.... 559
CXLI. Lorient 566
CXLII. Nantes........................... 575
CXLIII. Charette, Carrier, les Noyades....... 581
CXLIV. Amour et férocité................. 594

FIN DE LA TABLE.

TABLE.

N° CVI. La Chaise brisée.................. Page 3
CVII. Le Canal de Saint-Quentin............ 29
CVIII. La ville de Fénélon.................. 50
CIX. Gabrielle de Vergy. — Maître Jacques ... 77
CX. Pélerinage aux environs du Ténare....... 98
CXI. Valenciennes......................... 117
CXII. Denain.............................. 137
CXIII. Gayant............................. 159
CXIV. Douai.............................. 186
CXV. La Frontière......................... 203
CXVI. Lille............................... 226
CXVII. Promenade dans Lille................ 244
CXVIII. Commerce de Lille.................. 262
CXIX. La Flandre.......................... 283
CXX. Dunkerque........................... 308
CXXI. Eustache de Saint-Pierre, et le fauteuil du roi Dagobert................... 333
CXXII. Changement de direction............ 353
CXXIII. L'ancien Chanoine de Dol........... 361
CXXIV. Route de Dol à Cancale, et Entrée à Saint-Malo 389
CXXV. Duguay-Trouin et l'abbé Trublet...... 408
CXXVI. Un Armateur de Saint-Malo 419
CXXVII. Ville de Dinan. — La Bourdonnaye, Duclos, etc.................... 429

www.ingramcontent.com/pod-product-compliance
Lightning Source LLC
Chambersburg PA
CBHW060359230426
43663CB00008B/1325